U0630311

世界传世藏书

【图文珍藏版】

心理学全书

刘凯⊙主编

第一册

线装书局

图书在版编目（ＣＩＰ）数据

心理学全书：全6册 / 刘凯主编. -- 北京：线装
书局, 2016.1

ISBN 978-7-5120-1999-7

Ⅰ.①心… Ⅱ.①刘… Ⅲ.①心理学－百科全书
Ⅳ.①B84-61

中国版本图书馆CIP数据核字(2015)第249949号

心理学全书

主　　编：刘　凯

责任编辑：高晓彬

装帧设计：博雅圣轩藏书馆 Boyashengxuan Cangshuguan

出版发行：线装書局

地　　址：北京市西城区鼓楼西大街41号（100009）

电　　话：010-64045283（发行部）　64045583（总编室）

网　　址：www.xzhbc.com

经　　销：新华书店

印　　制：北京彩虹伟业印刷有限公司

开　　本：787mm×1092mm　1/16

印　　张：168

字　　数：2040千字

版　　次：2016年1月第1版第1次印刷

印　　数：0001－3000套

定　　价：1580.00元（全六册）

心理学流派群英谱

　　1879 年以来，整个心理学界出现了过去从未有过的热烈的学术研讨的繁荣局面。在冯特的内容心理学以后，又接二连三相继出现了或反对或继承冯特的理论，或另辟蹊径、独树一帜。各种各样、大大小小的心理学派上百个。主要有内容心理学派（代表人物是冯特和费希纳）、意动心理学派（代表人物是布伦塔洛）、构造主义心理学派（代表人物是铁钦纳）、机能主义心理学派（代表人物是詹姆斯、杜威和安吉尔）、行为主义心理学派（代表人物是华生和斯金纳）、格式塔心理学派（代表人物是魏特曼、考夫卡和苛勒）、精神分析心理学派（代表人物是弗洛伊德、阿德勒和荣格）、日内瓦学派（代表人物是皮亚杰）、人本主义心理学派（代表人物是马斯洛和罗杰斯）、认知心理学派（代表人物是皮亚杰）等，这些学派分布广泛，遍布世界各地。

识人心理学

识人心理学就是教会我们从一个人的外貌特征、衣着打扮、言谈话语、行为举止、兴趣爱好、生活细节等方面来洞悉他人内心世界的技巧，从而轻松识别他人的本质。同时也让我们的言谈变得更为得体，举止更为大方，处事更为机敏而自信，能够更为洒脱自如地遨游于人生的广阔天地之间。

社交心理学

社交心理学是指人与人交往中的心理变化及在社交上人的思维惯性，是研究人们在社会文化活动中的心理和行为问题的科学。人与人的交往，实际上是人与人心理的交流。现代健康观把人际交往的心理健康作为身心是否健康的一个重要标志，一个人的人际关系状况不仅影响着其成长与发展，并且决定着其事业的成败。

人格心理学

人格心理学是心理学的一门重要的分支学科。它研究现实的人，探求、描述和揭示个人思想、情绪及行为的独特模式，并综合诸多足以影响个人的各种环境交互作用的过程，包括与生物学的、发展的、认知的、情绪的、动机的和社会的种种交互作用，进而对现实社会中的个人作整体性解释。

婚恋心理学

婚恋心理学是从心理学的角度深入全面地揭示情爱秘密和婚姻真相，为你解决所有情感困惑和难题。恋爱中懂一点婚恋心理学，知恋人所想，能让你轻松俘获恋人心，你们的爱情能时时新鲜；在婚姻中懂一点婚恋心理学，把握婚姻博弈的技巧，你们的婚姻就能幸福美满，婚姻之路也会一帆风顺。

教育心理学

教育心理学是研究在教育情境下人类的学习、教育干预的效果、教学心理，以及学校组织的社会心理学，是一门研究教育实践中各种心理与行为规律的科学。其重点是把心理学的研究所得应用在教育上，它既包括学校教育心理学，也包括家庭和社会教育心理学。凡是教育领域一切心理与行为问题都是教育心理学研究的对象。

说话心理学

说话心理学是把语言技巧运用作为基础，从心理学角度出发，把说话过程涉及的重要因素如观察、倾听、言辞等，以及说话过程要面临的多个场面如职场、求人办事、销售、交际、婚恋等，多层次多方面的来培养我们说话过程中的心理学意识，全面而又准确的教我们在说话过程中如何运用心理学。

博弈心理学

博弈是在平等的对局中利用对方的策略变换自己的对抗策略；它广泛应用于社会生活中的 诸多领域。人生处处有纷争，这些纷争往往被人动了手脚，只有看清它是怎样被动的手脚，我们才能利用心理学的"诡计"，博弈论的"花招"，最大限度地在被动过手脚的环境中实现自己的目标，物质、金钱，抑或权力。

职场心理学

职场心理学是应用心理学的分支，是研究与人们选择、从事和改变职业有关的个体差异和特点的一门学科。它可以分享有关职场心理学的论著，了解和分析我们日常生活的许多领域如家庭、教育、健康、社会等发生关联的职场心理学现象等内容，掌握心理学规律和"职场读心术"，从而提高我们生活的质量。

管理心理学

管理心理学是把心理学的知识应用于分析、说明、指导管理活动中个体和群体行为的工业心理学分支，是研究组织管理过程中人们的心理现象、心理过程及其发展规律的科学。当今的管理心理学都是以人本思想为前提，它有助于调动人的积极性、改善组织结构和领导绩效，提高工作生活质量，建立健康文明的人际关系，达到提高管理水平和发展生产的目的。

营销心理学

营销心理学是专门研究营销活动中卖方和买方的心理现象产生、发展的一般规律，以及买卖双方心理沟通的一般过程的科学，它是自然科学与社会科学相互渗透而形成的一门边缘科学。它是研究消费者的心理和营销者的心理，针对顾客心理特征来改变营销者的行为方式，从而提高服务的质量和水平。

谈判心理学

谈判是生活中永远无法避免的事实，是冲突与合作的对立统一，在生活中无处不有，无时不在。很多情况下的谈判在表现形式上往往只是语言交锋的过程，但实质上是一场心理的较量。在谈判中如何察言观色，把握对方的心理，潜移默化地影响其情感因素，充分利用利益引导，都将关系到谈判的成败。

怪诞心理学

怪诞心理学是以科学的方法研究日常生活中稀奇古怪的各个方面，为了探索超自然现象的秘密，不少科学家献出了毕生的精力，为我们打开了一扇重新认识自己和他人的窗户。在一系列奇特研究中，有人取下世界顶级读心术士的脑袋，有人潜入邪教组织，有人测试一只据说会说话的猫鼬，还有人试图为垂死者的灵魂称重。

重口味心理学

　　重口味心理学是心理学的最后一块隐秘，幽默另类、通俗易懂地讲述了各种重口味心理现象，如多重人格障碍、特定精神分裂、恋童癖、恋物癖、露阴癖、性欲倒错、特定对象恐惧症等，配有大量生动真实的案例，并附作者独到的分析，教你如何一眼看穿身边人的所有秘密和怪癖。

梦境心理学

　　梦境心理学是通过对梦境的探究，揭示心理的秘密，从而帮助我们认知内心真实的自己。它向我们解释梦境的原型，揭露梦境如何用丰富的象征词汇以意想不到的方式反映我们日常的欲望、紧张甚至焦虑；同时，还训练我们掌握记住梦境的技巧，以便叙述出梦境的故事、细节乃至情绪。

身心心理学

　　身心心理学是运用心理学知识和技术探讨解决有关保持或促进人类身心健康的心理学分支。人的身体是一个完美的机器，可以自我调节，只要你相应仔细地爱护它，给予它营养；身体支配着非常宝贵的器官，如眼睛、耳朵、语言器官、理解力、手臂、双手、双腿等，从而能够履行大量的任务。

前　言

"人的一半是天使，另一半是魔鬼。"如果一个人失去了对自身心灵的有效控制，那他很可能会陷入"心力委顿"的状态。所以，一个人想要获取成功，需要征服的既不是巍峨的高山，也不是险峻的峡谷，而是自己以及他人的心理。

心理学是一门研究人类的心理现象、精神功能和行为的科学，既是一门理论学科，也是一门应用学科。它包括基础心理学与应用心理学两大领域。心理学研究涉及知觉、认知、情绪、人格、行为、人际关系、社会关系等许多领域，也与日常生活的许多领域如家庭、教育、健康、社会等发生关联。心理学一方面尝试用大脑运作来解释个体基本的行为与心理机能，同时，心理学也尝试解释个体心理机能在社会行为与社会动力中的角色；同时它也与神经科学、医学、生物学等科学有关，因为这些科学所探讨的生理作用会影响个体的心智。心理学家从事基础研究的目的是描述、解释、预测和影响行为，应用心理学家还有第五个目的即提高人类生活的质量。这些目标构成了心理学事业的基础。

心理学也许是现代生活中人们最广泛涉及的主题，因为，其实人的生活首先也主要是由人的心理与行为支撑的。无论生活中的衣食住行，为人处世，还是工作中的为人处世，都离不开心理学，都需要心理学的知识和帮助。

正如心理专家所言，"心理学是一门与人类幸福密切相关的科学"，它贴近生活，深入实践的独特风格让人如沐春风。通过学习心理学，你就可以知道别人为什么会做出某些行为，这些行为背后究竟隐藏着怎样的心理活动，以及别人现在的个性、脾气等特征又是如何形成的？等等。学习心理学知识，对于我们的生活、工作、学习、健康、思想、交往、文艺、体育等各个方面都有重要的作用。人在一生中会遇到各种心理问题。我们面对人际关系方面的挫折、工作中的逆境，被压力挤得透不过气来，感到异常烦闷无从排解的时候，不一定非找心理医师治疗不可；更简便易行的办法是通过阅读实用心理学方面的书籍，了解相关的知识，进行自我调节。此套《心理学全书》就是基于这种认识而专门为普通人编著的，是一部适合不同年龄和阶层的人阅读的科普读物。

《心理学全书》不是一套尽讲些空洞说教或玄奥理论的学术专著，也不是涵盖大量专业词汇和解释夸张心理现象的教科书；而是一套在广泛吸收近年来国内外心理学的最新研究成果基础上，根据广大读者的实际需要编写的心理学全集。全书共十八章，具体包括"生活中的心理学""识人心理学""社交心理学""性格心理学""人格心理学""婚恋心理学""教育心理学""说话心理学""博弈心理学""职场心理学""管理心理学""营销心理学""谈判心理学""怪诞心理学""重口味心理学""梦境心理学""身心心理学"和"品味心理学"，从不同角度全面剖析了心理学在社会生活各个领域的广泛应用以及心理学规律对生活的巨大作用，例如教育心理学，可以帮助我们了解孩子，开启孩子的智慧；身心心理学，可以帮助我们增进心理健康，提高对社会生活的适应及改造能力；识人心理学，可以帮助我们避开心理陷阱，看穿别人的心理诡计；管理心理学，可以帮助我们抓住自身核心力量，攀登人生巅峰；婚恋心理学，可以帮助我们提高生活品质，增加幸福指数，提升生命质量；职场心理学，可以帮助我们获得人生快乐，实现生命价值……

　　本套丛书坚持通俗性和实用性的基本原则，以贴近生活、深入实践为鲜明特色，关注的是一些你马上可以用在生活中、工作上、人际关系上的基本原则和简明方法，它是一般大众了解心理学，更好地理解人性、把握人生和全面提高自身素质的极好的参考资料。

目　录

第一章 生活中的心理学

一、心理学基础知识

何谓心理

"心理?"一提起这个词，许多人会眨眨眼、摇摇头，"挺深奥的，不懂啊！"

"心理学?"说起这个，一股神秘莫测的感觉便会传遍人们的全身。人们会想起许多诡异的东西来试图勾勒心理学的大概模样：魔术、算命、意念控制、乾坤大挪移还是黑洞？

心理和心理学对许多人来说，的确是一副神秘诡异的印象，觉得这些东西看不见、摸不着，离自己的生活很遥远。实际上，这些都是人们的误解。心理和心理现象是所有人每时每刻都在体验着的，是人类生活和生存必需的。可以说，复杂的心理活动正是人区别于动物的一个本质。恩格斯曾将人的心理意识赞誉为"地球上最美丽的花朵"。心理学是研究心理的学说，也是紧紧围绕我们的生活的。

心理活动虽然隐藏在人们的内心深处，但它可以通过行为、语言来表现，并且可以通过一定的方式、方法和途径来测量。心理活动对人体的影响是非同小可的。那么，究竟什么是心理呢？

威廉·冯特

心理是心理活动的简称，实质上是人脑的功能，即人脑对客观事物主观的反映。认知活动是心理过程的基础。认知开始于感觉，之后是知觉、记忆和思维等活动或过程。比如眼前有一个苹果，人脑对这个苹果的颜色、气味等个别特征的反映就是感觉；人脑对苹果的颜色、形状、质感、味道等多种特征的整体、综合反映即为知觉；种种

1

感觉、知觉的信息在人脑中的储存就成为记忆；在记忆的基础上，再借助语言，人脑可以对客观的事物进行抽象和概括的反映，即思维。上述过程就是人的整个认知过程。人在认知中所接受的信息经过大脑的加工，然后传导至下丘脑及其边缘系统，就产生了对这些信息的内心体验，表现在外就成了人的情绪。根据这些信息，大脑还会产生一个意志过程，即建立意图、编制活动程序、确定目标，然后调节和控制人体行为以实现目标。

人的心理的产生必须具备三个基本条件：大脑、客观现实和人的实践活动。其中，大脑是产生心理活动的物质基础或者可以说是硬件，客观现实则是产生心理活动的决定性因素或者可以说是软件；而人的实践活动则是把上述两者联系起来的桥梁。

人的心理有以下 8 个基本特征。

（1）主观性。人的心理的主观性是说人对客观事物的反映是主观的。

（2）客观性。人的心理具有客观性，是因为客观现实是心理的源泉。从简单的感知到复杂的能力、性格，从一般的喜怒哀乐到高级的道德、理智和审美等，都是客观现实的反映。即使是奇怪的幻觉、念头和梦境等，也都能从中找到现实的影子。可以说，没有任何一种心理现象的产生不存在着客观原因，没有一种心理的内容不源于外部现实。

（3）自主性。"播种一种行为，收获一种习惯；播种一种习惯，收获一种性格；播种一种性格，收获一种命运。"一句简单的印度谚语包含着深刻的哲理：人的心理活动由简单到复杂、由幼稚到成熟及其他种种变化，都有其内在的规律。掌握这种规律，不断地进行反思，你就可以调节自己的心态、掌控自己的情绪、完善自己的性格，从而决定自己的命运。你也要懂得，要尊重别人的自主性和独立性，不要强迫别人做违背其意愿的事情。

（4）实践性。实践活动是人的心理产生的必要条件之一，是人的心理产生、发展和完善的基础。实践活动是心理的主观性和客观性统一的关键。

（5）整体性。人的心理现象包括心理过程和个性心理两部分。心理过程包括认知过程（感觉、知觉、记忆、思维、想象等）、情感过程（情绪、情感等）和意志过程（行为、习惯、毅力等）；个性心理包括个性倾向（需要、动机、兴趣、信念、理想、价值观等）和个性特征（能力、气质、性格等）。人的心理现象虽然可以做如上的分类，但它首先是一个统一的整体。在任何人身上，都不存在孤立的心理过程及个性心理，它们总是处在一个有机的、综合的和整体的结构当中。

（6）相互激励性。人们在心理上存在相互激励的现象，所谓"酒逢知己千杯少"

正寓此意。比如，志向、情趣相投的人碰到一起很容易就聊得十分投机，总是有很多的话讲，而与不相投的人聊天往往"话不投机半句多"。又比如，好听的歌曲会流行很快，好玩的游戏会有越来越多的人玩，这也是人们的心理相互激励的结果。人与人之间的交往讲究"将心比心"，你坦诚地关心、理解别人，别人也会关心、理解你；相反，你对别人恶意相向，别人对你也好不到哪里去。

（7）双重制约性。双重制约性是指人的心理现象受到人的生理因素和社会文化的双重影响和制约。人是生物实体，其生理特征，诸如性别、身高、相貌、健康状况、年龄、感官特点等等，在人的心理形成、发展、变化、成熟的整个过程中，有着无法替代的影响。社会主义和资本主义为什么会打仗？伊斯兰教信徒和基督教信徒为什么会有冲突？一个好端端的小孩如果生活在狼窝里，为什么他会变成狼孩？无数的例子都可以证明，社会制度、文化背景、宗教信仰、伦理道德、风俗习惯、民族精神等都制约着人的心理发展。每个人的心理都有其特定的时代性、民族性、阶级性、地区性和职业性等社会特点。

（8）可调控性。心理咨询和心理治疗之所以存在，就是因为人的心理具有可调控性。人的心理既然有双重制约性，那么通过改变它的制约条件，就可以对其进行调控。心理咨询和治疗，就是通过给予心理积极的刺激，唤起心理觉醒，调整心理模式，从而使人更加自信、自立、自强和自爱，使人的心理能健康，愉快地生活。

心理学概述

心理学的英文是"psychology"，源于古希腊语，意思是"灵魂之科学"。心理学的历史虽然最早可以追溯到古希腊时代，但心理学作为一个专门的术语的出现却是在1502年。有一个塞尔维亚人叫马如利克，在这一年首次用"psychologia"一词发表了一篇讲述大众心理的文章。此后过了70年，一位名为歌克的德国人又用这个词出版了《人性的提高，这就是心理学》一书。这也是人类历史上最早记载的以心理学这一术语发表的书。

在希腊文中，"灵魂"也有呼吸的意思。因为古希腊人认为人的生命依靠呼吸，呼吸一旦停止，生命也就完结。随着对心理的探索和发展，心理学的研究对象由灵魂改为心灵，心理学也就变成了心灵哲学。在中国，人们习惯认为思想和感情来源于"心"，又把条理和规则叫作"理"，所以用"心理"来总称心思、思想、感情等，因此心理学是关于心思、思想、感情等规律的学问。总之，心理学是研究心理活动及其发生、发展规律的科学。人的任何行为都离不开心理活动，人们通常说的感觉、知觉、

记忆、思维、想象、情感、意志以及个性特征等等都可称之为心理现象。由此可见，心理学与我们的生活密切相关。

心理学既古老又年轻。人类探索自己的心理现象，已有两千多年的历史，所以说它古老。说它年轻，是因为心理学最初并不是一门独立的学科，而是包含在哲学中，直到 19 世纪 70 年代末，心理学才从哲学中分离出来，成为一门独立的专门研究心理现象的科学。尽管年轻，但心理学有着巨大的生命力，它已越来越广泛地渗透于人们生活实践的各个方面。

我们每一个人都可以说是一个业余心理学家。当你才三四岁的时候是不是已经会揣摩别人的心思了呢？你懂得怎样把玩具藏起来让其他小朋友找不到，你甚至还会略施小计，提供错误的线索去误导他们。妈妈生气的时候，你能从她的神情和语气上判断出来，乖乖地停止胡闹；一旦发现妈妈"雨过天晴"，你就又提出你的小要求了。而你的父母，则知道如何正确地实施奖惩以纠正你的不良行为、养成良好的习惯。上述这些现象都是基于对他人心理的观察和推论。也就是说，每个正常的人，都能对他人在日常生活中的感情、思维和行为进行一定程度上的推测。这就是心理学和心理学家所努力研究和解释的内容之一。下述内容也都在心理学的研究范畴之内。

1. 记忆

如果问你 9 乘以 9 等于多少，你会脱口而出"81"。小学的九九乘法表你记得如此清晰，为什么呢？它们存在哪里呢？以何种形式储存的呢？我们如何从脑中提取出答案呢？我们个人经验的记忆如何配合我们对外界的学习经验呢？情节记忆和语意记忆的结构是怎样的呢？人为什么会遗忘？是否记忆还在心智当中？这些也是心理学要研究和解释的内容。认知心理学家正是探讨记忆结构的特性和资料储存形式的。

2. 情绪与认知

了解情绪如何影响认知表现，是心理学近十几年来蓬勃发展的新领域。比如，在残酷的期末考试当中，同学们在考场里紧张地翻看令人头晕目眩的考题，有的人不停地写啊写，而你却可能紧张得满头大汗，什么都想不起来，甚至脑中一片空白，笔只在手里转啊转，却连你的名字都写不出来。为什么会这样呢？又如，当你心情不好时，哪些事情记得比较牢呢？当你心情十分亢奋的时候，又是哪些事情记得比较牢呢？这些现象的深层原因，都需要心理学来解释。

3. 推理

推理是日常生活的一部分，尽管它有时候对有时候错。人类的推理到底是如何发生的呢？他是人，我也是人，所以我就是他。如此推理显然是错误的，但是错在哪里？

人类的推理合逻辑吗？人们的错误推理有哪些种类？是怎么产生的？

4. 语言

中国疆域广袤，人口众多，各种方言土语数不胜数，可大家都可以用普通话来沟通。尽管口音不尽相同，可并没有阻碍交流，这到底是为什么呢？人类如何使用语言及学习语言？音素是组成声音的最小单位，它有什么特性？有些句子语意模糊，我们如何以已有的知识理解句子？同一句话以不同的形式出现，为何我们知道它们是同一个意思？这些都是心理语言学所重点研究的内容。

5. 教育

有些小学生，连像 4 乘以 5 这样基本的数学计算题也不会做。面对这样的学生，老师肯定十分生气，也非常不解：为什么会这样呢？是因为没学会数学基本算法？或者是注意力不集中？或许这并不是问题的关键。数学题的解答往往有许多计算步骤，或许仅仅是其中一个步骤失误，而这个步骤的错误又不是致命的。所以，老师在授课时必须针对程序步骤，仔细辨别学生错在哪里，才能真正对症下药。这也是一个心理学的问题。

6. 注意力

一个酷暑夏日，高考正在进行。考场里的考生黑压压一片，虽然风扇不停地吹，同学们还是汗流浃背。沙沙的写字声、突然冒出的咳嗽声和考场老师偶尔的窃窃私语声在考场荡漾。你虽然也在考场里，却只看到考卷上的题目，听不到半点声响，仿佛在无人之境。这是什么？这就叫注意力。如果一份工作需要十分的注意力，我们究竟能分配几分注意力到上面呢？对于各种认知活动的注意力，认知心理学家有浓厚的兴趣。

7. 阅读

阅读这么简单的事情都要用心理学来研究吗？没错。阅读看似简单，其实里面包含着许多的问题。你读得快、读得好、读得声音高，却不一定理解得好。书本上的文字通过眼睛传到脑中之后，我们是利用一种什么样的机制来理解内容的呢？什么样的句子会造成理解上的困难？上下文是如何影响理解的？阅读和理解的关系，也是认知心理学家十分感兴趣的话题。

8. 类型辨认

迎面走来一只狗，是什么狗呢？如果是只小狮子狗，你或许要跑上去抚摸一下它；如果是一条大狼狗，还疯疯癫癫的，恐怕你得拔腿就跑了。又如，大风呼呼地刮着，此时走在路上，人们都会注意路况，看清楚前方物体，以防撞上什么东西。只有正确地辨认外界模糊的感觉刺激，我们才能够在这个世界上生存下去。人类是如何进行这种类型的辨认？人类需要什么样的外界信息，使其感觉和认知系统可以进行侦察和分类呢？人类的心智具有何种认知过程使其能辨察外界信息？这些都是认知心理学家希望了解的。

9. 问题解决

人生充满了各种各样的问题，解决问题往往需要一连串的步骤，这是一个心理活动过程。我们如何定义问题？要怎样提高解决问题的技巧？你是否有灵光乍现的经验？人类通常用哪些策略解决问题？心理学会给你解答。

10. 法律

目击证人的证词是法庭上的重要证物，但是谁能保证它是完全正确的呢？你或许在电影里常常看到凶手作案的场面是混乱、紧张、刺激的，受害者或者目击者往往被刺激得不行，如果通过目击证人来指证凶手，结果可靠吗？目击者真的看到凶手了吗？是否记忆开了目击证人一个大玩笑呢？随着时间的磨蚀，你真的认为你的记忆是真实存在过的吗？

11. 医疗

医院里各种疾病的 x 光片，模糊难辨，在你看来像天书一样，可对于医生，辨认起来易如反掌。善于辨读片子的医生是如何记忆普通的 x 光片以及不常见的片子的？由于许多病症的症状差不多，在判断病症时，实习的医生和老练的医生有什么不同呢？

12. 人工智能

几年前，有一位棋王曾败给一台计算机，这消息委实震撼人心。人工智能主要是仿真人类的认知过程，是计算机科学中的专门知识。这种人工智能计算机的程序设计，需要具有人们处理信息的知识，这对于认知科学的发展有着深远的影响。一个完美无缺的机器人是否真的可以仿真人类的行为？

13. 认知神经心理

人的大脑和认知能力之间有什么样的关系？脑伤患者，往往因为脑部损伤无法正常认知；一个患了失语症的病人，他说的话踌躇不定且语调怪异，可其理解力却无异于常人。认知心理学家正在研究此类问题。

消除对心理学的误解

对于心理学，人们大都存在这样那样的误解，如果随便问几个人什么是心理学，人们可能会有各种不同的答案，其中不乏一些偏见和误解。下面就常见的误解予以解释，以扫除人们心中对心理学的迷雾。

误解一：心理学家知道人们在想什么

"你是学心理学的，那么你说说我正在想什么？"当周围人得知了你是学心理学专业的时候，他们会好奇地发出这样的问题。人们总是以为心理学家和算命先生差不多，应该能透视眼前人的内心活动，其实这是一种误解。

心理活动具有广泛的含义，包括人的感觉、知觉、记忆、思维、情绪和意志等，并非只是人在某种情境下的所思所想。心理学家所做的就是要探索这些心理活动的规律——它们是如何产生、发展的？受哪些因素影响？相互间有什么联系？等等。心理学家通常是根据人的情绪表现和外在行为等来研究人的心理，也许他们可以根据你的外在特征或测验结果来推测你的内部心理特征，但除非具有超感知能力，否则再老到的心理学家也不可能会所谓的"知心术"——一眼就能看穿你的内心世界。

误解二：心理学是"伪科学"

许多人认为心理学是"伪科学"，都是骗人的。这着实让研究心理学的人伤心不已。为什么会这样呢？

首先，对于大多数人来说，所谓"科学"，应该有严格的实验操作和严密的逻辑推理，比如物理学或数学。而人的心理看不见又摸不着，对它的操作和研究岂不是很玄？人的心理变化莫测，是一个十分难以控制的变量，所以人们认为心理学研究是靠不住的。其次，心理咨询往往令人们很失望。由于人们对心理咨询没有一个正确和充分的了解，产生了瞬间治愈心理问题的希望，这样当然会失望。没有什么药能瞬间治愈疾病，心理咨询解决心理困扰同样需要一个过程。而且，心理咨询要想收到好的效果，咨询者需要积极配合咨询师的要求，不能只由咨询师一方努力，但实际情况并非如此。诸多的原因，使许多人认为心理学是"伪科学"。

心理学是一门正在走向成熟的科学。1982年，国际心理科学联合会正式成为国际科学联合会的会员，这证明了心理学的学术地位。心理学的许多研究领域的研究方法，如生理心理学、实验心理学和心理物理学，向来与自然科学的研究方法相似。发展至今，心理学的各个领域，从实验控制、统计学分析直到结论的提出，都已经采取了严格的科学设计，都已制定了统一的科学标准。

关于心理咨询，在咨询者的积极配合的基础上，往往需要数个月甚至是更长时间才会收到应有的效果，这是一个互动的和漫长的过程。所谓"冰冻三尺，非一日之寒"。大家对心理咨询要有正确的理解和现实的期望，不宜因为急于求成、效果不佳，就否定心理咨询，否定整个心理学。

误解三：心理学家会催眠

很多人对催眠术有浓厚的兴趣，因为觉得它很玄妙。提起催眠术，人们又往往想起心理学家，一方面，可能是受弗洛伊德的误导。弗洛伊德是著名的心理学家，既然他会催眠术，那么心理学家应该都会催眠术。另一方面，可能是缘于几部颇有知名度的"心理电影"的误导，例如日本恐怖片《催眠》。片中的描述和心理学家使用催眠术的实际情况相差甚远，纯粹为了商业炒作而对催眠术的作用进行了夸大甚至歪曲。

催眠术源自18世纪的麦斯麦术。19世纪，英国医生布雷德研究得出，令患者凝视发光物体会诱导其进入催眠状态。他认为麦斯麦术所引起的昏睡是神经性睡眠，因此另创了"催眠术"一词。但催眠的内在机制至今尚未完全搞清楚。催眠术的方法多种多样，但最常用的方法是：要求人彻底放松，把注意力固定在诸如晃动的钟摆和闪烁的灯光等某个小东西上，引导人们将注意力集中在想象中的星空等，然后诱发出昏睡状态。催眠前要先测定被催眠者的暗示性，暗示性高的人容易被催眠，能进入深度睡眠状态，此类人的催眠治疗效果较好。在催眠状态下，人会按照催眠师的暗示行事，由于可能会有不良副作用，因此应该由经验丰富的催眠师来实施。

催眠术并非是所有心理学家都会的"招牌本领"，它只是精神分析心理学家在心理治疗中使用的方法之一。实际上，大多数心理学家的工作是不涉及催眠术的。他们更倾向于运用实验和行为观察等更为严谨的科学研究方法。

在国外，催眠术常用于帮助审讯嫌犯，以期使嫌犯在催眠状态下不由自主地坦白情况。现在，很多司法心理学家认为催眠状态下的问讯有诱导之嫌，很可能使嫌犯按着催眠师的暗示给出所希望的但并不公正的回答，所以对此持反对态度。

误解四：心理学就是心理咨询

作为一个新兴的行业，心理咨询蓬勃发展，越来越火。各种各样的心理门诊、心理咨询中心、心理咨询热线等不断涌现，通过不同的渠道冲击着人们的视听。再加上心理咨询师资格考试制度的实施，使心理学的社会影响力得到了极大的提高。这些动向使很多人一听到心理学就想起心理咨询，以至于使它作了心理学的代名词。另外，对大多数人来说，他们倾向于从实际应用的角度去认识一门学科。而心理学最为广泛的应用就是心理咨询或心理治疗，较之其他心理学知识更为大家所熟知，所以很多人将心理咨询等同于心理学。这是一种误解。

必须明确，心理咨询只是心理学的一个应用分支。心理咨询的目的，是为了帮助人们认识和应对生活中的各种困扰，更幸福地生活下去。心理咨询的对象可能是一个人，也可能是一对夫妇、一个家庭或一个群体。通常，心理咨询是面向正常人的，咨询者虽然有各种心理困扰，但并不存在严重的心理障碍。如果是严重的精神疾病，那就要交给临床心理学家或精神病学家来处理了。

在发达国家，人们的工作、生活压力较重，因此心理咨询机构繁多。如日本的心理咨询机构，经常为人们所称道。当在工作、生活中面临巨大的压力时，就可以到自己的心理医生那里去宣泄，比如心理医生提供办公室和家庭设施，随便让顾客进行摔、砸、啐等破坏行为，以充分发泄内心的压力。当然顾客必须支付价格不等的咨询费用。

在国内，目前的心理咨询机构多分布在一些高校、医院，也有一些专门的咨询中心。这是一个专业性很强，责任重大的职业。从事这项工作的人必须有专业知识背景，足够的实际技能培训，以及良好的职业道德。

误解五：心理学家只研究变态的人

很多人对心理学抱有这样的看法：去心理咨询的人都是心理有问题的人，而心理有问题就是变态；去心理咨询的人都是变态的；心理学家只研究变态的人。这些看法可以解释为什么很多人在决定进行心理咨询时需要很大勇气和进行激烈的思想斗争。为什么很多人会对心理学和心理学家有这样的偏见呢？一方面，这和我们的人文传统有关。中国人比较顾及面子，认为有了心理困扰是不光彩的事，倾向于自己解决，如果大摇大摆地去心理咨询，就会被人说成是精神病了。另一方面，和媒体的误导有关。为了谋求利润，媒体会抓住人们的猎奇心理，在表现与心理学有关的题材时，喜欢选择和炒作心理变态。从电视、电影、报纸和杂志上接触心理学的很难逃出这种误导。好莱坞和日本的所谓"心理电影"便是典型，如《沉默的羔羊》《精神变态者》《发条橙》《催眠》等，描绘了心理变态中最为严重的情况，应该对人们关于心理学的这种偏见负很大责任。

人们也常常把心理学家和精神病学家混在一起。精神病学是医学的一个分支，精神病学家是医生，他们的工作对象是心理失常的人，主要从事精神疾病和心理问题的治疗。和其他医生一样，精神病学家在治疗精神疾病时会使用药物；与此不同，尽管临床心理学家也关注精神病人，但他们不能使用药物进行治疗。

要知道，大多数心理学研究都是针对正常人的，如儿童情绪的发展、性别差异、智力、老年人心理和跨文化的比较等等都是心理学研究的内容。

误解六：心理学知识就是一般常识

很多人对心理学研究很不以为然，觉得心理学家整天、整月、整年地研究来研究去，研究出来的只不过是一些简单的尽人皆知的常识。这是一种十分不公平的误解。

心理学知识是来源于一般生活的，但并非一般常识，其研究的深度和广度远不是一般常识所能够解决和理解的。你不相信吗？下面证明给你看。

下面的几个"常识性"问题摘自《心理学与你》一书。试着回答一下，体会一下心理学知识与一般常识有什么区别。

（1）做梦用多长时间？

在莎士比亚的《仲夏夜之梦》里，莱桑德尔说真正的爱情是"简单"又"短暂"的，像做梦一样。梦真的是来去一瞬间吗？你认为做一个梦所用的时间是：

①一秒钟的几分之一；

②几秒钟；

③一两分钟；

④若干分钟；

⑤几个小时。

（2）你隔多长时间做一次梦？

①难得或从不做梦；

②大约每隔几夜一次；

③大约每夜一次；

④每夜做好几次。

（3）牛奶一样多吗？

五岁的瑶瑶看到妈妈在厨房里忙，便走了进去。在厨房的桌子上放着完全相同的两瓶牛奶。她看到妈妈打开其中一瓶，把里面的牛奶倒进一个大玻璃坛子里。她的眼睛溜溜地转，目光从那只仍装满牛奶的瓶子转回到坛子。这时妈妈突然记起她在一本心理学书上读到的情况，便问："瑶瑶，是瓶子里的牛奶多呢，还是坛子里的牛奶多？"瑶瑶的可能回答：

①瓶子里的多；

②坛子里的多；

③一样多。

（4）天生的盲人恢复视力以后。

现在运用外科手术使那些天生的盲人在晚年恢复视力，已不是什么奇迹。在拆除绷带的头几天里，你认为这样的人：

①什么也看不见；

②看到的只是一片模糊；

③只看到一些模糊不清的影子在晃动；

④不用触摸就能认出熟悉的东西；

⑤只有在触摸一下并看一看后才能认清东西；

⑥看到的一切东西全都上下颠倒。

（5）哪一种决定风险大？

一群朋友准备把一些钱作为共同资金在赛马会上花掉。在每次比赛前他们都分别写出赌注的意见，然后集中商讨，做出全组决定。在每项比赛上，最慎重的决定是一点赌金也不押，较为冒险的决定是在最有可能获胜的马上押少量的赌金，而非常冒险的决定是在不大可能获胜的马上押大量的赌金。与个人意见的平均情况相比，全组的决定可能：

①更慎重；

②更冒险；

③既不更慎重也不更冒险。

下面是心理学上的答案：

（1）做一个梦要用若干分钟，而且每个人每天夜里都会做好几次梦。

看到这个答案你可能会很奇怪，觉得自己没做什么梦或梦没那么多。这是因为你将梦忘记了，或只记住了醒来之前的那个梦里的一些片段。

研究梦的心理学家做过实验：把微小的电极贴在正在睡觉的人的头上，记录下脑电波变化情况，以便抓住人在睡梦期间脑电波活动的特殊模式。睡觉的人在出现这种脑电活动时被叫醒，他们会说正在做梦。这说明做梦与这种特殊模式的脑电波是同时发生的。并且此时，还伴有如下现象：眼球在眼皮下快速转动，男性还会伴有阴茎勃起，而且梦中所发生事情的持续时间几乎和这种事情现实发生所持续的时间相等。

不光人会做梦，动物也会做梦——梦具有普遍性。美国麻省理工学院的研究人员曾做过一个实验：让老鼠在几个小时之内不停地围绕一个类似迷宫的圆形跑道转圈，这一情景就会准确地出现在它们的梦境中。马修·威尔森博士及其同事负责该项研究。他们利用巧克力汁为诱饵来诱惑脑部装有微型电极的老鼠不停地在"迷宫"中奔跑，然后在老鼠睡觉时对其脑部单个神经元的活动情况进行跟踪，特别是对一个名为"hip-pocampus"的脑部区域——这一区域也是人类记忆形成的关键区域——进行了细致研究。研究发现，老鼠在睡觉时也经历眼睛快速眨动这一阶段。对于人类，这一阶段人脑正在做梦。研究人员通过跟踪老鼠的脑电波可以判断出其在奔跑梦境中的奔跑速度及其在"迷宫"中所处的位置。威尔森认为，和人类及其他动物一样，老鼠做梦也是

有目的的，通过做梦来更好地掌握某种技能或是学习某一知识。他说："我们认为做梦对于形成和强化记忆具有重要的意义。无论是老鼠还是人类都试图在梦中将白天学到的东西进行进一步的强化和吸收。"研究人员称，老鼠做梦的时间可以长达几分钟，表明老鼠的脑部结构比人类之前推测的更为复杂和高级。

（2）瑶瑶会认为瓶子里的牛奶比坛子里的多。

一般情况下，儿童到了7岁左右才会明白同一瓶牛奶不管倒到哪里体积是不会变的。瑶瑶只有5岁，当她看见瓶子里的牛奶比坛子里的牛奶液面高很多时，便会认为是瓶子里的牛奶较多，除非她不是一般的儿童。"1斤棉花和1斤泥土相比，那个更重呢？"恐怕这个问题，瑶瑶也是回答不了的。

（3）晚年恢复视力的人，不用触摸就能认清所熟悉的东西。

在17世纪，这个问题就曾经讨论过。然而直到20世纪60~70年代，心理学家在仔细做了许多针对先天失明而视力恢复的人的研究后，才给出了令人满意的答案。

（4）较之个人决定的平均情况，全组的决定很可能更冒险一些。

这个例子所揭示的现象叫作"集体极化"。这种现象很难直观地预测。但很容易在心理教学示范中被展现出来。"冒险转移"是集体极化的一种特殊实例。20世纪50年代末、60年代初，两位心理学家分别发现了这一实例。尽管两位心理学家的研究方法很不相同，但都得出同样的结果：全组决定一般比个人决定更冒险。得出这种结论有两种假设：第一，在小组讨论中，比较冒险的意见更容易吐露，其他的人此时容易被说服；第二，在全组讨论中，由于一般人赞赏冒险精神，因此大多数组员会发现其他人的决定比自己的决定更冒险。这时较为慎重的人也会改变自己的决定。

误解七：心理学就是解梦

这种误解的产生同样和弗洛伊德分不开。对于多数了解心理学的人来说，解梦是弗洛伊德的理论中最吸引人的部分。这是因为人们总是喜欢挖掘自己和别人内心深处的秘密，而梦被当作是透视内心世界的一扇天窗。由于弗洛伊德的心理学家"代表性"，许多人把弗洛伊德的理论等同于梦的分析，进而使解梦成为心理学的代名词。好莱坞的电影对此也是脱不了干系的，例如《最后分析》，是很多人对心理学的最初了解的来源。《爱德华大夫》是好莱坞第一部涉及精神分析的作品，票房成绩斐然，使精神分析题材开始在电影中盛行。这部影片的一个中心内容就是解梦，其中有一句经典台词，也是许多人以为的心理学家的口头禅，"晚安。做个好梦，明天拿出来分析一下。"

解梦只是精神分析心理学家所使用的心理治疗技术之一，仅仅是心理学热带雨林中的一株树木而已，怎么能等同于整个雨林呢？

心理学的诞生及学科建立

在 19 世纪以前，人们普遍认为心理学属于哲学的一部分。在西方，最早尝试研究心理学的可以追溯到古希腊的哲学。"psyche"的意思是"心理"或"灵魂"，当时的希腊学者认为，宇宙之中存在着灵魂，灵魂是一种能使事物变化的力量。

古希腊的医师、西方医学之父兼伟大的哲学家希波克拉底提出了体液说，认为人体之所以患病是由于体液或血液、黏液、黄胆汁和黑胆汁这四种液体的不均衡所造成的。体液说指出，人的疯狂是由于体内的黑胆汁质过多造成的。在某些地区，体液说直到 19 世纪末才被人们所认可。希波克拉底把人体的疾病看作是一种不断发展着的现象，他还提出了一个非常重要的观点：医师的责任在于他所应当尽心医治的不仅是疾病本身，更应该是所患疾病的载体——病人。同时，希波克拉底还制定了医生必须遵守的道德规范。他还主张，在对病人的治疗上应当注意全面观察和具体分析不同病人的个性特

希波克拉底雕像

征、环境因素以及生活方式等因素对病人患病的影响，并且在治疗过程中应当重视卫生饮食疗法，但同时也不忽视药物方面的治疗，一定要注意对症治疗和预后。希波克拉底对骨骼、关节、肌肉等方面的研究也都颇有成就。

希波克拉底"医病更重在医治病人"观点的提出在一定程度上改变了当时医学中以神秘巫术、宗教为根据的观念。作为古希腊的伟大医师、哲学家，作为西方医学之父，希波克拉底的重大贡献不仅表现在首先制定了医生必须遵守的道德规范，而且在医学观点和医疗实践方面，都对以后西方医学的发展有着巨大而深远的影响。

心理学发展在中世纪，即公元 5~15 世纪的时候，西方学者注重从宗教而非科学的观点来研究人类的各种行为。这个时期的学者对于自然的兴趣要远远胜过医学。当时的人们都普遍认为，那些行为不正常、与现实不符合、不合常理的人是被邪恶的灵魂所支配和控制了，或是受到了魔法、巫术的影响与支配。而治疗的目的也就是释放这种邪恶的灵魂、可恶的魔鬼。由此，也就产生了中世纪的"汗屋"。

所谓的"汗屋"就是采用闷烧树叶以释放出大量的浓烟，以这些浓黑的烟气来熏出隐藏于人体的"魔鬼"。当时的人们认为，这个方法对于治疗那些受痛苦折磨的人是

非常有效的，或者说是不容置疑的。魔法或宗教的行为在当时也是很流行的。那些受害者被某些人宣称是不正常的，是精神错乱者，是为这个社会所不容的疯子。这些受害的人在宗教的命令之下接受了所谓的"治疗"，然而事实是——大多数的受害者被迫沦为了乞丐或者是游民。

在14~17世纪的文艺复兴时期，社会上的研究者们不再注重研究动物，转而研究人类的行为和解剖学，心理和脑解剖的研究恢复了生机。在1506年，克罗地亚的人本主义者马可·马乌力首先使用了"心理学"这一专业术语。

当时法国著名的哲学家笛卡尔提出了身心关系二元论。笛卡尔1596年3月31日生于法国都兰城，他不仅是伟大的哲学家，还在其他许多领域都颇有建树，是当时非常有名的物理学家、数学家、生理学家。笛卡尔认为，人的身体和心理是彼此独立的，但是相互之间又有着极其强有力的影响。他指出，人的躯体的运作方式是一种机械的运作方式，而人的灵魂的运作方式不是物理的、不是机械的，而是经过脑与躯体的互动而产生的一种智能。时至今日，这种身心关系的二元论仍然在相关领域中占据着非常重要的地位，有着非常重要的影响。

荷兰哲学家布拉什·斯宾诺莎（1632~1677年）也有类似的观点，认为人的心理对人的行为有着非常重要的影响。但是与笛卡尔的观点不同的一点是，斯宾诺莎认为身心之间不会相互影响，而是共同地、平等地影响着行为，人的身心受到同一个刺激物的影响，这种二元论的观点导致了心物平行论。所谓的心物平行论认为，脑活动的过程和心理活动过程是共存的，不需要相互影响就能发生变化。

在此时期，有一个词语"疯人院"渐渐映入了人们的眼帘，走入了人们的思维。在17世纪之前的欧洲地区，那些被认为"属于正常社会之外、为正常社会所不容的人"都被禁闭在疯人院等诸如此类的机构中，这些被认为"属于正常社会之外、为正常社会所不容的人"包括心理疾病患者、残疾人，还包括一些罪犯和游民。

当时的疯人院是由教堂或是慈善机构来建立的，在当时看来它不像一所救死扶伤的医院，而更像一座冰冷残酷的监狱。自愿前来为这些"属于正常社会之外、为正常社会所不容"的人进行治疗的医师是为数不多的，而且也并不是经常前来。他们只是在某些时候会去这些机构中给这些病人服用一些由灌木、药草等做成的药品，例如促使呕吐的药物，或者是泻药。在这些机构中，大多数的病人是被沉重的枷锁锁着，并用链子固定地锁在墙上或者是捆在紧身衣之中。在这类疯人院中，最古老的、最著名的就要数英国伦敦伯利恒市的圣特玛利医院了，虽然冠以"医院"的名号，但是类似疯人院的这里确是一个充斥着冷漠、忽视、残忍、鞭笞、枷锁、无情和污秽的地方。

伯利恒市因此渐渐成了"骚乱""暴乱"的代名词。

在 1793 年，法国的著名医师菲利浦·皮内尔（1745～1826 年）被任命为法国巴黎的一个心理疾病患者服务机构的负责人。和以往的机构负责人不同，菲利浦·皮内尔对于心理疾病患者一直受到非人道、无人性的对待非常反感与同情，他要求给精神病院中的那些病人除去手铐、脚镣，卸下所有的枷锁，并要给他们舒适温暖的房间，允许他们适当地在训练场进行锻炼，让他们过着正常人、健康人的生活。菲利浦·皮内尔认为，心理疾病患者的行为之所以表现得像动物，就是因为他们受到了残酷、残忍、无情、非人的对待。这种观点对于传统观点无疑是一个巨大的冲击，将人们的思维引向——精神疾病导致了人们的行为表现如动物一般。虔敬而谦逊的天主教徒菲利浦·皮内尔提出了非常具有人性的、道德化的治疗方法。他将精神疾病分为这样几类：精神抑郁、狂躁、白痴和痴呆等，他还停止了给病人总是吃催吐药、泻药或者是放血等治疗方法，转而采取和病人尽可能地进行交流的方式，并允许病人参加适当的锻炼与活动。而在当时的纽约和英格兰，精神病院的不善管理以及对待心理疾病患者的残酷程度令人震惊。1796 年，无比愤怒的信徒们组建了一种充满了平静、温暖、舒适、温馨的良好氛围的慈善治疗机构。值得一提的是，图克派——管理这个机构的非常富有的一个茶商家族，在转变人们对待心理疾病患者的态度与看法方面做出了巨大的贡献。

1813 年，塞缪尔·图克（1784～1857 年）给由大不列颠政府组成的议会委员会投递了一封措辞非常激烈的报告，在报告中他要求人们"去看看疯人院"。他在报告中真实地描述了疯人院的各种治疗方法，将这些治疗方法比喻成充斥着残忍、野蛮、冷漠和管理不当的地狱。经过图克派的努力，心理疾病被看作是一种需要特别治疗的疾病的观点开始为人们所广泛认同。

美国及其他一些地区的精神病治疗法都是由英国的模式发展而来的，人们正在渐渐转变对心理疾病患者的看法与态度，并积极寻求治疗方法。由于人们对心理疾病的态度发生了变化，18 世纪早期"疯人院"渐渐更名为"精神病院"。精神病学家约翰·卡诺里（1794～1866 年）是英格兰南部的米德尔塞克斯的一个大精神病院的主要负责人，约翰·卡诺里努力使自己负责的这家精神病院成为一个人性至上的舒适的、温暖的休养所。他支持非抑制疗法（与抑制疗法相对，抑制疗法中一个比较具有代表性的方法就是放血，通过放血来使病人保持安静、保持镇静），鼓励医生编写、分析个案以记录病人的心理以及社会背景。

在这里，我们需要提到的一个词语是"颅相学"。颅相学最初是由弗冉兹·加尔发展起来的（1758～1828 年），他认为人脑是思想和意志的器官，人的头颅里的肿块决定了人的性格。虽然颅相学在现在看来是属于伪科学之列，但是它却是精神病学发展史和心理疾病人性化治疗史上的一个重要基础。约翰·卡诺里就是以颅相学为证，将精神病学和心理学完美地联系了起来，成为一个包括精神病学和行为研究的运动。

在此其间，出现了这样的一种观点，即心理疾病起源于人体，而且有可能产生于人脑。而且，有关心理疾病的书籍和心理医生在这个时期急剧增多。

1841年，第一个专业的团队——精神病院官员产生。1853年，英国出版了《精神病院杂志》，后来又更名为《心理科学杂志》。至此，人们对心理疾病的本质以及治疗方法的兴趣大大增长了，人们对心理疾病可以治愈抱有极大的希望和信心。

在19世纪中期，心理学和精神病学仍然非常紧密地联系在一起，没有独立开来。到了19世纪后期，在医学和生理学方面接受过系统、专业学习与训练的威廉·冯特（1832~1920年）在德国出版了第一本实验心理学杂志，自此以仔细、认真的观察为基础的心理学作为一门独立的学科真正建立起来了。这些做法有助于将心理学从哲学和精神病学中彻底地分离出来，使其有自己独立的身份而稳步、快速地发展。

精神病学上最著名的方法是由西格蒙德·弗洛伊德（1856~1939年）发展起来的精神分析法。在最初的时候，精神分析法是一种治疗策略，也是一种心理失调的理论，是了解人类本质的途径。弗洛伊德认为，深藏在人的潜意识里的力量决定着人们的行为。

发展至今，心理学和精神病学已经成为两门独立的学科而存在。心理学工作者研究正常和变态的行为，精神病学属于医学领域，精神病学者致力于脑和心理障碍的研究。但不可否认的是，心理学与精神病学这两者之间仍然在许多方面存在着交叉。1879年，人们使用了"临床心理学"这个术语，临床心理学家们以心理健康为工作中心，并常在富有经验的精神病医师手下接受相应的训练。心理学工作者和精神病研究者一起联合起来，帮助病人解决各种各样的生理和心理疾病问题。

心理学的主要流派

心理学从诞生之初发展至今经历了一个漫长而复杂的历程，并由此衍生了许多的流派，主要包括构造主义心理学、内容心理学、意动心理学、行为主义心理学、机能主义心理学、格式塔心理学、人本主义心理学等，下面我们将进行具体讲述。

1. 内容心理学派

内容心理学派产生于19世纪中叶的德国，内容心理学派的主要代表人物有费希纳和冯特。其中，费希纳主张的是心理物理学，在此研究中他曾经创造了三种心理测量的方法：最小可觉察法、正误法以及均差法。费希纳把物理学的数量化测量方法应用到了心理学中，为后来的心理学提供了实验研究的工具。从现代心理学发展的历史和过程来看，费希纳应被认为是现代西方心理学的主要缔造者、构建者之一，他的心理物理学为冯特心理学的建立奠定了良好的基础。

　　冯特（1832~1920 年）是近代心理学的创始人、奠基人之一，在心理学史上，他的名字与心理学的独立和实验（内容）心理学的建立从来都是直接联系在一起的。冯特一生治学严谨，论述、成果极其丰硕。1865 年，他出版的《人体生理学教本》一书，曾经得到与他同时代的恩格斯的大力肯定，而《生理心理学原理》一书，更是被心理学界看作是心理学的独立宣言。冯特的内容心理理论观点，后来被他得意而忠诚的学生铁钦纳带到了美国，并且在 19 世纪末得到了快速的发展，主要形成了一个在心理思想上与冯特观点极其相似但是又有区别的较大学派——构造主义心理学派。由于"内容"与"构造"两个学派的主体思想是一致的，所以后人一般都倾向将它们视为一个整体的学派。内容心理学派的理论兴盛了有二三十年的时间。

　　内容心理学派的主要观点是：主张对人的直接经验进行研究。所谓的人的直接经验就是指人在具体的心理过程中可以直接体验、感受到的，例如感觉、知觉、情感等。冯特认为，人的这种直接经验（心理或意识）是可以进行分析的。他将心理分析到最后不能再分析的成分称为心理元素，认为心理元素是心理构成的最小单位，人的心理是通过联想或感觉才把这些心理元素综合为人的直接经验的，而心理学的任务就是要分析心理的结构和内容，发现心理元素复合成复杂观念的内在原理与规律。为此，冯特的心理学体系被称为内容心理学。

　　1879 年冯特在莱比锡大学建立了世界上第一个心理学实验室，他把人的直接经验作为心理学的研究对象，以一个导师的身份聚集他的同事、学生在实验室里从事心理研究工作。冯特指出："心理实验就是被试者系统地进行自我观察，而一切实验手段都是自我观察的辅助手段。"在冯特和他的学生看来，心理学的研究对象就是通过自我观察而直接感觉到自我"经验"，也就是人的"直接经验"。

2. 构造主义心理学派

　　构造主义心理学派通过实验方法研究人的心理，这个学派是由冯特的学生铁钦纳于内容心理学派形成近 20 年以后在美国建立的，是内容心理学思想的继承和进一步的发展。构造主义心理学派不等同于内容心理学派，这两个学派无论在形成的时间、地点以及研究方法和具体内容上，都存在着很大的差异。

　　构造主义心理学派主张心理学应当以意识或意识经验为研究对象，心理学家的研

究任务在于分析意识的内容，查明意识的组成元素以及构造原理。"构造主义"这一词语是铁钦纳在美国和威廉·詹姆斯的机能主义论战时采用的概念。

构造心理学派认为，心理学的研究对象是意识或意识经验，主张心理学应该采用实验内省法来分析意识的内容、组成部分或构造原理，找出各组成部分如何连接成各种复杂心理过程的规律。铁钦纳认为，心理学的研究方法是对意识经验的观察，即内省法。他认为心理学所要研究的问题有三个：第一，什么，即把意识经验分析为最简单的元素；第二，怎样，即确定这些元素结合的规律；第三，为什么，即用一个与心理过程相应的神经过程来解释这个心理过程。铁钦纳打破了冯特的限制，把内省法应用到了高级心理过程。

构造派是心理学史上第一个应用实验方法系统研究心理问题的派别。在他们的示范和倡导下，当时西方心理学实验研究得到了迅速传播和发展。但是构造心理学派把心理学看成一门纯科学，只研究心理内容本身，强调心理学的基本任务是理解正常的成人的一般心理规律，不重视心理学的实际应用，不去讨论其意义和功用，不关心个别差异、儿童心理、教育心理等心理学领域，也不关心其他一切不可能通过内省法研究的行为问题，所以显得非常狭隘。

3. 机能心理学派

从广义上来讲，机能主义心理学是从19世纪50年代中期开始的，其发展经历了漫长的历史时期，主要包括行为主义心理学派、意动心理学派、日内瓦学派、哥伦比亚机能主义心理学派、符茨堡学派等。而狭义的机能主义心理学派出现在19世纪末20世纪初，主要指美国的芝加哥机能主义心理学派，又称为实用主义心理学派。

机能心理学对心理的研究已经从单纯的主观方面扩大到了心理的客观方面——外部行为。因此，机能心理学派为行为主义心理学开拓了道路。狭义的机能主义心理学派的主要代表人物有詹姆士、杜威、安吉尔和卡尔。詹姆士认为心理学是一门自然学科，是一门研究心理生活的现象及其条件的科学，把生理条件和心理现象都包括在了心理学的研究对象之中。他反对冯特式心理学把心理现象分解为各种元素，提出了意识流的概念。詹姆士认为内省属于心理学的一种基本研究方法，主张心理学可以通过采用实验法来进行研究，并且还可以把比较法作为内省法和实验法的一种有效的补充方法。詹姆士的实用主义对后来美国心理学特别是对于机能主义心理学的发展产生了很大的影响。

杜威认为心理活动是一个连续的整体，是一个连续的整合的活动。他认为，心理学的研究对象是整个有机体对环境的适应活动，而且人的活动与社会是一个整体，心理学不能把人脱离社会进行研究。杜威的心理学思想为美国狭义的机能主义提供了基本概念和理论基础。

安吉尔主张心理学属于自然科学中的生物科学类，认为意识是有机体适应环境的工具，而且认为心理学研究的领域应当包括一切心理过程、它们的生理基础以及外部行为，也包括儿童的、动物的以及变态的心理。安吉尔还主张内省法不仅仅可以用来把心理现象分析为具体的心理元素，还可以用来观察心理现象对于主体适应环境所执行的机能，而且他还主张使用物理科学的客观观察法来补充内省法所不能得到的材料。

卡尔的机能心理学有这样两个基本的概念：反向弧概念和适应性行为。他认为心理学应当同时采用内省法和客观观察法，也可以采用文化产物分析法，同时他还主张采用日常生活的观察资料以补充系统的科学观察的不足之处。

以上就是狭义的机能心理学，通常也可以称为芝加哥机能主义。在机能心理学的影响下，个别差异心理学、各种心理测验、学习心理学以及知觉心理学等在美国有了明显的发展与进步。

4. 意动心理学派

意动心理学派的创始人是布伦塔诺，这个学派是 19 世纪末于奥地利南部出现的把意识的活动作为研究对象的一个心理学派，此学派有奥国学派之称。

学派创始人布伦塔诺于 1838 年 1 月 16 日出生于德国望族，他的学生斯图姆夫、厄棱费尔和弗洛伊德等都是心理学史上的重要人物。布伦塔诺是非常虔诚的天主教徒，他的思想深受经院哲学的影响，以为灵魂就是心理现象，研究灵魂也就是研究心理现象。

1874 年，布伦塔诺出版了《从经验的观点看心理学》，书中的观点明确反对冯特的内容心理学。在书中，他指出心理学的对象不是感觉、判断等的内容，而是感觉、判断等的活动。他称这种活动为心理的活动或意动，并将"意动"概念作为心理学的中心概念进行阐述。

布伦塔诺开辟反冯特主义的欧洲机能心理学研究的新取向，促进奥国学派与形质学派的发展。布伦塔诺指出，我们所看见或所思考的事物（意象、观念）是意识的内容，所看见或所思考的对象，并非心理学的研究对象；看或思考等意识的动作才是心理学需要研究的对象。

布伦塔诺认为，心理学的研究方法是内省，也就是自我观察，把经验回忆起来加以观察。他认为这种观察是不需要实验室的但不反对在实验条件下进行内省。另外，他还主张利用对别人的言语、动作和其他表现进行观察，并对动物、儿童、变态的人以及不同阶段的文化进行研究。

布伦塔诺把意动分为基本的三类：第一，表象的意动，包括感觉、想象等；第二，判断的意动，包括知觉、认识、回忆等；第三，爱憎的意动，包括感情、希望、决心、意向、欲望等。其中表象的意动是三类意动中最为根本的，其他的两类是在表象的意动的基础上形成的。

布伦塔诺思想的来源之一是亚里士多德的《论灵魂》。后者以为心理是灵魂的功能，生物保存生命的活动。意动心理学产生的直接原因和冯特的内容心理学也是息息相关的，而且与冯特的内容心理学几乎是同时产生的。可以说，冯特的内容心理学是促成布伦塔诺意动心理学的直接动力。布伦塔诺的心理学思想对目的心理学、精神分析和完形心理学均起到理论先驱的作用，成为当时欧洲一种强有力的心理学思潮，像格式塔心理学、弗洛伊德的精神分析都受其影响直至今日。

5. 格式塔心理学派

"格式塔"这一古怪的名称，是对形状、外形、完形、整体等意思的德文译音。格式塔心理学派于20世纪初产生于德国，主要的代表人物有魏特曼、考夫卡和苛勒。格式塔心理学派是与冯特的内容心理学说相对立的一大学派，格式塔的意思就是外形、形式或图形，广义地说就是形态或要义。

格式塔不是指孤立不变的现象，而是指通体相关的一个完整的现象。这个完整的现象具有它本身所自有的非常完整的特性，这个完整的特性既不能割裂成简单的元素，也不包含在任何单个的元素之内。格式塔心理学派强调整体的观点，强调经验和行为的整体性，反对美国构造主义心理学的元素主义；格式塔心理学派重视各部分之间的综合联系，反对行为主义的"刺激——反应"公式，认为整体不是简单地等于部分之和，意识经验不等于感觉和感情等元素的集合。

格式塔心理学所强调的这种整体观点有着与之相应的、具体的社会历史条件。格式塔心理学发端于20世纪初的德国，当时的德意志帝国飞速崛起，快速发展，并妄图征服整个世界、称霸全球，使世界各个地区的国家都完全臣服于德意志帝国。在这样的社会历史条件下，德国的政治、经济、文化、科学等方面都倾向对于整体的研究，心理学自然也不例外。

6. 精神分析学派

精神分析学是由弗洛伊德所开创的，其后被不断地修正，发展至今其影响力已经远远超出了心理学。精神分析学派的代表人物主要有：创始人弗洛伊德，以及弗洛伊德的学生阿费烈德·阿德勒、奥图·兰克、卡尔·古斯塔夫·荣格、史塔克·苏利文、卡伦·杭妮等。

弗洛伊德精神分析学说的最大特点，就是强调人的本能的、自然性、情欲的一面，主要着重于精神分析和治疗，并由此提出了人的心理和人格的新的独特的解释。它首次阐述了无意识的作用，肯定了非理性因素在行为中的作用，开辟了潜意识研究的新领域；它重视人格的研究、重视心理应用。

精神分析学派是弗洛伊德在毕生的精神医疗实践中，对人的病态心理经过无数次的观察、分析、总结，经多年累积逐渐形成的。作为精神分析学的创始人，弗洛伊德在学派的地位是无可替代的，他的理论观点涉及意识、前意识、潜意识，本我、自我、超我的人格结构和防御机制，其关键的治疗核心在于宣泄和对移情的成功处理，以有效、彻底地消解问题的情结，这些都构成了此后精神分析学派发展的基本框架。

1971 年，美国曾经有人将精神分析视为"伪科学"，将精神分析比喻成为"骗人的巫术"和"骗钱的玩意"，这显然是一种以生物、物理、化学等自然科学的方法去衡量所有人文科学的偏差、偏见。精神分析更多的是一种人文科学和经验科学，而不属于自然科学的范畴。在目前的效果研究中，精神分析各学派的治疗效果是非常显著的。但我们必须要明白的是，精神分析并不是某些人所认为的唯一真正有效的疗法。精神分析学是一个心理治疗的创造性的开始，并不是心理治疗的全部。至少在人本主义疗法和行为主义疗法兴起后，它就不是唯一的有效疗法了。

7. 行为主义心理学派

行为主义心理学是美国现代心理学的主要流派之一，同时也是对西方心理学影响最大的主要流派之一。行为主义心理学的创始人是美国的心理学家华生，行为主义可以分为旧行为主义和新行为主义。旧行为主义的代表人物是以华生为首，其次则有霍尔特、拉施里·亨特和魏斯。新行为主义的主要代表人物是托尔曼、赫尔和斯金纳等。

1903 年，在安吉尔的指导下，华生完成了他的博士学位论文《动物教育：白鼠的心理发展》。之后在芝加哥大学主持动物心理实验室的研究工作。1908 年，华生离开了芝加哥大学，到霍布金斯大学担任教授的职务。期间，他的行为主义心理学理论体系开始形成、建立和发展起来。

行为主义观点认为，心理学不应该研究意识，而只应该研究行为。所谓的行为就是有机体用以适应环境的变化时各种身体反应的有机组合。

华生指出，一向认为纯属意识的思维和情绪，其实质也都是内隐和轻微的身体变化。前者是全身肌肉，特别是言语器官的变化，后者则是内脏和腺体的变化。他认为，心理现象都能够用物理和化学的概念来说明。具体来讲就是，肌肉的收缩和腺体分泌都可以归结为物理变化或化学变化，引起有机体反应的刺激只能是有机体内部和外界的物理变化或化学变化。这样一来，全部行为，包括通常所说的心理活动，都只不过是一些物理或化学变化引起另一些物理或化学变化而已。

行为主义心理学在方法论上深受进化论问世以来的动物心理学的影响，华生曾经做过许多动物心理学的研究。他认为除了极少数的简单反射以外，一切复杂的行为都取决于环境因素的影响，而这种影响是通过条件反射实现的。华生的环境决定论观点影响美国心理学界长达 30 年。

华生式行为主义心理学的影响在 20 世纪 20 年代的时候达到最高峰，它的一些基本观点和研究方法渗透到了很多人文科学中去，并因此出现了"行为科学"这个名称。发展至今，行为主义心理学所涉及的领域仍然在日益扩大。它们尽管不全以行为主义为指导观点，但是名称的起源、原因都不能不归之于行为主义。后来认知心理学兴起之后，虽然意识重新被重视，但是认知心理学在方法上也尽量通过观察客观行为来研究主观经验。

8. 人本主义心理学派

人本主义心理学派在 20 世纪 50~60 年代兴起于美国，是当代心理学的主要流派之一。人本主义心理学派是由美国心理学家 A. H. 马斯洛所创立的，现在的代表人物主要是 C. R. 罗杰斯。

人本主义心理学者受现象学和存在主义哲学的影响是非常明显的。人本主义心理学家们提出，心理学的研究应当是以正常人为研究对象，研究人类异于动物的一些复杂的经验，例如动机、欲望、快乐、幽默、价值、情感、爱情、生活的责任、生命的意义以及嫉妒、仇恨等真正属于人性各个层面的问题。人本主义对人性持乐观的看法，认为人类的本性是善的，而且在人类的本性中原本就蕴藏有无限的潜力。因此人本主义心理学的研究，不只是了解人性，而是更进一步地主张改善环境以利于"善"的人性的充分展现与发展，以期达到自我实现的最高境界。

人本主义心理学反对将人的心理低俗化、动物化的倾向，被称为心理学中的第三思潮。人本主义心理学反对仅仅以病态人作为研究的对象，反对把人看为本能牺牲品的精神分析学派，也反对把人看作物理的、化学的客体的行为主义学派。人本主义心理学主张研究对人类的进步富有意义的问题，关心人的价值与尊严。但是人本主义心理学在某种程度上忽视了时代条件和具体的社会环境对人的先天潜能的制约和影响。

人本主义的主要理论有两类：马斯洛的需要层次论和罗杰斯的自我实现理论。马斯洛的需要层次论认为，人类行为的心理驱力、根本动力不在于性本能，而是人的需要。马斯洛在1943年发表的《人类动机的理论》一书中提出了需要层次论，将需要层次论归结为两大类、七个层次，这七个层次就好像一座金字塔一样递次推进，由下而上依次是生理需要、安全需要、归属与爱的需要、尊重的需要、认识需要、审美需要、自我实现的需要。对于这些递次推进的层次，马斯洛认为，人在满足高一层次的需要之前，必须先部分地满足低一层次的需要。两类需要中，第一类需要属于缺失需要，为人与动物所共有的，一旦得到满足，紧张就会消除，兴奋就会降低，便失去了驱动力。第二类需要属于生长需要，可产生成长性动机，是为人类所特有的，是一种超越了生存满足的需要之后所发自内心的渴求发展和实现自身潜能的需要。只有满足了这第二个需要，个体才能进入心理的自由状态，体现人的本质和价值，促进人的自我实现，产生真正的、深刻的幸福感，马斯洛将这个幸福感称之为美妙的"顶峰体验"。

罗杰斯的自我实现理论是这样的：刚出生的婴儿并没有任何关于"自我"的概念，而随着他（她）——这个婴儿与他人以及环境的相互影响、相互作用，他（她）开始把"自己"与"非自己"渐渐地区分开来。当最初的这个自我概念形成之后，人的自我实现趋向就开始激活了，在自我实现的需求这一股动力的驱动下，儿童在所有的环境中进行各种各样的尝试活动并产生出大量的经验与体验。在这个过程中，有些经验会使他感到满足、愉快，但有些则是相反的。满足、愉快、幸福的积极经验会使儿童保持、寻求、再现，而那些不满足、不愉快、痛苦的消极经验会使儿童尽力回避。

在孩子寻求满足、愉快、幸福的积极经验的过程中，有一种是受他人的关怀而产生的体验，还有一种是受到他人尊重而产生的体验。但是需要指出的是，儿童的这种受关怀、受尊重需要的满足完全取决于他人，而他人的关怀与尊重是有条件的，因为他人（包括他们的父母）是根据儿童的行为是否符合他们的价值标准以及行为标准来决定是否给予儿童关怀与尊重。所以说，他人的关怀与尊重所需要的这些条件体现了父母以及社会的价值观，罗杰斯称这种条件为价值条件。儿童不断通过自己的行为来真实地体验到这些价值条件，然后就会不自觉地将这些本来是属于父母或他人、社会的价值观念内化，成为自我结构的一部分。就这样，渐渐地儿童就会被迫放弃按照自身机体估价过程去评价真实的经验，而变成用自我中已经内化了的父母的、他人的、社会的价值规范去评价这些真实的经验。这也就表示：儿童的自我和真实的经验之间发生了异化，而当真实的经验与自我之间存在冲突之时，个体就会预感到自我将受到一定程度的威胁，因而就会产生焦虑、烦躁等。当预感到真实的经验与自我不一致之时，个体就会运用防御机制——歪曲、否认或选择性知觉来对真实的经验进行加工，使这些真实的经验在意识水平上达到与自我相一致的效果。如果运用防御成功，那么个体就不会出现心理适应障碍，而如果防御失败，个体就会出现心理适应障碍。

我们需要明白的一点是，人本主义心理学不是从人类社会发展的高度去观察人的动机发展，因而人本主义心理学的动机金字塔的顶峰只能是个人（价值）的自我实现，这一点仍然不足以解释人类为了真理、和平而献身的崇高的精神与行为。晚年时期的马斯洛意识到了这个矛盾，所以提出了超人本主义，以弥补从单纯的个人出发追寻人的价值的动机论的不足，打破局限。

超人本主义是西方心理学的第四势力，于 20 世纪 60 年代末兴起。如果说人本主义心理学是一种渴望以人为中心，崇尚自由和生命尊严的心理学，那么超人本主义则是一种以宇宙为中心，超越了人类以及人性的心理学。

9. 日内瓦学派

日内瓦学派是瑞士心理学家皮亚杰所创立的，所以又称为皮亚杰学派。日内瓦学派是当代儿童心理学和发展心理学中的主要派别之一，此派别的主要工作就是通过对儿童科学概念以及心理运算起源的实验分析，探索智力的形成和认知机制的发生以及发展规律。日内瓦学派的最初活动可以追溯至皮亚杰于 1921 年前后在巴黎比奈实验室工作期间所进行的一些关于儿童智力的研究与分析。

日内瓦学派的分析研究深刻地揭示了儿童认知发展以及智力成长的一般规律：第一个是知觉的发展，知觉的场效应在各个年龄阶段是保持相对不变的，但是知觉活动却受到了智力运算的影响而水平呈现渐次地增高。第二个是符号功能和记忆的发展。儿童从感觉——运动阶段到前运算阶段，逐渐发展了延迟模仿、象征性游戏、绘画、心理意象以及言语等符号功能。第三个是具体运算的发展。儿童在获得反演可逆性和互反可逆性之后，就掌握了类与关系之间的逻辑，能够对加法和乘法进行分类，能够进行一维和二维的序列化活动。

日内瓦学派注重研究人的认知活动，但是这一点并不同于认知心理学的内容。日内瓦学派的研究成果对于认识论、逻辑学、语言学以及教育学等都产生了很大的影响。皮亚杰本人也因此被誉为 20 世纪最伟大的学者之一。

日内瓦学派的理论与所进行的实验在当时也受到了一些批评。例如，有的学者认为，日内瓦学派只侧重于儿童认知一般规律的研究而忽视了儿童个体之间存在的种种差别；有的学者认为，日内瓦学派对于发展阶段的划分有些绝对化等等。一系列的批评促进了皮亚杰学派研究工作的不断深入、发展与完善，例如后来的英海尔德、辛克莱·德茨瓦尔特以及 D. 博韦就对儿童认知发展的差异、儿童教育以及学习等社会因素对发展的作用加以详尽的探讨与分析。

二、心理学和生活的关系

从头读来，想必你已经体会到心理学和生活密不可分的关系了。为了更清楚地体现这种关系，这里再进行专门的讲述。

生活在今天的人们，对心理学越来越感兴趣了。今天，人类所创造的科学技术已经非常发达，使我们对周围的世界有了十分精确地掌控，人类甚至都可以飞跃出地球去开拓更为广袤无垠的外部星空了。美国的"深度撞击"号在人类的遥控下成功撞击了一颗小行星——你如何不叹服人类智慧的伟大呢？可是，在黑夜里，当你躺在床上，听着自己的心跳和呼吸声的时候，你是否想过自己才是这个宇宙中最神秘的事物呢？我们对于自己的内心世界了解了多少呢？我们每个人既相同又不同，我们每天都在忙忙碌碌地生活，我们每天都上演着喜怒哀乐、悲欢离合的故事。这一切内部的深层的机制到底是什么呢？

我们努力研究外部世界是为我们的生活服务。同样，我们研究我们自身的内心世界也要服务于我们的生活。这所要研究的内心世界，主要就是我们的心理能力。人的心理能力是非常丰富的，是大自然赋予人类的最珍贵的财富。

心理和生活相互影响

日常生活中，我们每做一件事、每说一句话，都受到一定的心理状态和心理活动的影响和制约，尽管有时候我们觉察不到。说一个人发脾气、闹情绪，这就是一种心理活动；说一个人洋洋得意、意气风发，这就是一种心理状态；说一个人品行不好、思想消极，这其实就是在做心理学研究了。心理学能够指导我们的生活，越是复杂的生活，越要懂得心理学才行。懂得运用心理学管理自己，我们的生活才会幸福、有意义，我们的学习、工作才会有所成就，我们和他人才会友好互助地相处。

人的心理和人的生活是相互影响的。人一降生，就是带着心理能量来的，虽然这种能量是潜在的和不成形的。同时，一定的生活环境便会将这个刚出生的小家伙一下子包围起来。生活环境的差异对人早期的心理发展有着深远的、导向性的影响。如果一个人出生在一个暴力家庭，他的心理就会发展不健全，可能会成为一个性格古怪、情绪反常、十分叛逆的人，他可能早早辍学、不愿回家、讨厌家庭、讨厌社会、甚至走上犯罪的道路。同样是他，如果出生在一个和睦幸福的家庭，他的心理就会健康地发展，自小懂得关爱和帮助别人，懂得尊敬长者，懂得好好学习，珍惜家庭温暖——

他将来会有一个幸福的人生。不同的生活环境造就人不同的心理；有不同心理特征的人会选择不同的生活道路。

"生活如流水"，人们经常如是说，可这个比喻并不怎么恰当。静静流淌的水囊括不了生活的全部内涵。生活，应该说是一条波涛汹涌的大河：穿峡谷、过险滩、漫平原，九曲十八弯，时缓时急，直至奔腾入海。人则是这条大河上的航行者，时而激动万分，时而忧心忡忡，时而又迷茫惆怅，但终归还是保持向着海的航向，这就是生活中人的心理写照。

心理学的生活应用领域

心理学对人类生活所起的作用越来越大，应用范围越来越广。作为一个心理学家，可以参与解决工业、商业、教育、医疗、军事及其他各种社会问题。目前，心理学已经在许多的应用领域形成了分支学科，下面简单列举几个主要分支。

1. 工业心理学

主要包括管理心理学和工程心理学两大块。

管理心理学主要研究员工的选拔、培训、评价、使用等人事组织问题，还研究领导行为、组织结构、工作动机、激励手段、意见沟通等心理学问题。研究目的是调动人的积极性，充分发挥人的潜在能力，营造和谐的工作气氛，提高工作效率。

工程心理学主要研究现代工业人机系统，即人和机器的关系。目的是使设备的工程设计充分考虑人体活动特点，最大限度地提高工作效率。例如，工厂的照明、温度等工作条件，交通工具中的仪表安置等都是工程心理学研究的内容。另外，现代工业劳作中，员工的心理活动特点和规律也是其研究内容之一。

2. 商业心理学

商业心理学主要研究商业活动中人的心理活动的特点和规律，运用心理学的原理和方法解决商业活动中有关人的行为问题。它包括市场心理学、广告心理学和消费者心理学等。

市场心理学主要研究人的心理因素在市场供求关系中的作用；广告心理学主要研究广告、商标、包装的设计及其心理效果的评价等；消费者心理学主要研究商品生产、流通过程中以及服务行业中消费者的心理规律，如购买动机和行为特点的分析等。

商业心理学的研究是商业竞争的重要手段，在成熟市场经济国家中很受推崇。我国在此方面的努力则刚刚起步。

3. 教育心理学

教育心理学主要研究教育过程中人的心理活动规律，旨在揭示心理发展和教育过程的关系，将发展心理学的研究成果应用于教育实践当中去。主要研究内容包括：受教育者的心理个人差异，知识和技能的掌握，道德品质的形成和教育者应具备的心理素质等。教育心理学的研究直接关系到教育改革和人才培养的重大战略。

教育心理学又包括学科教育心理学和德育心理学等分支。学科教育心理学研究课程的内容和教授方法；德育心理学研究儿童道德动机、道德判断的形成过程，寻找培养优秀道德品质、正确信念理想的有效途径。

4. 法律心理学

法律心理学主要研究人们在司法活动中的心理活动和规律。根据研究内容的差异，法律心理学又可分为犯罪心理学、审判心理学、侦察心理学、司法鉴定心理学等。

犯罪心理学主要研究犯人作案的动机、对罪犯的有效教育改造等问题；审判心理学主要分析犯人供词和证人证词的可靠性问题；侦察心理学研究案件侦破过程中所应遵循的心理规律；司法鉴定心理学主要的目的是运用临床精神病学知识，对疑似精神病人的被告及其他诉讼当事人进行心理鉴定，为确定其法律责任提供科学的依据。

5. 医学心理学

医学心理学是关于健康和疾病问题的心理学，主要研究心理因素在致病和维护健康方面的作用，以及医护人员和病人在医疗过程中的心理活动和行为特点。

医学心理学还研究精神药物的作用、心理治疗的方法、病人的康复过程等问题。医学心理学家也从事一些心理卫生和心理咨询工作，帮助人们促进身心健康。

6. 军事心理学

军事心理学主要研究在军事活动中人的心理问题，包括军事人员的选拔和分类、军事技能和武器的学习掌握过程、适合军事活动的个性心理特征、心理战术、宣传和反宣传等。军事心理学上，军事组织就是一个小社会，其中的社会过程和关系，比如军官和士兵的关系、战争时群体内部情绪、军队士气的作用等，都是需要研究的问题。根据兵种的特点，军事心理学可分为航海心理学、航天与航空心理学。航海心理学主要研究军事人员在长期离开陆地情况下的心理特点，舰艇操纵和海上战斗时的特殊心理学问题。世界各国的军事心理学研究成果都保密，除非已经失去了军事价值，否则不可能公开发表。

三、必知的心理学定律

因果定律——任何一种结果的出现，都不是偶然的

"因果定律"是由著名哲学家苏格拉底提出的，又称为因果法则，指无论哪一方面

的成功或失败都不是偶然的，而是有着一定因果关系的必然，即每件事情的发生都有某个理由，每个结果都有特定的原因，这个法则非常深奥且具极大影响力，以致世人将其称之为人类命运的"铁律"，心理学家将其归纳为：

种瓜得瓜，种豆得豆，种下什么样的因，就会有什么样的果。

因果定律说明的是，发生在你生活中的任何一件事情的结果，必定有一个或多个与其相伴而生的原因，简单说就是人们每天都生活在因果定律之中。从天体运行、四季轮回，到小河叮咚、大地回春；从花草树木、鱼虾成群，到红杏枝头、山峦叠起……这一切都和因果定律息息相关，也可以说是因果定律运行的结果。

因果定律以最简单的形式告诉人们，如果生活中你为自己设定了想得到的结果，你就需要追溯前人，看一看那些得到这个结果的人是怎么做的，并为这个结果不停地努力、付出，如果你能够做和成功人士同样多的事情，你获得的结果也将和他们同样多，这不是奇迹，而是一个很自然的规律。

拿破仑·希尔曾被邀请到一所大学做演讲，他受到了热烈的欢迎，当校方付给他100美元的酬劳时，他说此行不虚，因此婉言拒绝了该项报酬。

后来那所大学的校长，将这件事情动情地说给了他的学生，校长说："我在这所大学待了20年，其间我曾邀请过很多人士给学生们发表演讲，但这是我碰到的第一个拒绝接受演讲酬金的人，他说他在演讲中收获的东西足以胜过他演讲的酬金。事实上，这个拒绝酬金的人是一家大型杂志的总编，所以，我建议你们去订阅他的杂志，因为，他身上的美德以及能力，是你们在书本中学不到的，也是将来踏入社会后必须用到的。"

拿破仑·希尔主编的《希尔的黄金定律》由此获得了这些学生6000多美元的订阅费，并在日后的发展

拿破仑·希尔

中，获得这所大学的学生以及他们朋友50000多美元的订阅费。

种了就会有收获，哪怕你当初并没有期望获得收成。《人心的贮存》一书中曾说：

"人心就像一本存折，只有打开后才知道到底有多少收益。每本存折都是用一点一滴的善去积累的。"

有的人一生获得无数次成功，有的人一生连一次成功的滋味都没品尝过。你是否想过为什么会出现这种截然不同的结果？失败的人抱怨自己的运气差，甚至将其推脱给客观条件或外在因素；成功人士在总结经验时，经常要提到自己的聪明才智和好运气，但同时也强调了重要的一点——吃得苦中苦，方为人上人，这是多么重要的一点，它有力地向人们诠释了因果定律的关系。

古语言："一分耕耘，一分收获。"这是生命运行的必然衍生。只有辛勤耕耘、矢志不移的人才能得到应有的尊重、地位、名利和成功。知道这个道理后，相信那些失败的人在抱怨自己运气差的同时，一定也会总结一下自己曾经的付出是不是应该给自己更多的收获。

任何一种结果的出现都不是偶然的，如果你像那些成功人士一样，曾做了大量卓有成效的工作，那么你必定会得到和成功人士同样的结果，这没有什么奇怪，也不是好运光顾你，这只不过是因果定律发挥了作用。

每个人都向往成功与辉煌，那么人们究竟该怎样做才能获得这样的硕果呢？当你环顾生活中的各个方面，你会发现健康、收入、业绩、事业、家庭、人际关系……你目光所能及的一切都是过去耕耘的因所带来的果。

世上的任何事情都遵循着这样的道理。只要你肯花时间，肯牺牲，肯研究，肯付出，自然会声誉满丰。例如，如果你想拥有很多的财富，你必须时刻想着赚钱，时刻研究如何赚钱，时刻尽全力为此付出，这样你的钱包才会鼓鼓。如果你想拥有智慧，你就必须播下追求知识、学会知识、追求真理、运用真理的种子，这样你的脑中才会蓄满智慧。

爱默生说："因与果，手段与目的，种子与果实，是不可分割的，因为果早就酝酿在因中，目的存在于手段之前，果实则包含在种子中。大自然的法则是：从事工作，你将拥有权力，但不工作的人，将没有权力。"所以，你要得到某样东西，一定要付出更多的努力，把与该事情相关的每一件事情都做好，这样你才能从该事情中得到丰厚的回报，付出越多才能收获越多。

惯性定律——命运经常被习惯主宰

"惯性定律"即牛顿第一定律，发现者是伽利略。伽利略大胆地将事实和思维结合起来，在观察和分析了大量物体运动的基础后断言："在没有外力作用于物体时，物体

将保持静止或做匀速直线运动。"后来心理学家将其引用到心理学上并总结为：

人们心中一旦形成某种思维定式，便会呈现出一种惯性状态。无论对待什么事情，都会自然而然地顺着过去的习惯去思考，得出结论，最终付诸实践。

伽利略的发现，不仅揭示了物理学上物体会呈现出惯性运动，也同样揭示了人们在生活中也会出现惯性心理。

有个心理学家曾做过这样的实验：他在房间内放上三种颜色的气球，红色气球的数量最多，黄色气球为 5 个，绿色气球为 4 个，然后邀请了 60 名参与实验的志愿者，到房间内数出红色气球的数量，时间为 20 秒。他们出来后，心理学家询问他们看到了多少个黄色气球、绿色气球，但却没有询问他们看到了多少个红色气球，由于他们只专注红色气球，没有注意其他气球，所以没有一个人答对。

虽然这仅仅是一个实验，但却精确地证明了人们做事时的惯性心理，人们会习惯性地依照自己的经验考虑问题，认为自己所掌握的知识和资源都是科学、正确且有利的，在做事情时，毫不犹豫地根据这些经验、认知、知识行事，但结果却事与愿违。

在 19 世纪 70 年代，西联公司是世界上著名的电报公司，堪称电报市场上的霸主。就在此时，顾尔德投资了 100 万美元，成立了另外一家电报公司，与西联电报公司呈现出并驾齐驱的态势，这势必影响到西联公司的利益。

面对顾尔德电报公司的冲击，西联公司的老板绞尽脑汁想除掉这个竞争对手。他首先采取的方法是收购，经过公司董事的商讨，西联公司花费巨资收购了顾尔德的公司。不久后，顾尔德又成立了一家电报公司。再一次和西联电报公司形成了有力竞争，西联公司的老板认为，自己上次的成功收购已经使顾尔德几乎破产，如果这次再能成功收购的话，那么他将无法东山再起。他采取同样的方法，再次收购了顾尔德所创立的公司，但结果却让他目瞪口呆，收购后不久顾尔德便控制了西联公司的整个经营权。

事实上，顾尔德早已做好了准备，他利用了西联老板的惯性心理，在西联公司收购之前，已经申请了爱迪生的四重发报机专利，并通过西联公司此次的收购行为安排了自己的人员，用内部蚕食和专利权利双重办法，控制了西联公司的经营权，并使其完全地落到了自己的手中。

为什么惯性会像影子一样在人际交往和认知过程中跟随我们前往任何一个地方？因为在人际交往中，它会使人们在做某件事情或者表达某个观点时，表现得相当熟练，甚至如同顺手牵羊一般简单、容易。

它在给人们带来方便与快捷的同时也束缚了人们的认知，使其总是按照以往的思维思考问题、解决事情，而不运用创新思维寻找新的途径，这导致人们不能更好地具体问题具体分析，也因此使命运的天平偏向于失败、荆棘、坎坷的一方。

法国作家巴尔扎克说过："苦难是人生的老师。"的确，人生在世，每个人都会遇到困难和挫折。有的人在困难面前越挫越勇，奋勇直前；有的人则望而却步，一蹶不振。完全不同的状态行为，决定于人心态中的惯性心理。前者习惯了勇敢，最终成了胜利者或成功者；后者习惯了畏惧，最终成了平庸者或失败者。

面对同样的环境，不同的人取得了截然不同的结果，这与人们长期以来养成的对待阻碍性问题时的态度有着紧密关系。成功之人，能够适时地调整自己的认知，认清顺境和逆境中的不同，在逆境中找到新的方法，进而养成在多次逆境中寻找便捷方式的习惯；失败之人，习惯以消极的思维方式与行为态度，面对顺境时可能不会看出分晓，可是一旦遭遇逆境便迅速感到迷茫和无助，以至不知所措、日渐消沉。

由此可知，人们把握良好的心理惯性是多么重要。在此，有必要向大家进一步解释一下，心理惯性是指一个人对环境的适应程度，这里的环境包括周围的一切事情，拿我们坐汽车来说，当汽车加速时，人们的身体会向后仰；汽车减速时，人们会向前倾，人们总是很难在瞬间保持一定的平衡性，这是人们的身体受制于物理惯性的作用。

手表定律——更多标准会让你无所适从

"手表定律"是由英国心理学家 P. 撒盖提出来的，也有人将其称为"矛盾定律"。主要观点是：只有一块手表时，可以知道准确的时间，但如果拥有两块或两块以上的手表，则很难说出准确的时间。两块手表不仅会让人们不知道准确的时间，而且还会扰乱看表人对所持时间准确性的信心。

这只是一个表面含义，深层含义旨在说明：

一个人不能同时选择两种不同的行为和价值观念，也不能选择完全不同的准则或目标，否则他将在生活中无所适从，也将陷入混乱状态。

提起手表定律，就不得不向大家介绍一下手表定律起源的寓言故事。

在原始森林中，生活着一群猴子。它们的生活很规律，每天日耕晚休，日子过得平淡而幸福。

一天，森林中来了一些游客，游客走后，小猴子玲玲拾到了一块圆形的手表。聪明的玲玲很快发现了应用它的奥秘。因此，玲玲成了猴群中的明星，猴子们每天都会向玲玲询问时间，玲玲更是拥有掌握着整个猴群作息时间的权力，玲玲因此在选举中当上了猴王。

做了猴王的玲玲认为是手表给自己带来了好运，于是它每天在森林里搜寻，希望能够拾到更多的手表。后来它果真又拾到了第二块手表，后来还拾到一块带有音乐的手表。

　　但好景不长，玲玲遇到了令它困惑的事情：三只表指示的时间都不尽相同，哪一个才是准确的时间呢？玲玲被这个问题难住了。

　　正巧有下属过来询问时间，玲玲犹犹豫豫地不知如何回答，整个猴群的作息时间也因此变得混乱，猴群们因此起来造反，把玲玲推下了猴王宝座，选了另外一只猴子掌握猴群们的作息生活并担任猴王。可没过多久，新上任的猴王发现自己也面临着和玲玲一样的窘境。

　　手表定律告诉人们：生活中只有拥有一个行为准则、树立一个价值取向，在做事时才会从容自如、灵活掌握。如果有两个或多个行为准则和价值取向，则会让生活变得无所适从。

　　对于大多数人而言，手表定律并不陌生，因为它几乎无处不在。

　　美国在线公司——美国著名的因特网服务提供商，可提供电子邮件、新闻、教育和娱乐服务，并支持对因特网访问。它的企业文化一直侧重于操作灵活和决策果断，为了获得重要信息，它们以快速抢占市场为服务目标。

　　2000年，美国在线和时代华纳宣布合并。时代华纳是美国一家横跨出版、电影、电视产业的大型媒体公司，企业文化强调诚信和创新。两家企业合并后至今依然有争议，争议主要存在于市场垄断方面。

　　虽然已经合并，但两家企业的高级管理层并没有很好地解决两家不同企业文化下的企业文化指导，这导致员工在工作中不知道该以哪个企业文化精神为指导，更搞不清企业未来的发展方向，最终两家的合并以失败告终。

　　对于一个企业而言，不能同时采用两种不同的管理方法，不能同时用两种不同的企业文化指导员工，否则这将使企业的发展方向陷入迷茫状态，使员工陷入进退两难的窘境。对于个人而言，不能同时用完全不同的两个标准或者多个标准来要求自己，进行同一件事情的时候也不能同时听从两个或两个以上人的建议，否则也将陷入无所适从、进退两难的窘境。

　　在现实生活中，这种现象可以说很常见。比如在选选修课时，你对两门不同的学科都非常感兴趣，但老师规定只能选择一门，这个时候你会很难做出取舍，很难做出选择；在择业的时候，如果你对两家公司都向往已久，两家公司又都同时录用了你，你一定会犹豫不决、徘徊不定……

　　人生的很多苦恼都来自拥有太多的标准、太多的选择，标准多了反而找不到一个最准确的；选择的机会多了，反而不知道最适合自己的。就像恋爱一样，如果世上每个人都选择你所爱，爱你所选择，那么任何一个恋爱的人都将是幸福的、甜蜜的、美满的，然而困扰很多人的是，他们常常会发现自己爱上了两个人：一个是言听计从、温文尔雅，一个是楚楚动人、青春靓丽，并且这两个人都爱自己、自己也都爱她们。于是，自己难以取舍、心力交瘁。

俗语言："鱼和熊掌不能兼得。"生活中人们总有面临选择的时候，也总会有不同的价值取向萦绕心头，择业、恋爱、处世、为人……你将何去何从？在人生的每一个十字路口你都要做出选择，这样才能在一条属于自己的大路上前行，目标才会越来越近。

奢望太多会让心乱，身体承受太多会使身累。很多过来人会发出这样的感慨："平平淡淡才是真，简简单单过一生。"这所谓的"平淡""简单"就要求自己不要让自己拥有太多的行为标准、价值取向、生活目标。

尼采说："兄弟，如果你是幸运的，你只要有一种道德而不要贪多，这样，你过桥会更容易些。"的确，在面对人生众多的诱惑时，人要时刻提醒自己，选择一个自己最喜欢、最值得信赖、最准确的道德标准，听从它的指引并不停地要求自己、完善自己，这样才能让自己的道路走得更顺，才能"山重水复疑无路，柳暗花明又一村"。

卢维斯定理——谦虚听取周围人的意见

"卢维斯定理"是美国心理学家卢维斯提出的。他曾指出："谦虚不是把自己想得很糟，而是完全不想自己。"后来人们在此观点的基础上，丰富了卢维斯定理，将其归纳为：

每个人都有展现自我的心理，但在展现自我的同时，仍然要细心地听取他人的意见，保持谦虚的品质。

卢维斯定理一直被人们沿用至今，是因为它具有真实的可靠性。

鹰王和鹰后准备孕育下一代，它们经过精心挑选，在森林中选择了一棵枝繁叶茂的橡树，准备在那里安家落户、哺育后代。鼹鼠听到这个消息后，中肯地对鹰王说："这棵橡树不安全，根部都要烂光了，随时有倒掉的危险，你们最好选择它处筑巢。""难道你的眼睛比我还锐利吗？我凭什么要听你的。"老鹰暗暗地想。鹰王没有听鼹鼠的劝告，继续筑巢并快速地搬进去。不久后，鹰后产出了一窝可爱的小家伙，但不久后的一天，当外出打猎的鹰王带着丰盛的早餐飞回家时，却发现那棵橡树已经倒掉了，它的鹰后和子女都已经摔死。鹰王悲痛不已，后悔地说道："我从来不曾料到，一只鼹鼠的警告竟会是这样准确，为什么我当初没有听取它的忠告呢？"

这则寓言故事进一步告诉人们：生活中不要无视他人好心的劝告，不要轻视身份、地位、名利比自己低的人，更不要做一个骄傲自大、目中无人的人，应时刻保持清醒的头脑、理性的思维、谦虚的认知和细心地听取，这样才能在生活和工作中获得成功。

贞观四年时，唐王朝出现罕见的升平景象，农业连年丰收，天下太平，盗贼不起。于是，许多大臣上书唐太宗李世民，请求封禅，即古代帝王祭告天地的庆功大典。听取群臣的意见后，李世民决定奔赴泰山封禅，但魏征知道此事情后，竭力反对众议，认为时机尚未成熟。

唐太宗带着满脸的不高兴质问魏征说："众臣都同意封禅，为什么唯独你不同意？是不是你认为国家还不够安定，四方还没有臣服，而我的功德也不够高、不够深？"

魏征镇定自若地回答道："论您的功业，的确很高，但百姓受到的恩惠却还不够多；论您的德行，的确深厚，但恩泽却没有惠及到所有的人。虽然现在天下太平，但财力并不充裕；虽然此时粮食丰收，但库存仍然空虚。所以，拿什么向天地报告功业呢？况且中原地带现在十分荒凉，若封禅时让随从庆贺的其他诸国看到虚弱状况，也许会滋生他们的图谋中原之心。"

尽管李世民对魏征的反对举动非常气愤，但还是觉得他说的有道理。他自己也突然意识到：不能因为有点财力便骄傲自满、注重排场、不惜民力，这是懈怠和堕落的开始，不能掉以轻心，否则有可能威胁到江山社稷。此事就这样告一段落，国家为此省下来一大笔开销。

正所谓："智者千虑，必有一失；愚者千虑，必有一得。"所以，我们要悉心地听取他人的意见，永远不要认为自己聪明过人、自高自大。

孔子有言："三人行，必有我师焉。"任何人都要保持谦虚的心态，把自己放在最低的位置。如果你留意，你会发现那些有着真才实学并受人尊敬的学者和成功人士往往都具有虚怀若谷、谦虚谨慎的心态及作风，而那些不学无术、一知半解的人却常会摆出骄傲自大、高高在上的架势。

受自身各种因素的限制，人们往往看不到自己存在的缺点或不足。只有谦虚地听取别人的意见，才能知道自己的不足，就像人们不照镜子便看不清自己脸上是否有斑斑点点一样。

中国伟大的教育家徐特立说："虚心不是一般所谓谦虚，只是表面上接受人们的意见，也不是与人们无争论无批评，把是非和真理的界限模糊起来，而必须保持自己的政治立场，当自己还未了解他人意见时不盲从。"事实上，这正是谦虚听取周围人意见的精髓。

"谦虚"指不自满,肯接受批评,并虚心向人请教,这是一种美德,是进取和成功的必要前提。英国有句谚语:"为什么天使能够飞翔?因为它把自己看得很轻。"看轻自己,不是自轻自贱,而是一种谦虚的境界、尊重他人的做事原则,即认真地听取他人对自己的意见。

自信是每个人都应该有的人生理念,但很多人往往由于过度的自信开始自傲、自大、自负起来,把朋友的肺腑忠告,当作嫉妒;父母的苦口婆心,当作耳旁风;下属的正确意见,不放在心上;同事的忠诚建议,认为是别有用心……在这样的心理状态中,你认为自己的生活还会一帆风顺吗?事业还会蒸蒸日上吗?答案显然是否定的。

正如英国哲学家赫伯特·斯宾塞所说的一样:"成功的第一个条件是真正的虚心,对自己一切敝帚自珍的成见,只要看出同真理冲突,都愿意放弃。"所以,生活中无论谁,无论做什么事情,都要秉承谦虚为怀的心态,掌握实事求是的思想,善于听取其他人的意见,保持清醒理性的认知。只有客观地看待自己与他人身上的优缺点,我们才能在生活的道路中,获得更大的进步。

期望定律——有梦才有希望

"期望定律"又称为"皮格马利翁效应",这是人类一种普遍的心理现象,它旨在告诉人们:

只要对某件事情怀着非常强烈的期望,所期望的事物就会激发人类的潜能,所要做的事情便会成功。

期望定律是人类一种普遍的心理现象,正因为它的普遍性,所以在人们走向成功的过程中,它往往会发挥很大的影响力。

提起篮球飞人乔丹,几乎无人不知无人不晓。他从小便喜爱篮球,梦想便是进入象征着篮球最高层次的NBA。他17岁那年报考了高中球队,但却因为当时身高只有一米七八而被教练组否决。乔丹默默无语地望着篮球场,打篮球的梦想,让他再一次找到教练,他诚恳地对教练说:"你可以不让我上场比赛,我只要求你让我和他们一起练球,我愿意为他们做一切事情,倒水、擦汗、整理球场……"教练被他的诚恳打动,答应了他的请求。

乔丹每天第一个来到篮球场上练球,最后一个离开篮球场,坚持了三年,三年后,乔丹顺利地进入了大学的篮球队,当时他的身高竟然惊人地长到了一米九八,这为他日后成功地进入NBA打下了坚实的基础。

心理学家曾提出过这样的问题，你的梦想是否会影响你的行为？经过各项调查研究发现：个人的梦想对个人的行为有着很大的影响，无论生活中人们认为做某件事情的方法是科学、正确，还是荒谬、无知，个人的思想都会影响着他们的行为，这既是人的天性弱点，也是人的优点。

乔丹在篮球场上的经历，让人们深刻地感受到：梦想与成功之间有着密切的联系，一个人只有拥有梦想，并激发内心深处的无限潜能，才能获得希望，获得实现梦想的机会。

销售之神原一平，一直对销售行业有着特殊的喜爱，他的梦想便是做一名出色的推销员。在他25岁的时候，他报考了明治公司，虽然被录用，但主考官却对他说："原一平，你不是干得了这种艰难工作的人。"这句话深深地刺痛了原一平，他注视着主考官，在内心深处对自己说："我必须证明给你看看。"正是怀着这样的信念，他努力地工作了三年，最终在该公司站稳了脚。

就在他取得了一些业绩的时候，他心中又萌生了一个新的推销想法，于是他找到明治公司董事长串田万藏，想要一份介绍日本大企业高管的书面材料，这会更利于他推销保险业务。向董事长提出这样的请求，怎么可能是一件简单的事情？但他发誓要实现自己的推销计划。

一天，他终于咬紧牙关，鼓足勇气，信心十足地推开了董事长的门。当他支支吾吾地向董事长说出此行目的时，董事长立刻反问道："什么？你以为我会介绍保险这玩意儿吗？"

原一平曾设想过串田拒绝他的很多种方式，但没有想到串田轻蔑地用"这玩意儿"来形容保险行业。他被激怒了，毫不犹豫地向前跨了一步对串田说："你这个家伙怎么能把保险行业说成'玩意儿'？公司不是一直对我们说保险是每个人都需要的正常行业吗？怎么今天变成了'玩意儿'了呢？你还是公司的董事长吗？我要立刻回去告诉大家今天你所说的话。"他说完便出去了。

在回去的路上，他很后悔自己的一时冲动，但同时又觉得自己说的没错，就在他回到公司准备辞职时，他的上司对他说："刚才串田董事打来了电话，尽管你对他的恶语相加令他很恼火，但他在你走后仔细地考虑了一番，最终同意了你的请求。"

拿破仑曾说过："不想当将军的士兵，不是好士兵。"不止在战场上，在人生的道路上也的确如此。每个期望成功的人，都会提前为自己树立一个远大的梦想，因为没有梦想，就没有奋斗的激情，也便无所谓成功。

人们在生活中能不能成功做好一件事情的主要因素并不在于他的个人能力有多大，

而在于他对该件事情所持的态度是否积极、是否有着浓厚兴趣。

爱迪生说："快乐人生有三大要素：必须有所作为，必须有所爱，还必须要有所期待。"无论是谁，只有从内心深处对某件事情充满期望，才会更好地付诸行动。有梦才会有希望，才能够获得成功。

人生是一段很长的旅行，而梦想在其中扮演的角色便是旅行过程中所要到达的目的地。当你踏上行程时，首先要确定行走的方向，只有方向确定了，才不会迷失自我，才能有充足的动力去克服旅途中遇到的各种艰难险阻。

在追逐梦想的过程中，每个人都可能遇到不尽人意的事情或难以实现的目标，但这并不可怕，只要你保持乐观的心态，树立自己的标杆，并时刻保持清醒的头脑，知道自己想要什么，你内在的潜能便会被激发，进而驱使你完成你的理想。

此外，还要为自己确立良好的目标，积极主动地唤起自己的求胜心理，当自己实现暂时性的梦想时不要满足于现状，可以重新确立另外的梦想，寻找新的希望，并不断地朝着该方向努力。

坚信定律——坚定信念，理想才会实现

"坚信定律"又称为"信念定律"。著名的激励大师丹尼斯·威特利说："一个人不是靠'我就是这种人'的事实驱动行动的，而是靠'我就是这种人'的信念支配行动的。"后来人们将坚信定律归纳为：

无论什么事情，只要人们对此抱着百分之一万的坚定信念，它就一定能够实现。

坚持信念的力量是伟大的，说它伟大是因为它可以激发个人的无限潜力。

纵观历史，人们惊奇地发现，几乎每位医学院的学生，在他们学习或者受训过程中，都会不同程度地出现一种或者多种自己所学或所研究的疾病的症状。例如著名的精神外科医生库辛斯，在他的学习和研究中经常自我预测自己会死于脑瘤，结果他真的得了难以治疗的脑瘤。这个现象说明：如果人们大脑中经常想象自己坚信的东西，就会在长期坚定不移的信念中激发体内实现该信念的行为，使其转变为现实。普林斯顿大学的心理学家琼斯在评论一项有关坚定信念的研究时这样说过："期望不仅会影响人们对现实的看法，也会影响现实的本身。"

坚信定律告诉人们：信念是力量的源泉，是胜利的基石，是人的精神支柱，在人们走向成功的路上，它是将人生引向成功的灯塔，能够激发人的行为，让内在的力量付诸实践，最终实现心中的理想。

1950 年，著名的游泳运动员弗洛伦丝成为第一个成功横渡英吉利海峡的女性，也

创下了横渡英吉利海峡的世界纪录。1952年7月4日，她决定从卡德林那岛游到加利福尼亚海滩，她一跃而入太平洋后向着21英里外的终点发起进攻。

在这种游泳渡海的过程中，游泳者最大的困难不是疲劳，而是能否坚持到最后。凭借着非凡的毅力，她在水里坚持了16个小时，可就要到达终点时，海上弥漫起了茫茫的大雾，她只能看到一米以内的地方。随着视线的模糊，她内心的信念也开始动摇，她感到自己筋疲力尽，支撑不住了，尽管跟随她的舰艇不停地告诉她就剩一米远了，但她依然感到自己距离海岸线很远，最终失败。当人们把她拉上船的时候，距离加利福尼亚海岸只有半英里，她望着剩下的半英里懊悔极了

横渡的失败，让弗洛伦丝深刻地领悟到，自己此次失败的原因，不是海上突然升起的大雾，而是心中的懈怠、信念的动摇让她丧失了斗志。两个月后，弗洛伦丝坚定信念，决定重游一次，在横渡过程中，她坚定了心中的信念，最终成功。

美国首屈一指的个人成长权威人士博恩·崔西曾说："在所有与精神生活相关的法则里，最重要的可能是'坚持信念法则'。即无论你相信什么，只要你坚持自己的信念，它就会变为现实。不是说看见了才会相信，而是只有相信了，你才能看见。"

尽管如此，生活中的人们总会对自己进行最不利的"自我限制信念"，人们经常会认为，自己在某些方面能力有限、技不如人，这种想法会让你逐渐失去信心、甘于平庸。

坚信定律告诉人们，如果你坚信自己会成为一个成功的人，那么你的内心深处便会朝着该方向努力，并最终实现这个目标；如果你坚信自己是个幸福的人，那么你会发现生活中的好事总会和你相连……信念就具有这种不可战胜性，说它具有不可战胜性，是因为它能够摧毁一切阻碍在人们面前的障碍，能够跨过难以逾越的鸿沟，能够击退人们迈向成功之路过程中碰到的凶猛野兽。

坚定信念的同时也要符合客观实际。如果客观存在的事情已经证明你曾经坚定的信念难以实现了，那你就要根据客观实际对自己的信念进行重新调整，否则毫无实际意义的信念不仅不会让你有所收获，而且还会令你耗费大量时间和精力。

在这个世界中，信念给予任何人的机会都是平等的，任何人都可以免费拥有它，它正是成功人士萌发奇迹的起点。正如罗尔斯所说："信念值多少钱？信念不值钱，它有时甚至是一个善意的欺骗，然而如果你一旦坚持下去，它便会迅速升值。"

如何让自己的信念升值？为了自己在职场中、商场中、生活中不断地发展、壮大、成功，你首先要摒弃自己"能力有限"的任何想法和意念，必须实事求是地坚定自我的信念，并在信念的指引下不断地拼搏、努力，你必须记住这样的法则：有了信念的

力量，你就能够完成任何一件持久的任务。

不值得定律——不值得做的事情就一定不会做好

"不值得定律"最直观地表达为：不值得做的事情，就不值得做好。后来心理学家将其总结为：

人们只有做符合自己价值观、适合自己个性和气质、能让自己看到期望的事情，才能驱使自己付诸双倍的努力将其做好，才能体现出自身的价值。

不值得定律对每个人的生活都起着很大影响，对此，不妨看一下世界著名指挥家的亲身经历：

伦纳德·伯恩斯坦因出色的指挥被人们所熟知，他获得了世界上著名指挥家的头衔，但事实上，他更倾心于作曲。

在他年轻的时候，曾跟美国知名的作曲家兼音乐理论家柯普兰学习作曲和指挥技巧。伯恩斯坦是创作天赋比较高的人，写过许多不同凡响的作品，他甚至被人们认为是美洲大陆的又一作曲大师。可就在此时，他的指挥才能被当时纽约爱乐乐团发现，紧接着他被推荐到纽约爱乐乐团，担任起了常任指挥，一晃30年过去了，伯恩斯坦几乎成了纽约爱乐乐团的顶梁柱，但对于伯恩斯坦而言，他更热衷于作曲。伯恩斯坦说："我喜欢创作，可我却在做指挥。"这个矛盾一直在内心深处折磨着他，一度让他感到痛苦和难耐，当他在指挥的舞台上，一次又一次地获得鲜花和掌声，有谁又能理解他内心的隐痛和遗憾呢？

伯恩斯坦的亲身经历告诉我们：一个人如果从事的是一份自认为不值得做的事情，那么他往往会因此缺少奋斗的激情，甚至抱着敷衍了事的态度进行，这不仅会使成功的概率变小而且缺少成就感；相反，如果人们从事的是一份符合自我价值观和兴趣爱好的工作，就会拿出全部的热情把工作做好。

王斌是计算机专业的硕士生，毕业后有幸应聘到一家大型的软件公司。他在那里仅工作了半年，就为公司开发出了一套财务管理软件，并且凭借着扎实的专业知识和过人的工作能力成为公司的骨干之一，一年后就被提升为项目开发部经理。

在开发部，王斌更加如鱼得水，凭借精湛的技

伯恩斯坦

术水平和良好的人际关系取得了不凡的业绩，于是老板决定再把他提升到总经办，负责全公司的管理工作。

可是王斌知道后并不高兴，他认为自己的特长和兴趣在技术上而不是在管理上。做纯粹的管理工作，不仅不能发挥自己的特长，还可能荒废了自己的专业技能，其中，还有重要的一点，即自己对管理不感兴趣，更谈不上喜欢，但出于对领导的信任和尊重，他还是接受了这份对于他来说不值得做的工作。

结果，事情仿佛正如他所料到的那样，尽管他在新的工作岗位上付出了很大的努力，但工作两个月以来一直令领导失望，王斌感到工作压力越来越大且毫无乐趣，他越来越讨厌这份工作，甚至想要辞职。

班尼斯说："最聪明的人是那些对无足轻重的事情无动于衷的人，但他们对较重要的事物却总是很敏感，那些太专注于小事的人通常会变得对大事无能。"

人们总认为，只要把事情做正确了，便获得了成功，但事实上，只有做正确的事情，才是更有意义的，也才是成功的。有人说："选择你所爱的，爱你所选择的。"的确，生活中的任何事情，都要秉承这样的人生格言："不值得做的事不要做，值得做的事才能把它做好。"只有这样，才能更好地激发人们的奋斗精神，提高工作效率，创造更大价值。

不值得定律提醒人们：只有值得做的事情，人们才能把它做得更好。对于这一点，画家莫奈是一个很典型的代表。

画家莫奈画了一幅修道院的画，画面呈现的是正在工作着的天使：有的在架水壶烧水，有的在提水桶，有的穿着厨衣伸手拿盘子……画中这些做着不同简单事情的天使都有着一个共同点，那就是都带着专注的表情。那些周围人看来不值得做的事情，在天使眼中都是值得做的事情，所以他们能够全神贯注地把它做好，正是这一点打动了所有欣赏画的人。

"值得"与"不值得"之间并没有明确的界限，关键看人的态度，同样的事情可能对于一些人来说是非常值得去做的，而对另外一些人来说就是根本不值得用心和努力的。一般人们将其总结为：符合自我价值观、符合自身个性和气质、能够实现自我期望的事情是值得做的事情。对于这类事情，人们可以满怀热情地为它付出时间、精力、耐心、毅力，因为对于这类事情绝大部分人取得成功的概率都会明显增大，这恐怕也是每位成功者在不知不觉中遵循的人生准则。

古德曼定理——聆听比诉说更能赢得他人的信任

"古德曼定理"是由美国加州大学著名的心理学教授古德曼提出，并以其名字命名的心理学定律。英国联合航空公司总裁兼总经理费斯诺曾对此风趣地说："人长着两只耳朵，一张嘴巴，这意味着人应该多听少讲。"后被人们总结为：

在人际交往中，最有效的沟通，往往不是滔滔不绝的单方陈述，而是在沟通时适当地聆听，这能够起到锦上添花的作用。

古德曼定理在生活中被人们广泛运用，在人与人的沟通中，掌握主动权者未必是喋喋不休者，最有价值的人也不一定是最能说的那一个。善于聆听是成熟人最基本的素质，与人交谈时适当的聆听是对他人的尊敬和礼貌，如果你能够在沉默中与对方心领神会，那么聆听便胜过了千言万语。

著名经济学博士伍德福德在他的《相恋的人》中写道："很少有人能拒绝那种带有恭维的认真倾听。"纽约电话公司的调解员就是其中的受益者，他曾用倾听成功地解决了一桩棘手的咒骂电话接线员的案子。

纽约的一家电话公司曾遭到一名客户咒骂接线员的事情，他不仅拒绝交纳费用，还对电话接线员口出脏话，甚至恐吓电话公司要拆毁电话线路，最让电话公司难以理解的是，他竟然公开地向公共服务机构和法院提出诉讼，导致电话公司引起数起电话诉讼案件，这给公司带去恶劣的影响。最后，电话公司派一名经验丰富的调解员前去调解。

调解员见到闹事的客户后，该客户不等调解员开口就急着向他抱怨电话公司的不是，并认为电话公司的收费不合理，他歇斯底里地边说边咒骂着。调解员什么都没说，只是耐心地听他把话讲完，并对他的抱怨做点头的回应，还适当地向其表示同情。最后调解员静静地听了3个小时，并连续地拜访了4次，在最后拜访的时候，他们成了朋友，调解员成为这名客户组织的"电话用户权益保障协会"中的一员——尽管这个协会中仅有他们两个人。最后在调解员的引导下，这名客户交纳了所有的欠款，并撤销了对电话公司不间断的投诉。

著名心理学教授格瑞德·古德罗曾说："沉默可以调节说话和听讲的节奏。沉默在谈话中的作用就相当于零在数学中的作用。尽管是'零'，却很关键。没有沉默，一切交流都无法进行，更别谈有效的沟通。"

生活中，人们经常会习惯性地认为：沟通是要通过语言表达出自己的思想观念，通过话语说服对方，赞同自己的观点，支持自己所做的事情，相信自己的行为……但事实上，这只是沟通的一部分，有效的沟通还包括适当的沉默、停顿，适当的聆听，而那些成功者，往往能够将二者有效地融合在一起，进而为自己服务。

聆听在整个沟通中的作用就像一篇文章中的符号，如果一篇语言简练、辞藻华丽、

内容充实的文章没有一个逗号或者句号，那么即使这篇文章的内容再吸引人，也会让读者在阅读的过程中感到前所未有的迷茫，难以领会文中意思。

为什么聆听有如此大的魔力？这是因为聆听能够让他人吐露心声，特别是在对方郁闷、孤独、无助、愤怒、委屈的时候，聆听往往比安慰、鼓励、引导或者辩解的话，更能走进对方的内心世界。

有人说："善言，能赢得听众；善听，才会赢得朋友。"的确，如果你想让别人对你感兴趣，就要先对别人感兴趣，聆听无疑是对别人感兴趣的表现之一。所以，有时做一个听者比做一个滔滔不绝的说话者更易获得他人的真诚相待，因为聆听意味着关注、尊重、礼貌，也是赢得他人喜欢的工具。

古德曼定理告诉人们，聆听能让彼此间产生熟识感，拉近人与人之间的距离。在沟通过程中要抱着真诚、友善、理解对方的目的聆听，这不仅能够拉近距离，还能起到化解矛盾、消除隔阂、增进感情的功效。

既然聆听对人们的沟通有着如此重要的影响，这就要求人们要掌握正确的聆听方法。正确的倾听方法是：聆听过程中要用眼睛注视对方，用心去聆听，聆听时要全神贯注，这利于对方对你产生信任感，要适当地做出响应，这能够让对方感到你在认真地听，也能帮你更有效地理解对方说话的意思，在倾听中捕捉信息，引导对方，向着自己所设想的事情上发展。

世界优秀名人采访者马可逊说："我认为，那些不能给人留下良好印象的人，正是源于他们不懂得认真聆听别人的谈话，他们关心的无非是自己所要阐述的内容，他们从没认真地聆听别人的心声。"所以，人际交往中沟通的时候，一定不能忽视聆听的重要性。

吉格勒定理——为自己设定一个高目标

"吉格勒定理"是由美国行为学家 J. 吉格勒提出来的，他对个人的成功曾这样说过："除了生命本身，没有任何才能不需要后天的锻炼。"后被人们总结为：

不管一个人有多么超群的能力，如果缺少一个认定的高远目标，他将一事无成。设定一个高目标，就等于达到了目标的一部分。

心理学家曾做过如下实验：

在哈佛即将毕业的一批大学生中，研究人员曾对其进行人生目标跟踪调查，在调查中研究人员发现，他们之中有3%的人曾确立了远大的目标，10%的人有明确的短期目标，60%的人对目标没有很清醒的概念，只是过好眼前的生活即可，27%抱着随遇而安的态度，没有目标。

20 年后，研究人员惊奇地发现，那曾树立了远大目标的 3% 的人，完成了当初心中的既定目标，并成了最成功的人士，那 10% 的人虽没有出类拔萃的成绩，但也成为社会中的上层人士，那 60% 的人虽然没有大富大贵，但在中下层也算是比较安稳地过日子，而那 27% 的人生活在社会最底层，生活条件很差。

从这组调查数据中，人们可以看到这样的现实：人们总是认为，成功是先天注定的，是与生俱来的，但事实上，许多人一事无成，并不是他们没有天才的智慧，而是因为他们缺少雄心勃勃、排除万难、迈向成功的动力，不敢为自己制定一个高远的奋斗目标，设定一个高目标，就等于达到了目标的一部分。

齐瓦勃出生在美国的小乡村，没有得到过太多的教育，15 岁时，他做了个马夫，但他心中仍然有梦想，18 岁时，他来到钢铁大王卡内基的一个建筑工地上打工，踏进建筑工地的第一天，他就告诉自己要做同事中最优秀的人，要有一个属于自己的钢铁王国。所以，每次当工人们为工作辛苦、薪水低廉的不平怠工时，他都会一声不响地积累工作经验，并坚持每天自学建筑知识。

一天晚上，工人们都在泛泛而谈，唯独齐瓦勃坐在角落里读书，正巧来工地检查工作的公司经理看到，经理不解地问道："你学那些东西准备做什么？"齐瓦勃认真地说："我认为公司不缺少打工者，缺少的是有专业知识的技术人员，以及经验丰富的管理者。"其他工人们笑着讽刺他不知天高地厚，但他接着回答说："我打工不光是为了赚钱，更不是为了老板，而是为了自己的梦想和前途打工。"

抱着这样的信念，齐瓦勃在几年的时间里升到了总工程师的职位，随后又被提为总经理，最后被卡内基任命为钢铁公司的董事长，并在随后的几年里，他建立了属于自己的大型的伯利恒钢铁公司，并创下了非凡业绩。

丹尼·考克斯说："如果我们更加坚定自己的目标，我们就会更相信自己，生活就会变得更美好。过去目标的大小决定着人们目前的生活水平，今后目标的大小决定着我们未来的生活水平。"

生活中，平庸的人太多，成功的人却太少，于是，大多数人会认为，天才或成功是先天注定的，他们是苍天眷顾的幸运宠儿，而纵观现实却会发现，世上被称为天才的人肯定比实际上成就天才事业的人要多得多。

人生的高度因目标而定，你设定的目标越高，你所获得的成功也会变得越来越高，对于这一点，在动物中也会发生。就拿跳蚤为例，如果人们在训练跳蚤的时候，把跳蚤放到一个瓶子中，用透明的盖子盖住瓶子，那么跳蚤在跳动的时候，便会不停地撞到盖子上面。如果你拿掉盖子后，你会发现它仍然跳，但不会跳到足以撞到瓶口的高度。

人也如此，如果学生为了获得高分学习，那么他也许能获得好的成绩，但如果他为了获得知识而学习，那么在他获得高分的同时还能获得知识。如果人们为了赚钱做生意，那么人们可能赚很多的钱，但如果是为了干一番事业而做生意，那么在他赚钱的时候，还会获得自己的事业。

吉格勒定理告诉人们，"气魄大方可成大，起点高才能至高。"所以，欲成为某个领域的精英或者成功者，就要在开始的时候，心中怀有一个高远的目标，因为这能指引着你从一开始便知道自己的目的地在哪里，该向哪个方面努力。

西方有句谚语："人的天赋像火花，能熄灭也能燃烧，而让其燃烧成熊熊烈火的办法，便是树立远大的目标，并不停地向着这个目标努力。"

所以，每个成功者在获得成功前，都要为自己设立一个高远的目标，这样你才能不停地朝着这个目标前进，至少可以肯定的是，你迈出每一步的方向都是正确的，这会让你渐渐地养成良好的工作计划、工作习惯、工作方法，这样成功的概率才会增大，生活才会多姿多彩，你才能品尝到成功的硕果，尽享人生乐趣。

路径依赖定律——最初的选择决定最终的结果

"路径依赖定律"又称为"路径依赖性"，是由保罗·大卫在1985年提出的，后被马兰·阿瑟进一步发展，指人类社会中的任何变迁，都像物理学中的惯性一样，一旦进入某种路径后，会对这种路径产生依赖，后被道格拉斯·诺斯总结为：

生活中，人们做事情也像路径依赖一样，无论做出的选择是好还是坏，一旦做出某方面的选择后，便会产生一种不放弃的惯性，一直持续到最后。

路径依赖定律具有广泛的普遍性，一个很典型的例子是美国铁路之间的距离：

现今美国铁路两条铁轨之间的距离是4英尺8.5英寸，这个标准源自何方？又为什么会定下这个标准？事实上，这则标准来自英国，因为最初的美国铁路是英国人修建的，所以铁路的标准模式也仿自英国。英国人当初是如何定下这则标准的呢？据史学家调查发现，英国铁路的标准和电车轨道的标准一样，而电车铁轨的标准是沿用了英国马车的轮距标准，而马车轮距的标准竟然是古罗马战车的宽度。4英尺8.5英寸原来是战车中两匹马的宽度，由此可知，正是这一逐渐递进的过程，才使得美国铁路的长度为4英尺8.5英寸。

美国铁路的距离宽度进一步证实了路径依赖心理的存在，也向人们呈现出这样的道理：无论做什么事情，在最初定位、选择时，都要多方考虑，仔细斟酌地迈开每一步，以便确保自己能够走上一条光明之路，相反，如果最初定义的方向、做出的选择便是不正确的，那么当这个选择在自我惯性的心理下不断强化后，便有可能成为一条不归路。

孙玲玲有个女儿，上小学三年级后开始正式且系统地学习英语。在女儿小的时候，为了给女儿一个自由快乐的童年，她从不强迫女儿做她自己不喜欢做的事情，特别是她讨厌的事情，因此，女儿的英语成绩一直不是很好。

上小学三年级后，她准备让女儿系统地学习英语，但也许是以前的学习习惯，女儿非常讨厌英语，也不背单词，孙玲玲曾为此批评过她，也用表扬的方式激励过她，但都没有奏效。

后来她想到了一个办法，她对女儿说："宝贝，答应妈妈一个请求好不好？"女儿笑呵呵地说："您说吧！""每天背一个英语单词可以吗？"她望着女儿，女儿听后竟然不屑地说："这还不简单。"持续了一周，女儿每天都背一个英语单词。一周后，她又问女儿："宝贝，你可以背三个吗？"女儿同样应声道："三个也不多，可以。"接连的两周里，女儿每天都能背诵三个单词。有一天，她对女儿说："宝贝。妈妈觉得你是非常聪明的孩子，你能够再多加两个单词吗？"女儿笑着举起右手说："五个是吗？"她点点头，女儿顽皮地向她摆了一个"OK"的手势，后来女儿每天都背五个单词，最后，她竟然能够主动地把老师教过的所有单词都背下来。

美国著名的心理学家弗里德曼曾说过："要做一件比较复杂的事情，先从一件与此事相关联并且比较简单的事情来做，做完后，再坚持做下去，那么一步又一步，你就会慢慢地在惯性心理的驱使下逼近终点，以致获得最后的胜利。"

在人生的道路中，每个人的人生都是由当初的选择决定的，过去的选择决定了现在，现在的选择决定了未来。选择是如此的重要，人们每天都在进行着不同的选择，多数时候，正是最初的选择决定了不同的人生轨迹，促成了千差万别的结局，也成就了千姿百态的不同人生。

奥卡姆剃刀定律——放弃是一种智慧

"奥卡姆剃刀"定律是由14世纪逻辑学家威廉提出的，旨在说明"如无必要，勿增实体"。他曾在他的著作《箴言书注》中说："切勿浪费较多东西，去做用较少的东西同样可以做好的事情。"后被人们总结为：

多出来的东西未必是有益的，复杂的东西未必是好的，人们做事情的时候要懂得

保持事情的简单性，抓住根本，解决实质。

人们的生活中经常会面临重要的选择，有选择必然就要有放弃，奥卡姆剃刀定律正是在人们做出放弃选择时的最好办法：

有个心理学家曾做过这样的实验：他们让人们在如下的三种情况中做出选择，当人们正在厨房做饭时，锅里的水沸腾了，就在此时门铃又响起，而卧室中刚刚几岁的孩子却因不小心摔了一跤大声哭起来。人们必须从这三者中做出先后的选择，选择一个认为最重要的目标。不同的人做出的选择都不一样，但事实上最智慧的选择是，第一时间应该在厨房内关掉煤气，因为三者中煤气是最容易威胁生命的，而其他两者可以允许少量地耽搁时间。

通过这个实验，我们可以悟出这样的道理：生活中，人们总会有面临选择的时候，但做出放弃的选择时需要人们仔细慎重的考虑，抓住根本，解决实质，找到最佳、最好、最重要的事情去加以发挥，放弃那些次要的、复杂的、相对不重要的事情。

日本名表精工舍企业是19世纪80年代举世闻名的大型企业，他们的销售量常年稳居世界第一的位置，如此惊人的成绩，有赖于第三任总经理服部正次的放弃战略。

在19世纪40年代，服部正次正式就任精工舍总经理职位时，正赶上日本的战争结束不久，经济刚刚恢复，而此时瑞士手表又占据着主要市场，所以精工舍的发展非常艰难，甚至有可能面临倒闭的危险。尽管他上任后，一直都努力地在质量上下功夫，但仍然无法占据有利的市场位置，经过慎重考虑，他决定放弃机械表的制作，转而研发新的产品。

经过几年的努力后，他终于带领公司中的所有成员，成功地将石英电子表推出市面，此表一经投放市场，就因走时精确、误差小引起钟表界和世界人们的轰动，70年代后期精工舍的手表产业已经跃居了世界首位。

老子说："五色令人目盲；五音令人耳聋；五味令人口爽；驰骋畋猎，令人心发狂；难得之货，令人行妨。"在璀璨绚丽的大千世界中，人们每天都会面对各种诱惑和利益之争，只有懂得放弃，才是一种不失智慧的决策，也才更易收获成功。

从小到大，人们总是在追求自我的完美，也总是在向往成功的道路上不停地摸爬滚打，于是在人们的思想观念中经常是永不言弃的古训，其实，很多时候在通往成功的道路上，人们更需要懂得如何放弃。

每个人的个人能力是有限的，所以在面对纷繁复杂的社会现象时，便要学会放弃，并舍得放弃，放弃可谓是一种艺术，更是一种智慧。纵观成功人士，他们无不是一个懂得适当放弃的智者，例如居里夫人，为了搞好科学研究，她放弃了社会的交往，把更多的时间和精力投入到她奋斗的事业中，因而获得了巨大的成就，成为世人瞩目的成功者。居里夫人无疑是懂得放弃的智者，也正是她的放弃铸就了她的成功。

奥卡姆剃刀定律告诉人们：放弃复杂、烦琐、次要的事情，抓住简单、根本、关键的实质性问题，是每个成功者必有的智慧。同时奥卡姆剃刀定律也道出了这样的现实，人的精力是有限的，鱼和熊掌不可兼得，只有懂得放弃，并且会放弃的人，才更易在某个领域获得成功，那些试图两者兼得的人，往往会因为分散精力，使两个事情都不能够做精，进而成为碌碌无为者。

一个人如果不能做到适当的放弃，就容易犯目光短浅的错误。如果不懂得放弃，就会浑浑噩噩地把自己局限在狭小的范围之中，看不到远处的风景，也不能实现远大的理想和奋斗目标。正如歌德所说："生命的全部奥秘就在于为了生存而放弃生存。"的确，人们只有做出了正确的放弃选择，才能获得更好的生存方式，也才能收获属于自己、独一无二的成功。

俗语言："知其可为而为之，知其不可而弃之。"放弃是一门艺术，更是一种智慧。人们该如何做到准确而英明的放弃呢？首先，要正确地认识自己的兴趣、爱好、天赋，以及自己能做什么，这是你必须要搞清楚的事情，然后有针对性、有选择地放弃，找到自己的位置，找到发挥自己特长的空间，其他的便可以毫不犹豫地放弃；其次，要有勇气，要有"塞翁失马，焉知非福"的胆量；再者，要懂得化繁为简的道理，对于同样的事情要舍弃那些复杂、烦琐的事情；最后，要懂得面对现实，对于那些明知道自己是可望而不可即的东西或事情，不要强求更不能盲目自信，要敢于放弃，懂得追寻其他更易获得的东西。

"追求"与"放弃"是相辅相成的两种状态，有价值的人生，需要开拓进取、成就事业，但更要懂得正确和必要的放弃——这不是无奈，而是一种智慧。

重复定律——不断重复就会不断加强

"重复定律"也被称为"实践定律"，是指任何行为和思维，只要经过不断地重复就会得到不断的加强，后被人们总结为：

如果人们能够在自我的潜意识中，不断地重复一些人、事、物，就会渐渐地在重复中改进、加强它们，进而将其变成事实。

重复定律对于人们而言并不陌生，这样一个故事证明了它的存在。

有位推销大师，他有着成功的推销成绩，所以，当人们得知他将举办职业生涯演说时，渴望成功的人都纷纷地前去听他的精彩演讲。当大幕拉开后，人们惊奇地发现，在舞台的正中央吊着一个巨大的铁球，这时工作人员拿过来一大铁锤，他站在台上对观众说："请两位身体强壮的人，到台上来。"有两位男士自告奋勇来到了台上。

工作人员示意这两位男士用大铁锤敲打吊在舞台中央的铁球，直到把它荡起来为止。两个年轻人接二连三地砸向吊球，但尽管他们累得气喘吁吁，可铁球仍旧没动，台下嘘声一片。这时，推销大师拿起了一个相对较小的铁锤，认真地敲了起来，一下又一下，人们奇怪地望着他，但他仍然连续地重复做着。

10分钟、20分钟过去了，大概到40分钟的时候，坐在前面的人突然尖叫道："球动了！"那球以很小的摆度动了起来，不仔细看很难察觉，终于场上爆发出阵阵热烈的掌声。

这个故事向人们揭示出这样的道理：人们在最初做事情的时候，由于经验不足，必然会遇到荆棘或者坎坷，甚至是失败，但只要不放弃，坚持下去，从失败中不停地吸取经验、教训，并在一次又一次的重复中反复改进、加强，那么就能够在这些不间断的重复中提升自己，完善自己，进而获得成功。

肯德基创始人桑德斯，最初只有政府分发的105美元救济全，他拿着这笔钱开了一家小店，这吸引了周围的人们纷纷前来光顾，后来他准备做一番事业，但他没有任何资源，他唯一拥有的资本便是11种香料配置的炸鸡秘方，于是他想将这些秘方卖给那些开餐馆的人，而他也能够从中谋取一定的利润。

于是桑德斯驾驶一辆老爷车，每天在美国大街小巷的餐馆中出售他的炸鸡秘方，尽管他给对方做了很多演示，但他仍然没有成功地销售出自己的炸鸡秘方，他一次又一次地被拒绝，但他并没有放弃，仍然反复不停地重复这件事情，最后终于在他第1009次被拒绝后，争取到了一次机会，也正是这次机会让他步入了开办肯德基连锁店的事业中，经过30多年的努力，他终于办成了世界上最大的炸鸡连锁店，也把肯德基推向了世界。

丹尼斯·威特利说："成功者绝不告负，也绝不轻易放弃。能够成为成功者的人，往往是在遇到挫折后，会重新爬起来，总结原因后，继续重复着开始。"

任何人都渴望成为最终的胜利者，但胜利却经常只会光顾少数人，对于那些胜利者而言，并不是他们有着与众不同的天赋，也不是他们懂得获取胜利的法宝，而是他们有着惊人的执着毅力，能够驱使自己一直坚持着从一次又一次的失败中，总结经验，吸取教训，并不断地在反复的尝试中获取最终的胜利。

无论你追求的是什么，无论你从事什么样的行业，你都必须强迫自己，不断地在该行业中努力钻研，勤奋练习，这样才能一步一步地走向成功。不仅人们如此，动物世界也如此，例如中国古训中的老马识途，老马能够认识道路，正是因为它曾走过无数的沟沟坎坎、曲曲折折的道路，并在每次坎坷中为自己留下记号，才使得它能够在下一次轻松地一跃而过。

重复定律告诉人们：在通往成功的道路上，没有一帆风顺，有的只是不断地努力努力再努力，学习学习再学习，持之以恒、坚持不懈地从失败、挫折、坎坷中摸爬滚打，披荆斩棘，才能实现心中的远大目标，才能够成为众人眼中的佼佼者。

也许在一次又一次的失败声中，人们会对你一次又一次的尝试发出质疑，但事实上和那些不愿尝试的人相比，能够在恶劣环境中不断奋发的你，比他们拥有更多的获取成功的概率，例如被称为"共和党之耻"的林肯，正是他一次又一次的失败、一次又一次的尝试，使得最终成为伟人的人是他，而不是那些讽刺他的旁观者。

重复的努力在一个人的成功道路上如此重要，人们该如何在不断地重复中提升效率呢？这要求人们要善于总结，善于分析，在每一次的失败中总结经验，分析原因，并从挫折中吸取教训，从根本上做到吃一堑，长一智。同时，还要求人们要有积极的心态，持之以恒，坚持不懈地继续尝试，在反复的尝试中，不断地加强自己在该方面的特长以及能力。

任何一个成功的过来者，都会同意这样的观点：不断地重复是一笔宝贵的财富，没有人能够不劳而获，在登上成功的宝座前，人们会在坎坷中取得进步，在反复中提高自己，这是迈向成功的踏脚石。

专精定律——全神贯注，好上加好

"专精定律"是指做事情要全神贯注，集中于一点，后被人们总结为：

如果人们在做事情的时候能够专精在一个领域，并不断地在该领域努力、探索，那么他在这个领域将会有所发展，更易取得惊人的成绩。

专精定律在每一个成功者的身上都曾有着相似的影响，之所以这么说是因为人们经常会有如下心理现象：

如果你是一个细心的人，你会发现，当自己在做某一个重大的决策、选择，以及重要的演说、行为时，我们的眼前会闪现出很多与其相似或者相关的画面，有美丽的，也有恐怖的，思维也会跟着游走于其中，进而很难将注意力集中到该选择、决策或者行为中。对此，美国著名的心理学家威廉·阿姆杰斯曾做过如下说明：

"一般人的注意力不是自发的，只能维持在片刻，而真正成功者的注意力是自发、可控的，且能够在自我意识中控制着持续不断，这是一种反复不停在问题上唤起心灵的连续性努力。"

这段说明无不渗透着这样的道理：人们在做事情的时候，受到外界因素的干扰，注意力很难集中在一点，如果能够调动自己的注意力，将其自始至终地投射到一点上，并把整个心思停留在该事情中，那么人们在该事情上取得成功的机会将会大增。

被誉为"人类最伟大的戏剧天才之一"的威廉·莎士比亚曾有过如下经历：

在他少年的时候，他的家乡每年都会请一些专业剧团做演出，他非常喜欢这样的演出，所以经常一场又一场地观看演戏，那些动人的场景、感人的故事情节，深深地吸引了莎士比亚，这也激发了他的兴趣，他为此每天跟随着剧团人员的左右问这问那。

渐渐的莎士比亚觉得看戏并不满足，只有参与其中才是最有意义的，他开始邀请小伙伴们模仿看到的戏剧情节。在模仿戏剧的时候，他又觉得如果能够像那些戏剧演员一样，按照剧本演会更好，于是，他就不停地向剧团人员请求借剧本，当得到心爱的剧本后，他便每天津津有味地阅读，并根据剧本中的故事情节做出相应的手势，如果在阅读过程中，他碰到不认识的字时，便会主动地询问父母或者周围的人，碰到不能理解的戏剧术语时，他就去小剧团询问，他每天都在琢磨剧本中的人物和故事情节。

在归还剧本时，他还曾主动地给借给他剧本的戏剧演员朗诵，并滔滔不绝地讲起自我的见解，还让对方给他提出建议，莎士比亚正是凭借着这种专心致志的精神，才取得了戏剧史上的伟大成就。

成功学之父詹姆斯·艾伦说："专心是成功之父、优秀之母，它本身不是目的，而是一种辅助才能做好工作的助力，虽然它本身不是目的，但它是一种服务于所有目标的素质。"

现实生活中，人们总是觉得接触的事情越多，视野就越开阔，着手的事情越复杂，成功的机会就越多，但事实上，在通往成功的道路上，这并不是绝对地利于自身发展，因为广反而短、杂反而乱，也就是说人们着手的事情如果太多，也许能够获得暂时性的利益，但却不能取得突破性的成就，即只能平淡但却不能卓越。

盲目地什么都抓，不能够让自己专注于一件事情上的人，会让成功离自己越来越远。举个简单的例子，如果船在大海航行中，舵手一边掌控着航行的方向，一边与船舱的人说话，那么他便不能将航行的方向掌握得更准确，因为，他会在不知不觉中分散注意力，进而易迷失方向。

通过专精定律，我们可以看到这样的现实：人们总在忙碌中拼命地想抓住每个机会，想让自身的资源在每个机会中发光、发亮，但却没有足够的精力去准备每一次机会光顾时的幸运，因此不能把每一件事情做好、做精，最终这种临时抱佛脚的应付式付出，收获的只能是平庸、平淡。只有在最适当的时候选取最重要的事情来做，并付出百分之百的努力，才能收获成功硕果。

丹尼斯·威特说："如果一个人能培养一种专心致志的能力，就会变成一颗良种，获得耕耘的收获。"的确，在人生的道路中，每个人都应该有个符合自己的永恒点、闪光点，从此出发，专心地努力，在一步又一步的完善中不断地做精、做好、做强、做大，才能够获取应有的色彩，为美丽人生增添一份璀璨。

那么生活中人们该怎样做，才能让自己全神贯注地投入到一件事情上呢？首先要为自己找到最能激发自己兴趣的一点，从此出发，在潜意识中不断地提醒自己努力做此事情，在这件事情没有真正成功之前，最好不要投放到其他事情上。

每个人的精力都是有限的，所以不可能事事都成功，那些试图渴望事事都成功的人，他的人生轨迹中将没有一件是成功的事情。所以，无论人们试图尝试着做什么事情，都要全力以赴、聚精会神地把该事情争取做到精益求精，也只有人们能够专精地做时，自己在所从事的领域中，才能出类拔萃。

四、常见的心理学效应

巴纳姆效应——人贵在自知，难在自知

"巴纳姆效应"是以著名魔术师费尼尔司·泰勒·巴纳姆来命名的，他曾经在评价自己的表演时说，他的节目之所以受欢迎，是因为节目中包含了每个人都喜欢的成分，所以每一分钟都有人上当受骗。这一效应后来被心理学家总结如下：

人们很容易受到来自外界信息的暗示，从而出现自我知觉的偏差，认为一种笼统的、一般性的人格描述十分准确地揭示了自己的特点。

巴纳姆效应反映了一种普遍的心理倾向，之所以说它普遍，这里有事实来证明。

有位心理学家曾经针对这种效应做过一个实验，他给一群人做完明尼苏达多项人格测验（MMPI）后，让参加实验的人从他们的自我评价及一份笼统的人格描述中选出真正符合自身性格特征的一份，结果所有参加实验的人都认为那份笼统的人格描述对自身性格特征的描述更加准确！这项研究告诉我们：人们总是倾向于相信一个笼统的、一般性的人格描述，而真正符合自身特色的人格描述却不如前者更能引起人们的共鸣。

根据这个效应，我们可以看到这样的现实：人们平常认为自己很了解真实的自己，而且也相信自己能够对自己的处境进行正确的判断，但事实并非如此，实际上人们很

容易受到外界因素的影响或暗示，往往以外在的标准去判断和衡量自己，因此常常导致对自身的认识不准确。

爱因斯坦以前并不是一个认真学习和热衷钻研的人，直到 16 岁那年听了父亲讲的一个故事，他的人生才得到巨大的改变。

父亲对爱因斯坦说："昨天我和咱们的邻居杰克大叔去清扫南边的一个大烟囱，那烟囱只有踩着里面的钢筋踏梯才能上去。你杰克大叔在前面，我在后面。我们抓着扶手一阶一阶地终于爬上去了。下来时，你杰克大叔依旧走在前面，我还是跟在后面。后来，钻出烟囱，在我们身上发生了一件奇怪的事。你杰克大叔的后背、脸上全被烟囱里的烟灰蹭黑了，而我身上竟连一点烟灰也没有。可是，我们当时却并不清楚这一点，我们只能相互从对方的形象中猜测自己的样子。看见你杰克大叔脏兮兮的样子，我以为自己一定和他一样脏。于是马上跑到河边去好好地清洗了一番。而杰克大叔看到我比较干净，于是就以为他自己也是干净的，所以稍微洗了洗手就回家了，结果在回家的路上引得路人哈哈大笑。"

爱因斯坦听罢也哈哈大笑起来。父亲却郑重地对他说："其实别人谁也无法清晰地映照出你真实的模样，只有自己才是自己的镜子。拿别人做镜子，白痴或许会把自己照成天才的。"听到父亲的话，爱因斯坦才意识到自己过去是多么的肤浅和无知，并下决心要认真学习，弥补自己的诸多不足。

西方一位哲人曾说："你的一切素养都表现在你所使用的礼仪上，你的内心将表现在你的语言上，这是人们判断你的重要方法。"

人们总认为自己是了解自己的，其实很多人在"认识自己"的道路上还有很长的路要走。所谓"知己知彼，百战不殆"，正确认识自己是人们立足于社会和到达成功的基本出发点。古往今来，所有的成功人士莫不是在准确认识自我的基础之上扬己之长避己之短，并选择适合自己的道路，采取适合自己的方法，才实现了最后的成功，而那些失败的人们，从根源上来讲都是败于不自知。

而所谓的"知己"，就是要充分认识自身的实力，对自己有准确的定位，明确自身的优点和缺点，既不盲目自大，也不妄自菲薄，在这一点上，无论是单个的人、动物，还是一个组织与团体都是如此。拿狼的猎食特点来说，无论是单匹狼还是整个狼群都深知自己体形不够大、力量不够强，因此往往以攻击那些反抗能力不强的弱小动物为食。即使是在不得已必须袭击那些比自己强大的动物时，它们也往往先跟踪观察好几天并尽量选择对手当中的老弱病残者。另外，它们也很懂得利用自己耐性强、团队协作能力强的特点，因此它们总是利用潜伏、突袭和相互配合的手段来对付敌人。

通过巴纳姆效应，我们可以发现：人贵有自知之明，唯有自知才能认清自身的长短，从而扬长避短，使自己在社会中更好地赢得一席之地。同时，巴纳姆效应也告诉我们：人难有自知之明。虽然人们总是自认为自己了解自己，可真正具有自知之明并非易事。也正因为难在自知，所以有很多人经常看不到自身的缺点与不足，也不能很好地利用自己的优点与长处。他们常常选择了不适合自己的发展方向或人生道路，甚至在选择朋友与伴侣时也要走很多弯路。

既然认识自己和了解自己是如此的重要，人们应当如何做到这两点呢？要想更好地认识自己，人们必须学会用辩证的方式来看待自己。每个人都有优点和缺点，世界上既不存在十全十美的完人，也不存在完全一无是处的人。要在竞争中处于不败之地，就必须对自身有深刻的了解，知道什么是自己的软肋、什么是自身的长处，这样才能够扬长补短，在强势之处主动出击，对弱势之处加强保护，既保存自己，又打击对手，最终立于不败之地。

因此，人们在分析自身优劣势的时候，一定要尽可能地保持冷静和客观。既不要一味地自我膨胀，也不要过分的自轻自贱。在面对别人的评价时，也要理性分析，既不要盲目听从，也不要一味排斥，要积极地吸收和借鉴那些对我们来说客观有用的指导，有效地甄别和过滤那些不负责任的猜测与妄断。

印刻效应——先入不一定为"主"

"印刻效应"是德国著名的行为学家海因罗特从小鹅破壳而出的实验中得出的，后被德国另一位行为学家洛伦兹命名为印刻效应。心理学家将其纳入心理学范畴，旨在说明：

生活中人们对于第一印象是深刻的，而对于第二、第三事物……则没有深刻的印象，人的思维也会被所得到的第一信息所左右，简单概括便是先入为主。

印刻效应的主要表现是：人们在做决策时，思维往往会被所得到的第一信息所左右，进而陷入先入为主的思维定式中，影响决策的科学性、准确性。

1910 年，海因罗特在他的实验中发现了一个有趣的现象，破壳而出的小鹅，会本能地跟在第一眼见到的母亲的后面。他忽然有了疑问，如果小鹅第一眼见到的不是自己的母亲，而是其他物体会如何？于是，他尝试着拿来一只狗、一只猫等，他惊奇地发现，即使小鹅第一眼见到的不是自己的母亲，哪怕是对它有伤害性的其他动物，它也会自动地跟随其后，并且很难再发生改变，也就是说小鹅承认第一，却无视第二。

印刻效应不仅存在于动物之中，同样存在于人类之中。生活中，一旦人们对某件事情或某个人形成某种印象，这种印象就会像沉落海底的锚一样固定在人们的思维里。人们会不自觉地在这个第一印象或者第一反应的指导下施展同样的行为或操作日后的事情，很难再形成其他印象或者反应。

新学期初，校长要求张烨做初二（1）班的班主任。由于该班在初一时是学校里出了名的调皮班，张烨拒绝了校长的要求，但由于学校找不到更合适的老师，校长再一次找到了她，无奈之下她只能接受这个任务。

和她关系不错的、了解该班的一位同事在知道这件事后，提前给她上了一课，告诉她最应该提防第二排的一个男同学，因为该生在课堂上不仅喜欢做小动作，有时还会恶作剧。

第二天，她来到了班级中，特别地注意了一下班上的那名男生，不知道为什么，对那男孩儿的厌恶感油然而生。她开始正式讲课，一节课即将结束，她发现他并没有什么大的举动，但在课堂即将结束的时候，他忽然站了起来，张烨心想你果然如同其他老师说的一样"没有一节课是安稳的"，张烨刚想命令他坐下，却发现他已经走出了座位，小跑地来到她的跟前，双手到她的后背抓了一下。

张烨非常生气地斥责道："你干嘛！不好好听课。"男孩儿低下头，小声地说："老师，我发现你衣服后面有个小飞虫。"当张烨怀疑的目光扫向班中其他同学时，同学们也都点了点头。她继续做该班班主任，渐渐地她发现这名男生其实并没有其他老师说的那么坏，这个班也没有学校里传的那么调皮。

其实不只在教学中，在我们生活的很多时候人们都会有先入为主的心理倾向。比如，当孩子撒过一次谎后，第二次说出真话的时候，父母也会怀疑他说的真实性；下属一次工作失误后，当他下次再做此类事情时，领导便会额外地叮嘱几句……这些习惯性的心理倾向，会使人们在做事情的时候受到某种思维定式的笼罩，以至于不能看清个人、事情的本来面目而误入歧途。

人们出现这样的心理现象，主要是由于人们在人际交往过程中，对自己没有清楚的认知，对某个群体、个人或某个物体、某件事情没有足够的时间和机会进行深入的了解和剖析。印刻效应告诉人们不要按照以往得到的意见、经验、观点，对个人、团体或某件事情进行推断，不要由我们所接触的部分去推知全部。

有人说："人的脑筋像电脑中的数据库，如果想要找到你需要的东西，在锁定目标后，必须将你曾经输入进去的所有东西一一过滤，也许越是早进去的东西，越是晚出来。"

毫无疑问，自信是一切行动的原动力，没有自信便没有行动，也没有成功，所以，人们千方百计地培养自信以获取成功，但在培养自信的时候，也培养出了另外一个负面因素——自负。要知道"自负"和"自信"是两个截然不同的概念，自信是成功的垫脚石，自负则是失败的助推器。

为什么人们会自负？原因是人们自以为是的先入为主、故步自封。人们在自负中渐渐地失去自我，失去客观公正的判断。错误的认知孕育出错误的行为，陈旧的思维定式孕育出陈旧的方法，他们也为此付出了惨痛代价。

英特尔公司创始人安迪·格鲁夫在他的书中说："最后知道问题的人往往是老板。"为什么作为一个公司中拥有最大权力的人，却成为消息的滞后者，印刻效应告诉人们这不在于员工，而在于老板处理问题的习惯和态度。

正所谓诸事有利便有弊，先入为主也一样。利的方面人们可以继续加以发挥和利用，弊的方面就要求人们积极地改进。如何改进？最直接的办法是要清楚地知道自己的所需，认识自己的所得，在建设物质家园的同时，提高自我心中正确、科学的精神家园。

晕轮效应——爱屋及乌与以偏概全

"晕轮效应"又称"光环效应"。是由美国著名心理学家爱德华·桑戴克在20世纪20年代提出的，通过月亮在不同天气中出现的月晕圆环，爱德华总结出人们的认知规律：

人们对他人的认知判断，经常会从局部出发，从局部的印象扩散出整体印象，即人们一旦认定某个人在某方面具有优秀品质后，便会认定他在其他方面也会有该种优秀品质。

晕轮效应在人们的生活中，是一种常见的以偏概全、以点概面的评价倾向，对此，心理学家曾做过这样的实验：

心理学家让一个演讲者在一所大学中的两个不同班级进行演讲。演讲前，心理学家跟一个班级的学生说："演讲者在某方面具有惊人的成绩，他是一个热情的人。"但跟另一个班级中的学生说："演讲者非常严肃、冷漠，不易接近。"

结果在演讲者结束演讲后，两个班级给予了他截然不同的待遇：在被告知演讲者是一个热情的人的班级中，学生们在其演讲结束后积极热情地与他攀谈；在被告知演讲者是一个冷漠的人的班级中，学生们在其演讲结束后则是冷淡回避。

此实验深刻地揭示出：人们会在不知不觉中戴着有色眼镜对待周围的人和事，这一心理特点会干扰人们的判断意识，使其不能够清楚地看到对方身上的其他优点或缺点。

燕子生活在城市，从小一直娇生惯养地被大家宠着，大学期间她和一个来自农村的男孩相恋了，对方虽然来自农村，但品学兼优，做事情认真积极，深受同学和老师的喜欢，燕子也因此深深地爱上了他。

当燕子将她和农村男孩谈恋爱的消息告诉母亲后，母亲大吃一惊，并歇斯底里地命令她立刻分手。燕子不惑地向母亲寻问原因，母亲说："你还小，不知道农村人什么样，由于生存的空间狭窄，物质剥夺严重，所以多数农村人都缺乏情商和眼光，你和这样的人在一起根本不会幸福。"

于是，母亲想方设法阻碍燕子和这个农村男孩交往。最终，燕子在万般无奈之下，和这个男孩分手，后来燕子按照妈妈的意思，找了一个城里的男孩。结婚后，对方经常喝酒，并且很晚才回家，有时还会骂燕子，燕子过得并不幸福。一次，在同学聚会上，燕子又看见了那个农村男孩，看着男孩对自己的妻子疼爱有加，燕子流下了悔恨的泪水。

晕轮效应对个人的认知能力会产生很大的阻碍，因为人们经常看到的只是事物的某个特征而不是本质特征，这时，当人们习惯性地以个别推及整体、由部分推及全部时，便会错误地推出其他特征。

人际交往也如此，如果你随意抓住某个人性格中的优点或缺点，便断言这个人完美无瑕或一无是处，势必犯下片面性的错误。例如，两个年轻男女在某种场合一见钟情，他们便会"情人眼里出西施"，每天看到的只是对方的优点，想到的只是对方的好处，而对性格、思想、观念等众多方面的不同视而不见。在经过一段时间的密切交往后，他们才会发现原来彼此有诸多的不同，只是自己当时没有看到而已。

人们经常会犯这样的错误，对他人的判断经常会简单地专注于一些外在的特征上，比如个人的穿着打扮、身份地位、金钱能力、兴趣爱好等。有时候甚至认为一个人在某方面获得了成功，在其他的方面也同样会获得成功，但事实上这些外在特征或单方面的突出表现与其内在品质和其他方面的成绩是毫不相干的。

有的人看上去外表出众、衣冠楚楚，但却未必是正人君子，他也可能是个小人；有的人看上去其貌不扬、衣着朴素，但却未必是粗俗之人，他也可能是个淡雅高贵的隐士；笑容满面未必就面和心慈，横眉恶脸未必就是强盗土匪。简单随意地把人们这些毫不相干的不同品质联系起来，得出的最终结论必然是片面的、不科学的。

歌德说："人们见到的，正是他们知道的。"人们经常会极端化地推及人和物，进行知觉的评价和对比。从喜爱一个人的某个特征，到喜爱他整个人；从讨厌一个人的说话态度，到讨厌他所做的每一件事，这就是所谓的"爱屋及乌""以偏概全"。

所以，在人际交往中，人们应该时刻注意这种效应的影响力，不要受别人的晕轮影响，以防陷入误区。那么该如何避免晕轮效应蒙蔽自己的头脑呢？关键在于认清自己。常言说："知人为聪，知己为明。"从一定意义上讲，一个人的办事水平和处世原则在很大程度上取决于他知人和知己的能力。

顾名思义，"知人"就是要知道对方的所想、所行，要根据对方的思维方式判断他的行为，不要根据自己的喜好投射他人。"知己"就是要完全地了解自己，用冷静客观的头脑对待第一印象，从思想和潜意识上做好改造甚至否定第一印象的准备。

从众效应——人云亦云，不如独立思考

"从众效应"是指当个体受到群体的引导或压力影响时，会盲目地跟从群体的行为，怀疑并改变自己的观点、判断和行为，朝着与群体和大多数人一致的方向变化。人们将其称为"随大流"。后来心理学家将其归纳为：

当人们看到一种行为或现象有很多人从事时，心里总会自觉或不自觉地以多数人的意见为准则，并做出判断，形成印象，进而采取与其相符的同一种行为。

在众人的眼中，从众是合乎人们心意和受欢迎的，不从众不仅不受欢迎，还会引起灾祸，于是，心理学上认为，凑热闹和随波逐流是人性的弱点。心理学家这样讲，自有其道理。

1952 年，美国心理学家所罗门·阿希为了了解人们在做出决策或行动时，是否会受到他人的影响，曾在一所大学进行了如下实验：

试验前，大学生们被告知实验的目的是测试人的视觉能力。在参与实验的大学生到来之前，他曾安排好 5 个人等候在实验室的外面，当参加实验的大学生来到了实验室门口看到已经有 5 个人坐在那里时，便自觉地坐到第 6 个位置上。实验正式开始后，阿希拿出两张画有不等长线段的两张图片：一张画有一条线段的图片，一张画有 3 条线段的图片，他让参与实验的大学生比较线段的长度并指出其中相同长度的两条。

对于这些普通的线段，正常人是很容易做出正确判断的。此次判断一共进行了 18 次，起初的两个人先做出了正确判断，而紧接着事先安排好的五个人则一致认为所有这些线段都是等长的（这个答案显然是错误的，这是所罗门·阿希事先安排好的）。当听到前面大部分人都说出了所有线段等长的错误答案后，那些主动参与实验的大学生们开始犹豫不决了，最终的结果是约 76% 的人至少做了一次从众判断，只有约 24% 的人没有从众，而在正常情况下，人们判断错误的可能性还不到 1%。

阿希的实验进一步证实了：人们在一种真实或臆想的群体环境压力下，认知通常会以多数人的行为为标准，进而在行为上努力做出与之趋向一致的现象，这是一种普遍的从众心理。

这个效应可以给人们这样的启示：从众之心是一种非常普遍的心理现象，但从众的东西并不等于是好的、正确的，人云亦云的行为也不等于迷失自我，要用端正的态度面对从众，科学地从众。

1987年10月19日，对于全球主要股市而言，是一个黑色日，因为它们经历了开盘大跌窘境。此次的股市崩盘像黑天鹅一样，打乱了世界经济的运行节奏，很多股东大户都深受其影响，然而纳西姆·尼古拉斯·塔勒布却盈利了3500万~4000万美元，可谓赚了个盆满钵满。和很多投资者一样，他也没有料到黑色星期一来得这么迅猛这么快，但他仍然在危机中获得利益。当人们询问他的秘诀时，他说："我得以幸存，是因为一直对意外情况的发生有所准备。对黑天鹅，最有效的应对办法是在思维中避免从众。"

大众多会以金融市场盛行的证券理论作为投资理论，以定量分析和电脑模型推算作为投资依据，却没有留足发生意外情况的空间。为了避免从众，纳西姆·尼古拉斯·塔勒布从不轻易地理会银行的研究报告，他认为即使非常聪明和掌握大量信息的人在预测上也并不一定比出租车司机更有优势，因为实践才能出真知。

歌德说："不管努力的目标是什么，不管干什么，他单枪匹马总是没有力量的，合群永远是一切善良思想的人的最高需要。"正是这种心理，使越来越多的人投入到同一行为或者同一件事情中。即使这件事情是错误的，他们依然会在人云亦云中毫不犹豫地做出从众的选择。问题就在于他们根本没有真正地思考清楚自己该做什么、该怎样做，没有给自己一次独立思考的机会，这便给错误的选择、失败的举动、平庸的道路敞开了大门。

适当地从众并非百害而无一利，它可以在生活或工作中给人们带去有益的帮助，但有时从众会导致人们盲从。盲从会让聪明的人变得愚蠢，让智慧的人变得平庸，让勤快的人变得懒惰，让积极的人变得消极……所以说从众本身并没有好坏之分，其作用取决于不同问题、不同环境、不同立场。恰当合理的从众行为可以使自己更安全地为人处世，可以让人们获得有效简便的捷径，从而远离风险。

从众是人的本性。木秀于林，风必摧之；独雁南飞，险必随之。与众不同是要承受很大心理压力的，人们畏惧这样的心理压力，所以，才会选择从众的思想和行为。

要避免从众并非一件简单的事，因为避免从众就是在避免人们的天性。这容易吗？

但人的本性并不都是科学的，大家都做的事情并不等于是正确的，大家都说的话也并不都是有道理的，这就要求人们在从众的时候，要保持清醒的头脑、独特的视角、敏锐的眼光，这样才能做到科学从众。

如果世上的所有人都只是盲目地跟从他人，那么就不会有爱迪生的发明，不会有牛顿第一定律，不会有人知道浮云中还有"黄山云海"，不会有人知道梅、兰、竹、菊的各色千秋……自然界如果一味从众，将会丧失许多的美丽，人们如果一味从众，将会失去自己的方向。

地位效应——理性分析，不盲目追随

"地位效应"是由美国心理学家托瑞提出的，在心理学领域有着悠久的历史，它是指处于不同地位的人提出的意见、办法会产生不同的效应。后被人们总结为：

人们对地位高的人提出的意见和办法会产生认同的心理和执行的行为，而对地位低的人提出的同样意见和办法多数情况下会拒绝，更不会去执行。

地位效应在心理学中一直有着明显的特征，并经常被人们应用。对此，著名的心理学家托瑞曾做过如下实验：

托瑞的研究小组向包括驾驶员、领航员、机枪手等在内的飞机场空勤人员提出了一个问题，要求他们一起讨论并寻找解决问题的方法，规则是参与此项讨论的每个成员都拿出一份可行的解决方案。在他们讨论完毕后，托瑞把全组提出的办法和意见都记录下来，结果发现，绝大多数成员都同意领航员提出的解决方案，只有很少一部分人同意机枪手的意见；如果领航员的办法正确时，所有人都会同意，而当机枪手的办法正确时，所在的人员中却只有40%的人同意。

通过这个实验，进一步证实了地位效应对人们认知的影响力，同时也让人们看到这样的现实：生活中，人们总是支持那些身份高、地位显赫、在某方面彰显权威的人士所持的观点、意见、行为，并认为他们说的、做的都是正确的，但事实上，权威人士也有不足之处，也有失误之时，太过追随他们的观点必会阻碍自身的发展。

麦哲伦依次经过大西洋、太平洋、印度洋，成功地环绕地球一周，成为人类历史上第一个环球航行的人，人们钦佩他持之以恒的精神，敬仰他的勇敢和毅力，赞赏他的才华和出众的领导能力，可是却很少有人知道他说服西班牙国王、得到他大力支持的背后秘密。

当哥伦布航海大获成功后，许多人为了获得西班牙王室资助，频频地假借航海之名向国王申请出航通行证，但大多失败。在麦哲伦觐见国王的时候，他并没有像其他

人一样盲目地介绍自己多么有能力担当此项任务，而是专门邀请了当时有名望的地理学专家路易·帕雷伊洛一同前往。路易·帕雷伊洛将地球仪摆在了国王的面前，并给他叙述了此次麦哲伦航海的意义和必要性，这使得西班牙国王毫不犹豫地颁给麦哲伦一个航海通行证。

鲁迅说："其实地上本没有路，走的人多了，也便成了路。"虽然世间的道路如此，但在人生的道路上却要三思而后行，不能盲目地走别人走过的路、用别人已发掘的资源。

人们总是不满足于现状，经常会在生活中寻求新的发展机会。于是，在一次又一次的寻求中产生了盲目追随、盲目效仿的现象，尽管这种现象可能会给人们带去瞬间的利益，但也不免会让人们迷失方向，无法认识真正的自己。

面对生活时，所有的人都需要保持冷静的头脑，理性地辨别自己的方向，这种要求不仅仅存在于人类生活中，在世间的万事万物中都会存在。举个例子来说，海洋中的冰山每天都要面临着狂风暴雨的侵袭，但无论它每天面对多么强的风浪，依然能够矗立在海洋中岿然不动，因为冰山是理性的，它每天用7/8的体积深深地隐藏于水下，即使海面上的波涛吹走了海上的所有生物，也不能动摇它。

地位效应告诉人们这样的道理：那种"言由人定、人以位重"的观念并不是绝对正确的，在现实生活中不论遇到什么样的事情，都不能随意地效仿他人或者随大流，应该时刻保持清晰、理性的头脑。

为什么人们总是认为那些位高权重的人说出的话、做出的行为都是正确的呢？这是因为人们信任和崇拜他们身上丰富的经验、资深的经历、成功的硕果，这一切都使人们对他们产生遵从感。

要避免地位效应产生的不利影响，需要人们保持理性的头脑。虽然成功人士的观点会让大家更容易接受和奉行，但任何所谓的正确都不可能永远是正确的，这就暗示着人们：大家都追随的东西并不一定适合自己，所以不要盲目乐观地跟随众人的步伐，做事之前要理性地分析，三思而后行。

齐加尼克效应——有些压力很正常，不必为此太紧张

"齐加尼克效应"是法国心理学家齐加尼克在一次实验中提出的，主要指由于工作中的巨大压力而导致的人们心理上的紧张状态。后来心理学家将此结论进一步归纳如下：

人们在接受某项工作时会产生一定的紧张心理，这种心理会伴随人们到任务完成，

如果任务没有完成，紧张心理会持续存在。

齐加尼克效应反映出人们的普遍心理状态，即人们在遇到重要或者内心太过在意的某件事情时，会因心理压力产生紧张情绪。对此，心理学家齐加尼克曾做过如下实验：

他将那些自愿接受实验的人分为两组，在同样的时间内完成20项工作，在最初接受任务时，两组人员中的人们都显现出一种紧张的状态。实验开始后，第一组参与实验的人会在齐家尼克干扰的环境下完不成任务，第二组参与实验的人会在没有任何干扰的环境下顺利完成全部工作任务。实验结束后，得到的结果是：顺利完成工作任务的一组人的紧张情绪会随着工作任务的完成逐渐消失，而未能完成任务的那组人的紧张状态仍然存在，并且他们总被未能完成的工作任务所困扰。

齐加尼克的实验让我们深刻地懂得了：任何人在工作的时候都会出现心理压力，这是很正常的心理现象，不用为此太过担心。所以在学习和工作中要学会适当放松自己，这样才更易实现自我目标，成就完美人生。

本杰明·哈里森是美国第23届总统。1888年，美国第23届总统竞选之日正式开始时，他的选票主要集中在印第安那州，而印第安那州宣布最终竞选结果的时间是在晚上11点钟。当选票结果出来后，哈里森的票数最多，他的朋友高兴地给他打电话表示祝贺，但却被告知哈里森早已上床睡觉了，他从容且镇静地等候着选票结果的态度令朋友们感到非常吃惊。

第二天，他的朋友们问他为什么睡得那么早，哈里森笑笑说："我认为，对于选票结果而言，熬夜不能够起到任何作用。如果我当选，前面会有更艰难的路要走，我不能每天都这样不睡觉吧！所以不管怎么说，休息好应该是明智的选择。"

当代社会，激烈的竞争无处不在，人们在工作中的压力也越来越大。越来越多的人心理负荷超重，持续不断的紧张情绪给身心健康带来巨大损害。

在实际工作中，人们往往同时进行着多项工作，这无疑会增加人的身心负担。例如，职场女性一边要在工作中努力打拼，一边要照顾家庭事务，当一并出现的很多问题不能在第一时间顺利解决时，她们便会出现焦躁不安的紧张情绪，这种情况还会出现在医务人员、工程师、作家、编辑、公关等相关职业人员的身上，那些尚未解决的问题或未完成的工作，会像影子一样缠绕着他们。

俗话说："没有压力便没有动力。"在生活和工作中有一定的压力是正常的，它可以让人们振作、奋发、向前，但正如马克思主义哲学中所讲的一样，世上的任何事情都要有一个度，如果超过了这个度，事情就会向着相反的方向发展。压力也一样，如果无形中给自己施加过度的压力，会让自己感到身心疲惫，甚至直接危及健康。

这便给人们提出了要求：当工作和生活中的压力给你带来了紧张情绪时，要学会适当的放松和调节。那么我们该如何调节、如何放松呢？

就其原因而言，紧张的心理情绪是个笼统说法，它包括焦虑、抑郁、失眠等多种问题，产生紧张情绪的罪魁祸首在于压力。压力是主观的，所以不存在哪种工作比其他工作压力更大的现象，因为它不会随着资历的提高而提高，也不会随着金钱的增多而递增。如果你职务很高，金钱很多，但你对工作的控制能力很强，这样压力也会减小；如果你的职位很低，事情很少，但你对工作的控制能力很弱，你的压力同样会增加。

缓解紧张情绪，首先需要人们提高工作效率。虽然传统的教育一直要求人们要有"十年磨一剑"的毅力，但生活在高速、快捷、高效的今天，人们应该转换一种新的工作视角，寻求更高效的学习方法，在短时间内完成自身的学习或工作任务。

其次，要掌握某种程度的控制力。尽管有时候你会发现自己无法控制思维活动，但你仍然要人为地制造控制。比如长时间工作中的闭目养神、久坐后的适当走动……最后，要注重精神愉悦，这不仅包括闲暇时间的度假、旅游，还要在做任何事情时集中精力，达到忘我的境界。

破窗效应——已经破损的东西更易遭到破坏

"破窗效应"是由政治学家威尔逊和犯罪学家凯琳提出的，后经美国斯坦福大学心理学家菲利普·辛巴杜的实验进一步证实，心理学家最终将其归纳为：

任何一种不良现象的存在，都在传递着一种信息，这种信息会导致不良现象的无限扩展，也就是说当人们遭遇挫折、失败、困惑的时候，再碰到消极的心态，哪怕是一点点，也会让自己的处境变得更加糟糕。

破窗效应对人们的影响是有目共睹的，只是之前当这种效应真正在生活中发生时，人们没有给它以一个真正的名称定位而已。

对此，美国斯坦福大学心理学家菲利普·辛巴杜曾在1969年进行过如下实验：

菲利普·辛巴杜找来两辆颜色、牌子、外观完全相同的汽车，不同的是他把一辆车的车牌摘掉并打开了车棚，将其停在加州帕洛阿尔托的中产阶级社区，另外一辆车完好无损地停在杂乱的纽约布朗克斯区，最终的结果令人感到非常惊奇：摘掉车牌子并打开车棚的车当天就被偷走了，而完好无损的那一辆过了一个星期也无人理睬。

一个星期后，辛巴杜将那辆已经停放在纽约布朗克斯区一周都无人理睬的车的玻璃敲了个大洞，结果只是过了几个小时，便发现它不见了，这进一步证实了不良现象的存在会导致不良效果的无限扩展。

从破窗效应中，我们可以得到这样一个道理：人们在生活中总是太过在意大事情上的失败和教训，而忽略了那些看起来偶然的、个别的、轻微的过错，事实上，如果对这些小的遭遇不闻不问、熟视无睹、反应迟钝或纠正不力，同样会放纵消极的自己，产生恶劣的影响。

卡耐基很小的时候，他的亲生母亲就去世了，他在众人眼里成了没人管教的孩子，也成了人们眼中调皮捣蛋的孩子。9 岁那年，他的父亲再婚，继母进门的第一天，父亲便指着卡耐基对继母说："他，你可要小心了，是邻居们公认的坏孩子，也许以后令你最头疼的事情，便是他惹出来的。"本来卡耐基对继母就有想法，加上周围人对他的态度，让他的抵抗情绪更加明显，他狠狠地瞪着父亲。

一次卡耐基又闯祸了，他的父亲正要斥责他，这时继母却阻止了父亲，她走到卡耐基面前，用手轻轻地抚摸着卡耐基的头，然后笑着责怪他的父亲说："你怎么能这样责怪孩子呢？你应该看看他以后的表现，你看他现在这一刻多乖，我认为他以后应该是最聪明、最听话的孩子。"

继母的话让卡耐基感动万分，从来没有人这样称赞过他，正因为这句话，在以后的日子中，他和继母相处得很好。

一个每天生活在批评和谩骂声中的孩子，他的性格中孤僻、自卑、自弃这些负面倾向所占的比例会更多一些，生活上也会变得更加不自信，进而不能很好地展示自我；一个每天在批评、指责环境中工作的人，他对待工作的进取心、积极性、自信心会渐渐地减弱，进而在做事情的时候，会因为自卑心理失误不断；一个每天在妻子唠叨、抱怨、谴责声中生活的丈夫，他和妻子的关系会变得日渐疏远，婚姻也因此轻而易举地亮起红灯……正如美国第一权威专家迪克斯所说："在所有婚姻中有 50% 以上是不幸福的，许多充满色彩的梦想之所以破灭，其原因之一，就是批评以及负面评价给自己带来日复一日的心碎。"卡耐基的继母正是有效避免了破窗效应才大大改变了原本顽劣的孩子。

现实生活使破窗效应进一步向人们展示了：好的东西人们会竭尽全力地保护它，而差的东西则会使人们不自觉地任其变得更坏。

"好的东西"即生活中要让自己拥有好的心态，这样才能更好地保护自己，才能更有利地阻挡外在的偶然的失败、挫折和荆棘。就像动物群体中的狮子一样，无论它父亲、母亲多么强大，它都需要从小练就一身灵活的捕捉技巧以及强壮的身体，这样当动物世界中同类群体或外来群体攻击自己时，才能更好地保护自己。

上述现象给人们再一次敲响了警钟，抵御外来侵袭的最好办法是要让自己变得无限的强大。那么人们究竟该如何让自己变得强大呢？这就要求人们在生活或者工作中时刻处在一个良好的、积极的、乐观的状态中，要善于挖掘，利用自身的资源，增加自己在不同领域、不同方面的发展机遇。此外，还要不断地尝试，勇于拼搏，具有迎接失败的心理准备，不断提高自己应对挫折与干扰的能力。

瓦伦达效应——专注于事情本身，不患得患失

"瓦伦达效应"以美国著名的钢索杂技演员瓦伦达命名，来源于他在一次重大表演中的失足身亡。事后他的妻子曾说："我知道这次一定会出事，因为他在上场前一直强调这次表演失败的结果，不能够完全地专注于走钢索的本身。"

后来社会心理学家将这种专注于事情本身、不患得患失的心态叫作瓦伦达心态，并将其总结为：任何人要想做好一件事情，首先要专注于该事情的本身，不要考虑与该事情无关或者相关的其他事情。

瓦伦达效应在工作和学习中经常有意无意地出现，对此，美国斯坦福大学的一项研究能够证明这一点。

据美国斯坦福大学的一项研究数据表明，个人大脑中的图像经常会像实际情况本身那样刺激人的神经系统，也就是说个人大脑中呈现出什么样的想象图片，生活中便容易向着该图片的方向发展。例如，当一个乒乓球运动员一再告诫自己不要把球打飞时，他的大脑中便会出现将球打飞的情景，最终使球完全飞出场外，这项研究进一步证实了瓦伦达心态与个人成功的密切关系。

根据瓦伦达效应，人们可以了解到这样的心理学影响力。现实生活中，在做某件事情前，人们如果太过在意事情的结果和周围人的言谈，就会疏忽事情的本身。我们的心每天都被各种无形的压力和欲望压得透不过气来，身体也日渐下滑，在这样的身心负荷下，人们越是不停地告诉自己一定要成就某件事情，越是容易南辕北辙，偏离预定轨道。

2008 年第 29 届奥林匹克运动会在北京举办，作为东道主的所有中国人都希望中国可以夺得首枚金牌。这届奥运会的首枚金牌将在女子 10 米气步枪中诞生，所以，作为 2004 年雅典奥运会 10 米气步枪冠军得主和世界纪录保持者的杜丽，可谓承载着十几亿中国人的愿望与梦想，她心中的压力可想而知。

在 2008 年 8 月 9 日的第一个比赛日，杜丽在现场啦啦队的助威声中打出了第一枪，

经过预赛和决赛的十几轮较量，杜丽在不堪重负的情况下发挥失常，不仅没能摘下北京奥运会的首金而且无缘奖牌。

杜丽流着泪对媒体坦诚说："压力太大，比赛感觉有些紧张，而且对手的发挥确实不错。"赛后，作为国家射击队的主教练王义夫说："杜丽的失常可以理解，首金的帽子太大了，谁戴上都会觉得晃荡。"王义夫相信杜丽有这个项目上的夺金实力，但"作为心理因素至关重要的射击比赛而言，心中的压力会让比赛的变数很大，结果很难预料"。

据一项数据显示，从历届奥运会尤其是最近七届的情况来看，即便主办方想方设法地把本国优势项目提前，但东道主选手通常还是不能旗开得胜，这被人们称作"东道主魔咒"。

法拉第说过一句话："拼命去换取成功，但不希望一定会成功，结果往往会成功，这就是成功的奥秘。"生活中的多数时候，人们在面对各方压力时往往表现得难以从容面对，所以，经常会出现失误和失败的现象。正所谓："专心致志，方能成功。"集中精神、专注于自己所做的某件事情，对个人的进步与成功往往起着决定作用，反之，则可能出现事与愿违的结果。

而所谓的"集中精神"便是时刻让自己沉浸在自己想要做的事情当中，不要提前思虑该事情可能导致的结果，也不要想自己的行为会给他人带去什么样的影响，更不要出现患得患失的心理状态，对于这一点任何人都适用。例如，高三的学生在高考前如果经常担忧自己在考场上会不会碰到很多不会的题目，就很容易陷入混沌状态，发挥失常，高考失利。

瓦伦达效应告诉我们：生活中无论做什么事情都不要思前顾后、三心二意，更不要提前在心里预测事情可能出现的各种现状。只要一心一意地做好眼前的事情，便能够得到自己想要的结果。

既然专注于事情本身会给人们带去如此大的影响力，那么生活中人们该如何调节自己，让自己时刻处在一个全神贯注的精神状态中呢？

佛教中常说："平常心是道，得失随缘，心无增减。"也就是说，人们在生活中可以凡事都做最坏的打算，但不能凡事都想着最坏的状况。此外，应该学会精神转移，在做压力大的事情前，让自己忙碌起来，可以认真地听音乐、打游戏，也可以做其他必须集中精神的事情，这样你的大脑便没有空闲的时间过度思考与该事情相关的事情了。

鲶鱼效应——让自己保持适度的紧张

"鲶鱼效应"最大的影响力是能够引发人们的"应激心理"，应激心理是由塞莱氏根据机体遭到侵害而产生紧张的反应状态。后来心理学家将该效应引起的应激心理总结为：

人们在受到外界的巨大压力时，精神会处在高度紧张、亢奋的状态中，这能够激发内在的无限潜能，迸发出超常的能量。

鲶鱼效应能够刺激心理、左右行为的这一道理来自挪威人吃沙丁鱼的习惯。

挪威人在饮食上有个习惯，喜欢吃活的沙丁鱼，因此，市面上活沙丁鱼的价格要比死沙丁鱼高出几倍，但由于沙丁鱼是一种不宜活的鱼类，尽管鱼贩们想方设法地想让沙丁鱼活着，但大部分沙丁鱼还是会在中途窒息死亡。

可是有一个船长找到了一个合适的方法，他在装满沙丁鱼的鱼槽里，放进一条以沙丁鱼为主要食物的鲶鱼，这时沙丁鱼见到鲶鱼后十分紧张，在鱼槽里面不停地左冲右突，四处躲避，加速游动，而这正是沙丁鱼能够存活的秘密。

鲶鱼效应让人们知道：虽然生活中人们一直提倡面临至关重要的事情前，应该让自己处在放松的心理状态中，但放松状态不等于毫不在乎，放松过了头便会产生负面影响。也就是说人们在重大事情前需要适度的紧张，这样大脑能够在紧张的情绪中，保持机体的生机与活力，才能更好地做该事情。

张淼最初只是一名普通的推销员，刚做推销行业时并没有出色的成绩，每个月的工资还不够自己的生活费。为了将自己的推销业绩做得更好，他每天虚心向那些出色的推销员学习，后来他总结出了一套自己的推销秘诀并连续三年拿到了推销业绩的第一名。以下是他推销前、推销中、推销后的行为：

无论在向什么样的客户推销，推销前他都会准备好推销时可能用到的一切用具并提前预测客户可能提出的问题，然后他将这些问题的答案一一列出，防患于未然。

见到客户后，他在认真介绍自己的产品时，还会仔细且认真地倾听客户的问题、意见、观点等，并时刻注意客户言谈举止中的每一个细节。

推销结束后，无论此次推销是否成功，他都会总结推销过程中的经验和心得，然后把推销过程中自己没有解决的问题以及客户拒绝自己的原因纷纷列出来，并一一地寻找最佳答案，这样在下次推销的时候就会避免同样的事情发生。张淼在销售领域的成功正是源于这种时刻让自己处在紧张中的努力。

医学界认为，如果人们时刻处在一个适度的忙碌、紧张状态中，他对外来各种信息的刺激，会产生高度的敏感性，肾上腺会因此分泌出大量的激素，使人产生前所未有的能量和生存力。

中国有句古训："生于忧患，死于安乐。"事实上，在现实生活中，每个人获得成功与辉煌的比例都是相等的，而绝大部分人之所以平庸，最主要的原因是周围的环境给人们带去太多安逸的感觉，使其放松自己、满足现状、固守平庸；相反，那些有着杰出贡献的人，他们每天、每时、每刻都会使自己处在一个适度的忙碌状态中，忙碌中带着固有的紧迫感、危机感，而正是这些特有的紧张、压力，激发出内在的无限能量，助其获得成功。

虽然每个人都具有与生俱来的能量和无限潜力，但人们也有着天性的弱点即惰性，当人们每天使自己处在一个相对宽松、安逸的环境中，他的潜意识中会不断地强化自己的惰性，在这种状态中出现贪图享受也便不奇怪了，这种状态也适用于动物群体中。就拿羊群而言，在澳大利亚的牧场草原上，经常会出现野狼吞噬羔羊的情况，为此，牧民在政府和军队的多方帮助下将狼群赶尽杀绝，但狼虽然没了，羊群的数量依然逐年下降，因为随着狼的消失，羊群的紧迫感、危机感也消失了，它们失去了激发内在繁殖、生活的动力。

鲶鱼效应告诉人们：随着竞争日益激烈，人的心理压力也在不断加大，易出现各种精神紧张状况，但这种紧张并非完全有害无益，因为人们在生活中保持适度的紧张状态，不仅能够增添生活的情趣，还能提高工作和学习效率，有利于身心健康和事业发展。

适当紧张是个人激发内在能量的有效措施，但很多人往往不能够正确把握紧张的"度"，不是放松过头，便是紧张过度。人们究竟该如何让自己时刻处在适度的紧张状态中呢？在工作时要做到细心、精心，凡事多想一点，多做一点，感到累的时候，可以适当地放松自己，但放松的时间要有个规定；也可以为自己找一个竞争对手，这样能够打破内心原本的安逸惰性，让自己立刻投入到竞争的残酷压力中，这能够将身体中的每一根神经快速调整到紧张的状态中。

霍桑效应——适度发泄，然后轻装上阵

"霍桑效应"也称为"宣泄效应"，原为霍桑电气公司的一个实验，该实验最初以改善工作环境、提高生产效率为主要目的，后被人们归结为心理学效应。它旨在说明：

生活中，人们难免会因不如意的事情情绪低落，但要学会适当倾诉、合理发泄，这能够将心中滋生的负面情绪扼杀在摇篮中，进而更好地做其他事情。

霍桑效应一直存在于人们的生活中，但却没有被人们证实，直到 1924 年的工厂实验。

美国的电话交换工厂为了提高工人的工作效率，曾想方设法地完善工厂中工人工作的各种设施，这包括工厂的机器设备、医疗制度、娱乐设施等，但工作的员工们仍然有不同程度的抱怨，生产状况也没有得到很大的改善。

为了进一步寻找提高工作效率的方法，美国国家研究委员会组织了心理学家进行有针对性的研究，他们在工厂里开展了各种各样的实验研究，其中就包括"谈话实验"。研究人员曾专门的找个别工人进行谈话，并且在谈话的过程中，实验人员要认真、仔细地倾听员工所叙述的内容，其间无论工人们抱怨什么，倾听的人员都不能立刻反驳对方，并且在倾听的过程中，要做好详细的记录，实验结果令人感到非常惊讶：该厂的工作效率得到了大幅提高。

心理学家对这一现象得到的结论是：工厂的工作效率长期得不到提高的根源，并不是工厂的硬件设备落后，而是人们长期以来对工厂管理制度及薪资待遇等方面的诸多不满造成的，人们无处发泄，便只能进行消极抵抗。

通过霍桑试验，我们看到了这样的现象：每个人在生活中都会遇到委屈、不平、失意的事情，如果遇到这些事情后得不到及时的发泄，内心深处会产生消极情绪，进而影响自己在其他事情上的发挥。反之如果这些不如意、不顺心的事情能够通过不同的发泄方式发泄出来，就能够激发人们的激情，使其更好地投入到其他的工作中。

在美国内战时期，为了解放黑奴的宣言得以实现，身为总统的林肯受到了很大的阻碍。他在议员的拒绝声中，写信给他的一位儿时的玩伴，请这位乡村的老邻居速来华盛顿，称有重要的事情要和他讨论。

这位老邻居来到白宫后，林肯和他进行了几个小时的交谈，其中包含释放黑奴的话题，会面结束后，林肯非常愉悦。大家都以为林肯向那位老邻居征求到了好的建议，但事实上林肯什么都没有问，他只是需要一位友善的、同情的倾听者，需要在没有任何压力下，发泄心中的不满与苦闷。

还有一次，林肯的一位朋友向他抱怨另一个人的无理，林肯听后表现出和他一样的气愤，并友善地关心他说："你马上写信去痛斥那个不讲道理的家伙。"那位朋友听后点点头，立刻动笔开始写信，他将心中的愤懑全部倾诉在信中。可当信写好后，林肯竟然看都没看，就将信撕毁了，并且幽默地说："我也曾这样写过许多信，可从来没有寄出去过。"而那位原本怒火三丈的人此刻也笑了，他说自己的心情舒畅多了。

以上两例显示的就是发泄的作用。

英国有位著名的心理学家曾说："贮藏在人心中的烦恼、郁闷、不平，会如同蓄势待发的能量一般，如果不能及时得到释放，会像不定时的炸弹一样，说不定什么时候就会爆发。倘若能够及时地加以发泄或者倾诉，便可以祛灾免病。"

事实上，每个人在遇到不平事的时候都会有发泄的渴望，这些令人烦恼、怨恨、悲伤或愤怒的情绪只有发泄出来，人们才会有如释重负的放松，而只有如释重负的时候，才能更轻松、更好地完成将要完成的事情。

对于这一点，不仅适用于个人的事业、生活中，同样也适用于企业管理中。例如日本松下电器公司，该公司下属的所有企业中都设有一个专门的"出气室"，也称为"精神健康室"。任何一个员工在郁闷、烦躁、不安的时候都可以走进"出气室"，拿起室内的木棍对着橡皮塑像捶打，这些橡皮塑像有的象征着经理、老板，有的象征着客户、同事……当他们把心中的怒火发泄完毕后，便会进入"恳谈室"，将心中的不满向那里的职员尽情诉说，这种方法可以有效地提高员工的积极性。

所谓的"发泄"，实质上是一种自我情绪的释放，其作用在于能够把压抑在人们心中的愤怒、忧愁、痛苦、憎恨、悲伤、焦虑、烦恼等负面情绪排泄出来，进而得到精神上的解脱。发泄的过程，实质上是人们自我安慰、自我调节、自我放松的过程，这是摆脱恶劣情绪和消极心理的有效途径。

尽管发泄可以让人们更好地工作，但发泄的过程中要注意尺度，不能随便地胡乱发泄，要讲究时间、地点、方法和场合，还要讲究适度。正确的发泄方式为：利用闲暇的时间，向亲戚、朋友、知己大胆地倾诉，也可以通过写信、日记、博客等方式，让那些消极的不良情绪流淌在文字中，进而得到排解，还可以通过运动放松身心，像打球、跑步、爬山、瑜伽等，还可以情绪转移，例如拼命工作，积极学习，全神贯注地欣赏音乐、戏曲等，这都利于心理平衡，缓解压力，让自己更好地学习、生活、工作。

乞丐效应——顺时莫张狂，逆时莫绝望

"乞丐效应"源于新中国成立前一个乞丐的经历，新中国成立前，在上海的街面上有个靠乞讨为生的乞丐，他每天挎着竹篮乞讨，受尽了他人的白眼和瞧不起的脸色，日子过得捉襟见肘，内心也好不如意，一度他曾想过轻生。一天，他在乞讨的时候，正好赶上国民党政府发行彩票，只需三百个铜板即一块银圆便能换一张彩票，而头彩奖金是五百块银圆，乞丐想这可是一笔不小的数目，要是我能中头奖，我这辈子就发达了。

为了改变命运，乞丐把他乞讨来的铜板积攒起来，终于攒够了三百个铜板，买了一张彩票，长期的乞讨生活，使他衣衫褴褛，口袋也是漏的，他顺手就将那张彩票放进了乞讨的竹篮里。

一个月后彩票开始开奖了，乞丐惊奇地发现自己中了头奖，他欣喜若狂地大声呐喊："我以后就是有钱人了，不用再去讨饭喽！"他兴高采烈地前往银行兑奖，途中路过外白渡桥，他望着桥下苏州河里自己的影子，不由挺直了腰杆，昂起头，整理了一下破烂的衣衫，情不自禁地感慨道："啊！正可谓'三十年河东，三十年河西'，谁能想到中头奖的人，竟然是我一个穷要饭的！我还要这破竹篮干嘛！"他顺手将竹篮扔进了河里，瞬间，湍急的河水将竹篮冲走。

他趾高气扬地来到了银行，银行职员向他索要彩票，他找遍了全身也没找到，忽然他想起自己将彩票放在了竹篮里，而竹篮被河水冲走了，他顿时放声痛哭。

有人说乞丐就是这个命，天上掉馅饼都改变不了他的命，命中注定他不能大富大贵，只能做乞丐。其实，命运是由自己的心态决定的，假如他在好运光顾他的时候，没有做得太得意忘形，没有将竹篮扔进苏州河，他的命运便可能因此而得到好转。

这个故事后被人们引申为：

人生在世，酸甜苦辣、悲欢离合，逆境、顺境都有可能经历，当这些经历发生的时候，要用平常心去面对。

乞丐效应是一种非常普遍的现象，之所以说它普遍，是因为有这样的实验为其印证：

美国一家网站对100名破产的富豪进行了一次调查，从中人们惊奇地发现：70%的人是由于生意越做越大，胆量变得越来越大，进而出现投资失误，最终导致破产。80%的人破产后很难东山再起，有的甚至自杀，其中最有代表性的人物，要数康涅狄格州格林威治市的房地产富豪迈克·基塞尔，他是因为涉嫌一桩8000万美元的诈骗案而被监禁的。事后他说："我的人生一直非常顺利，我的父母是农场主，大学毕业后，我直接就利用父母的土地做起了房地产，我很幸运，从做生意起，便一直盈利，还不到30岁我便拥有了价值80万美元的游艇和多辆名车，但随着生意越做越大，我的欲望和胆量也越来越大，最终竟然导致了这次失败。"

此调查进一步揭示：环境并不能决定个人的成败，心态才是个人成败的决定因素。也就是说，无论是身处一帆风顺的如意中，还是身临荆棘环绕的坎坷中，都要以积极的心态面对，做到顺境时莫张狂，逆境时莫绝望。

有些人总认为是命运对自己不公，让自己每天过着平庸的生活，但事实上，是自己没有抓住机会，没有把握住能登上新的阶梯的机会。有些人从降生起便成为人们眼中的幸福宠儿、好运的眷顾者，但最终，却败在了自己的骄傲自大上。古训有言："荣辱不惊。"人们无论是身处在顺境还是逆境，都要摆正自己的心态。

并不是"好运"与"坏运"使你无法摆脱"顺境"与"逆境"的生活，而是你对待"顺境"与"逆境"的不同心态决定了你在该环境中的时间长度，这一点在孩子的世界表现得更为明显，孩子刚刚上幼儿园，父母便让其学习音乐、绘画、舞蹈、奥数……对于孩子而言，他们是不幸的，为了挣脱这种不幸的生活，他们调皮、逃课、哭闹、不上学等，做了一系列的反抗举动，但换来的却是父母变本加厉的惩罚，相反，如果他们表现得积极，在某一个方面做出突出的成绩，父母不仅会奖励他们，甚至让他们放弃其他科目，专攻某个方面，这对于孩子而言，无疑是一个幸福的光顾。再者，孩子如果每天生活在优越的环境中，父母什么都不让他做，在孩子的眼里这无疑是幸运的，但这种肆无忌惮的生活却会让他滋生懒惰的情绪，进而，当他感到自己一无是处的时候，他会觉得自己是世上最不幸的人。

人生就是顺境与逆境相伴而生的舞台，没有人例外，这就要求人们，在面对生活中的逆境时，要保持积极的心态，在面对一帆风顺的时候，要保持镇静。不要让上帝煞费苦心地在你锋芒太露、做事毛毛躁躁时，用坎坷和曲折提醒你，应该注意节制怠惰、骄傲、自满的情绪，不要在命运之神用天上掉馅饼的好运垂青你时，你却将其拒之千里之外，应该时刻注意收敛自己的妄自尊大和张狂。

踢猫效应——别成为坏情绪的传递者

"踢猫效应"是指个人的不满情绪和糟糕心情，一般会沿着等级和强弱组成的社会关系链条依次传递，由金字塔尖一直扩散到最底层，无处发泄的最小的那一个元素则成为最终的受害者。后被人们引申为：

人的不良或消极情绪，如果得不到合理的控制，会影响周围的人，导致周围的人也产生这种不良情绪。

踢猫效应来自一个生活中的场景：

一天，某公司的董事长在家和妻子吵了一架，耽误了上班的时间，这违背了自己亲自规定的不能迟到的公司纪律，他为此非常愤怒，他刚到办公室，销售经理过来让他审批一项工作，他不耐烦地说："这只不过是一件小事情，你连这点决定都做不了，还能做其他决定吗？"销售经理垂头丧气地走出了董事长办公室，他回到办公室刚坐下，正巧秘书过来说有事要请示，他用挑剔的口吻说道："这种事情不是一向都不请示

吗?"还挑剔她上个月的销售报表做得不清晰。秘书无缘无故被经理挑剔,碰了一鼻子灰,自然一肚子气,她刚走出办公室,正巧清洁工在拖地,她就对着清洁工说:"这地拖得也太湿了,容易滑倒,以后拖布要拧干点再拖。"清洁工无可奈何地回到家后,对正在玩的儿子大发雷霆,儿子莫名其妙地被母亲痛斥之后很恼火,狠狠地踢了一脚地上的猫。

这个真实的生活场景告诉人们:个人情绪会随环境和其他外在因素的刺激而发生变化,当不好的事情使自己情绪变坏时,要在潜意识中控制自我的情绪,不要将这些不良情绪发泄到他人身上,让他人产生和你一样的不良感觉。

著名的汽车大王亨利·福特,年轻时曾在一家汽车公司做修车工人,他每个月的薪水很少,还不够每个月的生活费,每次他下班回来,经过一家高级餐厅的时候,都想进去尝尝这家餐厅的饭菜,但却一直没有如愿。

亨利·福特

一次,发了工资后,亨利·福特拿着整月的薪水来到这家餐厅,他决定什么都不管,只要自己满足这个愿望便可,他在靠近窗户的位置上坐下,并等候着餐厅服务员的招呼,可他在那个位置上足足坐了10几分钟,也没有人过来招呼他,最后,一个服务员走到他的桌边,不屑一顾地递给他一张菜单。

亨利·福特翻到菜单的第一页,服务员就冷言冷语地说:"你只适合看这页价格的菜,其他页菜的价格你没必要看了!"福特抬起头望着服务员不屑的表情,感到非常气愤,但他又理智地控制住了自己的情绪,他觉得,人家对你白眼很正常,自己本来就没钱,最后,他只点了一个汉堡。

从那以后,亨利·福特对自己发誓说:"我一定要努力,让自己成为社会中的上层人物。"最终,他由一个平凡的修车工人,成为了叱咤风云的汽车大王。

古人云:"克己、复礼。"而"克己"就是告诉人们生活中遇到事情要从容、镇静,应用理智控制好自己的情绪;为人,就要与人为善,给周围的人带去愉悦的心情和友善的鼓励。

现实生活里,人们经常会发现,许多人在受到批评或者遇到不如意、不顺心的事情后,会将心中的怒气、委屈、怨恨发泄到他周围的人身上,这种不冷静的发泄,也许会让他的内心得到瞬间的安慰，但却给他人带去了烦恼、郁闷、痛苦，这种不良的发泄方式既会给他人带去不快之感，还会使自己陷入人际关系中的孤独者行列之中。

踢猫效应告诉人们，世界上的人不是孤立存在的，而是相互影响着生存的，每个人每天都需要面对其他人，例如职场中要面对同事、领导，商场中要面对竞争对手、客户，家庭中要面对妻子、儿女……如果无缘无故地将自己的不爽情绪抛给他人，那么接收你包袱的人，势必会想办法将其甩掉，而这样一传二、二传三，你的不良情绪便成了大家的污染源。

情绪是客观事物作用于人的感官后引起的心理体验，有好与坏之分，而相伴而来的是情绪感染的效果，也会分为正面和负面，进而导致积极和消极的两种心态。

正所谓："与人友善，与己方便。"随着社会竞争日趋激烈，生存与发展的环境也逐渐发生很大的改变，人们面对残酷不如意的事情会越来越多。在这种情况下，更需要人们在对待身边的事情时保持大将风度，在压力下保持从容的心态，控制好自己的情绪，用真诚、宽容、友善的行为控制自己，不迁怒于人。

投射效应——不要总以自己的喜好去衡量别人

"投射效应"是指以己度人的心理现象，它有两种表现形式：一是感情投射，即认为别人的好恶与自己相同，进而按照自己的思维方式，试图影响他人；二是认知缺乏客观性，主要表现为过度地赞扬自己喜欢的人，或者贬低自己不喜欢的人。后被人们归纳为：

人心各不同，莫以己心度人。不要总以自己的喜好去衡量别人，应该秉承客观公正的原则，准确投射。

投射效应是人们在生活中经常犯的错误，为了验证这种现象的真实性，心理学家曾做过如下实验：

他们曾在一家出版社的选题讨论中对编辑人员说："为了更有效地让读者关注我们出版社，你们每人都策划出自己认为最重要并且最具影响力的一个选题。"最终他们策划出的选题如下：

正在攻读第二学位的编辑认为现在是知识竞争的时代，每个人都在试图获更高的学历证书，所以他的选题为"怎样写毕业论文"。

一个正在准备将女儿送到幼儿园的女编辑认为，中国一向有教育是先机、教育孩子应从娃娃抓起的教育理念，所以，她的选题是"学龄前儿童教育丛书"。

一个正在托朋友办事情的编辑认为，任何人做任何事情首先要获得他人的鼓励、支持、帮助才能成功，所以，他的选题是"教你影响朋友的法则"。

一个爱好围棋的编辑认为，现代人们的生活压力大，需要适当放松紧张的情绪，所以，他的选题是"聂卫平棋路分析"。

这个实验进一步验证了投射效应，也告诉我们：生活中，人们总会习惯性地将自身具有的某种特性，例如经历、好恶、欲望、观念、情绪、兴趣等投射到他人身上，认为他人也一定具有与自己相同或相似的特性，但事实上，每个人的想法不同，利益不同，性格不同，文化背景不同，喜好也会不同，只有给予符合对方审美习惯的喜好，才能获得他人的欢迎。

1964年，刚从海军学院毕业的吉米·卡特，遇到了海军上将里·科弗将军，当将军让他谈论自己的事情时，吉米·卡特为了获得里·科弗将军的喜欢，他自豪地提起自己在海军学院的成绩，他说："我在全校820名毕业生中，名列58名。"他以为将军知道他的成绩后，一定会对他刮目相看，没想到将军却问道："你尽力了吗？为什么不是第一名？"这句话让吉米·卡特不知如何回答，这次他与里·科弗将军的对话给了他很大启示，也激励了他以后的行为，他不是别人，正是美国第39任总统吉米·卡特。

法国有句谚语："聪明人与朋友同行，步调总是齐一的。"的确，在复杂的人际关系中，与人接触一定要掌握相同的步调，一定要懂得正确的投射，这样才能得到他人的支持，才能实现自己的目标。

人们在与他人相处的过程中，内心深处总会有一种强烈的感觉，认为对方在某种程度上和自己有着许多相同之处，通俗地说就是"以己推人"，比如心地善良的人从不相信会有人想过加害于他，而敏感多疑的人总认为周围接近他的人都是对他别有用心。人们倾向于按照自己的做人方式去判断他人，而不是按照客观实际出发。

要想在人际交往中成为人们喜欢的人，首先要学会给予对方正确的投射，按照对方的喜好行事。例如骑马时，人们要想让马儿载着自己跑得更快、更稳，就需要在骑马前了解马的习性。相反，如果你只是凭借自己的喜好硬是骑上马，马儿不仅不会载着你驰骋，有可能还会将你摔倒在地。

投射效应告诉人们：人的心理特征各有特点，无论自己呈现出什么样的心理特征都不能随意地投射给他人。此外，有时即使你用肉眼看到了对方的心理倾向、特点，也不能通过直接的方式去投射，因为，人们常常会在自我保护意识的驱使下，隐藏内心最真实的想法，有时甚至会制造出截然不同的假象，即人们常说的唱反调，也就是说人们会有逆反心理。

在与人相处时，要学会了解他人的心理，只有采取符合他人心理特点的措施，才能够进一步得到对方的喜欢，才能让对方对你刮目相看，进而支持你，拥戴你，帮助你获得成功。

刺猬效应——和谐关系在合适距离中实现

"刺猬效应"又称为"距离法则"，强调人际交往中的心理距离，它来自冬天刺猬相互靠近取暖的实验。后被人们总结为：

在人际关系中，人与人之间的相处，要保持适度的距离，这样才能保持人与人之间的和谐相处，才能使自己成为受欢迎的人。

刺猬效应在生活中有着广泛的应用，它最初来自西方生物学家的动物习性实验：

在西方，生物学家为了研究刺猬的生活习性，曾在寒冷的冬天，把十几只刺猬，放到寒风凛冽的户外空地上，由于天气很冷，使得这些刺猬冻得浑身发抖。为了生存，它们不得不相互靠在一起，但又因难以忍受对方身上的长刺而很快分开。就这样一次又一次地靠近，又一次又一次地分开后，刺猬从中找到了一个既可以相互取暖，又不至于被彼此刺伤的适中距离。

刺猬的生活习性原则给我们以这样的启示：在人际关系中，人与人之间的相处距离不能太远也不能太近，太远了关系会显得生疏，太近了势必会出现摩擦、厌烦情绪，唯有保持适中距离，才能使双方的关系处在一个和谐、融洽的氛围中。

张丽丽漂亮又能干，刚到公司时深受领导和同事的重视，但她的性格却非常的冷，不管是上班时间还是下班之后，她都不轻易和其他同事说话，每次集体活动时，她也总是能找出不去的理由，渐渐地她与同事间的距离越来越远了。

一天上班时，她忽然接到家里的电话，但由于当时经理不在，无法请假，她只能和同事们说："哎！你们帮我和经理说一声。"没等大家作答，她就走了，结果第二天她刚上班，就被经理叫到办公室，批评她不经请假就自动离岗。

法国总统戴高乐曾有句座右铭："保持一定的距离！"他运用这样的座右铭，保持着他与顾问、智囊团和参谋们的关系，而正是这样的座右铭，使得他的思维和决断具有新鲜感和充满朝气，也正因如此他可以杜绝他周围的人利用总统和政府的名义营私舞弊。

生活中，人们时常提倡与人相处要走近点，这样才能搞好关系，但走近点并不等于彼此的心灵一定走近了，绝大部分时候，距离越近，彼此越容易出现摩擦，越是天天浸泡在一起，越容易厌倦对方。也有人说"距离产生美"，但这里的距离产生美，是在一定情形下，是与时间距离和空间距离相照应的，时间能够冲淡一切，空间也能够腐蚀一切，唯有保持适度距离才是最合适的。

保持适度距离不仅存在于人与人之间，世间万物都是如此。例如冰天雪地的山上，如果积雪太少，积雪会渐渐地融化，如果积雪堆积太久、太多，又会发生雪崩。河里面的河水，如果河水太少不流动，便会干涸，如果涨得太快、太高，又会泛滥。一句箴言，如果人人都不知道，那么它就不会被称作经典，如果被人们用得太多、太频繁，又会成为一句俗语。

刺猬效应告诉人们，在与人相处的过程中，不仅要学会拉关系、套近乎，还要学会给对方留有空间，要将彼此的关系控制在一个相互容纳并相互吸引的范围内。

从生活经验中人们总结出，彼此间的空间距离近了，不代表心理距离就近了，彼此间的不联系也不代表不惦记对方。所以，无论面对你的亲人，还是面对你的朋友，无论是面对你的上司，还是面对你的下属，无论是面对你周遭的陌生人，还是早已相识的熟人，都要控制好身体距离与心理距离的关系，这样才更易保持那份美好。

那么究竟人与人之间需要什么样的距离呢？具体地说就是与同事、朋友、领导、下属之间经常保持联系，同时又保持距离。

喜好效应——要想钓到鱼，首先要知道鱼爱吃什么

"喜好原理"旨在说明人们总是能够接受自己喜欢或者与自己相似的人提出的要求或建议。后被人们总结为：

人类的行动都来源于心里的欲望，无论在商场、职场，还是在家庭、学校，甚至在政治的舞台上，想要得到他人的欢迎，就要投其所好。

喜好效应在人际关系中有着较强的影响力，著名心理学家埃姆斯威勒等人曾做过如下实验：

他们在一所大学里，向学生索要一角钱打电话，当他们的穿衣风格和言谈举止与被征求到的学生相似时，答应他们请求的人超过了2/3，当他们的穿衣风格及言谈举止与被征求到的学生不同时，只有不到1/5的人给了他们这一角钱。

这项实验充分地说明：当很多陌生人出现在人们面前时，人们往往更易于接受和自己相似的人，这包括对方的穿着打扮、衣食住行、言谈举止、兴趣爱好、思想观念、生活方式等等，也就是说如果你想让他人喜欢你，首先要知道对方的喜好，然后根据他的喜好，适当地包装自己。

1964年4月，担任中国外交部部长的陈毅，曾率团参加第二次亚非会议的筹备会。地点在印尼首都雅加达，他首先会见了印尼总统苏加诺，见面后他发现彼此的意见不

一致。

苏加诺的意思很明确，他主张第二次亚非会议仍在印尼的万隆召开，而陈毅的想法是，第一次亚非会议已在万隆召开，第二次亚非会议应该选在非洲国家召开。双方不一致的观点为筹备会增加了难度。

陈毅知道苏加诺非常爱面子，为了坚持自己的观点，又不伤和气，所以他从照顾东道主的面子出发，并从尊重苏加诺的角度考虑，他对苏加诺总统说："非洲有40几个独立国家，总统阁下如果主张此次会议在非洲召开，就等于支持了非洲的独立，你的做法让人看到了你高瞻远瞩、顾全大局的政治家的风度，当你去那里发言时，你会得到更多的支持声。"

苏加诺听后，觉得非常有道理，但他仍然碍于情面，只是点头称是，却不愿放弃自己先前的观点，陈毅元帅洞察出了他的心机，转而用幽默、诙谐的语言对他说："你是总统，我是元帅，我给你当个参谋长，你要不要呢？"苏加诺自然无法回绝，唯有称是。

奥夫史屈教授在他那本启发性的《影响人类的行为》一书中写道："行动出自我们基本上的渴望……而我所能给予想劝导他人的人——不论是在商业界、家庭中、学校里、政治上——最好的一个忠告是：首先，激起对方的急切欲望。能够做到这点的人，就能掌握世界，不能的人，将孤独一生。"

没错，要想不被踢开和遗忘，就要激起对方的欲望，不断给予别人想要的，这样别人才会一如既往地拥护你。成功者总是最擅长知道他人的喜好和需要，并巧妙利用这种喜好和需要来达到自己的目的。

卡耐基有个爱好，每年夏天都会到缅因州钓鱼。他个人本来非常喜欢用草莓和乳脂做饵料，但他知道，鱼儿更喜欢小虫，因此，每次去钓鱼，

苏加诺

他不想自己所要的，想的是鱼儿所要的。卡耐基的钓钩上不装草莓和乳脂，从来都只挂着一只小虫，似乎在说："鱼儿啊，你不想吃吃这只美味的小虫吗？"所以，他每次都能够钓到很多鱼。

喜好原理告诉人们：爱屋及乌、投其所好是获得他人喜欢的不变法则，正如欧文梅所说："一个能从别人的观点出发、了解别人心灵活动的人，永远不必为自己的前途担心。"

在生活中又何尝不是呢？每个人都渴望成为他人眼中的天使，天使无疑是最受人欢迎的，但为什么成千成万的人看似很努力地帮助别人却收效甚微，真是对方不近人情吗？不是的，真实的原因是这些人没有真正地思考过对方到底需要什么，自己该为他们提供什么。例如推销人员，如果能让客户知道他的商品将给自己带来什么，那么他的业绩便会使同行们吃惊。

日本医学界的"拿破仑"德田虎雄曾说过："人与人之间的关系是很微妙的，很难相处好，但有时候只是小小的关心和照顾，却能让对方心情舒畅，舒畅到办事顺畅。"这关键在于在对方最需要关心、照顾的时候满足对方，包括满足对方喜欢的穿着打扮、言谈举止、兴趣爱好、个人品位、形象气质……能够真正掌握这一点的人，往往是距离成功最近的人，也是最得人心的人。

南风效应——感人心者莫乎情

"南风法则"又称为"温暖法则"，来源于法国作家拉·封丹写的一则寓言。

在万物刚刚诞生的时候，北风和南风都认为自己有非凡的本领，谁也不服谁，于是他们相约，比一比谁的本领大，比赛的规则是谁能让行人把大衣脱掉，谁便是最终的胜利者。比赛开始后，北风不假思索，首先来了一阵冷风，凛凛刺骨，尽施威严，行人为抵御北风，都把大衣裹得严严实实。南风见状徐徐地吹动，顿时风和日暖，使人暖意渐生，行人越走越热，情不自禁地解开纽扣，脱下大衣，最终南风获得了胜利。这则寓言旨在说明：温暖胜于严寒。后被人们总结为：

对人关心、亲和的人往往比对人冷漠、高傲的人在人际交往中更易获得周围人的喜爱和尊重。

在与人打交道或者办事情的时候，用好言相对、好态度相待的温和方式比用恶语相迎、高傲相待的生硬方式更易提高办事效率。在与人相处时，用友善体贴的方法会比强悍冷漠的方法更易俘获他人的心。

王彦是某小学四年级的班主任，开学后不久，她发现班级中有学生说"某某是某某的老婆"这类的怪话。前几次，她觉得这可能是同学们之间偶尔的恶作剧，就没有过问，但后来她听到这样的话越来越多，感到非常吃惊，决定尝试着制止这样的行为。

在一次班会上，她首先问学生："谁能解释一下'老婆'这个词语的意思？"同学们不解地望着她，为什么老师会在班会上提出这种问题呢？这时王彦微笑着对大家说："老师没别的意思，只是生活中不是经常会有'老婆'出现吗？谁能总结一下这些老婆的共同特点？"

学生们原本疑惑不解的眼睛忽然亮了起来，七嘴八舌地参与到议论中。有的学生说："老婆是女的。""老婆有老公。""老婆有儿子、女儿……"等他们尽兴说完后，王彦开始了一连串发问："老婆需要人接送吗？""老婆向他人要零花钱吗？""老婆是大人还是小孩儿？""小学四年级的教室里可能有老婆吗？"……最后，她用温柔、平和的语调给学生们总结了一下"老婆"，她讲解过程中没有丝毫责骂的语气，脸上也没有任何怒意，结果以后再也没有人说"老婆"了。

著名的心理学家杰丝·雷尔说："称赞对温暖人类的灵魂而言，就像阳光一样，没有它，我们就无法成长开花，但我们大多数的人，只是急着躲避别人的冷言冷语，却吝于把赞许的温暖阳光给予别人。"

孟子有言："爱人者，人恒爱之；敬人者，人恒敬之。"的确，如果你能够时时刻刻对别人表示出关心和爱护，或者用柔声细语的方式劝阻对方做某件事情，那么对方往往会更加积极地为你做事，这种以柔克刚的方式多半能够给你带去意想不到的收获。

用情感动对方，用心温暖对方，这无疑是人们获得他人认可的最佳方式，正如中国有句谚语，"宁可做蚀，不可做绝。"生活中，有时那些看似吃亏的事情，在感情面前，则会变成非常有利的事情。那些成功人士，在这一点上无疑是个专家，也正是这一点让他们更进一步地登上成功的领奖台。

"晓之以理，动之以情"同样是成功者的锐利武器，不仅表现在人际关系中，也表现在世上的其他事情上，例如巴尔扎克创作《高老头》，他在写到高老头之死时曾精益求精地斟酌着文中的每一个字，他自己被文中的场景感动地放声大哭。这篇著作问世后，几乎每个读者读到此章节时都会格外的黯然伤神。一部作品、一篇文章要想打动他人，首先要有感情，让真情实感在笔端流露，这样方能调动人们的每一根神经，方能让人们感动起来，做人更是如此。

通过南风法则，人们进一步地体会到"好言一句三春暖，恶语伤人六月寒"的真正意义，也告诉人们在与他人的接触过程中，应该多用关心、爱护、尊重、赞美等积极情绪感动对方，让对方感到你是从内心深处关心他，这能将彼此的感情拉得更近、更亲，也更易得到他人同样的关心和爱护。

生活中何尝不是呢？当孩子犯了错误后，如果你用打骂的方式斥责他，也许他不仅不会改正，还会产生反抗情绪，变本加厉地继续犯这种错误。在公司中，如果下属做了违反公司规定的事情，老板恶语相对，横眉相待，那么下属也许并不会太在意，而对你的不良态度则记忆犹新。

在日本，几乎所有的公司都非常注重感情的投入，那些公司的高层，总会通过各种方式，给予员工家庭般的温暖、安慰、体贴。索尼公司前董事长盛田昭夫说："一个公司最主要的使命，是培养它同雇员之间的关系，在公司中创造家庭式的情感。"不错，当人们将你视为他的家人时，你对他还会产生反感情绪吗？还会对他所说的话、所做的事情毫不犹豫地拒绝吗？当然不会，那些能够在生活中做到这一点的人，可谓是真正的感人心者。

所以，无论你面对的是谁，一定要用内心真实的感情感动对方，关心对方，这样才更易接近对方，也更易得到对方的以诚相对。

三明治效应——让批评变得更可口

"三明治效应"源自一种典型的西方快餐食品。众所周知，三明治是一种以两片面包夹几片肉和奶酪、各种调料制作而成的食品，味道鲜美，深受人们的喜爱。后来人们将其纳入批评心理学中的一种有效方法，即：

如果人们在批评他人的时候，把批评的内容夹在两个表扬之中，那么受到批评的人，会在愉悦、诚恳的心态下接受批评。

三明治效应在人们的批评中有着广泛的影响，它经常能够让不愿意接受批评的人，情不自禁地接受批评，林肯就是这方面的专家。

南北战争期间，林肯为了解放黑人奴隶制，曾多次任命不同将军统帅北军，但不幸的是，无论是麦克时蓝、波普、波恩基，还是胡克尔、格兰特，他们所有人在战争中都相继惨败，林肯失望且无奈地踱步，当时很多人都在不停地痛骂那些战争中失利的将军们，有的斥责他们的指挥有问题，有的批评他们不会作战，还有的侮辱他们不配做将军，尽管如此，但林肯对他们却没有任何指责，只是对他们表示关心地说："你们辛苦了，我对你们给予希望和祝福。"后来，林肯终于取得了解放奴隶制的胜利。

林肯的经历让人们再一次看到三明治效应发挥的作用，同时也给人们以启迪：当他人做错事情或者彼此意见相悖的时候，不要盲目地横加斥责、埋怨、反驳，要冷静地在认同、赏识、肯定、关爱中提出建议、批评或不同观点，并在其中给予对方希望、信任、支持、鼓励，这会收到更好的效果。

李玲是一位政治老师，很多中学生都不喜欢学政治，所以，在她上课的时候，常会出现学生课堂上睡觉、看小说、做小动作的现象，尽管她曾在课堂上严厉地教训过学生，但他们依然如此，有时甚至更严重，怎样改变这一现象呢？她开始找寻解决办法。

一次，在一节课堂测验上，她发现班长竟然作弊，她非常生气，但她没有当众训斥他，她若无其事地走到他跟前，轻轻地拍了拍他的头，班长意识到自己的错误行为，被老师发现后，没有再作弊。

下课后她把这名班长叫到办公室，对班长说："你非常重视自己的成绩吧，这是好事。"班长有些脸红地低下头说："老师，我知道作弊不对，但不要跟我们班主任说好吗？我怕他知道后，会撤我的职务。"李玲平静地说："你怕班主任知道会撤职，但你就不怕学生看到后，不服你这个班长吗？作为班长，在同学们面前作弊，会使班级中的学风、班风不正。"他头垂得更低，什么都没说，看他露出悔意后，李玲说："老师发现你是一个很聪明的学生，总成绩也不错，如果你能端正态度，用正确的态度对待政治课，老师相信你根本不用靠作弊取得高分。"他听后连续地点头，并充满自信地回去了。这件事后，在他的带动下，学生们在课堂上表现得比以往认真很多，还能积极地回答问题，渐渐地班里学习政治的风气也得到了好转。

世界著名心理学家史京纳说："在学习方面，那些有着良好行为进而得到奖励的动物，要比一只因为行为不良就受到处罚的动物学得快，而且更能够记住它所学的东西。"同时，他指出人类也有着同样的情形。

生活中，当人们对他人的行为、举动、思想、观念产生不满情绪的时候，常会习惯性地用单纯且直接的方式斥责、批评对方，但事实上，这并不能让他们产生永久的改变，也不能够让他们发自肺腑地产生反省心理，反而会引起愤恨、抱怨、不满的消极抵抗情绪。相反，如果人们能够在关心中提出批评性的建议，并在建议中充满了鼓励、赞扬、支持的态度，这种批评不仅不伤人的感情，不伤人的自尊心，还能激发人向善的良心，使人的积极性始终维持在良好的行为上。

三明治效应告诉人们，批评他人要讲究原则，最好的原则是"表扬后的批评，批评后的鼓励"。例如，作为领导，批评下属上班迟到可以用这样的方式："小伙子，一直以来你的表现都很不错，最近有什么事情吗？要不然你不会迟到的，按单位的规定会扣你的部分工资，你能理解吧！如果你真有什么难处，可以向公司提出，公司会尽力帮你解决的，好好干！"

在运用此方式的时候，可以注意以下两个方面：批评的时候不要指责埋怨对方，因为指责容易让对方产生抵触、逆反等不良情绪，这会强化敌意，激化矛盾；慎用反驳的方式讲话，生活中有些人总会喜欢用否定的方式讲话，即先否定别人的话语，这易让人产生反感。

于是，人们便会思考什么样的批评方式是三明治方式呢？首先在批评之前，要先说些亲心、体贴、关怀之类的赞美言辞，制造出友善的沟通氛围，这可以使受批评者乐于接受你的观点。批评只需点到为止，不要结束后还让人心有余悸，产生后顾之忧。同时要给出鼓励、希望、信任、支持，使受批评者振作精神。

人与人相处的过程就是这样，有时候不是因为对方太顽固，也不是你说得不对，而是因为你说得太对了，也太直截了当了，才使对方更加愤怒。正如俗语所言："进忠言如逆水行舟。"有时候即使是忠言也要说得有技巧、有学问，否则忠言虽利于行，但过分刺耳，人们也会不愿意听，所以要想让对方悦纳己言，批评也要暖人心。

自己人效应——让自己成为受人喜欢的"自己人"

"自己人效应"与社会心理学中的喜欢机制是一脉相承的。所谓的"自己人"，是指对方把你与他归于同一类型的人。自己人效应是指人们习惯上对"自己人"所说的话会更加信赖，更容易接受。后被人们总结为：

人们习惯上会对那些与自己某方面有着相似的人，产生亲近感、信赖感，基于这样的心理认知，要想让他人喜欢自己，首先要在某方面让他人感到你和他有着相同的东西，是自己人。

自己人效应在人际交往中是普遍存在的，社会心理学家纽卡姆在 1961 年曾在一项实验中证实：彼此间的态度和价值观越是相似的人，相互之间的吸引力也会越大。这种典型的例子也很多。

在一次体育课上，高世强让学生练习耐久跑，他采用的方式是分组跑、追逐跑、换物跑，练习有条不紊地进行着，一轮练习结束后，同学们气喘吁吁地做整理运动，很明显他们不喜欢听从他安排他们做的这些运动，并表现出不喜欢上体育课的抵抗情绪。这时有位同学突然对他说："老师，您为什么不和我们一起跑呀？"虽然对学生这样的问题，当时他很生气，但学生的话在让他尴尬的同时也给了他很大的触动，这一节课结束后，他回去想了好久。

为了充分地调动学生的积极性，第二节体育课的时候，他同样组织学生们练习耐久跑，但他加了一个环节，他对学生说："下面我们来进行'追逐跑'比赛，老师也参加。谁敢挑战老师？"学生们一听老师也参与其中，立刻精神振奋，情绪高涨，大声地回答"我敢、我敢"，学生都争先恐后地和他比赛，课堂上的气氛立刻活跃起来，并且再也没有那种不喜欢上体育课的情绪了。

安德鲁·卡耐基说："凡事自己单干，或独揽全部功劳的人，是当不了杰出领导人的。"的确，纵观那些成功人士，他们总能在工作或者生活中找到与他人相同的兴趣、爱好，总能对不同的人说出对方最感兴趣的话题，从而在这些相同中，找到彼此的共鸣。

不止成功人士，生活中的人们也经常会运用这样的方式为自己服务，例如，在市面上你经常会看到卖西瓜的摊贩会主动地切一块西瓜，香蕉的小贩会积极地扒一个香蕉递给顾客，商场中的糕点老板会把各种糕点切成小块让顾客免费品尝，电视机、洗衣机、电冰箱、服装的营销员常会建议顾客先试试看……这些无不和让对方喜欢自己的东西进而认可它有着密切联系。由此看来，我们要与他人搞好人际关系，就不能不强化自己人效应。

奥斯特洛夫斯基说："共同的事业，共同的斗争，可以使人们产生忍受一切的力量。"这句让人奋发图强的话语蕴涵着有效影响人的心理学观念，在人际交往中让别人做一个参与者，让其感到你是自己人，这能让对方在潜移默化中喜欢你，认同你的观点、意见、行为。

自己人效应告诉人们，生活中要真诚地对别人发生兴趣，从对方的立场、观点考虑问题、做事情并给人以可信度。在人际交往中，你的观点必须使人感到你说的是正确的、中肯且动听的，因为这能在一定程度上，增强信息的传递效力。

在人与人相处的过程中，还要树立平等的观念和态度，因为你要想让对方完完全全地信任你，首先就要和对方缩短心理的距离，与之平等相处，不要摆出居高临下的态度，更要具有吸引人的魅力，在通常情况下，当一个人的才华、能力得到他人赏识的情况下，人们会越来越喜爱这个人，愿意把你作为"自己人"而与你接近。

总之，与人相处的过程中，要想取得对方的信赖，就要先和对方缩短心理距离，这样能提高你的人际影响力。

罗森塔尔效应——人们会成为你想象中的样子

"罗森塔尔效应"又称为"皮格马利翁效应"，是由美国著名心理学家罗森塔尔和雅格布森通过学生课堂上的实验证实的。后被人们归纳为：

人的情感和观念，会不同程度地受到他人潜意识作用的影响，当你给予他人某种期待时，对方会在不知不觉中，接受你的影响，进而向着你为其设计的方向发展。

罗森塔尔效应在人际关系中有着深刻的影响。对此，不妨看一看1960年，哈佛大学的罗森塔尔教授在加州一所学校做过的实验。

新学期，罗森塔尔以及参与实验的人员来到一所学校，他们以"未来发展趋势测验"为名，要求校长对两位教师说，"根据过去三四年来的教学表现，校方认定你们是本校最好的教师，为了能够塑造更多的优秀人才，也为了奖励你们，本学期，校方特地挑选了一些智商比同龄孩子都要高的学生让你们教，学校相信，有你们这些优秀的教师，加上这些高智商的学生，他们会变得更加优秀，但你们无须特例，只需像平常一样教他们。"这两位教师听后感到非常自豪，也更加努力地教学。

一年后，这两个班级学生的成绩是全校中最优秀的，成绩也比其他班学生的成绩要高出几倍。后来校长告诉老师真相，这些学生的智商并不比其他学生高，他们是在学生中随机抽取的，他们两个也不是本校最好的教师，也是在教师中随机抽取的。

这个实验向人们提出这样的警示：在人际交往以及为人处世中，当你想让周围的人喜欢你、接纳你，并使其向着你所设想的这个方向发展，就要寄予他人向着该方向发展的某种期望，这利于对方产生出相应于这种期望的特性，进而接纳你，喜欢你，做出利于你的举动。

马歇尔小的时候，他的父亲约翰·费尔德曾将他送到戴维斯的店里做伙计，对于这一举动马歇尔并不喜欢，也不适应，他甚至对父亲产生反感，过了一段时间约翰·费尔德曾询问戴维斯马歇尔是否适合做一名商人，戴维斯曾直爽地告诉他："即使马歇尔在店里学上1000年，也不会成为一个出色的商人，因为，他根本就不是一个做商人的料。"

这令马歇尔的父亲十分困惑，但这并没有打消他将儿子培养成出色商人的信念，他对自己发誓说："为什么其他人都可以，而我的儿子却不可以？"于是他下定决心，一定要将马歇尔培养成出色的人，并一直坚信自己可以做到这一点。后来他把马歇尔送去了芝加哥，让马歇尔亲眼目睹周围许多富翁也是出身贫寒，起初马歇尔不能适应，也不喜欢，但渐渐地他理解了父亲的期待，并不再像以前一样讨厌父亲的举动，最终他做出了惊人的事业，成为一个举世闻名的大商人。

在人际关系中，只有当你对某人寄予希望，并创造出这种希望的可能性，对方才会向着你所设想的方向发展，就像汽车和汽油一样，汽车能够跑起来，依靠的正是汽油给发动机的冲力作用，当油箱中的汽油用完了，汽车便会马上失去动力，但如果汽车中的油箱时刻注满了汽油，那车里面的发动机便会一直工作，汽车也会一直继续前进。

生活中，人们到底需要运用什么样的想象方式，才能让对方真正地喜欢自己呢？首先要对对方寄予某种期望并且要将这种期望通过行动表达出来，让对方知道你有这方面的期望，这样的行动包括你的爱、称赞、感谢、鼓励、支持、期盼……对方会因此对你产生喜欢、钦佩、信任的正面积极情绪，因为，人们会不自觉地接受自己喜欢、钦佩、信任和崇拜的人的影响和暗示。

边际效应——雪中送炭胜过锦上添花

"边际效应"有时也称为边际贡献，是指消费者在逐次增加一个单位消费品时带来的单位效用是逐渐递减的。在经济学中叫作"边际效益递减率"，在社会学中又叫"剥夺与满足命题"，是由霍曼斯提出来的，后被人们总结为：

生活中，人们在固定的时间段内，重复获得相同报酬的次数越多，那么这一报酬的后来追加部分对他的价值也就越小。

边际效应在生活中经常有着广泛的应用，下面这些现象能很好地反映边际效应的存在。

丈夫一直想买件外套，但由于工作很忙，一直没时间去买。妻子逛街时，正巧看上一款男士西装，便自作主张给丈夫买回来，丈夫第一次收到这样的礼物，感到非常高兴，一直夸奖妻子有眼光，第二天便穿着上班，妻子心里也美滋滋的。几周后妻子又看中一款不同颜色的西装，同样给丈夫买回来，丈夫笑笑说："嗯，不错。"便没有什么反应，几周后同样穿上了。一周后正巧商场有打折商品，妻子觉得很划算，便再给丈夫买了一套，可丈夫不仅没有像先前那样高兴，还不耐烦地说："就知道乱花钱。"他们为此大吵了一架。

丈夫与妻子间的这种生活小经历，可以深刻地揭示边际效应的作用，也让人们更深刻地懂得：生活中，人们经常会习惯性地认为，只要自己对别人好，别人便会投桃报李地对你好，但实际结果却不尽人意，这是因为人们没有掌握好给人爱、帮助、恩惠、同情等的时间、场合、地点。事实上，只有在别人最需要的时间、场合、地点，运用恰当的方式，才会产生投桃报李的奇效。

生活中，人们总会犯这样的毛病，在别人不是很需要的时候拉上一把，帮一下，以便使之锦上添花，关系更好，但结果却截然相反，对方不但没有任何感谢之意，甚至对此完全不放在心上。其实，"锦上添花"和"雪中送炭"完全是两种帮助人的方式，当他人口干舌燥之时，哪怕端给对方一杯清水，也能够让其感到有如冰镇的甘甜饮品般润喉。当他人失意、痛苦的时候，哪怕什么也不做，只是一句安慰、一声问候，也能让对方感到有如强大的支撑力一样，坚定自我的信心。

但人们在做事情的时候不要犯"画蛇添足""物极必反"的错误。例如，在你饥饿的时候，如果有人给你一盘包子，你吃第一个包子乃至第五个包子的时候，都会感到非常香，但当你渐渐吃饱后，剩下的几个包子又不想扔掉，而你强迫自己继续吃，这时你就会觉得这包子不太好吃，甚至看着包子产生恶心、呕吐的感觉。

边际效应告诉人们，人际交往中"雪中送炭"会比"锦上添花"更具有影响力，也更易收到实效。试想一下，如果大雨过后，天气放晴，你送给他人一把雨伞，对方会感到这有意义吗？如果在人喝醉的时候，再给人敬酒，这会让人觉得你虚情假意。所以，在你帮助别人的时候，一定要把握好时机。

在现实生活中，人们总会遇到一些困难，遇到自己不能解决的事情，这时候如果你能够给对方一点帮助，对方将会感恩戴德，永远地铭记在心，甚至终生难忘。在帮助他人的时候，就其内心感受而言，在其富有时送他金银财宝和在他落难时送他一杯水、一碗面、一分关爱是完全不一样的。雪中送炭，才能显示出人性的伟大，才能显示出友谊的深厚。

世上的任何人，都会有有求于人的时候，也会有有助于人的时候，当你打算帮助别人的时候，一定要秉承这样的原则：救人救急。其实这不难理解，就是在他人有求于你的时候，能够帮助对方的，一定要尽力应允对方，如果你已经应允了，那就必须及时地采取帮助的行动，这会让你在人际关系中得到很大的收益。

留白效应——给别人留下适度的空间

"留白效应"中的"留白"是中国山水画中的一种技法，即在整幅画中留下空白，给人以想象的余地，后被人们应用到心理学中，归纳为：

人们在沟通或者人际互动中，如果能够适当地给对方留下一些空间，保持适当的距离，也许会起到意想不到的效果。

生活中留白效应经常能给人意想不到的结果，也更易引发人们的深思。例如，20世纪初，世界著名画家达·芬奇的代表作《蒙娜丽莎》不幸被盗，结果出人意料的是，该画被盗后，竟然引来人们纷纷到博物馆观看原来挂过这幅画的那面空墙。两年过去后，人们吃惊地发现到博物馆前来观看那面墙的人，竟然比过去12年前来欣赏这幅画的观众还多一倍。

《蒙娜丽莎》被盗后引起的异常反应，正是留白效应的作用，这告诉人们：在人际关系中，与人相处的时候，要给对方留下一个自由和宽松的环境。在做事情的时候，要适当地给对方以喘息的机会，让其有思考、反思的时间。例如，彼此间意见相悖时，不要急于反驳列方，而应先让对方有表达自己意见、观点的机会，然后再下定论。

新学期开学，陈晨带了一个新的班级，虽然和这些学生的相处才不过几天，对他们也不是很了解，但班级中一个调皮男孩却引起了她的注意，开学还不到一周，一共也没有留过几次作业，但他一次都没有完成过。起初，她严厉地批评了他，并警告他再完不成作业，就要请他妈妈来。可过了几天，他老毛病又犯了，这令陈晨非常生气，忍无可忍之下，她终于把他妈妈请到了学校。他妈妈见到陈晨后一直道歉说，自己最近工作太忙，没有顾得上检查儿子的作业，并恳切地向她表示今后一定督促儿子完成作业。

可第二天早晨，这个男孩还是没有交作业，陈晨本想狠狠地批评他一顿，但她克制住自己的情绪，觉得是不是自己给他的批评太多了，让他产生了抵抗情绪，那次她装作什么都没发生。

那天放学后，她把这个男孩留了下来，教室里只有他们两个人，她和他谈了很多，包括个人的兴趣、爱好、忧愁、烦恼、理想……男孩见老师像朋友一样和他聊天，关心他，帮助他，立刻产生了亲近感，他说："老师，我知道您关心我，都是我不好，不做作业，惹您生气，您看我的行动，以后我一定做作业。"第二天，那个男孩交上了一份工工整整的作业。

手中的沙子握得越紧，流失得越快。与人相处也一样，你越是紧跟着对方，想将其抓得更紧，彼此越容易出现隔阂，越是想要摆脱彼此间令人厌烦的琐碎之事，陷得会越深。只有让彼此留有自由的空间，那么你们的关系才会更加和谐。

在现实生活中，人与人之间的距离有时很奇妙，未靠近时，总想靠近对方，以为贴在一起才显感情深厚，可是当真正靠近在一起的时候，却又显得很苛刻，一件微不足道的小事情也可能让彼此辛苦经营的感情破裂。所以，对周围同事、亲戚、朋友，与其因为太过接近而产生摩擦、伤痕，不如在相处的一开始便给对方留有一定的空间，以免触礁。

为人处世中给对方留有空白，事实上不难理解，举个简单的例子，一个出色的演讲家，如果他一直滔滔不绝地说，没有适当的停顿给听众以反应、思考的时间，那么即使他演讲得再振振有词，最终也会遭到听众的质疑；相反，如果他在演讲的过程中适当停顿，并能够在高潮之处，调动听众的积极性，那么即使他在演讲中偶尔出现小的失误，也能够博得观众的阵阵掌声，这就是空白效应。

世上的任何东西，任何事情，如果你太过于近距离接触，不留有足够的空间，都会发现它的瑕疵、弱势、缺点。世上任何一个与你相关的人，如果你与他时时刻刻在一起，每分每秒不离开，那么即使是亲密无间的爱人，有一天也会因为彼此间的赤裸裸，不再相互吸引，相互容纳。一块看上去完美无瑕的玉，如果你用放大镜看，便会发现它的瑕疵，进而认为玉石也只不过是普通石头中的一种。

留白效应告诉人们，生活中，无论是与人相处，还是做事情，在适当的时候运用无声胜有声、有无相生的方法也是一种智慧，这种"留白"留出空间的智慧，运用到人际关系中，常常会收到意想不到的效果。

很多人为了增加彼此间的亲密感，经常和对方浸泡在一起，有的人为了让朋友信任自己，经常会把自己的一切向对方和盘托出，自认为这是一种明智之举，事实上，这是一种轻视自我的冒险行为，不仅不会让朋友对你另眼相看，有时还会让对方对你产生厌烦感。

既然在人际关系中给对方留有适度空间如此重要，那么生活中人们该如何留有这样的空间呢？简单说就是要给彼此一个距离，不要太过亲密，而这里的"不要太过亲密"是指日常生活中不能有太过频繁琐碎的接触，不但如此，还要保持彼此心灵上的沟通，在感情上相互理解、安慰。在朋友需要帮助时，及时伸出援助之手，而不是纠缠于生活的琐碎。

首因效应——抓住第一印象的机会

"首因效应"是指人们第一次与某物或某人接触时留下的深刻印象，也被称为"首次效应"或"第一印象效应"，后被人们总结为：

人与人第一次交往时留下的印象会在对方脑中占据主导地位，比以后接触中得到的信息更强，持续的时间也更长。

首因效应的存在有着广泛的影响，对此心理学家曾多次通过各种实验进行验证：

一位心理学家分给学生甲和学生乙各30道题，要求学生甲尽量做对前15道题，学生乙尽量做对后15道题。当甲乙两名学生做完题目后，他让很多人查看两者的测试卷并询问哪位学生更优秀。实验结果发现：绝大部分人都认为学生甲更聪明，表现得也更出色。

还有人曾做过这样的实验：

他们将参与实验的人员分成两组，给他们出示同一张照片。对A组人员说："这是一位屡教不改的罪犯。"对B组人员说："这是一位著名科学家。"然后他们要求参与实验的人员根据照片上的人的外貌特征分析他的性格特征。A组人员说："眼睛深陷，隐含着几分凶狠的杀气，额头高耸，带着几分不知悔改的决心。"乙组人员说："目光深沉，可以透视出他的思维深邃。饱满的额头，诠释出他钻研的意志。"

这两个实验都验证了首因效应的影响，同时也提醒人们：人的第一印象是难以改变的，所以，在生活中要重视事前的积极准备、见面过程中的优雅谈吐、举手投足间的礼仪规范等，这样才能给人留下良好的第一印象，以便日后更好地与对方相处。

刘庄达曾去一家大型公司参加最后一轮应聘，主考官正是该公司的老总，刘庄达是最后一个应聘者，他满头大汗地坐到主考官面前，头上的汗珠不停地从额头上冒出来，满脸通红，一件白色T恤衬衣还有着几道黑色的脏印，给人一种拖沓的感觉。该公司的老总上下打量了他一下说："你是研究生毕业？"刘庄达点着头说："是的。"接着，该公司的老总提出了几个专业性很强的问题，刘庄达回答得很好。

最终，老总经过再三考虑录用了他，第二天，刘庄达一上班，老总就把他叫到自己的办公室里，并对他说："昨天，在我第一眼见到你的那一刻，心里已经否决了你，你给我的第一印象很差，要不是你后来回答问题时的出色表现，你一定会被淘汰。"刘庄达听后，红着脸说："早晨起得晚了一点，正好又赶上堵车，怕耽误时间，所以就拼命地赶路，不料不小心又滑了一跤，所以时间虽然赶上了，却是一副狼狈不堪的样子参加面试。"老总听后严肃地对他说："你刚毕业，出现这样的问题可以原谅，但以后一定要注意，与人第一次见面的时候一定要注意给别人留下美好的第一印象，这也许会决定你的一生。"

美国总统林肯曾因为相貌上的偏见，拒绝过一位朋友推荐的阁员，当朋友愤怒地责怪他以貌取人的错误做法时，林肯说："对于一个过了四十岁的人而言，应该知道为自己的面孔负责。"虽然林肯的说法有些牵强，但这也给人们再一次地敲响警钟，不能忽视第一印象的巨大影响。

世界上著名的心灵导师卡耐基说："一个人的'第一印象'是非常重要的，别人对你，或者你对别人都是一样。"的确，人们认识事物是一个由表及里、由浅入深的过程，在人们对你的一切都不了解的时候，绝大部分人都会根据个人的第一感觉做事，而你留给对方的第一印象是好是坏，是决定着产生什么样感觉的关键。

卡耐基

第一印象的重要性不仅仅在人际关系中，如果你留意，你会发现生活中每时每刻，它都在无形地左右人们的心理活动。当人们决定购买一本书的时候，首先会看书的第一页，如果第一篇文章写得很出色，人们会认为这本书值得一读；相反，如果一本书中的内容很精彩，但开头却很生涩，那么相对而言购买此书的人便会减少。

通过首因效应，人们可以发现人人都有先入为主的心态，你对对方而言，具有新鲜感，你给人们的第一印象，将成为你与他们相互了解的开端。所以，与其让别人慢慢地修正对自己不好的印象，倒不如把自己良好的形象，在第一次见面的时候，就展示给对方，迈好与人相识的第一步。

那么，怎样才能给人留下良好的第一印象呢？第一印象主要是依靠性别、年龄、体态、姿势、谈吐、面部表情、衣着打扮等外在特征，来判断个人的内在素养和个性特征。所以，在日常交往过程中，要注重仪容仪表，以及着装打扮的得体，其次，要注重举手投足的恰当得体和言词优雅。

虽然第一印象在人们的交往中只是瞬间，但却能起着微妙且至关重要的作用，准确地把握住这次机会将帮助你营造良好的人际关系氛围。

海潮效应——改变生活从改变自己的思想开始

"海潮效应"也称"吸引力法则"，是指人们身上发生的一切事情都是自己的思维和想法吸引来的。美国著名的新思想运动创始人华莱士·沃特尔说："改变生活，首先从改变自己的思想开始。"后被人们归纳为：

人们要想在生活中改变自己的现状，首先要实事求是地改变自己的思想，你想象自己会是什么样子，你就会成为什么样子。

在人际交往中，个人的积极情绪将吸引与其本质相同的积极能量或者人和事物，同理，消极的情绪也会吸引消极能量以及负面事情，所以，要想改变现状，就要从改变自己的思想开始，从自身做起，树立你想要向其发展的思想，并将其付诸实践。

张东海的妻子是一个事业型的女人，但生活中的她不喜欢做家务，身为男人，张东海也不喜欢做家务，为此事他们产生了很大的分歧，甚至还争吵过许多次。后来，张东海心想：如果自己能够每天坚持做家务，那么妻子在家的时候也不会光看着他做。于是，他只要下班早，便会主动做一些家务事。

两个多星期后的一天，他开完会回来已经很晚，当他推开家门的时候，他惊呆了。房间里干干净净，客厅还摆放着一束娇艳欲滴的鲜花。

有人说："当你有了天才的感觉，你就会成为天才。当你有了英雄的感觉，你就会成为英雄。"的确，纵观那些成功者，他们具有的不仅是勇敢的行动，更具有宏远的见识，而正是这些别人所不能及的高度，才帮助他们登上了成功的最高峰。

生活中，人们总是习惯性地认为，自己没有卓越的成绩，是因为周遭的环境使自己还不具备获得成功的荣誉，但事实上，是自己的心态在作怪，自己根本就没做好获得成功的心态，所以无法激励自己向着这个目标迈进，更无法以成功者的行为标准要求自己，进而成为理所应当的失败者。

正确且积极的思想在人的生命中会像明灯一样，不停地指引着人们向着这个方向前行，这一点不仅表现在人与人之间，在各个企业中也被人们运用，而那些成功企业更是此方面的专家，作为中国知名的家电公司海尔，它的发展离不开旗下的高新技术人员，而海尔公司留住这些高新技术人员的有效措施，便是树立"以人为本"的思想观念，合理地提高公司人才的待遇以及福利，更在用人机制上下功夫，当把自己打造成一个拥有良好口碑和社会形象的公司时，那些高新技术人才自然而然会被吸引过来。

吸引力法则告诉人们，在成功这一环节中，正确且积极的思想会像一块强有力的磁石一样，在生活中散发出无形的磁力，将自己以及周围的人和事情，像吸附小铁片一样吸引，磁石散发出的磁力越大，吸引自己以及周围人和事情的力量也会越多，人们也会越容易获得成功。

为了获得辉煌的成绩，人们总会担心在通往辉煌的道路上会出现阻碍自己前行的绊脚石。为了获得他人的支持，人们总会害怕周围人反对自己的观点、意见、信仰、喜好……人们似乎总是在担心着什么，但现实却是，自己往往越是担心的、害怕的、反对和抵制的事情却越会发生，而这正是吸引力法则的神秘之处——事情的结果往往不会按照你希望的方向发展，而是根据你思想所关注的、你强烈的情感而生效。

里克·乔亚狄纳说："思想行为的法则认为：存在于头脑中的事物，是按照自己的种类创造出来的。"换句话说就是，你把注意力集中在什么东西上，你在生活中就能得到更多这种东西。

如何在吸引力法则发挥效用的时候吸引好的、摒弃坏的事物呢？这要求人们在生活中，要树立积极向上的思维，对那些感到愉悦、幸福、快乐、满足的情绪，要加以保持和发挥。将那些让人有消沉、沮丧、郁闷和负罪感的情绪尽可能地忽略和排除。例如，如果你反对撒谎，不要把注意力集中在抵制撒谎上，而可以集中在支持诚实上。

总之，你不希望什么事情发生，就要忽略它并且期待与之相反的事情，这样的思想，会让你越来越靠近成功。

毛毛虫效应——低头赶路，更要抬头看路

"毛毛虫效应"是由法国心理学家约翰·法伯在毛毛虫实验中得出的，毛毛虫实验

的最大收获是"跟随者"的习惯，即喜欢跟着原来的路线走却因此而导致失败，后被人们归纳为：

人们习惯性跟随或沿用前人的思路和方法做事，从而在固定的思考模式中解决问题，这容易麻痹人的创造性，不利于更好地解决问题。

对大多数人而言，"毛毛虫效应"的应用并不陌生，为了验证这种现象的存在，法国心理学家约翰·法伯曾做过这样的实验：

约翰·法伯曾将一些首尾相接的毛毛虫放在一个花盆的边缘，并在离花盆不远的地方放上一片毛毛虫最喜欢吃的松叶。约翰·法伯让这些毛毛虫绕着花盆的边缘一圈一圈地走，他以为毛毛虫在转圈的过程中会很快发现那些它们比较爱吃的食物，但遗憾的是毛毛虫并没有这样做，它们仍然一个跟着一个地行走。一个多星期过去了，它们仍然继续地走着，最终它们因为太过饥饿和精疲力竭而相继死去。

毛毛虫的经历告诉人们：生活中，无论做事还是做人，不能只固守于原有的本能、习惯、先例或经验，应该在借助常规经验、习惯的基础上，敢于超越传统，打破常规，学会创新，在创新中寻求更新更好的发展。

清代著名书画家郑板桥从小就酷爱书法，他曾临摹许多当时著名书法家的字体，经过常年苦练，他的字体终于和前人写得一模一样，甚至达到以假乱真的程度，但人们并没有像欣赏古人的书法那样欣赏他的字体，他以为是自己练得不够好，所以比以前学得更加勤奋、刻苦。

在一个月明星稀的晚上，郑板桥和他的妻子在外面乘凉，他不停地用手指在自己的大腿上写画着，这时他情不自禁地写到了妻子的身上，妻子有些不耐烦地说："我有身体，你也有身体，为什么不在自己的身体上写字，要在我的身体上写呢？"

妻子无心的一句话，竟然让郑板桥受到很大的启发：各人有各人的身体，写字也各有各的字体，为什么我老是学着写别人的字体，而不写自己的字体，有自己的风格呢？

从此，他开始在原来临摹各家字体的基础上，将不同的字体融会贯通，将隶书与篆、草、行、楷相互糅和，用作画的方法写字，最终他形成了雅俗共赏的"乱石铺街体"，成为清代最著名的书画家之一。

林肯曾说："我从来不为自己确定永远使用的政策，我只是在每一具体时间争取做最合乎情理的事情。"

在生活中，每个人都有不同程度的随大流心理，所以，当他们遇到事情的时候，总想看看别人是怎么做的，并总倾向于跟随过来人的想法、态度、经验行事。虽然跟随过来人的成熟方法、思路，总能让人们在通往成功的道路上少走弯路，但事实上，正是人们只看到既定的方法、路线，所以，即使他们见到了那些没见过的事情，他们也会被习惯和经验束缚而不敢轻举妄动，进而被固定的思维模式冲击得支离破碎。

这一点不仅表现在人们身上，还表现在自然界的许多生物身上。就拿鲦鱼来讲，鲦鱼是群居生活的典型动物，也许是为了弥补个体小的缘故，所以它们在选择首领的时候，经常会选择强健者，即使强健的鱼因为生病或多种原因失去自制力，行动发生紊乱，其他鲦鱼仍然会像从前一样盲目地随从。

有人说："最大的风险是不敢冒险，最大的错误是不敢犯错误。"的确，正是这种不敢冒险、不敢犯错误的态度，使得人们故步自封、墨守成规，也正是这种沿用经验的惰性，使得人们一次又一次地尝到了失败的苦果。

通过毛毛虫效应，可以让人们看出这样的道理：生活中不能墨守成规、故步自封，要善于跳出世俗观念，打破常规，善于运用新的视角看待问题，解决问题，这样才能更有效地掌控生活。

所以，在生活和工作中遭遇挫折或陷入困境的时候，不能一味地按照一种既定的模式寻找答案，这种墨守成规的方式，不仅会让人感到厌烦，还容易在盲目追随中浪费时间和精力，影响自身潜能的发挥，这时你应该转变思路和善于另辟蹊径，以便更有技巧、更有效率地工作，从而达到事半功倍的效果。

糖果效应——克服小的诱惑，你才能得到更多

"糖果效应"是由著名的心理学家萨勒提出的，旨在说明人们控制自己的能力，后被人们总结为：

每个人都有一定的自控能力，但不同人的心理特征、受教育程度，以及生活环境的不同，自控的能力也会不同，自控能力强的人，往往易收获更多。

糖果效应在人的自控力方面有着很明显的特点，对此心理学家萨勒曾做过如下实验。

他在桌子上面摆上两块糖，接着他对一群4岁的孩子说，我出去买东西，如果谁能够坚持到我回来，谁就能够得到这样的两块糖，倘若不能等到我回来，就只能得到一块这样的糖，这对4岁的孩子而言，是一种艰难的选择，因为每个孩子都喜欢吃糖，并且都想得到两块糖，而且想立刻吃到，不想等到他回来，而一旦他们真的吃糖，便只能吃到一块。

最终的实验结果表明，他一走出房间后，三分之一的孩子会在1秒钟内，把那块

糖塞到嘴里，三分之二的孩子选择等待他回来，经过12年的追踪调查，萨勒发现这些孩子长大后，后者比前者的自我控制能力要强，处理问题的能力也强，乐于接受挑战，同样也易取得成功。

根据这个实验，我们可以悟出这样的道理：生活中，人们总是看到眼前的利益，并为获得眼前利益不择手段，甚至舍弃以后的利益，但事情往往就是这样，当你不放长线的时候，便钓不到大鱼，不能克服小的诱惑，便不能收获巨大的成功。

俗语言："小处让人，才能大处得人。"生活中的任何事情都遵循着这样的道理，只有克服眼前的诱惑，才能收获更多。

人们习惯性地认为，现在的幸福是最重要的，脚下的路才是最真实的，于是他们经常会为了眼前的蝇头小利而不择手段，但事实上他们在一次又一次的自我满足中失去了既定的优势，最终收获的也并不比那些当初看似吃亏或者不得势的人多。

糖果效应告诉人们：要想获得成功，就要有长远的眼光，能够从全局上把握问题，不要为了暂时性的既得利益放弃整片森林，那些能够在小处帮助别人、谦让他人的人，更易收获他人的心，进而在大的事情上得到别人的帮助，这种"小处让人，大处得人"的成功策略，看似被动，实则主动。

成功不是靠斤斤计较获得的，也不是靠不停地满足眼前既定利益换取的，更不是比别人会占小便宜、在细枝末节上死死纠缠获得的，而是通过长远的目光把事物的关键处看得准，理得清，运用慷慨的做事方法、精明睿智的手段积攒出来的，这些也只有那些胸襟够宽广、目光够长远的人才能真正做到。例如，在外出旅行时，你心中有个梦寐以求的旅游胜地，在前往这个地方的旅行途中，你忽然看到一个风景秀丽的地方，你被那万紫千红的花所吸引，如果你因此停了下来，不再继续前进，那么你就永远看不到前方更美丽的景色。

在人生的旅途中也如此，如果你不能克服眼前的小诱惑，便无法获得日后更丰厚的礼物。那么人们该怎样克服诱惑呢？这需要人们坚定自己的信念，稳步前进，并用宽容大度的胸怀容纳周围的人，凡事都有一个长远的打算，放远目光，脚踏实地。正如法拉斯通所说："事情往往是这样的，你把最好的东西送给别人，你就会得到别人身上最好的东西。"

登门槛效应——因势利导才能趁势而上

"登门槛效应"源自一个推销术语，旨在说明如果推销员在推销的过程中能够登进顾客家的门槛，他获得成功推销的概率就会大增，后被人们总结为：

　　人们如果一旦接受了他人微不足道的要求后，就有可能接受更大的要求，如果能够逐渐地实现小目标，便能够实现更大的目标。

　　登门槛效应在生活中有着广泛的存在，也起着很重要的作用，对此，美国著名心理学家弗里德曼与弗雷瑟曾在1966年做过这种现场实验。

　　他们把两组人分配到两个居民小区，劝小区的居民在各自房前的道路上标注上"小心驾驶"的标语。两组人采取不同的方式，试图影响小区居民按照自己的意愿行事：在第一个居民区，实验人员直接对人们说出这个要求，但遭到多数居民的强烈反对和拒绝，成功说服了17%的人；在第二个居民区，实验人员没有直接对居民说出要求，而是先请求居民在一份赞成安全行驶的请愿书上签字，对于这样的要求，很多居民都纷纷地签了字，在这一过程中，几乎所有被要求签字的人，都同意了这样的请求，几周后实验人们又向居民提出树立标语的要求，得到了55%的人的同意。

　　这个实验让人们看到这样的事情：生活中不管做什么事情，不要盲目地追求一步到位，要善于为自己设立因势利导的短期目标，并且要不断地实现这个目标，当一个一个小目标串联在一起的时候，距离自己的长远目标就近在咫尺了。

　　在一次女子万米长跑比赛中，事先被人们看好的选手并没有获得冠军，冠军被一位实力普通的选手获得。在她夺冠后，人们纷纷向她询问其中的奥秘。

　　她笑着对人们说："在别人的眼中，她们把一万米看成最终的目标，她们不停地向着这个远大的终极目标冲刺，尽管我的水平不是最高的，但在我的心中，我把它分成了十段，每一段为一千米，在比赛中，我不停地告诉自己，在每一个一千米中要争取到领先的位置，就在这样反复完成一个又一个一千米的领跑过程时，我发现自己已经超出了其他选手一段距离，最终获得了胜利。"

　　欧尔·奈丁盖尔说："要获得幸福，我们的人生不能没有一个远大的目标。"但事实上，除了设计能够让自己幸福的目标外，还必须掌握一套能让这个目标实现的办法，也就是说在一个远大目标的指引下，必须有一个又一个小目标的累积，这一点非常重要。

　　生活中，人们经常为自己定下一个高远的目标，为了实现这个目标，常常会感到自己心力交瘁，也常常会在一次又一次的碰壁后，心灰意冷，试图放弃，在这种环境中三番五次地经历失败的痛苦，也便会在一声声的慨叹中失去自信，这时成功自然会越来越远。

　　《劝学》中有言："不积跬步，无以至千里；不积小流，无以成江海。"要想在成功的道路上走得更加稳妥，更加顺利，就要善于将不同的大目标分解成小目标，善于做到因势利导。

根据登门槛效应，我们可以看到这样的现实：人们在做事情的时候，经常会出现避重就轻、避难趋易、从小拒大的心理倾向，在这样的心理倾向下，人们便可以运用扬长避短的策略，做事情的时候不要急切地追求一步到位，首先鼓励自己要因势利导，完成那些最容易、最简单的事情，进而才能趁势而上，完成更难的、更复杂的事情，积攒下来，便能够品尝到成功的滋味。

某本书上曾这样写道："目标就像一个金字塔，要想真正登上塔顶，就必须一级一级地从最底层的塔面开始，在此期间你所做的每一件事情都是登上塔顶的重要一步。"所以，对于任何一个试图获得成功的人而言，都要善于做到因势利导，这样才能趁势而上，取得巨大成功。

最后通牒效应——设定最后期限，你的效率会更高

"最后通牒效应"是针对人们的拖拉倾向而提出的。对于不需要马上完成的任务，人们往往会在最后期限到来时，才会努力地去完成，后被人们总结为：

人们在面对一项工作或任务时，往往迟迟不肯开始着手工作，能拖就拖，直到拖到实在不能再拖的情况下，才会努力去完成。

提起最后通牒效应，几乎每个人都不觉得陌生，因为人们每天都在重复着这样的心理状态，都在做着类似的事情。

心理学家曾针对此效应，在一所小学校做了这样的实验：分两种执行类型让小学生阅读一篇课文：第一次阅读时，老师规定学生要在 5 分钟内完成阅读，结果全班所有的学生都在 5 分钟的时间内完成；第二次阅读时，老师规定学生在 8 分钟之内读完即可，结果所有的学生都是用了 8 分钟才完成阅读，没有一个学生是在 5 分钟左右读完的，这个实验反映了"最后通牒"对人们的作用。

通过这个实验，我们可以看到这样的现实：生活中不论做什么事情，人们总会有拖沓的心理倾向，潜意识中会到最后一刻才去完成本该早就完成的任务。为了避免拖拉的倾向，如果人们能够提前给自己设定一个期限，那么任务便能够早早地完成。

王春强是某大型企业的市场部经理，对于市场部门的成员而言，最重要的原则便是要细心，但在他们部门中，有这样一名营销者，他粗心大意，总是在工作中出现失误，营销业绩也一直落后。

一次，王春强让他给公司做一个营销报表，结果他把数据弄错了，这个错误直到王春强准备上交报表时才被发现。王春强严重地批评了他，并给他下了最后的警告：

如果他在工作中再因粗心给公司利益带来影响，他将被解雇。令王春强意想不到的是，从这以后他再也没有出现过失误。后来在一次交流会上，他对王春强说："是你当初说要解雇我的最后警告，迫使我在以后的工作中总能提醒自己，进而改掉了粗心的缺点。"

现实生活中，人们总会呈现出这样的心理特点：对于那些不需要立刻解决的事情，便总认为来得及，不用提前着手，而当规定的时间到来之前，便会手忙脚乱、废寝忘食、贪黑起早地做此项工作，通常是直到最后一刻，才超负荷地劳动来完成既定目标，这种拖沓习惯常会影响人们做事情或者工作的质量，让自己身心疲惫，这也正是平庸人们无法获得成功的原因之一。

生活中，随意的拖延会给人们带去无法挽回的后果，也会阻碍人们获得成功，例如生活中的常用工具电脑，当它第一次出现小问题但又不影响工作的时候，人们通常不会修理，直到它彻底不能工作后，人们才着手去修理，可事实上已经太迟了，此时的修理往往需要耗费更长的时间和金钱。

最后通牒效应告诉人们：为了避免拖延给人们带去的不良影响，在生活中，人们在做事情前不妨给自己设定一个最后的期限，成为时间的主人，合理地安排自己的时间，制订合理的目标和计划，有计划、分步骤地完成。当自己按照提前设定的期限完成工作时，便能够有效地提高工作效率。

蜕皮效应——成长就是不断地超越自我

"蜕皮效应"来源于节肢动物和爬行动物生长期间旧表皮脱落的现象，由于它们每蜕皮一次就能够长大一些，所以被用来形容成长也是一个痛苦相随的过程，后被人们总结为：

任何人要想跨越自己目前的成就，取得更大的进步，就要勇于承受危机，敢于接受挑战，这样才会超越自己，发展得更好。

蜕皮效应在生活中有着广泛的应用，对此，有懂得心理学的著名企业家曾做过如下实验。

他在一所大学，给那里的学生曾做过这样的小测验，他往一个100毫升的瓶子中放拳头大的石块，他一块一块地向瓶子里面放，直到石块已经高出了瓶口，这时他问学生："瓶子满了吗？"学生说："满了"。他没有停止动作，紧接着拿出一桶砂石，慢慢地倒进玻璃瓶中，填满了石块留下的所有间隙，"现在满了吗？"他又一次问道，一位学生说："好像没满。"他笑了，接着他拿出沙子，慢慢倒进瓶子中，沙子又将砂石的空隙填满，再次问道："满了吗？"学生们答道："没满。"他说："很好。"此时他拿出一瓶矿泉水，倒进了玻璃瓶中，直到将瓶口倒满。

根据这个小测试，我们可以悟出这样的道理：在人生的道路上，无论谁在做事情的时候，哪怕他做得再细、再好，也会有不完美的地方，这就要继续努力做得更好。只有不断地挑战现实，超越自己，才能够获取更大的成功。

俄罗斯名将伊辛巴耶娃在女子撑竿跳项目上，以4米85的成绩早早地为自己确定了北京奥运会上撑竿跳的金牌地位，但她的比赛并没有就此停止，她接下来试跳了4米95的高度。当她一跃而过的时候，她打破了自己原本保持的4米91的奥运会纪录。

就在人们以为她停止比赛的时候，她同样没有停止，她开始冲击自己在2008年7月29日刚刚创下的5米04的世界纪录，在全场的加油声中，她的前两次起跳均以失败告终，即使是这样，她也没有放弃最后一跳，她按自己独特的方式，拿起被子蒙住头，调整自己的心态，然后再一次站在了助跑道上，在全场观众有节奏的掌声中，她开始助跑，并一跃而过，最终创下了5米05的奥运会新纪录。

北京奥运会结束了，但伊辛巴耶娃的撑竿跳并没有结束，她继续以每次提高一厘米的成绩不断地刷新自己的世界纪录，这个不断地刷新从2003年7月她第一次破世界纪录便开始，直到现今，她仍然不断地超越自己，挑战自己，刷新自己主宰的世界纪录。

有人说："在你的人生旅途上，也许会有那么一个时刻，让你感到心满意足，让你收获了别人所不能企及的成功；也会有那样一个时刻，让你不知所措，无所适从且四顾茫然，不管在哪一个时刻，只要你不断地挑战现实，不断地超越自己，成功距离你便不远了。"

在现实的道路上，人们常常会满足于自己的"安逸区"，取得了一点成功便会有忘乎所以的姿态，获得一次的胜利便展现出满足于现状的心态，取得了一次难以逾越的事业高度后便止步不前，而正是这些心态使得自己又渐渐地恢复到了平淡和平庸。

一本书上说："人的一生，最大的竞争对手就是自己，最难的就是自我超越，但事实上，那些能够自我否定、自我超越的人，往往是一个蜕变成长的过程，也是向更高的高度起跳的过程。例如动物世界中的蝴蝶，如果它没有经历在茧中一次又一次的蜕变、蛰伏过程，它怎么能迎来自己羽化成蝶时的美丽？"

蜕皮效应告诉我们：每个人，无论是在实际生活中，还是内心深处，在取得一定成绩后，都会有一个自我满足感，而这也是停滞不前的原因之一，所以，人们要敢于否定自我的满足感，敢于超越自我，不断地在成长的道路上披荆斩棘，才能企及更高的人生高度。

人生的高度有多长，没有人给出固定的标杆。成功的宽度有多宽，同样也没有人测量过，从一定意义上讲，这暗示着人生的高度无止境，成功的宽度无极限，人们每次获得那一次次的成功只是其中的一段而已，如果能够摆正心态，继续努力、挑战、超越，往往能够挖掘更深的高度，拓展更宽的宽度。

于是，我们要说通过严格认真的坚持不懈，任何人都可能获得更卓越的成功，而不是最卓越的成功。如果能够把坚持的时间放得再长点，超越自我的目标定得再高些，那样你将产生越来越伟大的力量，也将获得越来越辉煌的成功。

卡瑞尔效应——事情已经糟糕透顶，剩下的就是解决问题

"卡瑞尔效应"是以威力·卡瑞尔命名的，旨在说明人在遇到事情后，会产生消极和积极两种完全不同的心态。后来人们将其总结为：

当事情糟糕透顶的时候，唯独强迫自己面对最坏的情况，在心理上首先接受它，才能使自己处在一个可以集中精力解决问题的位置上。

卡瑞尔效应在每个人的身上都曾发生过，之所以这样说是因为人们每天都曾因为某些事情出现过消极的心理活动，进而影响事情的进展。

普林斯顿大学教授克鲁格曾指出，人们曾一度认为拥有稳定的高收入是获得快乐的最好方法，但实际上这只是某种感觉，在近期的逐个实验中已经得到证实，收入高的人群并不比收入低的人群获得更多的快乐，他们同样会因为生活中那些棘手的事情感到心力交瘁。

对此，国际组织曾对 25 个国家的人口做过调查，调查结果显示，不论是富人还是穷人，不论是拥有高收入的白领阶层，还是拥有低收入的普通人，其中 60% 的人感觉到生活中会出现些令自己难以入睡的事情，所以，自己并不是每天都能够快乐，20% 的人感觉到自己每天都会遇到解决不了的事情，感到不愉快，其中有些人发生太多不幸的事情，不知道快乐是何种滋味。这个调查数据表明：人们在生活中经常会受制于棘手的事情，快乐不起来。

调查数据进一步证实了卡瑞尔效应的正确性，并让人们懂得，生活中，当人们遇到荆棘、坎坷的事情时，如果只知道感慨生活不如意，无奈于日子心酸，怨恨于命运薄情，那么人们将不能更好地解决和处理这些事情，反而会让事情变得更加糟糕，让自己更加痛苦。

威力·卡瑞尔年轻的时候，曾在纽约州的水牛钢铁公司做工程安装工作，一次公

司派他到密苏里州的匹茨堡玻璃公司安装瓦斯清洁机，这是一种新研制的产品，通过安装它，能够有效地清除瓦斯里的杂质，使瓦斯燃烧时减小引擎的伤害。虽然这种方法在以往的实验中取得了显著的效果，但由于它是新研制的方法，所以，在密苏里州安装的时候，威力·卡瑞尔遇到了事先没预料到的各种困难，他经过一番努力，花费了好长时间，终于可以让机器勉强使用了，但却没有达到他们公司当初承诺对方的质量。望着不成功的瓦斯清洁机，威力·卡瑞尔顿时感到有人在他头上重重地打了一拳，这次失败的烦恼让他无法安然入睡。

他每天都沉浸在懊悔中，烦恼、焦虑、郁闷每时每刻都在冲刷着他的心灵，但后来，他意识到每天的烦恼并不能从实质上解决问题，于是，他找到一种可以不用烦恼解决问题的方法，这个消除烦恼、解决问题的方法很简单，他将其分为三个步骤：

第一步：让自己保持清醒的头脑，冷静地分析问题。失败后的最坏情况是什么，被关起来？被枪毙？被老板解雇？让老板蒙受经济上的损失？

第二步：预测了最坏的情况后，坦然地面对、接受它。头两点是不可能的，如果自己真的被解雇，可以寻找新的工作，如果真的让老板蒙受经济上的损失，至多是两万美元钱而已。

第三步：坦然地接受了这两种结果后，他将全部时间和精力用在尝试着改善清洁机。

经过试验，卡瑞尔终于成功了，结果他不但没有被解雇，没有让公司损失两万美元，而且帮助公司获得了更多的利润。从这个事情中，威力·卡瑞尔体会到了，摒弃烦恼、收获快乐的方法——培养积极心态，解决问题。

被公认为美国成功学奠基人的奥里森·马登博士指出："无论你的一生中会取得什么样的成就，或者多么富有，如果不能够保持愉快的心情，让自己沦为悲观者，你的生活也便失去了意义，而你也就是一个失败者。"

人们在生活的道路上，经常苦恼于工作的不如意、生活的不顺心，受困于他人的言论中，自己总被沦为不幸事情的光顾者，但事实上，人们越是沉浸在这样的痛苦中无法自拔，越是难以解决那些原本并不是最棘手的事情，从而使问题变得越来越严重。

有时生活中，人们面对问题时产生的快乐和悲伤、压力和轻松、幸福和痛苦、如意和委屈等好与不好的情绪，完全是由人的心态决定，人心可以构筑一个地狱，也能够缔造一处天堂。

卡瑞尔公式告诉人们：生活中无论遇到多么艰难糟糕的事情，都要用积极乐观的心态去面对，不要一味地沉浸在痛苦之中，当你做好最坏的打算坦然面对后，你会发现事情也不过如此，远没有当初想象的那么坏。

五、世间百态皆心理

百思不得其解的难题为何在某个瞬间有了答案

在古希腊，国王让人做了一顶纯金的王冠，但他怀疑工匠在王冠中掺了银子。可问题是这顶王冠与当初交给金匠的一样重，谁也不知道金匠到底有没有捣鬼。国王把这个难题交给了阿基米德。阿基米德为了解决这个问题冥思苦想，他起初尝试了很多想法，但都失败了。有一天他去洗澡，他一边坐进澡盆，一边看到水往外溢，同时感觉身体被轻轻地托起，他突然恍然大悟，运用浮力原理解决了问题。

其实，不只是科学家，作为普通人我们也有类似的经历：遇到某个难题，冥思苦想不得其解，花了几个小时仍一无所获。暂时忘掉它休息一会儿，之后某个瞬间会突然茅塞顿开，问题也迎刃而解。这一现象，心理学家称其为"酝酿效应"。

西尔维拉选了三组人作为被试者，每组成员的性别、年龄和智力水平等都大致相同。实验要求第一组用半个小时来思考，中间不休息；第二组先用 15 分钟想问题，无论解出与否都要休息半小时，如打球、玩牌等，然后再回来思考 15 分钟；第三组与第二组类似，仍用前后各 15 分钟思考问题，只不过把中间休息的时间延长到 4 个小时。

结果，第一组有 55% 的人解决了问题，第二组有 64% 的人解决了问题，第三组有 85% 的人解决了问题。

实验结束后，当西尔维拉要求被试者大声说出解决问题的过程，结果发现：第二、三组被试者回头来解决相连问题时并不是接着已经完成的解法去做，而是像原先那样从头做起。

你一定很好奇，同样的思考时间，只是安排有些不同，竟会造成三组如此大的成绩差别？正如成功的被试者自己所言，当他们休息回来以后，并不是接着已经完成的解法去做，而是仍然像刚开始那样从头想起。这才是真正的原因。

事情往往就是这样，当我们对一个难题束手无策时，思维就进入了"酝酿阶段"。当我们抛开面前的问题去做其他的事情时，突然某一时刻，百思不得其解的答案出现在我们面前。正如南宋诗人陆游那句脍炙人口的诗句所言："山重水复疑无路，柳暗花明又一村。"

很显然，这种把难题暂时放一放，穿插一些其他事情的做法，使人们不会陷入某一种固定的思维模式，能够采取新的步骤和方法，从而使问题更容易被解决。所以在遇到困难时不可陷入无法自拔的境地，适当地放一放，反而能得到解决。

魔术是怎样"欺骗"观众的

大卫·科波菲尔表演的神奇的魔术你看过吗？他可以让美国的自由女神像不翼而飞；他能够从中国的长城"穿"墙而过；他曾"飘浮"在科罗拉多大峡谷的上空；他还当众从百慕大三角海域"捞"上来一艘沉船……

这些令人叹为观止、神乎其神的演出，让我们对魔术如痴如醉。如此强大的影响力，不禁让我们想问：魔术到底是怎么一回事呢，魔术师是怎么做到那些的？

其实，魔术不过是魔术师利用迅速敏捷的手法及障眼法，对人们在现实生活中办不到，或实现不了的事物进行神速变化，从而实现视觉真实感应，让人们对"魔术"产生无比震惊的感观，以及对生活无限美好的幻想与向往。

美国心理学家在 1999 年曾进行了一个著名的实验，这个实验对于我们理解魔术大有帮助。

研究人员找了许多被测试者，让他们为某三人篮球队队员间的传球计数。计数开始后，研究者又让一个穿着大猩猩服装的人从那些被试者眼前走过。

谁料，当那些被试者专心数数的时候，半数人都没有注意到那只"大猩猩"走过球场，甚至还在场中央停留一会儿拍他的胸脯。

这一现象在心理学中被称作"无意目盲"。心理学家发现，人类会本能地注意到新异刺激，但注意的能力或资源是有限的，当这一资源耗尽时，新的刺激就不能被注意了。上述实验中，由于参与者全神贯注地注意那些运动员，竟然忽视了如此怪异的大猩猩演员。

显然，魔术师非常懂得利用观众的"无意目盲"，也可以看作扰乱观众观察的障眼法。在魔术表演中，观众被魔术师精彩的表演吸引着不断变化着自己的注视点，再通过动作和现场声光配合，将需要遮盖的戏法放在观众知觉能力降低的时段来进行，完全是利用了观众的知觉弱点。

看到这里，你应该明白为什么魔术能"欺骗"我们的了吧？

算命先生为何说得那么"准"

曾经有心理学家用一段笼统的、几乎适用于任何人的话让大学生判断是否适合自己，结果，绝大多数大学生认为这段话将自己刻画得细致入微、准确至极。

下面这段话是心理学家使用的材料，读读看，它是不是也很适合你呢？

你很需要别人喜欢并尊重你。你有自我批判的倾向。你有许多可以成为你优势的能力没有发挥出来，同时你也有一些缺点，不过你一般可以克服它们。你与异性交往有些困难，尽管外表上显得很从容，其实你内心焦急不安。你有时怀疑自己所做的决定或所做的事是否正确。你喜欢生活有些变化，厌恶被人限制。你以自己能独立思考而自豪，别人的建议如果没有充分的证据你不会接受。你认为在别人面前过于坦率地表露自己是不明智的。你有时外向、亲切、好交际，而有时则内向、谨慎、沉默。你的有些抱负往往很不现实。

其实，这种现象就是心理学上的"巴纳姆效应"。肖曼·巴纳姆是一个著名的杂技师，他在评价自己的表演时说，他之所以很受欢迎，是因为节目中包含了每个人都喜欢的成分，所以他使得每一分钟都有人上当受骗。人们常常认为一种笼统的、一般性的人格描述，十分准确地揭示了自己的特点，心理学上将这种倾向称为"巴纳姆效应"。

巴纳姆效应在生活中十分普遍。拿算命来说，很多人请教过算命先生后都认为算命先生说得"很准"。其实，那些求助算命的人本身就有易受暗示的特点。当人的情绪处于低落、失意的时候，对生活失去控制感，于是，安全感也受到影响。一个缺乏安全感的人，心理的依赖性也大大增强，受暗示性就比平时更强了。加上算命先生善于揣摩人的内心感受，稍微能够理解求助者的感受，求助者立刻会感到一种精神安慰。算命先生接下来再说一段一般的、无关痛痒的话便会使求助者深信不疑。

为什么人越多效率却越低

"人少好吃饭，人多好干活"，这是一种普遍的观点，那么果真如此吗？让我们先来看看三个和尚的故事：

很久很久以前，一个小和尚独自一人住在山上的一座小庙里。他每天挑水、念经、敲木鱼，给观音菩萨案桌上的净水瓶添水，夜里不让老鼠来偷东西，生活过得安稳自在。

不久，来了个瘦和尚。他一到庙里，就把半缸水喝光了。小和尚叫他去挑水。瘦和尚心想一个人去挑水太吃亏了，便要小和尚和他一起去抬水，两个人只能抬一只水桶，而且水桶必须放在扁担的中央，两人才心安理得。这样总算还有水喝。

后来，又来了个胖和尚。他也想喝水，但缸里没水。小和尚和瘦和尚叫他自己去挑，胖和尚挑来一担水，立刻独自喝光了。

从此之后，再也没人挑水，他们也没水喝了。大家各念各的经，各敲各的木鱼，

观音菩萨面前的净水瓶也没人添水，花草也枯萎了。夜里老鼠出来偷东西，谁也不管。结果老鼠猖獗，打翻烛台，燃起大火。

"一个和尚挑水喝，两个和尚抬水喝，三个和尚没水喝。"这是为什么呢？

原因很简单。只有一个和尚时，由于生存的需要，没有逃避的可能性，只有自己去挑水。同样的道理，当你让某个人全权负责某项事情，他没有丝毫推卸的余地，往往及时甚至提前完成任务，圆满解决问题。当出现两个和尚、三个和尚时，人的惰性和依赖性开始体现，每个人都推卸责任，指望别人去承担义务，而自己享受成果。

在心理学上有个"社会性惰化"现象，指执行团队任务时，因他人的存在，发生能降低个体能力的"丧失协调""降低责任感"现象。三个和尚没水喝的道理也在于此。

团队活动降低个人成就感，所以在参加团队活动时，原有的个人能力往往只能发挥一半的能量，这也就是为什么有时候人多了反而处理事情的效率和能力却变低的缘故。

社会性惰化，不仅削弱整个团队的力量，而且能使团队中其他认真做事的成员们失去斗志，甚至有可能使团队的力量完全瓦解。所以，在执行团队活动，下达任务时一定要具体，给每个成员明确分工。

控制错觉可以获得期望的效果

有时候人们也会产生各种各样的错觉，即我们的知觉不能正确地表达外界事物的特性，而出现种种歪曲。例如，太阳在天边和天顶时，它和观察者的距离是不一样的，在天边时远，而在天顶时近。按照物体在视网膜成像的规律，天边的太阳看上去应该小，而天顶的太阳看上去应该大。而人们的知觉经验正与此相反，天边的太阳看上去比天顶的太阳大得多。

简单地说，错觉就是不符合刺激本身特征的错误的知觉经验。它与幻觉或想象不一样，因为它是对应于客观的和可靠的物理刺激的，只是似乎我们的感觉器官在捉弄我们。

关于错误产生的原因虽有多种解释，但迄今没有完全令人满意的答案。这是一个相当复杂的问题。客观上，错觉的产生大多是在知觉对象所处的客观环境有了某种变化的情况下发生的；主观上，错觉的产生可能与过去的经验、情绪以及各种感觉相互作用等因素有关。

比较多的解释是从人本身的生理、心理角度出发，比如把错觉归因于是同一感觉分析器内部的相互作用不协调或多种分析器的协同活动受到限制，提供的信号不一致。但是，外在因素同样也会引起我们的错觉。曾有一个实验，分别从富裕家庭和贫困家庭挑选 10 个孩子，让他们估计从 1 美分到 50 美分硬币的大小。实验发现，来自贫困家庭的孩子比来自富裕家庭的孩子要高估钱币的大小，尤其是 5 美分、10 美分和 25 美分值硬币。而当钱币不在眼前，只靠记忆估测或者把钱币换成相同大小的硬纸板时，则高估情况会急速降低。这个实验形象地证实了在不同家庭环境中形成的态度和价值观对知觉有不可忽视的影响力。

错觉虽然奇怪，但不神秘，研究错误的成因有助于揭示客观世界的规律，可以消除错觉对人类实践活动的不利影响。此外，我们还可以利用某些错觉为人类服务。建筑师和室内设计师常利用人们的错觉来创造空间中比其自身看起来更大或更小的物体。例如一个较小的房间，如果墙壁涂上浅颜色，在屋中央使用一些较低的沙发、椅子和桌子，房间看起来会更宽敞。电影院和剧场中的布景和光线方向也被有意地设计，以产生电影和舞台上的错觉。通过控制错觉，人们可以获得期望的效果。

六、为自己的心理状况把脉

（一）心理健康的标准心理健康的七项标准

"祝您身体健康！"这是人们最常用的祝福语，可见健康的重要性。健康是人类生存和发展最基本的条件，也是人生的第一财富。可人们是否知道究竟怎么样才算是健康呢？大多数人会说"无病无灾、身体棒棒，就是健康"。其实，健康的科学含义远远超出了人们的一般理解。世界卫生组织（WHO）在其宪章中是这样为健康定义的："健康乃是一种身体上、心理上和社会上的完满状态，而不仅仅是没有疾病和虚弱的状态。"世界卫生组织列出了 10 条"对健康概念的规定"，而其中的前 4 条是关于心理健康的。

那么，什么叫心理健康呢？

心理健康不仅是没有心理疾病，而是指一种持续的积极发展的心理状况，在这种状况下主体能做出良好的适应，能充分发挥身心潜能。

可见，心理健康包括了两层含义：首先是没有心理疾病，这是心理健康最起码的要求，就像没有身体疾病是身体健康的最基本条件一样；其次是保持一种积极发展的心理姿态，这是心理健康的本质含义，意味着要消除一切不健康的心理倾向，使一个人处于最佳心理状态。

光有一个概念是不够的，心理健康需要有具体的标准作为衡量依据。目前，许多心理学家都试图提出或已经提出了一些标准，有七项标准、十项标准等，并不统一，但各有特色。给心理健康定标准的确不是一件简单的事情。心理健康不比身体健康，人类迄今还难像检查躯体健康那样检查心理健康。躯体健康不健康可以通过完整、清晰、科学的客观数据说明问题。这些数据通过体温、脉搏、血压、心电图、肝功能等一系列的科学检查可以得到。而许多心理现象和规律尚处于未知或知之不多阶段，并且由于不同的社会文化背景、经济水平、意识形态、民族特点和学术思想等导致的不同认知体系、价值观念的影响，至今尚无世界各国公认的科学的心理健康标准体系。

下面是心理健康的七项标准，也是所有标准说法中最为各国心理学家所认同的。

1. 正常的智力水平

智力是衡量一个人心理健康与否的最重要的标志之一。正常的智力水平是一个人生活、学习、工作的最基本的心理条件。智力不是某种单一心理成分，而是人的观察力、记忆力、注意力、想象力、思维能力以及实践活动能力的综合，是大脑活动整体功能的体现，其中思维能力是核心。虽然目前还没有非常完善的测定智力和全面衡量大脑功能的科学方法，但已有人发明出了具有相对科学性和实用性的、国际公认的智力量表。比如法国的比内·西蒙（于 1908 年）推出的智力量表，美国的韦克斯勒于1943 年发明的智力测验表等。世界卫生组织规定，包括青少年和儿童在内的正常人，其智商不能低于 85（韦氏儿童智力量表规定，智商不得低于 80），这是智力正常的最低要求；若在 70~79 之间则属智力缺陷，亦为心理缺陷；低于 70 则属于低能，在心理疾病范畴；智商超过 130 为智力超常，但亦属心理健康范畴。智力属于低能的人很难适应正常的社会生活、完成正常学习或工作任务。与同龄人的智力水平相比较，是衡量一个人的智力发展水平的基本方法，可以及早发现和防止智力的畸形发展。对外界刺激的反应过于迟钝或敏感、思维出现妄想、出现幻觉等，都是智力不正常的表现。

2. 健全的人格

人格是一个人的整体精神面貌，是一个人所具有的稳定的心理特征的总和，具体是指一个人在适应社会生活的过程中，在其身心行为上所表现出来的对自己、对他人、对外界事物的个性特征，又被称为个性或个性心理。人格的各种要素不是孤立存在的，它们有机结合而形成一个整体。健全的人格是指构成人格的诸要素，如气质、能力、性格、理想、信念、人生观等各方面均平衡、健全地发展。

从人本主义自我实现的需求出发，著名发展心理学家阿尔波特提出了健全和成熟的人格标准：

（1）有自我扩展的能力。健康的成人能够积极广泛地参与社会活动，有许多兴趣爱好。

（2）有与他人热情交往的能力。能与他人保持亲密关系，无占有欲和妒忌心；有同情心，能容忍与自己在价值观念和信息上有差别的人。

（3）在情绪上有安全感和认同感。能忍受生活中无法避免的冲突和挫折，能经得起突然袭来的打击。

（4）具有现实性。健康成人看待事物是根据事物实际情况而非自己所希望，是看清情境和顺应它的"明白人"。

（5）有清醒的自我意识。对自己所有的或所缺的都知晓清楚、准确。理解真实的自我与理想的自我之间的差别，也知道自己与他人对于自己认识的差别。

（6）有一致的人生哲学。有符合社会规范的、科学的人生观，为一定的目的而生活。在意识形态、信念和生活方面能够对他人产生创造性的推动力。

3. 较强的社会协调性

较强的社会协调性，是指一个人能够根据客观环境的需要，不断调整自己的身心行为，达到与客观环境和睦相处的协调状态。社会协调性主要表现在以下三个方面：

（1）较强的人际关系的适应能力。能够正确对待、处理和协调好各种人际关系，这是衡量和判断社会协调性的关键和核心因素，是心理健康的重要标准之一。

（2）较强的自然环境适应能力。为了某种需要，任何一个心理健康者，尤其是青年人，应该具备在各种自然环境中生存的能力。

（3）较强的适应不同情境的能力。一般地，情境是指个人行为所发生的现实环境与氛围，分狭义情境和广义情境两种。狭义情境是指个体心理活动和行为发生的场所、氛围，交涉对象的态度、情绪等，如考核、演讲、比武等场合；广义情境是指宏观的社会历史进程、国际形势等。狭义的情境受广义情境所影响和制约。心理健康者能够在不同时空和各种情境中保持自己的心理状态平衡，并充分发挥个人心理潜能和优势。

4. 稳定适中的情绪和情感

愉快、喜悦、乐观、通达、恬静、满足、幽默等好的情绪，有益于身心健康并且能挖掘心理潜能，有利于人们充分发挥其社会功能。而激烈的情绪波动，如欣喜若狂、悲痛欲绝、暴跳如雷、激动不已等，以及长时间的情绪消极，如悲伤、忧虑、恐慌、惊吓、暴怒等，可导致人的心理失衡，不仅使人的认识和行为受到左右，而且可能造

成生理机能的紊乱，导致各种躯体疾病的产生。因此，保持稳定适中的情绪和情感以及良好的心境，也是心理健康的重要标准之一。

心理健康者能经常保持愉快、乐观、开朗的心境，对生活和未来充满希望。当然也会有悲、忧、哀、愁等消极情绪体验，但总能主动调节；同时能控制情绪的过分表达，做到喜不狂、忧不绝、胜不骄、败不馁。

5. 健全的意志。协调的行为

每个人都有或大或小的理想，自觉地确定你的理想目标，并支配自己的行动，努力实现这个目标的心理过程，就是意志。意志与行为是一体的：行为受意志支配和控制，称为意志行为；通过行为，可以看出一个人意志活动的实质。通过以下四种心理品质，可以衡量一个人意志品质的高低、强弱、健全与否：

（1）果断：善于迅速明辨是非，合理决断和执行的心理品质。

（2）自觉：对自己行动的目的和意义有明确认识，并能主动地支配和调节自己的行动，使之符合于预定目的。自觉性强的人既能独立自主地按照客观规律支配和调节自己的行为，又可以不屈从于周围环境的压力和影响，坚定地达成目标。懒惰、盲从和独断是与自觉相反的意志品质。

（3）自制、自控：是指善于促使自己执行已采取的决定，排斥与决定无关的行为，克制自己的负面情绪和冲动行为。

（4）坚韧：坚持自己的决定，百折不挠、克服困难以达成目标。

协调的行为指标是：

（1）行为大多数受理智控制而尽量不受情感和非意识支配。

（2）能够采取弹性方式处理问题，不固执僵化。

6. 和谐的人际关系

和谐的人际关系是心理健康的重要标准，也是维持心理健康的重要条件之一。

人际关系和谐有如下的具体表现：

（1）在人际交往中，心理相容，互相接纳、尊重，而非心理相克，互相排斥和贬低。

（2）对他人情感真挚、善良，而非冷漠无情、伤害别人。

（3）懂得奉献，以集体利益为重，而非损人利己。

7. 心理特点符合心理年龄

每个人都有三种年龄：实际年龄、生理年龄和心理年龄。

实际年龄是指人们的自然年龄。

生理年龄是指人生理发育成长所呈现出来的年龄特点，与实际年龄往往有差别，例如如果人营养不良，那么其生理发育就迟缓，将导致生理年龄小于实际年龄。

心理年龄是指人的整体心理状况所呈现出的年龄特征，与实际年龄也不完全一致。人的一生可以分为八个心理年龄期：胎儿期、乳儿期、幼儿期、学龄期、青少年期、青年期、中年期、老年期。人在不同的心理年龄期具有不同的心理特点。比如人在幼儿期天真活泼；青少年期自我意识增强，身心飞跃突变，心理活动往往动荡剧烈；到了心理老年期，心理倾向成熟稳定、老成持重，但身心功能弹性降低，情感容易变得忧郁。

心理特点符合心理年龄，主要有两方面的标准：

（1）个体的实际年龄应当与心理年龄、生理年龄相符。

（2）个体在不同心理发育期应表现出相应的心理特征。

心理健康的十项标准

以下是十项心理健康标准。

1. 具有十足的安全感

安全感是人的基本需要之一，如果惶惶不可终日，人便会很快衰老。抑郁、焦虑等心理，会引起消化系统功能的失调，甚至会导致病变。

2. 充分了解自己，对自己的能力做出恰如其分的判断

如果勉强去做超越自己能力的工作，就会显得力不从心。超负荷的工作，甚至会给健康带来麻烦。

3. 生活理想和目标切合实际

社会生产发展水平与物质生活条件总是有一定限度的，如果生活理想和目标定得太高，必然会导致心理挫折感，不利于身心健康。

4. 与外界环境保持良好的接触

因为人的心理需要是多层次的，与外界环境接触，一方面可以丰富精神生活，另一方面可以及时调整自己的行为，更好地适应环境。

5. 保持个性的健全与和谐

个性中的能力、兴趣、性格与气质等各种心理特征必须和谐而统一，方能充分发挥个性能量。

6. 具有一定的学习能力

现代社会知识更新很快，为了适应新的形势，就必须不断学习新的东西，使生活

和工作能得心应手，少走弯路。

7. 保持良好的人际关系

人际关系中，有正向积极的关系，也有负向消极的关系，而人际关系的协调与否，对人的心理健康有很大的影响。

8. 适度的情绪发展和控制

人有喜怒哀乐等不同的情绪体验。不愉快的情绪必须释放，才能达到心理上的平衡。但不能发泄过分，否则，既影响自己的生活，又加剧了人际矛盾，于身心健康无益。

9. 有限度地发挥自己的才能与兴趣爱好

人的才能和兴趣爱好应该得到发挥和满足，但不能妨碍他人利益，更不能损害集体利益，否则，会引起人际纠纷，徒增烦恼，无益于身心健康。

10. 在不违背社会道德规范的前提下，个人的基本需要得到一定程度的满足

当然，必须合情合理又合法，否则将受到良心的谴责、舆论的压力乃至法律的制裁，更无益于心理健康。

（二）影响心理健康的因素

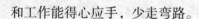

人的心理健康是一个相对独立的、极为复杂的和动态的过程，所以影响心理健康、导致心理偏差、心理障碍或心理疾病的因素也是复杂多样的。根据功能的不同，各种影响心理健康的因素可以分为内部因素与外部因素两大类。根据性质的不同，影响因素又可以分为生物遗传因素、心理环境因素和社会环境因素三类。

内部因素，顾名思义是影响一个人心理健康状况的内在原因，外部因素是影响心理健康状况的外在诱因。内部因素是决定人的心理状况的本质原因；外部因素是通过内在的因素来发生作用的，它使人的心理健康状况的变化具有现实性。比如，同样紧张的学习生活和强大的学习压力，对于心理状况良好的学生来说，会激发更高的学习热情，使其投入更多的学习精力；而如果是心理状况较差的学生，则有可能引起过度焦虑，导致其产生心理障碍。

内部因素

内部因素是一个人自身所具有的一种内在和主观的因素，主要包括生物遗传因素和心理状态因素两大类。

1. 生物遗传因素

生物遗传因素又可以细化为遗传因素、化学中毒或脑外伤、病菌或病毒感染及躯体疾病或生理机能障碍等类型。

（1）遗传因素。人的心理活动或心理健康状况是不能遗传的。但是别忘了，人是一个身心交融的整体，而身体特征受遗传因素的密切影响。特别是一个人的躯体、气质、智力、神经过程的活动特点等，受遗传因素的影响更为明显，因此心理也是受遗传影响的。相关调查和临床观察表明，精神病患者的家族中，患有精神发育不全、性情乖僻、躁狂、抑郁等神经精神病或具有异常心理行为的家庭成员占有相当大的比例。调查显示，精神疾病发病率与血缘具有明显的关系：与精神病患者血缘关系越亲近，患病率越高。

（2）化学中毒或脑外伤。有害化学物质侵入人体，毒害中枢神经系统，如食物中毒、煤气中毒、酒精中毒、药物中毒等，可能导致心理障碍或精神失常；种种原因造成的脑震荡、脑挫伤等脑外伤，也可能导致意识障碍、遗忘症、言语障碍、人格改变等心理障碍。

（3）病菌或病毒感染。人如果患了斑疹伤寒、流行性脑炎等中枢神经系统的传染病，就会由于病菌、病毒损害神经组织结构而导致器质性心理障碍或精神失常。如果患者是幼儿，则可能阻抑心理的发展，造成智力迟滞或痴呆。

（4）躯体疾病或生理机能障碍。躯体疾病或生理机能障碍也是造成影响心理健康的因素之一。例如，如果患有内分泌机能障碍，尤其是甲状腺机能混乱、机能亢进，患者往往出现暴躁、易怒、敏感、情绪冲动、自制力减弱等心理异常表现；若患有肾上腺素分泌过多，则会产生躁狂症，而患有肾上腺素分泌不足则可能同时患上抑郁症等。

2. 心理状态因素

一个人的心理状态一旦成型，就可预测其以后的心理发展和变化。心理状态因素包括认知因素和情绪因素等类型。

（1）认知因素。认知过程就是信息的获得、储存、转换、提取和使用的过程。人类个体的认知因素涵盖范围很广，包括感知、记忆、注意、思维、想象、言语等。

认知因素之间是相互影响的。倘若某一认知因素发展不正常或某几种认知因素之间的关系失调，就会产生认知的矛盾和冲突，从而使人感到紧张、烦躁和焦虑。认知因素之间的失调程度越严重，则人们减轻或消除失调、维持平衡的需要和期望就越强烈。如果这种期望和需要长时间得不到满足，则可能使人产生心理偏差或心理障碍。认知的严重失调还可能导致人格分裂或变态。

（2）情绪因素。人的情绪体验是维持身心健康的重要因素，是一个人机体生存和社会适应的内在动力，它是多维度、多成分和多层次的。

经常波动而消极的负面情绪，往往使人心境压抑，精力涣散，身体衰弱；稳定而积极的良好情绪状态，则往往使人心境愉快，精力充沛，身体健康。所以，培养良好情绪、排除不良情绪，对人的身心健康是十分重要的。

外部因素

外部因素是影响心理健康外在的、客观的因素。主要包括家庭因素、社会因素和学校因素三大类。

1. 家庭因素

人的心理健康状况，尤其是对中小学儿童来说，受家庭因素的影响很大。大量研究表明，不良的家庭环境因素，容易造成家庭成员的心理异常。

家庭因素主要包括：家庭关系不良，如父母关系、婆媳关系、兄弟姐妹关系不和谐，家庭情感冷淡，矛盾冲突迭起等；家庭成员残缺，如父母死亡、父母离异或分居、父母再婚等；家庭教育存在误区，如专制粗暴，或溺爱娇惯等；还有家庭变迁以及出现意外事件等。

2. 社会因素

政治、经济、文化教育、社会关系等属于影响心理健康的社会因素。其中的各种不健康的思想、情感和行为，会严重腐蚀人的心理健康。社会因素对一个人的生存和发展几乎起着决定性作用，尤其在今日，人与人之间的交往日益广泛，各种社会传媒的影响越来越大，生活紧张事件增多，矛盾、冲突、竞争加剧，所有这些都会加重人们的心理负担，不利于身心健康。

3. 学校因素

学校因素主要是针对学生来说的，主要包括学校教育条件、学习条件、生活条件，以及师生关系、同伴关系等。学生的大部分时间是在学校中度过的，学校是学生学习、生活的主要场所，所以学校生活对学生的心理健康影响极大。学校因素中的种种条件和关系，如果处理不当，就会影响学生的心理健康发展。比如，如果校风学风不良、教育方法不当、学习负担过重、师生情感对立、同学关系不和等，都会使学生的心理抑郁，精神焦虑，若调适不及时，就会造成心理失调，甚至导致学生的心理障碍。

协同作用

上述各种因素既相互独立，又相互制约，对一个人的心理健康往往起协同作用，而这种协同作用要超过单个因素作用的简单加和。由此，在诊断心理失调、心理障碍或心理疾病时，必须要充分考虑各种因素的作用，逐一考察，全面、正确地做出诊断，才能采取有效的措施进行心理调适和治疗。

（三）关于心理健康的误区

误区一：身体健康就心理健康

此为对心理健康的典型误解之一。世界卫生组织早在 1981 年就指出健康不仅指身体健康，还包括心理健康和良好的社会适应能力。所以仅仅是身体健康不等于健康，也不等于心理健康，它们是相互独立又相互依赖的。只有两者都具备，一个人才能算作健康。

误区二：心理不变态就算心理健康

心理不健康有许多种形式，心理变态只是其极端形式而已。根据状态，人的心理可用三区来表示：白色区、灰色区和黑色区。人处于心理白色区就是心理健康，处于黑色区则心理变态，而处于灰色区则介于上述两者之间。它们之间是可以相互转换的，灰色心理调节得当就会恢复为白色心理，调节不当则会发展为黑色心理。所以仅仅是心理不变态的人不一定是心理健康的。

误区三：有心理问题就是有精神病

许多人对心理问题十分敏感又不屑一顾，认为有心理问题的人是十分可笑和可耻的，认为有心理问题就是有精神病，这是一种很伤害人的误解。人经常会有心理困惑，调解不当就会形成心理问题，长久得不到解决就会发展为心理疾病。几乎每个人都会有一些心理问题，但不会都发展为精神病，所以一般心理问题与精神病没有必然的、内在的联系。

误区四：心理健康与心理问题是静态的、不可变化的

许多人认为心理健康就永远不会有问题，心理有问题就永远心理健康不了。这是一个误区。其实心理健康与心理问题是相对而言的，这两者是动态的、可逆的、有变化的。

误区五：心理问题只发生在少数人身上

人在一生中的不同时期都可能产生心理问题。其实，几乎人人都有心理问题，只是程度有轻有重，或是自己没有意识到。

误区六：纪律、道德、思想问题与心理健康问题毫无关系

实际上，纪律、道德、思想问题与心理健康问题之间是有密切联系的。例如，学生一到上课时就咳嗽不止或喜欢东张西望，老师往往以为是纪律或品德问题。事实上，这也可能是过重的学业负担产生的心理压力引起的躯体反应或心理逆反。

误区七：心理问题只能出现后再进行治疗

心理问题是能被早期发现、早期调适的，对心理问题应贯彻预防为主的原则。

误区八：去看心理医生是丢人的事情

很多人觉得去看心理医生是很难为情的事情，认为看心理医生的人都是心理变态。这是很大的误区。心理咨询在中国是新生事物，人们对它的了解还不够，这可能是造成这种误区的原因之一。另外，许多人对心理咨询不信任，认为是骗人的东西。这也是误解。其实，正如哈佛大学博士岳晓东所说的，"心理咨询是一种享受而不是痛苦，是明智的选择而不是愚蠢的做法。"

误区九：心理上有"病"不用去看

长期以来人们只重视身体健康却忽视心理健康的宣传，致使人们如果身体有病会大大方方地去看医生，但心理有问题却不好意思去看心理医生，让小问题也逐渐成了大问题。

误区十：一次心理咨询就可以解决问题

对心理咨询的不了解也导致了人们过高的期望值，认为通过一次两次的心理咨询就可以解决所有

哈佛大学博士岳晓东

心理问题。其实，心理问题和身体疾病一样，"冰冻三尺，非一日之寒"，不会很快痊

愈。而且，不同于身体疾病，心理问题的治疗需要患者和心理医生双方互动交流。这自然也不是一次可以完成的。当然，也不是所有心理问题都需要多次咨询和治疗，简单的问题一次足矣。

（四）心理健康的自我诊断

中国人心理健康的综合自测

人的身体健康状况可以通过种种手段来诊断，同样，人的心理健康状况也是可以检测的。通过对一些有关心理健康问题的回答，并进行统计处理，自测者可在相当程度上了解自己的心理健康状况。

心理健康量表，国外已经存在许多种，但是其他国家和中国的社会文化背景等有很大的差异，因此外国人的心理健康量表不能拿来套用在中国人身上。中国著名心理学家王极盛教授根据近年来对中国人心理健康问题的潜心研究，主持编制了四个"中国人心理健康量表"，特别适用于世纪之交的中国人。

对被检查者的心理健康测量，通常是由具备心理学专业知识的人来进行的，但这样终归不及时、不方便。为了使更多的普通老百姓能够经常地自测心理状况，及早地自我发现问题，并进行早期自我心理调适，广泛利用心理健康自测量表是十分有意义的。但要注意，自我心理健康测试的结果，仅可作为了解自己心理健康状况的参考，既不要把心理健康测量神秘化，也不要滥用心理健康量表。

下面列出王极盛教授主持编制的心理健康量表，供读者自测，以初步掌握自己的心理健康状况，如发现有较大的心理问题，应该及时向心理医生咨询。该量表有 10 个分量表，反应的心理症状十分丰富，自测者能够准确地判定自己的自觉症状，既适用于青少年，又适用于成年人。

1. 中国人心理健康量表的构成

中国人心理健康量表，共有 80 个评定项目，每一个项目都采用 5 级评分制。

（1）无：自觉无该项问题。

（2）轻度：自觉偶尔有该项问题。

（3）时有：自觉有该项症状，时有发生。

（4）经常：自觉有该项症状，经常发生。

（5）总是：自觉有该项症状，总是存在。

中国人心理健康量表，共 80 个项目，可归类为 10 个因子。各因子所包含的项目如下：

①人际关系紧张与敏感：包括 10、14、23、31、49、53、71、79，共 8 项。

该因子主要反映受试者人际关系方面的紧张、敏感等。

②心理承受力差：包括 2、17、26、40、50、62、74、77，共 8 项。

该因子反映受试者，做事感觉困难，遇到困难、挫折灰心。觉得学习、工作负担重与难以完成。对待环境杂乱脏不能承受等。

③适应性差：包括 6、18、35、38、48、61、69、80，共 8 项。

该因子反映受试者对事情、环境、对人不适应等。

④心理不平衡：包括 8、15、24、39、42、54、63、72，共 8 项。

该因子反映受试者感到别人对他不公平，抱怨自己赶不上别人，别人有成绩自己生气，自己出力不讨好，别人亏待自己，对比自己强的人不服气等。

⑤情绪失调：包括 1、13、22、37、45、52、57、65，共 8 项。

该因子反映受试者情绪不稳定、心情不愉快、控制不住自己情绪等问题。

⑥焦虑：包括：4、20、28、34、47、58、67、70，共 8 项。

该因子反映受试者对许多事情心烦、预感有坏事情发生，心理烦躁、无缘无故紧张、担心自己有病等焦虑症状。

⑦抑郁：包括 7、12、21、27、33、55、59、66，共 8 项。

该因子反映受试者情绪低落，对前途感觉无希望、疲劳、对事情不感兴趣，感到忧愁、生活无意思等抑郁症状。

⑧敌对：包括 3、11、30、41、44、51、76、78，共 8 项。

该因子反映受试者喜欢与人争论，不能控制脾气，有摔东西的冲动，爱挑人毛病，爱刺激别人等敌对症状。

⑨偏执：包括 9、16、25、32、43、56、64、73，共 8 项。

该因子反映受试者不信任人，固执己见，总认为别人背后议论自己和与自己作对，不能接受别人的意见，我行我素等偏执症状。

⑩躯体化：包括 5、19、29、36、46、60、68、75，共 8 项。

该因子反映受试者心理紧张，特别是情绪紧张产生的躯体不适或症状，例如手发抖，尿多、头痛、睡不好觉、胃不舒服、心跳加快等。

2. 中国人心理健康量表（见下表）

姓名_____性别_____年龄_____文化程度_____民族_____婚姻_____职业_____职称_____有何疾病_____测验日期_____年_____月_____日_____单位

_____通讯地址_____邮编_____

月收入：（请选择）①500 元以下；②500～750 元；③750～1 000 元；④1 000 元以上。

人均居住面积：（请选择）①8 平米以下；②8～12 平米；③12～16 平米；④16 平米以上。

指导语：下面是有关您近 10 天内心理状态的一些题目。请仔细阅读每一个题目，然后根据自己的实际情况认真填写。每个题目没有对错之分，请您尽快回答，不要在每道题上过多思索。

每个题目后都有 5 个等级供您选择，分别按照程度的高低用 1、2、3、4、5 来表示：

1-无；2-偶尔；3-有时；4-经常；5-总是。

注意：①每个题目后只能选择一个等级，在相应的数字上划圈；②每个题目都要回答。

中国人心理健康量表

项目	无	偶尔	有时	经常	总是
1. 我情绪忽高忽低。	1	2	3	4	5
2. 做什么事我都感觉很困难。	1	2	3	4	5
3. 我喜欢与人争论、抬杠。	1	2	3	4	5
4. 我对许多事情心烦。	1	2	3	4	5
5. 遇到紧急的事我的手会发抖。	1	2	3	4	5
6. 我怕应付麻烦的事。	1	2	3	4	5
7. 我情绪低落。	1	2	3	4	5
8. 我感到人们对我不公平。	1	2	3	4	5
9. 我觉得大多数人都是不可信任的。	1	2	3	4	5
10. 感到别人对我不友好。	1	2	3	4	5
11. 我不能控制自己而发脾气。	1	2	3	4	5
12. 我感到前途没有希望。	1	2	3	4	5
13. 我喜怒无常。	1	2	3	4	5
14. 我要求别人十全十美。	1	2	3	4	5
15. 我抱怨自己为什么比不上别人。	1	2	3	4	5
16. 我觉得别人想占我的便宜。	1	2	3	4	5

项目	无	偶尔	有时	经常	总是
17. 我觉得活得很累。	1	2	3	4	5
18. 看见房间杂乱无章，我就安不下心来。	1	2	3	4	5
19. 我着急时，嘴里有味。	1	2	3	4	5
20. 我感到我有坏事发生。	1	2	3	4	5
21. 我觉得疲劳。	1	2	3	4	5
22. 我常为一些小事而心情不好。	1	2	3	4	5
23. 我不能容忍别人。	1	2	3	4	5
24. 别人有成绩我生气。	1	2	3	4	5
25. 我的想法与别人不一样。	1	2	3	4	5
26. 遇到挫折，我便灰心。	1	2	3	4	5
27. 我经常责备自己。	1	2	3	4	5
28. 害怕别人注意我的短处。	1	2	3	4	5
29. 我一紧张就头痛。	1	2	3	4	5
30. 我有想打人或骂人的冲动。	1	2	3	4	5
31. 感到别人不理解我，不同情我。	1	2	3	4	5
32. 我固执己见。	1	2	3	4	5
33. 我对什么事情都无兴趣。	1	2	3	4	5
34. 我心里焦躁。	1	2	3	4	5
35. 我过人多、车多的十字路口心里会发慌。	1	2	3	4	5
36. 遇到紧急的事我的尿多。	1	2	3	4	5
37. 我心情时好时坏。	1	2	3	4	5
38. 我对新事物不习惯。	1	2	3	4	5
39. 我感到别人亏待我。	1	2	3	4	5
40. 我感到很难与人相处。	1	2	3	4	5
41. 我有想摔东西的冲动。	1	2	3	4	5
42. 我觉得我出力不讨好。	1	2	3	4	5
43. 总觉得别人在背后议论我。	1	2	3	4	5
44. 我爱揭别人的短处。	1	2	3	4	5
45. 我喜怒都表现在脸上。	1	2	3	4	5
46. 我紧张时睡不好觉。	1	2	3	4	5

项目	无	偶尔	有时	经常	总是
47. 我无缘无故感到紧张。	1	2	3	4	5
48. 遇到应采取果断行动时，我就犹豫不决。	1	2	3	4	5
49. 我与人相处，关系紧张。	1	2	3	4	5
50. 该做的事做不完我放不下心。	1	2	3	4	5
51. 我不分场合会发泄我的不满。	1	2	3	4	5
52. 我控制不住自己的情绪。	1	2	3	4	5
53. 当别人看我或议论我时，感到不自在。	1	2	3	4	5
54. 别人对我成绩的评价不恰当。	1	2	3	4	5
55. 我感到自己没有什么价值。	1	2	3	4	5
56. 我总觉得别人在跟我作对。	1	2	3	4	5
57. 我情绪波动性大。	1	2	3	4	5
58. 我担心别人看不起我。	1	2	3	4	5
59. 我感到忧愁。	1	2	3	4	5
60. 我心情紧张，胃就不舒服。	1	2	3	4	5
61. 在变化的情况下，我不能灵活处事。	1	2	3	4	5
62. 我觉得我的学习或工作的负担重。	1	2	3	4	5
63. 我对比我强的人并不服气。	1	2	3	4	5
64. 我不能接受别人的意见。	1	2	3	4	5
65. 我对亲朋好友忽冷忽热。	1	2	3	4	5
66. 我觉得生活没意思。	1	2	3	4	5
67. 我担心自己有病。	1	2	3	4	5
68. 遇到紧急情况，我心跳厉害。	1	2	3	4	5
69. 我与陌生人打交道感到为难。	1	2	3	4	5
70. 我心里总觉得有事。	1	2	3	4	5
71. 我在公共场合吃东西感觉不舒服。	1	2	3	4	5
72. 我的朋友有钱，吃好穿好我感到不舒服。	1	2	3	4	5
73. 我做事想怎么做就怎么做。	1	2	3	4	5
74. 我难以完成工作任务或学习任务。	1	2	3	4	5
75. 紧张时我手出汗。	1	2	3	4	5
76. 我常用刻薄的话刺激别人。	1	2	3	4	5

项目	无	偶尔	有时	经常	总是
77. 我遇到杂、乱、脏环境，强烈噪声，不能承受。	1	2	3	4	5
78. 我容易激动。	1	2	3	4	5
79. 我的感情容易受到别人伤害。	1	2	3	4	5
80. 到一个新环境，我不能很快适应。	1	2	3	4	5

3. 评分方法

（1）因子分。中国人心理健康量表，共包括 10 个分量表，每个分量表都包括 8 项。各分量表的因子分的计算方法，是将 8 个项目的分数加在一起之和除以因子项目数，即除以 8，为该分量表的因子分。每一项目采用 5 级评分法即无为 1 分，偶尔为 2 分，时有为 3 分，经常为 4 分，总是为 5 分。每个因子的 8 项按此标准计分除以 8，即为该因子的因子分。

判断自己心理健康状况，读者在填完心理健康量表后，10 个因子均以 2 分为简单判断标准分数线。根据 10 个因子的因子分，以 2 分为简单判断标准分数线，就可以简便、初步地判断哪些因子存在问题和症状。

初步确定心理问题和症状严重程度的评定分数值：2 分至 2.99 分为该因子轻度存在问题；3 分至 3.99 分，表示该因子存在中度症状；4 分至 4.99 分为该因子存在较重的症状；如果是 5 分，表示该因子存在严重的心理症状。

自测中，如果在中国人心理健康量表某因子上存在轻度问题，可以通过自我心理调节予以改善和解决。某因子分超过 3 分，但不超过 4 分，也可以通过自己的心理调适，逐步得到减轻和消失。如果自己的心理调适，已经超过 1 个月尚没有缓解，最好找心理医生咨询。如果某因子分超过 4 分，也可自己先心理调适。一周后再用中国人心理健康量表再测一次，如果该因子分仍为 4 分以上，建议找心理医生咨询。

（2）总均分。用中国人心理健康量表测试人的心理健康状况，除用因子分数来判断外，还用总均分来总体进行评定与判断。

总均分的计算方法是把该量表 80 项各自的分数加在一起之和被 80 除，得出的分数便是受试者心理健康的总均分。

用总均分判定心理健康的状况：2 分至 2.99 分为轻度的心理健康问题；3 分至 3.99 分为中等程度的心理健康问题；4 分至 4.99 分为较严重的心理健康问题；如果是 5 分是非常严重的心理健康问题。如果受试者的心理健康总均分在 2 分以上，应找心理医生咨询。

心理是否衰老的自我测定

国内外众多心理专家，通过对各种心理现象的归纳总结，提出三种自测心理是否衰老的方法，你不妨试一试。

1. 第一种方法

以下列出的 15 种现象中，如果你具有 13~15 种，则为心理极度衰老；具有 10~12 种，为心里很衰老；具有 7~9 种，为心理比较衰老；具有 4~6 种，为心理有点衰老；仅具有 3 种以下，为心理基本无衰老。

①老是记不住最近的事。

②总是不自觉地提及过去的事。

③对过去的生活总是后悔。

④如有急事在身，总感到心情焦急。

⑤事事总以我为主，以关心自己为重。

⑥对眼前发生的任何事情都感到无所谓。

⑦愿意自己一个人生活。

⑧很难接受新事物。

⑨不喜欢接触陌生人。

⑩对社会的变化感到不安。

⑪很关心自己的健康。

⑫总是固执己见。

⑬很喜欢讲自己过去的本领和功劳。

⑭喜欢收藏东西。

⑮对噪音十分烦恼。

2. 第二种方法

以下列出 30 种心理现象，请你逐个对照：如果具有其中的 26~30 种，为心理极度衰老；具有 21~25 种为心里很衰老；具有 16~20 种为心理比较衰老；具有 11~15 种为心理有点衰老；只有 10 种以下为心理基本无衰老。

①害怕外出。

②没有一个年轻的朋友。

③别人和你说话非得凑在耳边大声讲才行。

④不喜欢看报刊的"智力园地"这类内容。

⑤不能一下说出"水"的5种用途。

⑥不能一下顺背7位数或倒背5位数。

⑦做事情不能坚持到底。

⑧看小说中有关爱情的描写一跳而过。

⑨喜欢一个人静静地坐着。

⑩即使戴了眼镜也看不清东西。

⑪在两分钟内不能从100开始连续减7直至减到2。

⑫不能想象出天上的云块像什么。

⑬常常和别人吵架。

⑭吃任何东西都感到味道不好。

⑮不想学习新的知识和技能。

⑯常常把一张立体图看成平面图。

⑰不喜欢下棋等要动脑子的消遣。

⑱总以为自己比别人高明。

⑲以前的许多兴趣爱好现在都没有了。

⑳记不清今天是几号也记不清今天是星期几。

㉑钱几乎都花在吃的方面。

㉒老是回顾过去。

㉓常常无缘无故地生闷气。

㉔不喜欢听纯粹的音乐。

㉕看了书、电影、戏剧后,回忆不起来它们的内容。

㉖别人的劝告一点也听不进。

㉗常常看错东西或听错话。

㉘走路离不开拐杖。

㉙对未来没有计划和安排。

㉚喜欢反复讲一件事。

3. 第三种方法

以下列出20种心理现象,如果你具有其中的17~20种,为极度心理衰老;具有13~16种,为心里很衰老;具有9~12种,为心理比较衰老;具有5~8种,为心理有点衰老;仅具有4种以下为心理基本无衰老。

①别人稍有冒犯就火冒三丈。

②别人做错事，自己也会感到不安。

③有时会感到生不如死。

④脾气暴躁，焦虑不安。

⑤别人请求帮助时，会感到不耐烦。

⑥经常会感到坐立不安。情绪紧张。

⑦看见生人手足无措。

⑧一点不能宽容别人，甚至对自己的亲友也如此。

⑨感情容易冲动。

⑩曾讲过精神病医院。

⑪经常感到胆怯和害怕。

⑫在别人家吃饭会感到别扭和不愉快。

⑬不听别人的劝告，一味地干某一些事或想某一些事。

⑭没有熟人在身边会感到恐惧不安。

⑮总是愁眉不展，忧心忡忡。

⑯常常犹豫不决，下不了决心。

⑰经常独自哭泣。

⑱紧张时会头脑糊涂。

⑲会无缘无故地想念不熟悉的人。

⑳总希望别人和自己闲聊。

心理适应力自测

这个测试共有 20 道题目。请根据自己的实际情况，在每道题后面写下相应的英文字母 A、B、C、D、%，注意每道题只能选择一个答案。各英文字母的含义如下：

A. 很符合自己的情况。

B. 比较符合自己的情况。

C. 很难回答。

D. 较不符合自己的情况。

E. 很不符合自己的情况。

【题目】

①我不怕夜里一个人走路。

②无论在多么紧张的情况下，我总是能保持镇静，不会丢三落四，紧张得什么都

123

忘记了。

③即使在非常吵闹的场合，我也能集中注意力工作和学习，效率不会降得很低。

④为了能和大家和睦相处，我常常放弃自己的意见，以附和多数人。

⑤当家中其他人的朋友和同事来做客时，我总是尽量避开他们，离家外出或躲到别的房间里去。

⑥和别人争论时，我往往想不出反驳的话，事后又想起应该怎样反驳对方，但已经晚了。

⑦每次离开家到一个新的地方去，我总要生一点小毛病。如失眠、拉肚子等。

⑧假如在考试时允许我到一个安静的房间，在无人监考的情况下去答题，我的成绩肯定会好一些。

⑨在生人面前或在大庭广众之中讲话，我感到窘迫。

⑩我很容易与刚见面的陌生人攀谈起来。

⑪我在冬天比别人更怕冷，在夏天比别人更怕热。

⑫我在参加比赛时，赛场上气氛越热烈，我的成绩越是上不去。

⑬即使我把课本背得滚瓜烂熟，要我在课堂上当众背诵还是会出些差错。

⑭我在会上发言时，总是很镇静、自然，胜过大多数人。

⑮我希望工作时能独立进行，因为我独自工作比和大家一起干的时效率高。

⑯到别处去时，即使饮食、睡觉等生活环境变化很大，我也能够很快适应那里的生活。

⑰如果需要的话，我可以熬一个通宵，精力充沛地工作或学习。

⑱在课堂上回答问题或是开会时发言，我能够镇静地把自己事先想好的一切话都说完。

⑲在检查身体时，医生说我"心跳过快"，其实我平时脉搏很正常。

⑳我参加正式考试的成绩，比平时练习的成绩更好些。

【计分方法】

单数题号的题目评分标准为：A 记 1 分；B 计 2 分；C 记 3 分，D 记 4 分，% 记 5 分。

双数题号的题目评分标准为：A 记 5 分；B 计 4 分；C 记 3 分，D 记 4 分，% 记 1 分。

【评价方法】

总分	心理适应能力
20-35 分	很差
36-51 分	较差
52-68 分	一般
69-84 分	较强
85-100 分	很强

心理紧张度自测

日常的工作、学习和生活中，人们时常会遇到难以应付的情况或不好解决的矛盾，可能引起心理紧张和焦虑。如果人长期处于紧张状态，很容易患身心疾病。

回答下面的 26 道题目，可以使你了解自己的心理紧张度。如果你认为你的情况与题目所述的情况符合，就用"是"回答；反之，则用"否"来回答。

【题目】

①郁郁寡欢，沉默少语。

②晚上考虑各种问题，不能安寝；即使睡着，也容易惊醒。

③一到晚上就倦怠无力，焦虑烦躁。

④早晨起床后觉得头昏脑涨，浑身无力，爱静怕动。

⑤肠胃功能紊乱，经常腹泻。

⑥平时总觉得心烦意乱，坐立不安。

⑦食欲不振，吃东西没味道，宁可忍饥。

⑧轻微活动后就出现心跳加快、胸闷。

⑨离家去上学或上班，总觉得精神不佳，有气无力。

⑩一回到家，就感到许多事情不称心，暗暗烦躁。

⑪想要得到的东西一时得不到，就感到心中不舒服，闷闷不乐。

⑫平时只做一点轻微的工作，就容易感到疲劳。

⑬在家人面前，稍有不如意就任性发怒。

⑭任何一件小事，始终放在脑子里想来想去。

⑮处理问题主观性强，情绪急躁。

⑯对他人的疾病非常关心，唯恐自己也患有同样的病。

⑰对别人的成功和荣誉常常妒忌。

⑱做事、讲话操之过急，言辞激烈。

⑲明知是愚蠢的事，但是非要去做不可，事后又懊悔。

⑳看书学习不能专心致志，往往搞不懂中心思想。

㉑休息日整天玩牌，消磨时光。

㉒听到左邻右舍家中的吵闹，心情烦乱。

㉓碰到意外失去信心，显得焦虑不安。

㉔性格刚愎，脾气急躁，不宜合群。

㉕经常与同学、同事争吵。

㉖经常追悔往事，有负罪感。

【评析】

如果你有 10 道题答"是"，那么就是属于轻度心理紧张。可以通过自我心理调节来缓解，如参加体育锻炼、参加娱乐活动等。

如果你有 20 道题回答"是"，那么就属于中度心理紧张；如果有 25 道题回答"是"，属于紧张性心理症。属于这两种情况的话，你就应当进行深入的心理健康检查，并在医生的指导下进行心理治疗。

（五）心理平衡与失衡

心理平衡与心理健康

在西方心理学的字典里，是没有"心理平衡"这一术语的，这可谓是中国人的独创。

通俗地讲，心理平衡就是指人们用升华、幽默、外化、合理化等手段来调节对某一事物得失的认识。心理学家认为，心理平衡是指个体在观念认识、情绪反应、行为倾向等方面的和谐反应状态。心理平衡应表现为没有欲望和观念的冲突或冲突被调匀；心平气和，没有紧张、焦虑、畏缩等不良情绪反应等。

中国人之所以用"心理平衡"一词来形容这一心理调节过程，离不开我们"阴阳对立、福祸转换"的遗传"文化基因"。自古以来，中国人深受道家思想的影响，在看待个人的荣辱得失时，很讲究内心的平衡之道。可以说，中国人用"心理平衡"一词形容自我的心理调节是个必然。实际上，心理学中的"内向""外向"的概念即含有阴阳平衡之意，是瑞士心理学家荣格在读了老子《道德经》之后创造的。

那么心理平衡与心理健康是什么样的关系呢？

心理平衡是心理健康的重要标志，但并不等于心理健康。

心理学家对心理健康标准的规定并不是一成不变的，它可以随着社会及个体的变化不断地调整。另外，心理活动形式丰富多彩，绝非千篇一律。心理活动本身是一个动态的过程，不是僵死的状态。心理健康就是不断地向良好心理特征变化的过程，是人通过不断的心理调整达到的一种良好状态。不断调整的过程，就是把种种原因造成的心理失衡调适为心理平衡的状态。心理平衡是心理健康过程的终点和心理健康状态的表现。因此可以说，心理平衡是心理健康的重要标志。

虽是重要标志，但如果认为心理平衡就代表着心理的健康，那么你就走入了误区。通常人们会认为心理健康是平衡与适应，并把平衡理解为内心无冲突，把适应理解为对周围环境的顺从。但这两种理解都不能说是心理健康的表现。比如，一个满足现状、没有追求、不思进取的人，由于不会有挫折感、不会有冲突，其内心一般颇为平衡，但能说他心理健康吗？又比如，今日社会上到处都是见人说人话、逢鬼说鬼话、左右逢源、上下讨好的人，实在不能说他们的心理是健康的。实质上，心理健康应该是一种积极的人生态度。

心理平衡自测

《症状自评量表（SCL－90）》是由著名心理学家 L. R. Derogatis 于 1975 年编制的。该量表是进行心理健康状况鉴别及团体心理卫生普查时简便适用又十分有价值的量表。共 90 项题目，包括躯体性、强迫症状、人际关系敏感、抑郁、焦虑、敌对、恐怖、偏执、精神性和其他等十个方面的症状因子。下面的自测题目来自 SCL－90 量表中的六个方面的项目。你可根据自己最近一周内的实际感觉，在各项题前标上 1~5。其中：

"1" 表示自觉无该项症状。

"2" 表示自觉有该项问题，但发生不频繁或不严重。

"3" 表示自觉有该项症状，程度为轻到中度。

"4" 表示自觉常有该项症状，其程度为中到严重。

"5" 表示自觉常有该项症状，其频度和程度都十分严重。

1. 强迫症状

主要指那种明知道没有必要，却又无法摆脱的无意义的思想、冲动、行为等。

①头脑中有不必要的想法或字句盘旋。

②忘记性大。

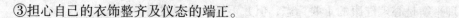

③担心自己的衣饰整齐及仪态的端正。

④感到难以完成任务。

⑤做事必须做得很慢，以保证做得正确。

⑥做事必须反复检查。

⑦难以做出决定。

⑧脑子一片空白。

⑨不能集中注意力。

⑩必须反复洗手。

2. 人际关系敏感度

主要指个人不自在感与自卑感，尤其是在与别人相比时表现得更为突出。

①对旁人责备求全。

②容易哭泣。

③感情容易受到伤害。

④感到人们对你不友好、不喜欢你。

⑤感到别人不理解你、不同情你。

⑥感到比不上别人。

⑦当别人看到你或谈论你时感到不自在。

⑧感到对别人神经过敏。

⑨感到在公共场合吃东西很不舒服。

3. 忧郁度

代表症状是苦闷忧郁的感情和心境，对生活的兴趣减退，缺乏活动的愿望，丧失活动力。

①对异性的兴趣减退。

②感到自己精力下降，行动迟缓。

③想结束自己的生命。

④感到受骗、中了圈套或有人想整自己。

⑤与异性相处时感到害羞或不自在。

⑥责备自己。

⑦感到孤独。

⑧感到苦闷。

⑨过分担忧。

⑩对事物不感兴趣。

⑪感到前途没有希望。

⑫感到任何事情都很困难。

⑬感到自己没有什么价值。

4. 敌对度

主要表现为敌对思想、感情及行为。

①容易烦恼和激动。

②自己不能控制自己而大发脾气。

③有想打人或伤害他人的冲动。

④有想摔东西或破坏东西的念头。

⑤经常与人争论。

⑥大叫或摔东西。

5. 偏执度

主要指思想方面偏执。

①责怪别人制造麻烦。

②感到大多数人都不可信任。

③感到有人在监视你、议论你。

④有一些别人没有的想法或念头。

⑤认为别人对你的成绩没有作出恰当的评价。

⑥感到别人想占你的便宜。

6. 恐怖

反应为内心害怕某事物，恐惧对象包括外出、空旷、人群、交通工具等。

①害怕空旷的场所或街道。

②怕单独出门。

③怕乘电车、公共汽车、地铁或火车。

④因为感到害怕而避开某些东西、场合或活动。

⑤在商店或电影院等人多的地方感到不自在。

⑥单独一人时神经很紧张。

⑦害怕会在公共场合昏倒。

评价方法：

1. 总体状况

总分＝各单项得分之和

均分＝总分÷51

阳性症状分数＝有症状项目总分÷有症状项目数目

如果均分在 3 分以上，阳性症状均分在 4 分以上，则说明心理重度失衡。

2. 单方面状况

单方面均分＝该方面得分之和÷该方面项目数

如果均分在 3 分以上，说明你可能在该方面失去了心理平衡。

通过测试，你可以对自己的心理平衡状况有所了解。对于失衡的状况，要及时采取措施，进行自我身心调节；若有必要，应及时向有关方面专家咨询治疗，以免小事变大。

心理失衡

其实，在多数情况下人们的心理是处于失衡状态的。在心理学上，心理失衡是指人的心理失去和谐而处于理念、情感和行为的冲突状态。

在不同的人身上，心理失衡有不同的表现。有的人表现为不分是非的逆反和抵触、不问对象的疯狂报复、不遗余力地谩骂攻击等，一些青年人尤其如此。有的人则表现为情绪消沉、悲观厌世、自怨自艾、自我封闭等，从否定自己的价值进而否定人生的意义。还有的人在心理失衡之下，为求得内心的宁静，无论什么问题都无原则地顺应别人，以致形成了逆来顺受的庸人性格。

造成心理失衡的原因很多，又因人而异，非常复杂。愿望不能实现、需要得不到满足、处理不好人际关系、经受不了挫折、适应不了环境、恶疾缠身等等，都是心理失衡的诱因。心理学研究认为，种种原因都可以归结为两类：外界压力，为客观原因；心理调控失败，为主观原因。

外界压力主要是生活压力，对于我们中国人尤其复杂繁重。我国学者通过对 1 000 多名各种行业人士的调查统计，编制了中国人生活事件量表，其中每项事件都赋予了压力分数。

该表表述了中国人生活压力事件总体的、共同的特征。当然，个人之间是有差异的，对表中项目及分数进行适当调整后，该表仍是适用的，见下表。

中国人生活事件量表

生活事件	压力均分
1. 丧偶	113
2. 父母去世	110

生活事件	压力均分
3. 子女死亡	102
4. 父母离异	73
5. 婚姻破裂	65
6. 夫妻感情破裂	64
7. 子女出生	62
8. 工作状况有变	61
9. 家庭成员去世	60
10. 家庭成员重病	56
11. 失恋	55
12. 子女行为不良	51
13. 结婚	50
14. 获刑事处分	49
15. 婚外恋	48
16. 政治冲击	47
17. 开始恋爱	45
18. 退学	44
19. 怀孕	44
20. 家庭成员获刑事处分	43
21. 大量借贷	43
22. 成就突出	43
23. 严重外伤或疾病	42
24. 严重差错事故	42
25. 复婚	42
26. 性生活障碍	42
27. 升学或就业受挫	41
28. 亲友去世	40
29. 名誉损失	37
30. 行政纪律处分	36
31. 免职	36
32. 友谊决裂	36

生活事件	压力均分
33. 子女学习困难	34
34. 子女结婚	34
35. 中额借贷	32
36. 法律纠纷	32
37. 领养寄子	32
38. 家庭成员行政处分	31
39. 丢失重要物品	31
40. 夫妻严重争执	30
41. 子女就业	29
42. 财产损失	29
43. 晋升	28
44. 收入显著变化	28
45. 学习困难	26
46. 入学或就业	26
47. 工作成绩变化	25
48. 工作变动	25
49. 流产	25
50. 小额借贷	23
51. 家庭成员纠纷	23
52. 搬家	22
53. 和上级冲突	21
54. 参军复员	20
55. 入党入团	20
56. 受惊	20
57. 业余培训	19
58. 退休	18
59. 邻居纠纷	18
60. 同事纠纷	18
61. 睡眠重大改变	17
62. 暂去外地	16

根据上表列出的事件，不妨把自己的近期状况对照一下，可以认识自己目前的心理压力状况，以及时把握调控心理失衡的时机。

自我调节，保持心理平衡

心理失衡的危害是严重的，不仅会造成人的心理上的病变，而且还可能带来身体上的疾病，严重影响人们的正常生活。因此，必须学会自我调节，保持心理平衡。

怎样解除心理失衡呢？

首先，要查明失衡的原因。如果是工作中的失误造成的，就应及时纠正；如果是自己不能正确对待生活，就应该寻求他人帮助来认识自己。如果你试图帮助别人时，有一点应该注意：如果帮助的是青年朋友，千万不要以居高临下的态度去教训他们，要注意运用启发、开导的方法。

其次，心理学中还有许多具体方法也可有针对性地采用。下面列举出一些典型方法。

1. 遗忘不快法

"遗忘"是记忆心理学中的一个重要理念和环节。心理学研究表明，人的心理承受能力是有限度的，面临的冲突事件过多时，就会烦躁、焦虑和紧张。如果我们终日生活在对往事痛苦的回忆中，反复品尝过去的挫折，心情就会越发忧郁，对现实就越发不满。心理就更加不平衡。

如果忘却那些琐碎之事，就能使自己的身心获得宽慰；忘掉心中的不快，就能把自己从痛苦中解脱出来，激发出新的力量。因此，我们要学会有意识的忘记。

2. 自我解嘲法

所谓自嘲法，就是当遇到令自己尴尬或难堪的场合或突发事件时，不要逃之夭夭，也不要手足无措，更不要埋怨他人，要自我解嘲、缓和气氛、避免冲突。自我解嘲法是一种自我调侃、自我贬抑的方法。

例如，在酒店里，服务员上菜时，不小心将菜汤溅到了某位秃头顾客的头顶上。当众人都屏息等待一场冲突时，该顾客却出人意料地手指自己的秃顶对服务员说："小姐，你以为这种治疗会有效吗？"他借助了高超的自嘲术，不但维护了自尊，而且也展示了自己的大度胸怀，使众人的心理都得到了平衡。

3. 泪流满面法

俗话说"男儿有泪不轻弹"，科学研究却告诉男儿们，这样并不是什么好事。

研究发现，强忍泪水恰恰会造成情绪压抑，而痛快地流泪则可以减轻乃至消除这种压抑。情绪不好时哭上一阵可以缓解你心中的郁闷、悲伤、沮丧、愤怒，可以防止你因长久压抑而走向极端。因此，为了自己心理平衡，我们应当放弃"有泪不轻弹"的传统戒条，让自己因情绪冲动、波动而哭泣，不必为哭泣而难为情。

4. 聊天转移法

研究发现，找个人聊聊天具有心理调节的功能。现在生活节奏日益加快，人们越来越重视闲聊了：电视上有"闲话俱乐部"，报纸上有"闲话专栏""闲话"书籍也在满大街地卖。闲聊可以缓解紧张、消除隔膜，能使处于困境中的人很快平静下来，能营造被劝说者良好的心理状态，从而有利于劝说的顺利进行；闲聊还可以表达礼节与温情；闲聊还能够化解怨气、发泄怒火；闲聊也可以躲避碰撞、防备责问。

5. 激励法

要走出心理失衡，最好的办法是给自己一个激励，即给自己确立一个追求的目标，并付诸行动。采用激励法时，首先目标要确立得适宜，既不能太高又不能太低：太高的目标会使心灵受挫折而变得垂头丧气；不费吹灰之力就可以实现，不能给内心带来喜悦。其次要选择对社会有价值而且必须依靠自己的努力来实现的目标。

来看看美国心理卫生学会就提出的保持心理平衡的十条秘诀，很值得我们借鉴。

1. 不要斤斤计较

有些人心理不平衡，完全是因为他们斤斤计较，处处与人争斗，使得自己经常处于紧张状态。俗话说"将心比心"，只要你不敌视别人，别人也不会与你为敌。

2. 适当让步

处理工作和生活中的一些问题，只要大前提不受影响，在非原则问题方面无须过分坚持，以减少自己的烦恼。

3. 对自己不要太苛求

每个人都有自己的抱负，可是并不一定合适。有些人把自己的抱负目标定得太高，根本实现不了，于是终日郁郁寡欢，实为自寻烦恼；有些人对自己所做的事情要求十全十美，有时近乎苛刻，往往因为小小的瑕疵而自责，结果自己成了受害者。

为了避免挫折感，应该把目标和要求定在自己能力范围之内。懂得欣赏自己已取得的成就，心情就会自然舒畅。

4. 知足常乐

有时候荣与辱、升与降、得与失，是不以个人意志为转移。荣辱不惊、淡泊名利，才能做到心理平衡。

5. 对亲人期望不要过高

妻子盼望丈夫飞黄腾达，父母希望儿女成龙成凤，这似乎是人之常情。然而，当对方不能满足自己的期望时，便大失所望。其实，每个人都有自己的生活道路，何必要求别人迎合自己。

6. 暂离困境

在现实中，受到挫折时，应该暂时将烦恼放下，去做你喜欢做的事，如运动、打球、读书、欣赏等，待心境平和后，再重新面对自己的难题，思考解决的办法。

7. 对人友好

生活中被人排斥常常是因为别人有戒心。如果在适当的时候表示自己的善意，诚挚地谈谈友情，伸出友谊之手，自然就会朋友多，隔阂少，心境也就变得平静。

8. 找人倾诉烦恼

生活中的烦恼是常事，把所有的烦恼都闷在心里，只会令人抑郁苦闷，不利于身心健康。如果把内心的烦恼向知己好友倾诉，心情会顿感舒畅。

9. 积极娱乐

积极、适当的娱乐，不但能调节情绪、舒缓压力，还能增长知识和乐趣。

10. 帮助别人做事

"助人为快乐之本"，帮助别人不仅可使自己忘却烦恼，而且可以表现自己存在的价值，更可以获得珍贵的友谊和快乐。

（六）心身疾病及其防治

什么是心身疾病

1. 概念

心身疾病也称为心理生理疾患，是介于躯体疾病与神经症之间的一类疾病。心身疾病有狭义和广义两种概念。狭义的概念，是指社会、心理因素在发病、发展过程中起重要作用的躯体器质性疾病，例如原发性高血压、溃疡病等。如果将躯体器质性疾病改为躯体功能性障碍，心身疾病就成了心身障碍，例如神经性呕吐、偏头痛等。广义的概念，是指心理社会因素在发病、发展过程中起重要作用的躯体器质性疾病和躯体功能性障碍，即狭义的身心疾病和狭义的心身障碍的总称。

2. 特点

（1）心身疾病的发病原因是或主要是社会、心理因素。

（2）心身疾病具有与躯体症状相关的病症。

（3）心身疾病的病症通常体现在植物神经系统所支配的系统或器官上。

（4）心身疾病的发生与遗传及个性特征有一定的关系。

（5）同样强度、同样性质的社会、心理因素，可能引发心身疾病易患者的病理生理反应，而对一般人则只可能引起正常范围内的生理反应。

（6）有些病人能够较清晰地了解社会、心理因素致病的过程，大部分病人则不了解社会、心理因素的作用，但或许能感到某种心理因素能加重自己的病情。

3. 范围

就目前情况来看，心身疾病一般包括以下种类：

（1）心血管系统疾病，如原发性高血压、冠心病、心律不齐、阵发性心动过速等。

（2）呼吸系统疾病，如支气管哮喘、过敏性鼻炎、枯草热。

（3）消化系统疾病，如消化性溃疡、溃疡性结肠炎、结肠过敏、神经性呕吐和食道贲门或幽门痉挛等。

（4）泌尿生殖系统疾病，如月经紊乱、阳痿、痛经、经前期紧张症、神经性多尿症等。

（5）内分泌代谢系统疾病，如糖尿病、甲状腺功能亢进、肥胖症等。

（6）皮肤疾病，如神经性皮炎、瘙痒症、斑秃、过敏性皮炎、湿疹、慢性荨麻疹、银屑病等。

（7）肌肉骨骼系统疾病，如类风湿性关节炎、痉挛性斜颈、紧张性头痛等。

（8）神经系统疾病，如偏头痛、植物神经功能失调症等。

其中，一般认为原发性高血压、冠心病、哮喘和溃疡病是更为明确的心身疾病。

下面就几种最为常见的心身疾病的致病机理做简单的介绍：

（1）原发性高血压病。导致血压升高的因素很多，而人们的心理因素特别是情绪改变是重要因素之一。长期持续的精神紧张或焦虑，能使人血管阻力增加，促使血压上升。同时，交感神经的长期兴奋，使肾小球动脉持续收缩，时间一久就形成高血压。

（2）冠状动脉硬化性心脏病。冠心病的发生，胆固醇含量增高和高脂血症是冠心病的重要条件，而心理因素和性格特征起着明显作用。目前发现胆固醇增高的主要原因是情绪波动。有的研究者则指出，冠心病与人们性格有密切关系，例如 A 型性格者比 B 型性格者患病率高。

（3）胃和十二指肠溃疡。心理因素可改变胃液分泌，如愤怒、紧张、惊慌和憎恨等心理因素往往使胃酸增加，而抑郁、苦闷或焦虑等会使胃液减少。比如，火灾、洪水、空袭和地震等造成的心理影响常可引起应激性胃溃疡；丧偶、离婚、恐惧、失败等因素与消化性溃疡的发生也有一定关系。

（4）支气管哮喘。心理因素可引起副交感神经兴奋而致支气管细支气管平滑肌收缩，从而增加气流阻力。这种体液免疫反应，是心理因素导致肾上腺功能障碍引起的。

（5）甲状腺机能亢进症。其发生与患者性格特征有关。在强烈、急剧的心理因素影响下，易激怒、过敏、多疑善感等性格的人，容易因甲状腺激素分泌过多或周围组织对甲状腺的利用加速，而引起甲状腺机能亢进。

（6）荨麻疹。荨麻疹虽属过敏性疾病，但与心理因素，尤其过度紧张、焦虑、烦闷等关系较密切。特别是慢性反复发作时，尤为明显。有的患者因烦闷会使荨麻疹多次重复发生。

4. 分布趋势

心身疾病在人群中的分布较广，并且近来患病率有逐年增高的趋势。

在患病人数上，例如，美国有一个 1 600 名居民的社区中，曾患溃疡病者占居民总数中的 7%，支气管哮喘者 3%，高血压者 8.6%，神经性胃病者 6%，消化不良症状者 8%。要知道，这个调查尚未包括冠心病和经前期紧张症等其他常见的心身疾病。在发达国家综合性医院的初诊病人中，则有差不多 1/3 为心身疾病患者。在性别上，心身疾病患者中女性一般高于男性。但有些病种如溃疡病、冠心病、支气管哮喘则以男性患病率为高。年龄上，15 岁以下的少年和 65 岁以上的老人患有心身疾病的比率较低，青年人略高，更年期为患病率高峰。

另外，心身疾病的分布还有如下特点：城市高于农村，脑力劳动者高于体力劳动者，工业化的社会高于工业不发达的社会。

致病因素

心身疾病是生物、理化、心理和社会等多因素综合作用的结果，其中心理和社会因素导致的过激是主要致病因素。

1. 社会因素

社会因素指的是社会环境中存在的各种事件对人体的影响和作用，包括社会环境和生活方式不良，如环境拥挤、环境污染、交通拥挤、车祸、竞争激烈、节奏紧张、吸烟、酗酒、吸毒等等；社会动荡，如发生战争、政治剧变、天灾人祸等等；社会文化因素，如文化矛盾、道德规范等等；意外事故，如亲人去世、离婚、重病等等；职业因素，如工作单调、工作环境不好、过度劳累等等。这些社会因素会使人长期处于心理紧张状态. 导致植物神经紊乱，最终使人患上心身疾病。

2. 心理因素

心理因素有广义和狭义之分。广义上，是指影响健康的内在情绪、态度、观念等一切心理活动；狭义上，是指心理矛盾、冲突、刺激和个性缺陷等。

心理矛盾和冲突，是指和环境不适应所引起的精神紧张和情绪抑郁，程度较轻的话称为"心理矛盾"，程度严重的称为"心理冲突"。心理矛盾和冲突会使人产生不同程度的挫折感和应激状态。并非所有心理矛盾和冲突都会导致心身疾病，只有当心理矛盾和冲突达到个体难以忍受的程度时或者个体长期处于冲突状态中时，才会引发心理应激状态，从而导致心身疾病。

心理刺激，是指个体在受到应激源刺激后所产生的心理应激状态。个体周围的各种生活事件都可能是应激源，而使人产生心理刺激。过度的不良心理刺激，可引起人们产生不安全感或损失感的心理刺激，很容易导致心身疾病。亲人亡故、遭受天灾等具体事物或工作失误、名誉受损等抽象损失都会引发人的损失感。

个性缺陷，是使心理矛盾和冲突诱发心身疾病的重要内在因素。个性缺陷，如多疑、倔强、情绪不稳定、寡言少语等等，最容易使人患心身疾病。根据统计研究，不同类型的个性缺陷往往对应着不同的心身疾病，如下表所示。

个性缺陷与心身疾病对应表

个性缺陷	心身疾病
压抑、易怒、刻板、主观	高血压
抑郁、强迫、顺从、心胸狭窄	结肠炎
急躁、深沉	心脏病
压抑、挫折感、依赖性	溃疡病
过分幼稚、依赖、优柔寡断	哮喘病
固执、好战、嫉妒、谨小慎微	偏头痛
自卑、自责、渴望同情	荨麻疹
脆弱、多思、自我暗示	神经衰弱
高度暗示性、戏剧化性格、好胜、情绪不稳定	癔症
固执、刻板、倔强或顺从	癫痫
压抑自我、内向、多愁善感	癌症

综上所述，社会因素和心理因素是导致心身疾病的主要致病因子。其中，社会因素是心身疾病的外部致病因素，而心理因素则是内部致病条件，内外两种因素的结合

超过一定强度，就会使个体产生过度心理应激，从而导致心身疾病。

3. 理化性刺激因素

理化性刺激因素包括外伤、高温、高压、噪音、强光、放射线、电磁波、药物、化学品等等。

4. 传染性生物因素

细菌、病毒等病源性微生物入侵也是导致心身疾病的原因之一。

5. 遗传因素

某些心身疾病的罹患率跟先天遗传因素也有关系，例如高血压病有明显的家族史，又如胃十二指肠溃疡也带有遗传性。

6. 生理因素

妊娠、肥胖、年老等生理因素会引起某些心身疾病。

发病机制

心身疾病是多种因素复合形成的，并且对于不同的心身疾病及其不同阶段，各种因素所起的作用不同。随着研究的深入，关于心身疾病的致病机理已经形成了多种理论，但是没有一种理论可以解释所有的心身疾病。下面简述几种机理学说。

1. 心理动力学说

心理动力学说主要是由精神分析学家提出的。他们认为心身疾病的致病原因是潜意识冲突与躯体及器官功能的联系。对心理动力学说，不同学者也有不同的观点。有的学者认为潜意识冲突导致精神紧张，改变了交感或副交感神经系统的机能，扰乱了神经内分泌系统而导致出现器官症状；有的则认为是潜意识冲突的心理动力供应特定器官，表现的症状就是符号化了的"器官语言"。尽管众说纷纭，但都承认心理动力是病因，不同的解释在于发病原因。

2. 心理生理学说

心理生理学说主要强调发病机制。许多学者的实验研究表明，神经刺激可以影响和改变器官功能，即心理活动可影响生理过程，甚至引起疾病。目前，心理生理学说已经不限于情绪活动对器官功能变化的观测，同时也注重解释遗传因素等生物学因素和社会生活的影响。

3. 学习理论

现在医学理论认为，人类心身障碍症状的形成，受条件反射的因素影响，但是社会学习理论中的观察学习及模仿可能起着更重要的作用。心身障碍有一部分是从学习而得的。其中，有的属于条件反射性学习，如哮喘儿童可因哮喘症状获得父母的倍加照顾而喘得更厉害，即奖励性强化；有的则是通过观察或认知而得，例如儿童的有些习惯可能是对大人习惯的模仿。又如学医的学生中常见的一种现象，就是学什么病就出现什么症状，足可证明认知后的自我暗示的力量。

心身疾病的防治原则

心身疾病的防治，首先要把握几个共同的防治原则。

1. 综合防治的原则

心身疾病是和心理社会因素有密切关系的躯体疾病，既体现出人体器官组织结构和功能的生理学改变，同时又体现出社会、心理因素的重要作用。心身疾病的防治，既需要采取生物医学的治疗措施，如药物治疗、手术治疗等，又要采用心理社会学的防治措施，如心理治疗、行为治疗、心理素质培养等。另外，还离不开本人、家属、组织和工作单位的积极配合和支持。总之，心身疾病应该注意综合防治的原则。

2. 整体防治的原则

心身疾病的防治要注意不可"见病不见人"，要本着以"人"为本的原则。首先要具体分析患者在心理、生理、社会等方面所存在的问题，其次按照具体情况制订具体的防治方案。另外，在同一病人的不同病程阶段中，情况也是不相同的，防治方案应注意随时而讲。

3. 患者本人积极参与的原则

心身疾病的防治效果，很大程度上取决于患者本身的主观能动性。只有本人主动采取预防措施、积极配合治疗，才能有效降低心身疾病的防病率和危害。

4. 持续防治的原则

心身疾病多数属于慢性病，其防治往往需要一个相对比较长久的过程。不能存在一蹴而就的不切实际的想法，否则只会适得其反。

心身疾病的治疗

1. 心理干预

（1）消除心理学病因。以冠心病患者为例，在其病情基本稳定后，可指导其对冠心病危险因素进行综合行为矫正。

（2）消除生物学症状。通过心理学技术直接改变病人的生物学过程，提高身体素质，促进疾病的康复。例如较长期的松弛训练或生物反馈疗法等都是有效的治疗技术。

（3）消除心理社会刺激因素。例如，因某一事件引起焦虑进而诱发紧张性头痛的人，可以对其进行心理支持、认知治疗、松弛训练或催眠疗法等，使其改变对这一事件的认识，从而减轻焦虑反应，并借助药物之共同作用，可以取得显著的疗效。

心身疾病的心理干预手段，包括支持疗法、生物反馈、认知治疗、松弛训练、环境控制、行为疗法、暗示或催眠疗法以及家庭疗法等很多种。具体选择哪些方法应视不同疾病、不同层次、不同目的而决定。

2. 药物、手术治疗

药物、手术治疗是主要的生物医学治疗方法，可以缓解躯体症状，但只是治标不治本，只有结合心理治疗才能取得好的效果。

3. 心、身同治

对发病迅疾并且躯体症状严重的人，应以躯体对症治疗为主，以心理治疗为辅。对于以心理症状为主、躯体症状为次，或者以躯体症状为主但表现为慢性的人，则应以心理治疗为主，同时进行常规躯体治疗。

心身疾病的预防

当今，社会生活紧张多变，能否适应社会、保持自身心理平衡、维持心身健康已经成为人们生活中的一个大问题。以预防为主是一个普遍适用的原则和方法，对心身疾病自然也不例外。心身疾病的预防包括社会预防和个人预防两个层次。

1. 社会预防

（1）社会各界力量要联合起来，积极倡导心理卫生，做好不同年龄阶段的心理卫生工作。

（2）做好职业群体心理卫生工作。职业是人生的一大组成部分。来自各种职业的工作环境、劳动条件、劳动强度等形成应激源，不断地作用于人体，引发各种心身疾病。因此，根据心理卫生的规律来组织工作、加强职业心理卫生工作十分重要。

（3）积极开展心理咨询与心理治疗工作。全社会都应积极支持心理咨询与心理治疗机构的设立、心理医生的培养，创造良好的心理咨询和心理治疗的社会氛围。

2. 个人预防

（1）培养良好的个性。

一个人个性的形成取决于先天和后天两方面的因素。先天因素主要指遗传因素和生理素质，是个性形成的物质基础和载体。后天因素包括个人实践、家庭环境、学校教育、社会制度、文化传统、生产关系、政治条件等等，是个性形成的决定性因素。培养良好个性，从胎儿孕期就应该开始。个性在人3~5岁就开始形成，在青春期中后期逐渐成熟。一个人早年的经历对其个性的形成有很大的影响，几乎可以决定其一生。因此，必须注意后天因素的完善，才能培养良好的个性，才能有效预防心身疾病的形成。

（2）加强应对能力。

所谓应对，是指一个人对困境所做出的尽可能适当的反应及其反应方式。应对能力可以通过有意识的锻炼而加强。

①掌握正确的世界观、人生观、是非观，学会正确认识挫折困境和社会不合理现象，培养乐观豁达的人生态度，提高社会忍耐力。

②丰富自己的生活阅历，可以有效提高应对能力。只有不断地认识和实践，见多识广，才能知道应该如何应对世间万事。

③掌握应对心理刺激的技巧，如自我安慰、自我摆脱、转移注意力、找人闲聊等等。

（3）建立和谐的人际关系，营造良好生活环境。

和谐的人际关系、良好的生活环境能够给人以安全感、温暖感、信任感和轻松感，使人少生烦恼忧愁，挫折也能从容面对。建立和谐的人际关系、营造良好的生活环境是预防心身疾病的重要方法。

（七）长寿者的心理特点

人的心理状态对于人的寿命有极大的影响。根据调查统计，健康长寿者的心理状态大多有以下的特点。

心胸豁达

根据调查，长寿者大都心胸开阔、不易发怒、性格豪爽、为人热情、乐于助人，办事爽快轻松、说话诙谐风趣，同时又很善于工作。拥有豁达的心胸，自然容易长期保持愉快的心情，从而有力地保护大脑机能，调节神经系统，促进内分泌系统、心血管系统、消化系统、免疫系统等正常功能的良好发挥，使机体达到最佳状态。只有如此，才能延缓脏器的衰老进程、减少疾病、延年益寿。毋庸置疑，心胸狭窄、忧愁多者，患病机会多；而心胸豁达、乐观向上者，患病机会少。其实这也是尽人皆知的常识。

情绪稳定

长寿老人大都十分注重调适自己的情绪，使中枢神经处于相对稳定的良好状态，进而协调机体的生理功能。95%以上的长寿老人情绪安定、适应能力强，经受得起生活环境中的各种不良刺激或创伤，也善于自我控制，能够很快恢复心理平衡。

热爱生活

许多古今中外的杰出人物大都长寿，一般到了八九十岁仍能生气勃勃、精力充沛、勤奋工作。重要原因之一就是他们热爱生活、热爱工作、具有明确的生活目的和奋斗目标。另外，有着科学的生活方式也是他们的共同特点。愉快的情绪、饱满的精神、有规律的生活，能使他们身体的各器官处于良好的状态，衰老缓慢，长寿百年。

知足常乐

调查资料还表明，许多长寿老人都是心地善良的贤妻良母、良夫慈父。几乎从不发怒，也不奢华、勤俭朴素、尊老爱幼，与家人和他人和睦相处而安乐，尽到自己的社会与家庭责任而后快。和善娴静、知足常乐的性格，使他们的躯体内部环境长期保持平衡有序的状态。例如，广西壮族自治区东兰县就有这么一位长寿老人。他目光有神、听觉敏捷、口齿清楚、举止稳健，满头白发却很有光泽，还可以操持家务，并下地干些农活。此人虽然家境贫寒，但从不怨天尤人，为人心地善良，无忧无虑，总是笑容满面。

爱好广泛

许多长寿者都爱好棋琴书画。棋琴书画，能陶冶人的情操，使人心情愉快；而人有所追求，也就时常动脑思索，从而延缓大脑的衰老。艺术的熏陶和对事业的执着追求，可以锻炼身心，令人长寿。例如我国享有盛名的书法家、教育家启功先生，近90岁高龄时仍坚持每天写字、画画和工作，并十分乐于和师范大学的学生们交流。他老人家于2005年辞世，牵动了亿万人民的悲伤之情。又比如著名大画家齐白石常说："一日不学，苦混一天。"他坚持每天学习，收获一点就觉得心慰意得、乐在其中，活到97岁高龄。

刚毅耿直

那些事业心很强的长寿者，具有秉性耿直、坚强刚毅、坦率直爽、忘我无私的共同特点。刚毅耿直、忘我无私、胸襟豁达、乐观向上的人，神经系统有较强的协调能力，能适应环境的骤变，有利于长寿。正如北京大学著名教授王力所说："不斤斤计较小事，不苛求于人。这样，对自己所交往的上下左右的人，乃至家庭，都会有一个比较和谐、亲密的气氛，而客观上反过来又促进了自己的心情舒畅、身体健康。"

笑口常开

长寿老人大都精神舒爽、笑口常开。笑是一种简单而又愉快的运动，可使胸、膈、腹以及心、肺、肝等脏器都得到有益的活动，神经、骨骼和肌肉得到放松，且可驱除忧愁烦恼，减轻精神压力，抒发健康的感情，进而提高机体的免疫能力，使人长寿。

（八）心理咨询与心理治疗

什么是心理咨询

心理咨询就是由专业从事心理工作的人员，也就是心理咨询师运用心理学以及与心理学相关的知识，遵循心理学的基本原则，通过语言、动作、表情、文字等媒介，运用各种的心理学以及相关的技术和方法，给求助者（咨询对象）以启发、帮助和教育，让求助者在情感、认识和态度上发生积极的变化。帮助有心理问题、轻度心理障碍的求助者，有效地、彻底地解决其存在的心理问题，让其更好地适应社会环境，使其恢复、保持心理健康的状态。在这里，我们需要讲明白的两点内容是：第一，咨询关系是"求助"和"帮助"的关系，这种关系是大家所公认的，在心理咨询中具有普遍的、现实的意义，有心理问题、或轻度心理障碍的患者，及其家人、朋友必须能够主动到相关的咨询机构寻求心理咨询师的帮助。第二个问题就是，心理咨询师帮助心理问题、心理障碍的患者所解决的问题，只能是心理问题，或者是由于心理问题而引发的各种行为问题，除此以外，咨询师不帮助患者解决任何学习、工作以及生活中的具体的问题。

"咨询"这个词语的含义有商议、忠告和给人以帮助、建议、指导的意思。"咨询"这一词语最早的应用是在19世纪初叶，那个时期的心理学家们为人们选择职业提出了非常有价值的建议、指导与帮助，并且取得了很好的效果。从那个时候起，咨询就广泛应用于实践，被运用到了各行各业中去，并且迅速地繁荣发展起来了。

现代的心理咨询已经发展得相对成熟、相对完善了，其内容包括对正常人的心理指导和帮助以及对心理疾病病人不同程度、不同方式、不同方法的治疗。其中涉及的具体的方面是非常广泛的，涉及了方方面面，包括心理健康咨询、婚姻家庭咨询、教育辅导、职业咨询指导等方面都有涉猎。

总体来讲，心理咨询主要有以下几个特征：第一，为人们的生活提供积极的、有效的帮助、建议与指导。第二，在咨询指导的过程中，心理咨询师充分考虑情景以及环境的因素，强调人对于环境资源的利用以及在必要之时、必要情况下应当做出必要的、适当的、合理的改变。第三，注重研究个人在制定总目标、计划以及扮演社会角色方面的个性差异。第四，强调个人的能力及价值。第五，强调认知因素，特别是在做出选择和决定的时候理性在其中所起到的作用。

那么，到底哪些人需要求助心理咨询呢，或者说心理咨询的对象都有哪些呢？第一类，轻度的心理障碍者；第二，在社会交往方面，自我感觉有障碍的人，例如怯懦、自我封闭的人群；第三，睡眠状态发生改变的初始期；第四，工作压力比较大，无力承受但是又不能够做到自行调节者；第五，下岗、失业、退休以后，心情苦闷、烦躁、难以自我调整者；第六，患有某种身体疾病，对此产生巨大的心理压力者；第七，婚姻关系以及家庭关系不和睦，渴望通过指导来改善关系者；第八，经受困难、痛苦与挫折之后，精神一蹶不振者；第九，在经历了失恋、离婚、丧偶等情况之后，心灵创伤严重而且无法自愈、自我调节者；第十，生活中面临重大选择的时候，犹豫不定、优柔寡断者；第十一，过分自卑，经常感到心情压抑、郁闷者；第十二，时常厌食或者是暴食者；第十三，初涉世事，对新环境适应明显比较困难者。

总而言之，在现实的社会生活中那些对于周围的环境、对于自身的认识等尚有较大缺陷与障碍者，都应该进行心理咨询。而理想的心理咨询效果应该是这样的，它让人们健康快乐地生活、成长、发展，是人生发展所不可或缺的内容，这健康的生活风格将使我们的人生感觉更为轻松、更为快乐，使我们的生活更加舒适、更加惬意、更加美好。

随着社会的不断进步，经济的不断发展与文化水平的不断提高，心理咨询逐步被人们所接受和认同，人们也逐渐意识并体会到了心理咨询对于我们人生、生活的好处和重要性，心理咨询正在越来越受到人们的重视与肯定。

而我们应当明白的是，在这个快速发展的社会中，没有心理问题的人是根本不存在的。任何一个人在任何时候，都有可能遇到苦难、挫折、矛盾与冲突，产生焦虑、愤怒、烦躁、不安等不良情绪与消极心理，导致心理失衡，甚至造成更加难以控制的严重后果。

20世纪以来的一百多年间，特别是在西方国家，尤其是美国和欧洲的一些国家，社会上的家庭观念、人口结构以及人际关系都发生了翻天覆地的变化。传统概念里的大家庭正在日趋减少，成年人数量相对减少的小家庭却是在日益增多。家庭成员一旦遭遇到某些精神刺激或者是在生活中、工作中遇到某些困难，能够像传统意义上那样从家庭内部得到理解、支持与排解的力量变得极其有限。也就是说，来自家庭与亲人的理解与支持的力量将大为削弱。加之现代社会发展的节奏越来越快、生活压力也越来越大，人们往往更注重效率、注重实际，而忽视了与朋友、同事、团体等的交流与沟通，人与人之间的感情变得越来越淡漠，人们一旦遭遇心理问题除了家庭无法给予有力的帮助之外，在家庭之外、社会之中也无法找到一种能够有效解决心理问题的合理方式与一条有效的途径。但是，遭遇心理问题、心理障碍的人必须寻求一种有效的方法来排除自己的心理问题，促使自己的心理得到有效的放松，能够保持健康的发展，那么，这就促成了最终的选择——求助于专业的心理咨询人员，也就是心理咨询师。

心理咨询有着其独特而现实的意义，具体来讲，心理咨询的现实意义主要表现在以下几个方面：第一，心理咨询能够让我们正确认识自我和周围的世界，拥有完善而又正确的认知体系，让我们认识到不同阶段应该拥有什么样的心态和状态，保持健康的生活态度。第二，心理咨询能够让人们不断地完善自己的人格，摆脱自卑、自负、嫉妒、自私、自恋、自闭等不良的情绪和心态，从而以更加饱满、健康的情绪，投入到学习、工作和生活中去；第三，心理咨询可以有效地帮助人们摆脱失业、失恋、离异、丧偶等带来的不安、痛苦、烦躁和郁闷，使人们掌握应付生活挫折与苦难的正确、合理的方法，帮助人们度过人生不同发展阶段的种种危机；第四，心理咨询能够让我们懂得如何管理、控制、调节自己的情绪与心理状态，并拥有积极向上、稳定健康的情绪与心理状态，避免罹患各种情绪障碍，如躁狂症、抑郁症、歇斯底里症等。

有学者认为："心理咨询是一种帮助人们自我指导的高等艺术，是一种有爱心、有技术的专业，在心理咨询工作者与咨询对象的合作过程中，促进咨询对象的身心健康发展。"的确是这样，心理咨询有其独特而现实的意义。那么，心理咨询的过程包括哪几个阶段或环节呢？通常来讲，心理咨询的过程包括初诊接待、心理诊断、确定咨询方案、心理咨询、咨询结束五个环节。

第一，初诊接待。咨询对象初次来到心理咨询机构，心理咨询师要了解咨询对象存在的问题、确定咨询对象存在的问题是否符合心理咨询的范畴、自己能否帮助咨询对象有效地解决问题。如果咨询对象存在的问题不属于心理咨询的范畴，应当建议咨询对象到相应的机构那里寻求帮助。初诊接待环节一般是在咨询对象进行电话预约或者是亲自到咨询机构进行心理咨询求助时进行，一般需要用 10 分钟左右的时间可以完成。

第二，心理诊断。在心理诊断这个环节，心理咨询师通过与咨询对象及其亲人或与其关系比较密切的朋友、同事等的谈话与观察以及心理测验等方式，全面地了解咨询对象的问题及其他相关的情况，准确地诊断咨询对象所存在的问题的类型和严重程度并认真分析所存在的问题的原因。心理诊断这一环节谈话的时间一般是在 60~180 分钟之间，而且需要经过一次到数次谈话来完成。具体所需要的时间往往取决于咨询对象问题的严重程度以及生活经历的复杂程度。

第三，确定咨询方案。在进行准确的心理诊断之后，心理咨询专家、心理咨询师将与咨询对象协商解决问题的先后顺序，以及心理咨询的周期、时间以及费用等诸问题，并向咨询对象介绍所要采用的心理咨询技术和方法。如果咨询能够达成一致，就正式进入心理咨询阶段；如果咨询双方不能达成一致，咨询活动就会终止。确定咨询方案这个环节所需要的时间一般是在 15~30 分钟之间。

第四，正式的心理咨询。经过前面三个环节，咨询师与咨询对象达成一致后，就要正式进入心理咨询阶段。心理咨询师将对咨询对象的问题进行咨询性的谈话，可能使用的技术有认知矫正、心理分析、行为疗法等，有可能给咨询对象布置一些家庭作业或者是进行相应的训练等。正式的心理咨询阶段所需要的时间往往和咨询对象问题的多少、问题的类型、严重程度、咨询技术以及咨询对象的领悟能力和配合情况等有关。

第五，咨询结束。当心理咨询的目标一旦达成或者是咨询对象不再愿意继续进行心理咨询的情况下，心理咨询活动就会结束。心理咨询师可以在咨询结束的时候与咨询对象一起评估心理咨询的效果，或者是在心理咨询结束以后的一段时间里与咨询对象保持联系，了解心理问题的改善情况，并做出进一步的、适当的治疗措施。

心理咨询的原则和途径

心理咨询是求助者（咨询对象）和心理咨询师进行沟通、交流的过程，心理咨询师应根据咨询对象提供的各种综合信息进行全面的分析，然后做出正确的判断，而后对于咨询对象给出合理的建议，让咨询对象满意。那么，在心理咨询的过程中，咨询对象、心理咨询师应当遵循什么原则，心理咨询又可以通过哪些途径来进行呢？

1. 心理咨询的原则

（1）咨询对象应当遵循的原则

第一，咨询对象要学会以适当的方式进行正确地倾诉。倾诉是心理咨询过程的首要环节，也是心理咨询所必需的一个环节，因为咨询师必须要根据咨询对象的讲述、倾诉进行症状的判定，并对咨询对象对症施治，给出相应的指导、帮助和建议。在倾诉的过程中，咨询对象应当注意不要特别纠缠于一些细枝末节，心理咨询或者说心理咨询师所关注的是咨询对象对于这一问题的整体的感受、看法与想法。另外还要注意，倾诉尽量不要超过20分钟，应当简明扼要地指出自己的问题，把自己所遇到的困惑整体地表达出来。

第二，在与心理咨询师的交流中，咨询对象应当打消一切顾虑而畅吐心声，并要相信心理咨询师能够为自己完全保密。首先，应当充分地相信心理咨询师的能力，主动与心理咨询师进行交流，不能害羞，不要扭扭捏捏，不要在表达的时候含糊其词，这样才能得到心理咨询师有效的建议、指导与帮助。而且注意一定要做到实话实说，这样才有助于心理咨询师对症下药，早日解决自己的问题。其次，咨询对象应当相信心理咨询师能够为自己完全保密。对咨询对象的各种事件与相关的信息进行高度保密，这是从事心理咨询工作者的最起码、最基本的职业道德要求，也是一个人做人有诚信、有人格的基本表现。因此，在进行心理咨询的过程中，应当对于心理咨询师完全相信，对于心理咨询师的保密应做到完全放心，不必担心自己的个人隐私会泄露，以免让心理咨询成为过场，失去了它的效果与意义。

所以，咨询对象向心理咨询师寻求帮助一定要是自愿的，一定要有求助的主观意愿，不要有任何的抵触、反感或厌恶心理，对心理咨询师做到充分的信任。其实，接受心理咨询的人，并不一定都是有心理障碍的人，往往只是具有轻微的心理问题的人，需要适度的疏导与调节而已。所以，当咨询对象来到心理咨询师面前的时候，不要把自己看作一个特殊的"异物"，更不能放不下所谓的面子，觉得自己有某方面的疾病而显得低人一等。咨询对象一定要能够正视自己的问题的所在，以一种平和的心态来面对心理咨询师，与心理咨询师进行有效的沟通与交流。

第三，咨询对象应当注意在自己心情比较平稳、平静的时候去找心理咨询师或心理医生进行求助。咨询对象应当注意，不要在自己心情不稳定、波动比较大的时候去见心理咨询师、心理医生，因为人的情绪不稳定、波动比较大就会使得自己非常感性，缺乏对事物的客观的、真实的、准确的判断，影响倾诉的效果，而且情绪不稳定、心情比较恶劣的时候，也不易听进别人的建议、忠告与指导，使得心理咨询的整体效果大打折扣。所以，应当注意的是，咨询对象应当最好选择一个自己心情比较稳定、没有烦恼、心平气和的时候去找心理咨询师，这样的心理咨询会比较有效、有意义。

第四，对心理咨询师不要抱有过高、过于苛刻的要求和期望。首先是针对心理问题本身而言的，我们应当明白的是，任何的心理问题都是一个缓慢积累与发展的过程，所以，解决起来不可能像治疗某些生理疾病一样药到病除，恢复、保持健康的心理状态需要足够的时间与适当的过程。所以，咨询对象一定要有耐心，如果抱着急于求成的态度，是注定要失败的，对于心理问题的解决是没有任何意义的。其次，心理咨询师不会对咨询对象提出、给出任何解决生活中某些具体问题的方法，不会给出任何特别具体的、可操作性强的决定或办法，对于这一点咨询对象一定要明白。咨询对象不能将心理咨询师视为所谓的"一切都可以解决的神灵"，对心理咨询师提出不合理的、苛刻的要求，更不能死缠烂打，非要对方给自己的病因或者是情况有一个说法。心理咨询师所能做的只是帮助咨询对象认清事实，认清自我，并对事情的利弊进行全面的分析，开阔和转变咨询对象的思维。同时，疏导咨询对象的不良情绪、调节咨询对象的消极心态，使咨询对象能够树立足够的信心。

（2）心理咨询师应当遵循的原则

第一，心理咨询师应当遵循保密原则。所谓的保密原则就是指，心理咨询师以及其他所有从事心理咨询工作的人员都有责任、有义务，对咨询对象的谈话内容、信息予以高度保密，咨询对象的名誉和隐私权应当受到道义上、法律上的维护与保障。保密性原则既是心理咨询双方建立和维系信赖关系的基础与必要条件，也是维护心理咨询工作的名声与信誉的大问题。当然，如果是因为教学、科研以及其他与心理学相关的工作的需要，而不得不引用某些案例加以说明、解释、论证时，情况也应当别论。但是一定要事先征得案例主人的同意，或者是对于案例的内容应当做出技术性的处理，略去案主的真实姓名以及其他可能暴露案例所涉及的人物的真实身份的内容。作为心理咨询师以及任何从事心理咨询工作的专业人员，应当牢记个人的法律责任和义务，坚持为咨询对象保守所有的秘密，尊重咨询对象的个人隐私或某些缺陷，维护咨询对象的合法权益。

第二，心理咨询师应当遵循预防原则。重治疗，更要重预防，这是心理咨询的主导思想。在对咨询对象进行指导帮助的过程中，心理咨询师应当遵循预防原则。所谓的预防原则就是指心理咨询师在明确咨询对象存在的心理问题、心理障碍的同时，应当注意咨询对象的整体的心理特点，对其存在的问题所可能发展形成的趋势或者是可能出现的心理障碍，给予必要的提醒以及预防方面的帮助。

重治疗更重预防，这个原则不仅可以使存在心理问题和具有心理障碍的患者得到应有的、及时有效的治疗，另外，心理咨询工作者针对常见的心理障碍、心理疾病进行分析与研究，努力掌握各种常见心理障碍、心理疾病发生、发展的一般规律，可以依据规律促进常见心理障碍的早期发现，从而进行早期防治。使更多的人获益，使更多的人懂得心理健康与卫生的现实意义，掌握自我心理调节、自我心理保健的方法，这对于提高整个社会的心理健康水平，积极预防各种心理问题、障碍和心理疾病，具有非常重要的现实意义。

2. 心理咨询的途径

（1）按照咨询者划分

心理咨询的途径按照咨询者划分可以分为直接咨询与间接咨询两种。

第一，直接咨询。在现实的社会生活中，直接咨询就是指由心理咨询师、心理医生对存在心理困扰需要排解的、存在心理疑难疾病需要帮助的或患有轻微心理疾病、心理障碍需要治疗的咨询对象直接进行的咨询。直接咨询的特点是通过心理咨询师、心理医生与咨询对象的直接沟通、交流、交往和相互作用，使咨询对象的心理困扰逐渐得到有效的排解，心理疑难疾病逐渐得到有效的解决，使轻微的心理疾病、心理障碍等得到有效的解决。

第二，间接咨询。间接咨询是指由心理咨询师、心理医生，对来访的咨询对象的亲属、朋友、同事及其他人员所反映的当事人的心理问题进行的咨询。间接咨询的特点是在咨询对象与心理咨询师、心理医生之间增加了一道中转媒介，咨询对象的心理问题靠中转媒介向心理咨询师、心理医生介绍，心理咨询师、心理医生对咨询对象的处理建议、意见、指导及相关的帮助也要由中转媒介来付诸实施。因此，在间接咨询中，如何正确处理好心理医生与中转媒介之间的关系，使心理医生的意见很容易地被中转媒介所接受并合理实施，这是关系到咨询效果的一个非常重要的环节。

（2）按照咨询的场合划分

心理咨询按照咨询的场合划分可以分为书信咨询、电话咨询、现场咨询、门诊咨询和宣传咨询。

第一，书信咨询。所谓的书信咨询是通过写信的方式来进行的一种心理咨询。书信咨询的优点在于不受居住条件的限制，存在心理问题的咨询对象可以随时通过信件诉说自己的苦恼或者是自己的问题、愿望等；心理咨询机构的心理咨询师及其他心理咨询人员在选择指导自己、解答自己的疑难问题时也有比较大的回旋余地。而且书信咨询对于那些不善于口头表达或者是性格比较内向、拘谨的咨询对象来说，优点更是显而易见的。

但是，书信咨询也有一些不足之处。首先，书信咨询的效果容易受到咨询对象的书面表达能力、思维能力、理解能力以及个性特点的影响，而且咨询双方的非言语交流也会受到限制，咨询帮助往往只是浮于表面。其次，书信咨询的往返周期往往都比较长，不够灵活等等。

第二，电话咨询。所谓的电话咨询就是通过电话给咨询对象以指导、建议及帮助的一种咨询途径或方式。有一些存在心理问题的咨询对象喜欢借用电话来进行咨询，这其中有各种不同的原因。有的是因为路途比较遥远，有的是因为工作比较忙，有的是因为与心理咨询师、咨询专家进行面对面地交谈感到难为情、感到难堪；还有的是为了更好地对自己的情况进行保密。由此可见，电话咨询存在诸多优点，是心理咨询者比较常用的一种方式。

尤其值得一提的是，电话咨询对于防止故意伤害、自杀、凶杀等恶性事件的发生是具有显著的作用的。但是有的时候，使用电话咨询就有一定的困难，有其局限之处。例如，有的咨询对象觉得在夜里12点以后进行咨询是合适的，但是此时大多咨询专家会感到不方便。而且电话咨询还有一个缺点就是，咨询对象与咨询专家无法见面，谁也看不见谁，只是凭借自己的听觉来控制心理咨询的过程，这样心理咨询的效率就会受到一定程度的影响。

第三，现场咨询。所谓的现场咨询就是指心理咨询机构的心理咨询师以及其他专职人员深入到基层或到咨询对象家里进行，为广大的咨询对象提供多方面周到而细致的服务的一种咨询形式。有些国家还把现场咨询和巡回咨询有机地结合起来，收到了很好的效果。

第四，门诊咨询。所谓的门诊咨询是通过心理咨询师、咨询医生和咨询对象的会谈活动，弄清咨询对象的心理问题或心理疾病的本质，做出准确的病情判断，并对症施以相应的、有效的心理治疗。门诊咨询对心理咨询师、心理医生有比较高的要求，要求心理咨询医生不仅要具有一般的临床知识和经验，而且还需要具备全面的、系统的心理学知识和关于心理咨询、心理治疗的专门技能。

在现实的社会生活中，门诊咨询是应用得最多的一种咨询形式。对于门诊咨询，有的时候是在心理咨询门诊部进行，有的时候是在心理咨询师、心理咨询专家的家里进行。心理咨询师、心理咨询专家可以与咨询对象面对面，利用最为真实而直接的信息，消除咨询对象的种种顾虑，打破咨询对象的心理屏障，及时而准确地控制、调整整个心理咨询过程，使心理咨询深入发展。当然，门诊咨询也存在其本身的局限性，主要是咨询的时间往往有限，当要求进行心理咨询的对象很多时，就不能一一满足心理咨询对象的要求。

第五，宣传咨询。所谓的宣传咨询就是指通过广播、电视、报刊、杂志等媒介，对听众、观众或读者所提出的典型心理问题进行解答的一种咨询形式。这种宣传性质的咨询在目前来看是比较普及的，许多广播电台、报刊、杂志都设置了心理咨询方面的专栏、专题节目，对听众或读者所提出的各种问题进行逐一地解答。宣传咨询的优点就是面广而量大，具有治疗与预防并重的独特功能，那些好的专栏或节目会引起人们的普遍关注，是普及心理健康知识、心理卫生保健知识的非常好的一种方法，这一点是其他形式的心理咨询所不具备的。

神奇的心理治疗

心理治疗的发展历史是比较悠久的，可以说自从有人类社会以来就有了心理治疗。三国时期，某地有一个太守，因为忧思郁结而患病，四处求医，但是久治无效，后来请到名医华佗为其诊治。华佗得闻太守的病情之后，开了一个非常奇妙的治疗方子：他故意收取了太守的许多奇珍异宝之后不辞而别，只是留下了一封讽刺、嘲笑太守的信札。太守看了这封信之后不禁勃然大怒，于是命人连夜去追杀华佗，但是华佗早就已经远去了。太守就更加愤怒了，竟然被气得吐出了许多的黑血。谁知那许多的黑血一吐出来，太守多年的顽疾竟然随之痊愈了。华佗正是运用了"怒胜忧思"之术，对太守进行了心理治疗，治好了太守的"心病"与"身病"。由此可见，心理治疗早在我国的古代就已经得到了绝妙的应用。

华佗

那么，在现实社会中，心理治疗到底是什么呢？心理学中是如何对心理治疗做出定义的呢？心理治疗又称为精神治疗，狭义上就是指由经过专门训练的心理咨询专家、心理咨询师以及相关的心理咨询人员运用心理学的相关理论与方法，对求治者进行帮助，以消除或缓解求治者的心理问题或人格障碍，以促进其人格向健康、协调方向发展的过程。

而从广义上来讲，心理治疗就是通过心理学及各种相关的理论与方法，运用语言和非语言的交流方式，影响病人的心理状态，通过解释、说明、同情、支持、相互之间的理解，来改变病人的认知、信念、情感、态度、行为等，从而达到降低病人心理痛苦、解除病人心理问题的目的。从这个广义上说，心理治疗就是泛指一切能够影响人的心理状态、改变理解行为的方式和方法。也就是说，人类所具有的一切亲密友好的关系都能够起到"心理治疗"的作用。理解、安慰、支持、同情等心理反应就是生活中最值得提倡的心理治疗方式。而父母与子女之间、夫妻之间、亲朋好友之间、同学之间、同事之间、邻里之间，进行解释、说明、帮助、指导等真诚的交往以及交流与沟通，都具有一定的心理影响和心理治疗的作用。

大家都知道，心理治疗的方法是极为丰富多样的，但无论是哪一种方法，其目的都在于解决心理疾病患者所面对的心理困难与心理障碍，减少、减轻心理疾病患者的痛苦、焦虑、忧郁、焦躁、恐慌症状，改善心理疾病患者的非适应性行为，包括对人、对事的看法，从而促进心理疾病患者的人格成熟，使心理疾病患者能够以较适当的方式来处理心理问题，以适应现实的社会生活。

近半个多世纪以来，心理学得到了飞速发展，而心理治疗也已经被人们普遍认为是行之有效的神奇的医治疾病的方法，它甚至可以解决医学上很多被认为是"老大难""死症"的顽症痼疾，收到常规的医疗方法、医疗措施所不能比拟的效果。

的确，心理治疗通过影响心理疾病患者的心理活动，可以有效地校正一些异常的行为，例如，不守纪律、不肯学习、精神失常以及犯罪行为等，甚至对于口吃、吮指、遗尿、说谎等怪癖恶习都有着非常有效的神奇效果。所以，心理治疗逐渐在世界各个国家与地区开始盛行起来，被广泛地加以应用到各个领域，并且都取得了非常好的效果。

当然，我们必须明白的是，心理治疗绝对不是"万能""包治百病"的。心理治疗曾经一度被人们误解为是唯心的、不切实际的，甚至被某些人歪曲为"挂着科学招牌、挂着科学幌子的迷信与巫术"。其实，在这其中一个非常重要的原因就是把心理治疗的作用、疗效等说得过大，说得过了头。我们应该清醒地看到，心理治疗的过程主要是依靠心理学的方法来进行的，这是与药物治疗以及其他物理疗法、化学疗法等所不同的治疗方法。

谈到这里，我们就要提到心理咨询与心理治疗的区别，首先，这两者之间的联系是非常紧密的，两者的理论方法基本上是一致的。但是仍然存在很大的区别。心理咨询与心理治疗的最大的区别就在于：

第一，针对的对象不同。心理咨询的对象主要是正常人、轻微的心理障碍患者、正在恢复或者是已经康复的病人。而心理治疗的对象则主要是患有比较严重的心理障碍的人。

第二，适应范围不同。心理咨询着重处理的是正常人或存在轻微的心理问题、心理障碍的人所遇到的各种问题。例如，日常生活中的一些人际关系问题、职业选择问题、恋爱婚姻家庭问题、关于教育的问题等等；而心理治疗的适应范围则主要是某些性变态、神经症、心理障碍、行为障碍、身心疾病以及康复中的精神病人等。

第三，所花费的时间不同。心理咨询所需要耗费的时间一般是比较短的，一般咨询一次到几次即可，通常不会超过十次。而心理治疗所花费的时间是比较长的，从几次到几十次不等，甚至花费更多的时间，需要不断地、持续地、经年累月地治疗，才能对心理问题、心理障碍的解决有较好的效果，才能彻底地治愈。

第四，侧重的内容不同。心理咨询主要是在意识层次上进行，更重视指导性、教育性以及支持性，注重找出已经存在于咨询对象自身的某些内在的因素，并使之得到发展，或者是在现存条件的分析基础上提供相应的改进与完善的意见，是更为直接地针对某些有限的具体目标而进行的；而心理治疗则主要是在无意识的领域中进行，而且通常具有对峙性，重点在于使人发生改变和进步，重建患者的人格。

心理治疗的原则

在现实的心理治疗过程中，心理疾病患者和心理医生必须要遵循一定的原则，这样才能使治疗更好地进行，使心理治疗达到更好、更神奇的效果。

1. 心理疾病患者应当遵循的原则

在运用心理治疗进行治疗时，心理疾病患者应当遵循下面几个原则：

第一，信任原则。要对心理治疗充满信心，对心理医生保持充分的信任，这样的积极、正面的自我暗示作用本身也属于心理治疗的内容。信任原则是心理治疗的一个首要原则。心理疾病患者对心理医生一定要建立起充分的信任感。在对心理医生充分信任的基础上，心理疾病患者才能不断地、全面地接受心理医生提供的各种信息，逐步建立起心理治疗的动机，并且能够毫无保留地讲述出自己存在的心理问题以及相关的细节问题，为心理医生的准确诊断以及制定、设计和修正治疗的方案提供可靠而准确的依据，同时也才能对心理医生提出的各种治疗做到认真遵守和切实执行。

第二，坚持原则。坚持治疗，持之以恒，心态要平和。在进行心理治疗的过程中，心理疾病患者既不能急躁，急于求成，也不要产生厌烦的情绪，灰心丧气。只有保持平和的心态坚持治疗下去，才能收到理想的治疗效果。不要因为很快就收到疗效而停止，也不要因为还看不出成效就贸然中断，心理治疗是一个长期的过程。

2. 心理医生应当遵循的原则

第一，遵循保密原则。与心理咨询一样，心理治疗往往涉及心理疾病患者的各种隐私性的生活问题，而为了保证患者相关材料的真实，保证患者得到正确、及时、有效的指导，同时也是为了维护心理治疗本身的声誉以及权威性，心理医生必须在心理治疗的工作中遵循保密的原则。任何心理医生以及相关的心理治疗工作人员都不得将心理疾病患者的具体材料公布于众。即使是在教学、科研以及相关的学术交流中不得不详细介绍心理疾病患者的材料时，一定要事先征得患者的同意或者是采用适当的技术性处理，隐去患者以及相关人的真实姓名等等。

第二，灵活原则。在心理治疗的过程中，心理医生要遵循灵活原则。从某种意义上来说，心理现象较之生物现象更具有复杂性，心理疾病患者的心理活动受到多种内部以及外部因素的不同程度的影响，不但不同的病人之间的心理活动存在非常大的差异，即使是同一个病人，其在不同阶段的心理变化规律也是不同的，而且往往都是难以预测。因此，这就要求心理医生在心理治疗过程中要做到密切注意心理疾病患者身心变化的过程，不能放过任何一点细微的变化、任何一点细微的新的线索，随时准备根据新的具体情况的需要变更治疗的方法、方式、程序等。此外，心理医生也要注意各种社会文化以及自然环境因素等对心理治疗过程的影响，包括文化发展、民族传统、风俗习惯、宗教信仰、道德观念、文化程度以及经济地位等。

第三，回避原则。在心理治疗中，其内容往往要涉及个人的一些隐私问题，心理疾病患者与心理医生之间的交谈是十分深入的。因此，心理治疗不宜在亲人、熟人、朋友之间展开工作。心理医生应当在心理治疗时回避自己的亲人、熟人以及朋友，这样才不会影响到心理治疗的效果。

第四，综合原则。在进行心理治疗的过程中，如果某一个治疗方法收效不大，或看不出什么显著的效果，那就不妨改用另外一种方法。也可以几种方法交替作用，或者同时综合运用几种方法。因为心理疾病是诸种生理、心理与社会因素相互影响与相互作用的结果，因而在决定对某一心理疾病采用某一治疗方法的同时，必须要综合考虑利用其他各种可利用的方法和手段。

多样的心理治疗方法

我们的心理学家、心理工作者们在长期的临床实践中逐渐摸索出了多种多样的心理治疗的具体形式与方法。比如，精神分析疗法（心理分析）、森田疗法、行为治疗法、认知疗法、催眠疗法等。

1. 精神分析疗法

精神分析疗法是奥地利著名心理学家西格蒙德·弗洛伊德所创造的一种心理治疗

技术，当时科学心理学刚刚诞生不久，因此精神分析疗法可以说是开现代心理治疗之先河，对此后发展起来的许多心理治疗的方法都有一定的影响。弗洛伊德对于心理学的主要贡献为潜意识、释梦、防御反应机制、本能、人格层次等理论的确立。精神分析疗法就是弗洛伊德的学术理论在临床实践上的主要贡献。

精神分析理论又被称为心理分析，这个理论的基本观点是，对于很多疾病特别是对于心身疾病以及神经症患者经历中的矛盾冲突、情感、挫折在潜意识里的反映有关，或者是由其转化而来。病人的症状是在无意识的状态下传递出来的信息，精神分析法是要向患者阐释他所叙述的心理问题的潜意识含义，帮助患者克服抗拒，把压抑在患者的潜意识里的矛盾症结，用内省的方法挖掘、使其暴露出来，带回到意识的领域来，用现实主义的原则帮助病人对症状和被压抑的冲突之间的关系产生新的领悟，帮助患者重新认识自己，认识自己与他人的关系，从而达到解除患者心理障碍、排除患者心理问题的目的。

精神分析治疗不是一个单一的治疗方法，而是对一组治疗方法的总称。这些具体的治疗方法主要包括：精神发泄疗法、自由联想疗法、释梦疗法、催眠疗法、日常生活分析疗法等，这些治疗方法都属于精神分析治疗的范畴。这一组治疗方法体系的共同特点是，每一个具体的治疗方法都把治疗目标定位为调整人的潜意识、动机、性欲以及人格等心理动力方面，也就是注重心理动机的调整，重建自己的人格，从而达到治疗的目的。精神分析学说的心理治疗方法主要有这样几个方面：自由联想、释梦、移情、阻抗、解释。

自由联想是精神分析疗法的主体，即对患者不限定回忆的范围，让患者畅所欲言，想到什么就说什么，进行完全自由的表达，这样也就是让患者的意识自然地流动出来。

释梦精神分析疗法中挖掘患者心理症结的重要手段，具体就是指对梦中的情境做出具有象征意义的解释。精神分析学说认为，梦是人们潜意识中冲突或欲望的象征，因为在清醒的状态下，人们所不能得到满足的愿望或者说欲望受到了自我压抑，所以反过来讲，通过对梦的分析与解释可以帮助我们捕捉到压抑情绪的症结，发掘梦的真正含义。

在精神分析疗法中，移情是一种根据以往的经验或者是以往类似的情境知觉和理解当前情境的现象。移情可以分为正移情和负移情。在正移情中，患者将依恋、亲热、温存、关怀、友爱等转移到治疗医生身上，希望从他身上得到爱和情感的满足；而在负移情中，患者则把愤怒、厌恶、仇恨和排斥转移到治疗医生身上，并对着治疗医生倾诉或者说控诉他自己早期所遭受到不公正的那些待遇。

阻抗（又可以称为阻碍）是指患者有意识或无意识地回避某些比较敏感的话题，阻止那些使自我感觉过分痛苦或引起自己焦虑的情绪、愿望和记忆进入自己意识的一种力量，如果这种阻抗的力量达到一定程度，就会使治疗的重心发生偏移。而心理医生需要经过长期的、不断的努力，通过对阻抗产生原因的分析，帮助患者真正认清和承认阻抗力量的存在，这样整个治疗便向前迈进了一大步。

对患者的自由联想和梦所暴露出来的心理症结加以认真的分析之后，要用患者所说的话为依据，使用患者所能够理解的语言给予合理的解释，让患者正视他所想要回避的东西或者是他尚未意识到的东西，使无意识中的内容变成意识中的。

2. 森田疗法

森田疗法创立于 20 世纪 20 年代，是日本学者森田正马针对神经症所创立的具有非常独特的见解的一种心理治疗方法。森田正马认为，神经症的主要特征是强烈的自我意识、内向性以及过度地追求完美，而具有这种性格特征的人在遇到生活环境的改变，甚至是非常小的压力、非常轻微的精神创伤时，也会倾向于使自己产生强烈的自卑感而产生疑病素质。而疑病素质的人总是过度地追求完美，而越是过度地追求完美，也就越感到焦虑、烦躁、敏感，最终就会形成精神交互作用，产生神经症。森田疗法正是根据神经症产生的原因与发生的规律来引导患者做到正确、清醒地认识自我，对自己所患神经症的症状有一个正确、清醒的认识。首先，患者应当承认现实，不必强求改变某些情况，接受症状的现状不予抵抗，也就是要做到"听其自然"，与此同时还要让患者忍受一定的痛苦，通过运用自己的内驱力，进行正常的工作和学习活动，努力去做自己本来应该做的事，把原来集中于自身的精神能量完全投向外部世界、在行动中体验到自信与成功的喜悦、快乐，其实这样也就是在陶冶疑病素质和破坏精神交互作用（森田疗法的要点所在），让患者真正能够从痛苦中完全解脱出来。

森田疗法适用这几类神经症患者：强迫观念症，普通神经症和发作性神经症、恐惧症和疑病症等病人。应用森田疗法的时候应当注意：应注意选择那些有一定程度反省心，有强烈求治愿望的患者，否则不宜采用森田疗法进行治疗。

3. 行为治疗法

行为治疗法是在行为主义心理学的理论基础上发展起来的一个心理治疗派别，是基于现代行为科学的一种非常通用的新型心理治疗方法。我们需要明白的一点是，行为治疗方法不是由一位研究者有系统地创立的一个体系，而是由许多心理学研究者依据行为主义心理学的理论开发出的若干种治疗方法集合而成的。

行为治疗学派的研究者们认为，适应不良性行为是通过学习或条件反射形成的不良习惯，所以根据学习理论或条件反射理论、技术等，来矫正和消除患者所建立的异常的条件反射行为，或者是通过对个体进行反复的训练，建立新的条件反射行为，这对于矫正、改变不良行为是非常有效的。

行为治疗法是运用心理学派根据实验得出的学习原理，治疗的技术通常以实验为基础，临床实践中的行为治疗法把治疗的切入点放在了可观察的外在行为或可以具体描述的心理状态上。行为治疗法的适用范围有一定的局限性，适用于强迫症、恐惧症、局限性痉挛、性功能障碍、社交困难、口吃、儿童行为障碍等。

森田正马

在临床实践中，比较常用的行为治疗法主要有：系统脱敏疗法、厌恶疗法等。

（1）系统脱敏疗法

系统脱敏疗法是 1958 年由南非心理精神病学家沃尔夫综合前人经验发展起来的，他认为，相反的行为或情绪能相互抑制而不能同时存在，所以系统脱敏疗法主要是一种利用对抗性条件反射原理，诱导患者缓慢地暴露出导致神经症焦虑的情境，并通过心理的放松状态来对抗这种焦虑情绪，循序渐进地消除异常行为，从而达到消除神经症焦虑习惯的目的，所以系统脱敏疗法又称为交互抑制法。

系统脱敏属于行为治疗法的一种，也可以是行为治疗法的其中一个治疗程序，即当反应处于抑制状态的时候，连续对受催眠者施以逐渐加强的刺激，使催眠的不适反应最终被消除。通俗地说，当一个人的心理上的痼疾过于强烈的时候，一次性的暗示或者行为指导往往难以奏效。这个时候，只有渐次地消除其不良反应，渐次地建立其良性反应，才能逐步彻底改变其不良行为，建立起正确的、良好的、恰当的行为模式。

系统脱敏疗法主要用于治疗焦虑症和恐惧症。精神病学家沃帕提出了系统脱敏疗法的治疗程序：第一，了解引起焦虑和恐惧的具体的刺激情景；第二，将各种焦虑以及恐惧的反应症状由弱到强依次排成渐进式的"焦虑等级"；第三，帮助焦虑症和恐惧症患者学习一种或几种与焦虑和恐惧反应相对立的比较轻松的松弛反应；第四，把这些松弛反应逐步地、有系统地伴随着由弱到强的渐进的焦虑刺激，使两种互不相容的反应发生对抗，从而抑制焦虑与恐惧的反应症状。我们下面就以社交恐惧为例，看看系统脱敏疗法是如何来治疗的：

社交恐惧的最深层次的原因就在于人格中存在着非常严重的自卑情结。而具有严重的自卑情结的人，一方面内心里非常渴望与他人进行友好的沟通与交往，而另一方面他们的内心又感到十分恐惧，惧怕、讨厌、回避几乎一切的社会活动。他们在街上遇到熟人的时候，心里便不知不觉地产生有一种莫名的压力，并且避免与对方正式碰面，甚至连搭乘公共汽车的时候遇到熟人，都会严重感到不安与烦躁。患者如果是女性的话，有时还会对自己的容貌感到非常地自卑，对自己的容貌极其不满意，觉得自己一无是处，因此而不想交友，甚至不想出门，只想自己待在一个沉默的角落里。如果看见别人在交头接耳地说话，自己走过去的时候他们就停止交谈的话，心里就一定会这样认为：他们一定是在讲自己，在议论自己的缺点，在讲自己的某些坏话。因而在自己的内心深处就会对"自我的形象"产生不正确、不正常、不恰当的观念，对自己缺乏足够的自信心，同时对自己周围的一切事物变得过于敏感多疑，进而将自己渐渐地完全封闭起来，与身边的人交流越来越少，关系越来越远。

由此看来，社交恐惧并不是由什么外部环境、外在因素而引起的，而是由于个体缺乏必要的安全感而不能正确地认识、肯定与认同自己。由于社交恐惧而招致地对人际交往的拒绝、厌恶和反感，把自己局限在自我的狭窄的天地中，而这种"自卑"行为又会促使社交恐惧进一步发展。其实平心而论，具有这类人格障碍的人在理性上也是非常想要克服自己的自卑情结、战胜社交恐惧的。但是由于这种人格障碍已经深植于他们的潜意识中，因而在外在实际行为表现中无法摆脱这种阴影。所以，利用系统脱敏疗法，将患者的恐惧缓慢地暴露自己眼前，伴随着患者对刺激情境的反应过程，心理医生将进行针对性的治疗。

对于治疗社交恐惧的系统脱敏疗法具体实施过程是这样的。进行治疗之前先列出社交恐惧的系统表格，列表的顺序是从患者最害怕见到的人或者最恐惧的社交场面，到害怕程度最低的所见到的人或恐惧感最低的社交场面。并和患者进行充分讨论、交换意见，从而对所怕见到的人和场面的细节有充分的了解。总之，尽可能多地占有第一手资料是治疗取得良好效果的重要保证，只有这样才能逐步地消除患者的恐怖或焦虑的等级层次。

如果患者的心理痼疾比较深，即自卑情绪非常顽固、社交恐惧非常严重的话，那么，在前几次的心理治疗中，就不应急于对病症立即予以治疗。明智的做法是先要求患者做到身心高度放松，并且反复体验放松后的舒适、快感。因为社交恐惧往往是和高度的神经紧张紧密联系在一起的，不消除患者的紧张感，身心不能高度放松，其恐惧心理也就无法解除。

在放松达到预期效果，患者的紧张感基本消失以后，心理治疗便可以转入第二步工作：消除社交恐惧症的心理根源——自卑情绪，彻底打消受催眠者的自卑情绪，恢复和增强其自信心，探索导致自己自卑和气馁的根源何在，改变自我价值观，改变这种状况，改变其原有的人格模式。这一步，对整个治疗的成败起着举足轻重的作用。

治疗的第三步就是运用系统脱敏疗法来逐个消除其症状了。具体做法是：将放松反应同受催眠者想象中的各等级水平的焦虑诱发的刺激依次进行匹配。最初，先让患者想象微弱的刺激，即让其感到最小限度害怕听到、见到的人或社交场合。如果患者仍能保持放松，则可以想象下一等水平的刺激，依此类推，一直进行到最恐惧、最害怕等级水平的刺激。如果某一等情况的刺激引起了患者的焦虑与恐惧，则就重复这一步骤，直至患者在想象这一刺激情况时能够保持完全放松为止。最后，到所有的等级水平的刺激都进行完之后，患者就已经学会了以放松取代焦虑，来对先前使其产生焦虑与恐惧的所有刺激情境进行反应，挖出那颗种子并加以清除，重新认识自己，建立全新的人格。

（2）厌恶疗法

厌恶疗法就是利用条件反射的原理来进行的，对患者的行为反应给予负面的强化即惩罚性的强烈刺激（使患者痛苦或厌恶），而使之逐渐地减弱，逐渐地消除已经建立的不良的条件反射，直至消除患者的不良行为。

厌恶疗法有其固定所采用的一套技术，这些技术中包括一些基本的工具或必要的武器，以引起患者在生理上、心理上的痛苦或者是厌恶的刺激，例如电击、致吐药物、非常难闻的气味等。具体的操作方法就是当患者出现某些不良的反应时，立即给予患者这些厌恶性刺激，直到患者的不良反应的症状逐渐地消失。从这个意义上来讲，厌恶疗法其实就是经典性的条件反射的直接运用，只不过这里所具体应用到的是厌恶性反射和操作性条件反射。

厌恶疗法操作起来非常简便，而且适应范围比较广，主要是用于强迫症和种种行为障碍的患者，例如日常生活中想戒烟、控制饮食、戒酒、戒毒以及恋物癖等等都可以采用厌恶疗法。但是因为厌恶疗法在实施的过程中会给患者带来一些非常不愉快的、痛苦的体验，因此，一般要征得患者的同意之后才可以使用厌恶疗法。

我们可以以厌恶疗法治疗恋物癖为例。具体的操作方法是这样的，当恋物癖患者出现偷盗异性物品的冲动及欲望时，心理医生可以对其进行某些讲述：自己被当场抓获后羞愧难当，被朋友、同事等知道后无地自容等等。另外，还可以要求患者自己闭上眼睛进行惩罚性想象，想象自己当场被人抓获而羞愧难当、无地自容、身败名裂的种种具体的情景，使想象产生的惩罚性刺激与偷盗异性物品的冲动相结合起来，导致对这种冲动的惩罚性体验，从而抑制和消除这种异常的变态的冲动。也可以采用将其恋物癖行为与厌恶刺激结合形成条件反射的方法。例如，可以在异性的物品上涂上令人发痒的玻璃纤维或者是涂抹一些苦味、辣味等刺激性非常强的物质，以使患者在抚弄、嗅咬这些物品的反常恋物癖行为与厌恶的体验结合起来，从而产生对恋物癖行为的厌恶感与反感等。

4. 认知疗法

认知疗法是20世纪70年代发展起来的一种心理治疗技术。认知疗法认为，认知过程是行为和情感的中介，适应不良性行为以及情感与适应不良性认知有关。心理医生的任务就是找出这些适应不良性认知，并提出学习、训练或其他的方法来矫正这些认知，并对之进行相应的、有效的调节，重建合理的、正确的认知，不适应行为和不良的情绪就能得到有效的调整和改善，从而使患者的心理障碍得到彻底的解决。

认知疗法的理论基础源于心理学家贝克所提出来的情绪障碍认知理论，切入点就是患者非功能性的认知问题，以合理的认知方式和观念取代不合理的认知方式和观念，即使患者通过改变对自己、对他人或者是对其他事物的看法与态度，来改变、调节、改善患者所呈现出来的心理问题。

认知疗法的适应范围比较广，对于社交恐怖、焦虑障碍、偏头痛、慢性疼痛等许多心理疾病都有着非常神奇的治疗作用。其中治疗效果最好的是应用于治疗厌食症、抑郁症、性功能障碍以及酒精中毒等。另外，与其他心理治疗方法及技术不同的是，认知疗法也可以用于正常人建立更正确合理的思维方式，提高情绪的正确合理度，充分开发、挖掘人的深层次的潜能以及促进个人的内心的健康发展等。

5. 催眠疗法

在现实的生活中，有些人误认为催眠就是通过语言上的暗示，使人睡着了、进入了睡眠状态。相信许多人对催眠术最早的印象就是来自一只来回摇摆的怀表，那个看起来非常神秘的催眠师——他的眼神犀利、诡异、梦幻，同时又是那么的疯狂，而接受催眠的那个人就那样呆呆地、无神地凝视着那只来回晃动的小小的怀表……时间随着怀表的滴答声一点一点地流逝着，而怀表晃动的幅度也变得越来越小、越来越慢……受催眠者的眼睛则越来越无神，越来越僵直，越来越像要睡着的样子……这个时候，神秘的催眠师用手在受催眠者的眼睛上轻轻地一抹、一挥，用低低的、沉沉的声音说："啊，睡吧！"于是，受催眠者就随着催眠师的动作倒在椅子上，进入了催眠状

实际上，催眠疗法是利用心理催眠的技术，使患者处于一种意识范围变得极其狭窄的状态，然后借助语言暗示或者是精神分析，以消除患者的心理障碍和躯体疾病的心理治疗方法。作为一种心理治疗技术，催眠术对于神经症、生理障碍、儿童行为以及心理障碍、神经系统的某些障碍都有着非常好的治疗效果。在治疗抑郁症、焦虑症、紧张症、强迫症、恐惧症、怯场症、自卑症、厌学症、神经衰弱症、自信缺乏症、失恋痛苦症、过度压力症、社交恐惧症以及性心理障碍等方面，都有着其他心理疗法所难以比拟的优点；对于治疗高血压、手术疼痛、口吃等生理性疾病也都有着非常神奇的疗效；对于儿童咬指甲、遗尿、偏食等不良行为以及多动症等有着非常神奇的治疗效果。除此之外，催眠术还可以用于戒酒、戒烟、戒毒、美容、减肥、瑜伽等。

催眠是以人为诱导（例如放松、单调的刺激、集中注意、想象等）引起的一种特殊的心理状态，其特点是让接受催眠治疗的患者自主判断、自主意愿行动减弱或丧失，感觉、知觉发生歪曲或丧失。在催眠的过程中，接受催眠治疗的患者遵从催眠师（心理医生）的暗示或指示，并做出反应。治疗学所使用的催眠状态纯粹是为了帮助催眠师（心理医生）们达到治疗的目的，在该状态下，很多积极的想法、设想、价值观念等会被高效率的吸收并且导入人大脑深处，留下印象，从而给人带来积极的转变。

那么，催眠疗法的原理是什么呢？首先，我们必须明白的是，在人们的头脑中的每一个想法或意识至少存在着两种不同的倾向。我们把这两种不同的倾向称为意识和潜意识。意识也可以被称为积极的意识或者是既定的意识，它包括了一个人当前所关注的所有领域、事情。意识可以促使我们决定开始阅读这本书，让我们做出各种的决定，比如早饭要吃什么，和谁打牌聊天，以及晚上去哪里玩乐放松等等。而潜意识则是在我们的大脑中隐藏在所关注的领域、事情表面之下的一种功能性倾向。潜意识在我们的记忆系统里无孔不入，潜意识禁锢着我们所有的特性以及信念，不让它们被侵扰或者是改变，潜意识会让我们持续地保持原有的经常的行为模式。

对于催眠疗法的操作，主要有三个方面：诱导、暗示和唤醒。诱导是为了交流观点、思想和感觉，诱导可以把接受催眠治疗的患者的注意力集中在其自身——其内心经历及其身体。诱导有助于接受催眠治疗的患者沉浸于幻想的世界中，并在意识水平之下进行交流。当接受催眠治疗的患者被催眠，在放松状态的时候，比起他在完全清醒时的意识状态，他的潜意识主要对暗示做出反应。暗示经过一个直接的通道到达潜

世界传世藏书

心理学全书

生活中的心理学

意识，在那里它很容易被相信、改变行为、产生影响或作用。一旦催眠师（心理医生）做出了治疗暗示，达成了催眠治疗的目的，最后的任务就是将接受催眠治疗的患者带出恍惚，恢复正常的意识。催眠唤醒可以使用物理方法或言语暗示唤醒方法，也可以使用自然清醒法。

6. 支持性心理治疗

支持性心理治疗又可以称为一般心理治疗，这是一种比较简单而又常用的方法。支持性心理治疗几乎可以应用于临床各科，该方法通过精神上的保证、解释、鼓励、教育、疏泄、暗示等方式，给患者以精神上的巨大支持，减轻患者的抑郁、自卑、退缩、焦虑以及绝望等负性的和消极的情绪，增强患者的防御功能，促使患者能够更快、更好地适应周围的环境，利用各种所能利用的条件主动地、积极地、最大限度地配合治疗。其中，支持、倾听和保证，被称为支持性心理治疗的三个基本的原则，首先是认真细致、温和耐心地倾听，以谅解、同情的态度，真正从心理上鼓励患者毫无顾虑地将自己的情况都诉说出来，使患者郁积的不良情绪宣泄出来。接着是对患者表现出强有力的、莫大的支持，对患者的所有诉说设身处地地进行想象、理解和无条件地接受，对患者强调可以治愈，帮助患者树立强大的信心。然后是对患者进行坚定而又真诚的保证，也就是以明确、肯定而又真诚的语气，做出适当而又有力的保证。因为在我们的现实生活中，有不少患者是因为医学知识不足和误解而产生病症，如焦虑性阳痿等，还有一些患者因为欠缺医学知识而对自己所患的疾病产生极大的恐惧、压力等，心理医生如果能够通过对患者讲解必要的医学知识，向其保证治愈的可能性，就可以减轻患者的焦虑、烦躁、压力等一系列负面的和消极的情绪，唤起患者的希望、增强患者生活的自信心。

另外，在对患者进行治疗的过程中，如果患者产生了正面的、积极的行为变化，那么心理医生就应该及时地给予肯定、认同、鼓励和赞许，并对患者自身的努力给予充分的肯定和赞扬，这对于患者是非常有意义的，医生的鼓励能够非常有效地帮助患者消除紧张、压力、焦虑等负面的和消极的情绪，使患者振奋精神、建立信心、鼓舞斗志，促进患者积极而自然地配合心理治疗，这样就会使患者的病情较快速地得到好转。

第二章　识人心理学

一、以貌取人，观其外表识其人

（一）眼睛：展示心灵的窗口

从眼睛透视对方的心灵

孟子曾说过："观其眸子，人焉瘦哉！"意思就是说：想要观察一个人，就要从观察他的眼睛开始。因为眼睛是人的心灵之窗，所以，一个人的想法经常会由眼神中流露出来，好坏是不容易隐藏的。譬如天真无邪的孩子，目光必然清澈明亮，而利欲熏心的人，则很难掩饰他眼中的混浊不正。

在人们交谈的过程中，如果对方不时地把目光移向近处，则表示他对你的谈话内容不感兴趣或另有所想，正在计划另一件事情。相反的，如果对方的眼神上下左右不停地转动，无法安定下来时，可能是因内心害怕而说谎，通常都有难言之隐，也许是为了不失去朋友的信任，而对某些事情的真相有所隐瞒。

孟子

和异性视线相遇时故意避开，表示关切对方或对对方有意；眼睛滴溜溜地转个不停的人，体现了意志力不坚，容易遭人引诱而见异思迁。

眼光流露不屑的人，显示其想表达敌视或拒绝的意思；眼神冷峻逼人，说明他对人并不信任，心理处于戒备状态。

没有表情的眼神，说明这个人心中愤愤不平或内心有所不满；交谈时对方根本不看你，可以视为对方对你不感兴趣或是不愿亲近你。

想要成功地了解一个人，第一件事就是要看穿他的心。只有这样才能分清哪些人是值得亲近的，或应该采取什么样的方式去远离他们。要看穿别人的心，其实并不难。因为再高明的人也会在不知不觉中把自己内心的感情、想法暴露出来，只不过暴露的程度、方式与普通人有些区别而已。

善良淳朴的人，一般而言，眼神大都坦荡、安详；狭隘自私的人，眼神一般都狡猾、昏暗；不恋富贵、不畏权势的人，眼神一般都刚直、坚强；见异思迁、见风使舵的人，眼神一般都游移、飘忽。

人的瞳孔大小与其情绪也有很大的关系。

当人情绪不好、态度消极时，瞳孔就会缩小；而当人情绪高涨、态度积极时，瞳孔就会扩大。

两个人如果是第一次见面，脸往往是第一个被注意的对象，而脸上第一个被注意的目标又往往是眼睛。

眼睛的神采如何，眼光是否坦荡、端正等，都可以反映出对方的德行、心地、人品、情绪。如果对方的眼睛滴溜溜地乱转，很明显，你必须心存戒备了。

躲闪对方目光的人，一向缺乏足够的信心，不仅怀有自卑感，而且性格软弱。他们遇到陌生人，不会主动地前去打招呼，即使打招呼也是躲闪着别人的眼睛，这样的人一般比较拘谨，在处理问题时缺乏自信，没有什么主见。

当然，如果是一对恋人，那样躲闪对方的目光又是另一回事了，那表示紧张或羞涩。

从眼神窥视对方的动机

眼睛是心灵的窗户，它会毫不掩饰地表现出你的性格、学识、情操、趣味和品性。

心胸坦荡、为人正直者，其目光明澈、坦诚。心胸狭窄、为人虚伪者，眼神狡黠、阴晦。目光执着的人，志怀高远；眼神浮动者，为人轻薄。眼神内敛，表明自私；目光暴露，表明贪婪。自信者，眼神坚毅、深邃；自卑者，眼神晦暗、迷离。

使用眼睛的不同方式，还会泄露一些个人不同的心底秘密。

（1）一直盯着对方的眼睛，心中定是另有隐情。

（2）在谈话中注视对方，表示其说话内容为自己所强调，希望听者能及时做出回应。

（3）初次见面先移开视线者，多想处于优势地位，争强好胜。

（4）被对方注视时，便立即移开目光者，是一种自卑的表现。

（5）看异性一眼后，便故意转移目光者，表示对对方有着强烈的兴趣。

（6）喜欢斜眼看对方者，表示对对方怀有兴趣，却又不想让对方识破。

（7）抬眼看人时，表示对对方怀有尊敬和信赖之心。

（8）俯视对方者，欲表现出对对方的一种威严。

（9）视线不集中于对方，目光转移迅速者，这种人性格内向。

（10）视线左右晃动不停，表示他正在冥思苦想。

（11）视界大幅度扩大，视线方向剧烈变化时，表现此人心中不安或有害怕心理。

（12）在谈话时，如果目光突然向下，表示此人已转入沉思状态。

（13）尽管视线在不停地移动，但当出现有规律的眨眼时，表现出思考已有了头绪。

眼睛的动作多种多样、千变万化。有拒绝眼神交流的动作，有各种不客气地看着对方的动作，有兴趣极浓的人不断地扫视，也有心怀戒备的凝视，甚至还有用仇恨的目光来毫无约束地诅咒别人。

在被别人注意时，如果不加理睬就使自己变成了一个纯粹的被观察目标。一旦双目对视，观察者和被观察者就都完全变成活生生的人了，就不能再像看一件物体一样去凝视不动了。如果看别人并非凝视不动，而是看一会儿后目光就移开，是在维护别人的独立权。然而在斥责时，眼睛动作就一反常态了，双眼逼视对方，对方却避而不看责骂人。如果目视责骂人，就表示反抗或挑战。

对某人凝视不止，是将人"非人格化"，这种凝视或许有时是允许的。例如，在剧场和演讲厅，演员和演说家愿意自己在表演或演说时，使自己失去自我感，只让别人把自己当成抽象的人去观察，这样可以避免一些紧张；服务人员都会避免直愣愣地凝视顾客，因为他们一旦留心观察顾客时，就不再将顾客只当作服务对象对待了。眼神也可能变成指点，如果有人从他的餐桌上看看你，然后又看看你的脚，那么他的眼睛就是在指责你，你的脚的动作引起了他的不满，叫你注意。这一指点动作，中外是相同的。唯一差别的只是中国人的这一指点动作要比西方国家的人多。

两人相互对视时，眼睛动作就比较复杂了。当你发现别人在看你时，你得到了对方在注意你的信息，而且也获悉交际渠道已经敞开。依据持续注视的特征，你就可以发现，他对你的感情是爱还是恨，或者是中性感情。你也许还要做出某种反应，是改变还是继续这种关系。这方面有些特征是人类所共有的。久久凝视表示对某人怀有特殊兴趣，无所畏惧，敢于蔑视或粗暴无礼；中止注视则表示漠不关心，缺乏兴趣、无所畏惧、心中厌烦、困惑尴尬、羞怯畏缩或对人缺乏尊重。我们对所喜爱、仇恨或惧怕的人或物往往密切注视；反之，则是不愿留意观察，不是漠然处之就是环顾左右而言他。

瞳孔中的秘密

作为面部最主要、最可靠的特征，眼睛为人与人之间的信息沟通提供了一种永恒的渠道。在日常生活中，我们经常可以听见这样一些言语，"她的眼神真诱人"，"他的眼神直刺我的心灵"，"她的眼神真恶毒"，等等。一个人的眼神之所以会"诱人"，会"直刺我的心灵"，会"很恶毒"，这就与一个人看别人时的瞳孔和眼神有直接的关系。这也正如海斯所说："在人类所有沟通信号中，眼神可能是最能说明问题、最准确的信号，因为眼神是身体的焦点，而瞳孔则是单独发生作用的。"

瞳孔是眼睛的重要组成部分之一，除此以外，瞳孔中还隐藏着很多秘密。科学研究早就证实，瞳孔最能反映一个人内心世界的变化，为什么瞳孔具有此种作用呢？这就不得不简单谈一下生理学，当一个人还处于胚胎时期时，眼睛是大脑延伸的一部分。后来，随着胚胎的发育和分化，眼睛开始移出颅腔之外，成为一种独立的器官。也就是从这个时候开始，瞳孔正式得以形成，眼睛才可以感知外界光线的刺激，在视网膜上形成各种图像，进而可以传达各种信息。

临床医学上，医生往往将瞳孔作为诊断生命机能的一个灵敏指示器。我们知道，瞳孔对光的反射作用主要是由脑干控制的，与此同时，脑干还控制着生命机体的呼吸、血液循环、血压等活动。瞳孔对光线的反射具有自动保护功能，当光线过于耀眼时，它就会自动缩小，反之，当光线过弱时，它又会自动扩大。因而，当一个病人的瞳孔对光线反射变得迟钝或者完全丧失之后，则说明其脑干功能受到严重损害，这就意味着病人的生命即将结束或已经结束。这也是很多医生在治疗一些遭遇重创，且昏迷不醒的患者前，往往会翻开眼皮看看其瞳孔的原因。

一般来说，正常的瞳孔放大时是不受个人控制的。但是在某些特定的条件下，一个人可以改变自己瞳孔的大小。比如数百年前的一些风尘女子，为了让自己的眼睛看上去更妖媚、更迷人，她们就会把一种特制的药水滴在眼里，以此来放大自己的瞳孔。瞳孔的大小还与年龄大小密切相关，通常情况下，瞳孔的大小和年龄的大小成反比，婴幼儿的瞳孔最大，而老年时期的瞳孔则是一个人一生中瞳孔最小的阶段。

在一定的光线条件下，瞳孔的大小往往是随着一个人情绪的变化而变化。当一个人处于热血沸腾、激情四溢，或者极度恐惧的时候，其瞳孔可能比平常扩大3倍左右；与之相反，当一个人处于悲观失望、万念俱灰的时候，其瞳孔可能收缩为人们通常所说的"金鱼般的小眼睛"或者"鸡眼"。

青年男女在约会时，如果女方真正喜欢男方，那么她在注视男方的时候，其瞳孔会明显扩大，并用她那双水灵灵、圆圆的、含无限柔情的眼神凝视着对方。与此同时，男方在领会女方眼神的意思后，其瞳孔也会渐渐扩大。由于双方瞳孔扩大、双眼圆睁，这就使得彼此在对方眼中显得更为迷人、漂亮、潇洒，从而极易使双方变得激动起来。也正是由于这个原因，很多热恋中的青年男女在选择约会场所时，非常青睐那些光线阴暗的地点，比如咖啡厅、酒吧等，因为在这些地方，双方的瞳孔可以放得更大一些。

很多玩牌的高手之所以能屡战屡胜，最主要的原因就在于他们善于通过观察对手看牌时瞳孔的变化来揣摩对方手中牌的好坏。正如前面所说，当一个人处于兴奋、高兴的情绪状态时，其瞳孔就会明显变大；当一个人处于悲观、失望的情绪状态时，其瞳孔就会明显缩小。因而，他如果看见对方看牌时瞳孔明显扩大，则可基本断定对方拿了一手好牌，反之，当他看见对方看牌时瞳孔明显缩小，据此他又可以断定对方的牌可能不太好。如此一来，自己该跟进还是该扔牌，心里也就有底了。如果对手戴上一副大墨镜或太阳镜，那些玩牌的高手可能会叫苦不迭。因为他们不能通过窥探对方瞳孔的变化来推断对手手中牌的好坏。如此一来，他们的胜算肯定会直线下降。

通过观察一个人在观看某件物品时，其瞳孔是变大还是缩小，进而推断此人对此物品或事物的喜恶程度，是很多销售人员尤其是那些有丰富经验的零售人员的常用方法。比如他们向某一顾客推荐某种商品时，就会非常留意顾客在看这件商品时瞳孔的变化，如果他们发现顾客在看这件商品时瞳孔明显变大，心里就会暗自窃喜，因为他们据此可以知道顾客对他们推荐的商品很感兴趣，于是他们就会向顾客要一个相对较高的价格。反之，如果他们发现顾客在看商品时，瞳孔明显变小，心里就会暗暗叫苦。因为顾客很可能对他们推荐的商品不感兴趣，相应地，他们就会向顾客要一个相对较低的价格，以此来吸引他的眼球。

表示心虚的视线转移

当我们在评论某一个人时，往往会用"眉清目秀""浓眉大眼"，或是"贼眉鼠眼"等词语。可见，"眉目传情"确实是可行的。也即，眉眼可以作为一种非常独特的表现手段来表征一个人的个性特点，尤其是视线更能表现一个人的种种心态。

在日常生活中我们经常可以遇见这样的情形，当你与一个人交谈时，对方的眼神总是闪烁不定，一旦遇见你的视线后，就会迅速将自己的眼神移开。此种条件下，你就会觉得他心中可能隐藏着某事，或者是背着你做了对不起你的亏心事。这种担心是有科学根据的，就心理学而言，回避视线的行为，往往被认为是一方不愿被对方看见的心理投射。也即，隐藏着不想被对方知道某事的可能性非常大。比如那些守卫银行金库的警卫中，面对闪闪发光的黄金，以及堆积如山、令人眼花缭乱的钞票，有的警卫可能会开玩笑地说道，"这么多的钱，我只要一口袋就满足了"，"要不我们一人随便拿一点跑了算了"之类的话。在这些开玩笑的话语中，如果有某位警卫不仅没有插话，而且还故意将视线从金光闪闪的黄金和花花绿绿的钞票上移开。这就表明，此人最可能监守自盗，他才是真正"敢想、敢做"的人，他之所以要把视线从黄金和钞票上移开，是对想拿黄金和钞票心理的沉默的自制表现。一旦有适当机会，这种人极有可能会"大干一场"。与之相反，那些开玩笑说"随便拿一点跑了算了"的人，往往仅是说说而已。当然，这并不是说他们对金钱没有欲望，而是他们将心中的这种欲望以玩笑的方式宣泄出来，心里也就在一定程度上获得了一种替代性满足，这就大大降低了他们变"玩笑"为"现实"的可能性。由此可见，视线的转移往往是人内心活动的反映。在与人交谈的过程中，多留意一下对方视线的变化，或许你可能从中了解到很多更为真实的东西。

虽然视线转移在很多时候是心虚的表现，但这并不意味着一个人在与对方发生视线接触时一有视线转移就表示心虚。在医学上，有一类人群被称为"视线恐惧症"患者，他们在与别人发生视线接触后，往往会立即转移自己的视线。因为他们觉得对方的眼光太过于强烈，从而使自己的眼睛不由自主地剧烈眨动，这会让他们感觉非常不舒服。与此同时，他们的心理也处于一种矛盾的状态之中，一方面他们想如果与对方进行对视，会不会使对方感到不快，另一方面又想自己若是进行视线转移，对方会不会看透自己的心理。在这种进退两难的矛盾状态之中，他们越是焦急，就会更加注视对方的眼睛，更剧烈的反应便随之产生；越害怕对方会看透自己的心理，强烈不安的心理情绪就越严重。一般来说，此种类型的人，他们之所以会产生"视线恐惧症"，归根结底，是因为他们缺乏自信心。他们往往是通过别人眼中反映出的自己来认识和确认自己的存在与价值。

此外，一个人不与对方发生眼神接触而进行视线转移，可能也不是心虚的表现，而是与特定的文化背景有关。比如日本，按照他们的风俗习惯，相互介绍的时候，名望身份较低的人应该比名望身份较高的人鞠躬鞠得更深以避开眼神接触，这被认为是尊重对方的表现。

当一个人被置于陌生的环境中，他一定会感到不安全，并想尽快逃离此地。于是，他会四处寻找逃脱的途径。可想而知，那时他的眼光肯定是游移不定的。反过来，如果某人的眼神四处游移，那么，他肯定感到了某种不安，想尽快摆脱当前的处境。

当某人和一个令他极为讨厌的人待在一起的时候，自然会产生赶快摆脱的念头。此时，他肯定会望向别处，寻找逃脱的门路。可是，如果这个人是他不便得罪的人，赤裸裸想逃脱的视线一定会让对方不快。于是，他不得不克制自己的情绪，尽可能不把视线从那个人身上转移，以免让对方看出自己对他毫无兴趣。如此一来，便出现了这样的矛盾，情感上想尽快逃离，理智上强迫自己看着对方，为了掩饰内心真实想法，有时他甚至会发出微笑来假装对对方感兴趣，只不过这种微笑有别于真正的开心，通常是双唇紧闭的。

要是在交谈中发现这种眼光，你便能了解对方对你何等厌恶，还是知趣点，尽快结束谈话，以免更多的尴尬。

高傲的眼神

爱默生曾经说过这样一句话："人的眼睛和舌头所说的话一样多，不需要字典，却能从眼睛的语言中了解整个世界。"事实也的确如此，眼睛是心灵的窗户，它与一个人内心的思想感情有着密不可分的关系。很多时候，一个人内心的思想状况和情绪状态会通过他的眼神表现出来。所以，通过观察一个人"心灵的窗户"——眼睛语言，可以在一定程度上对他有个大概了解和认识。

在日常生活中，我们常常会遇见这样一种人，他们在与人交谈时，总是会习惯性闭起眼睛不看对方，或者是用眼光从上到下不住地打量对方，他们的这种态度往往会使对方感到非常不舒服。这种人为什么要用这样的眼神看待对方呢？原因很简单，他们之所以会这样做，是企图把对方排除在视线之外，或是表达对对方不感兴趣，甚至是轻蔑和审视。不可否认，他们闭眼的姿态或是轻蔑和审视的目光，有时候是无意识的，但这恰恰反映了他们心底那种高人一等的优越感和自大感。

一般来说，这种人在与人谈话时，闭眼的时间可能长达两秒，这就大大超出了平常人一般的闭眼时间（闭眼时间不超过一秒）。如此一来，就会导致交谈双方信息交流中断。这就表明他们试图通过视觉信号的暂时切断来避免看见对方。他们在上下打量对方时，其时间一般长达数分钟，甚至在整个谈话过程中，都一直上下打量着对方。他们所有这些眼部动作，向对方传达了这样一个信号——"我高你一等！"当然，他们这种高傲的眼神，往往会遭到对方的鄙视，有些时候还可能自讨没趣。

需要注意是，一些高傲、自大心理较为严重的人，除了用闭眼、上下打量对方等方式表现自己有优越感以外，有些时候他们还会把自己的头仰起来，用鼻孔来"看"对方，以示对对方的轻蔑态度。所以，在与人交谈时，你如果发现对方在用鼻孔"看"着你，你最明智的做法就是立即停止和他的交流，以免让自己处于难堪的境地之中。

瞪眼和眯眼

俗话说，"眼睛是心灵的窗户。"眉宇之间的一些信息能透露人们解决问题的方法、关注细节的持久度，以及是否能够做到"实话实说"等。

在现实生活中，瞪大眼睛是一种常见的表情。一般来说，一个人在大吃一惊或者极度恐惧时会瞪大眼睛。而且同样是瞪大眼睛，东方人愤怒时出现的比率高，而西方人则是惊讶的比率高。另外，美国社会心理学家琳·克拉森认为一个人眼睛睁大表示更愿意与人交谈。当我们想表现出无辜或者对对方的话极感兴趣时，就会把眼睛瞪大，并抬高眉毛。有时，这个动作说明对方提高了自己的警觉心。而女性还会用这种动作表达自己的轻蔑。

忽闪忽闪的大眼睛是非常吸引人的，这就是婴儿们讨人喜欢的一个重要原因。而男人一般很容易被有着水汪汪大眼睛的女孩吸引。基于这样的原因，很多女人会故意抬升眉毛，借此使自己的眼睛看起来更大。更有甚者，有些女人会拔掉眉毛，用笔描画出高挑的眉形和眼线。她们之所以这么做，是为了使自己的眼睛接近婴儿的形状，从而使她们的面孔看起来犹如孩子般惹人怜爱。这个看起来简单的动作对男人却极具杀伤力。看到女人的这个动作，男人体内的雄性荷尔蒙会大幅提升，继而萌发出呵护女人的冲动。

与瞪大眼睛相反的动作就是眯眼睛。通常，这是个表示不同意或者暗示所有权的信号。在这种情况下，不仅视野不会变窄，还会给人一种加上护目镜的感觉。当一个人做出这个动作时，眉毛和上眼睑往往会耷拉下来，给人留下生气的印象。一个人在专心致志做事时，也会出现这样的表情。但细心观察，会发现两者的表情还是有微妙的差别。如果一个人在眯眼前一直有着和善的表情，那他多半是在集中心思琢磨事情。而消极的人只要遇到不顺心的事情，就会把眼皮耷拉下来。

眯眼也有很多种解释的，比方说他是在隐藏自己的目的，比方说是不屑。所以单纯从这些动作上是不能准确猜测心理的。如果你想猜测某人的心理，需要知道他的一组动作，或者在知道他的行为习惯以后分析某一个动作才可以。

眯眼睛的动作有些时候还能用来辨别对方的笑容是否是发自内心。有种说法叫假笑时嘴角上翘，真笑时眼睛眯起。眯眼睛并视线向下还可以说明一个人精神恍惚或者注意力散漫，女性接吻时会时常伴随着这个动作。

除此之外，近视的人也会做出这个动作。有近视的眼睛存在视觉光学上的缺陷，而致视远不清。为了克服光学上的缺陷，依靠眯眼自我调整。近视患者看东西时，远处的物体发出的光线通过眼不能聚焦于视网膜上成清晰的像，当眯着眼时，就好像针孔镜一样，周围杂乱的光线不能进入眼内，中央的少部分光线可直接在视网膜成像，所以眯着眼会看得清楚些。久而久之，就会养成这个习惯，影响眼睛的正常状态和脸部的美观。即使经过光学矫正（戴眼镜），有的人依然不能改掉这个不良习惯。

眼睛斜视的意义

在人们交流的过程中，双方身体语言使用得最多的是"眼神"。研究资料也证实，人们在谈话时（盲人除外），他们眼神的作用，往往会超过有声语言。很多时候，一些说不清、道不明的思想情感，可能一个简单的眼神却能将其表达得清清楚楚、明明白白。

在与人交流时，我们有时会发现对方用斜视的目光打量着我们，这是什么意思呢？一般来说，一个人用斜视的眼光打量对方通常有这样三种意思。

1. 表示自己对对方所说的很感兴趣

当一个人在与对方交谈的过程中，如果他发现对方很有趣或是很有吸引力，他就会用斜视的目光悄悄地打量着对方，同时还会扬起眉毛或是露出浅浅的微笑。这常被用来作为求爱的信号。

2. 表示不确定的犹豫心态

当一个人与他人进行交流时，如果他对对方所说的话感到有些疑惑，或是需要自己做出决定但又有很多不确定的因素客观存在着。此种情况下，他就会用斜视的眼光看着对方，同时把眉毛向上拱起，试图在讯问对方："你说的是真的吗？"或是试图告诉对方："抱歉，我现在还不能做出决定。"

3. 表示敌意或轻视的态度

一个人和对方交流时，如果他对对方抱有一定的成见，或是自我感觉非常良好，那么，在与对方进行交流时，他就会故意用此种眼神看着对方，同时把嘴角向下撇着或是撇向一边。这也是斜视最常见的含义。

由此可见，当一个人在看别人时，最好不要用斜视的眼光去打量对方，以免引起对方的不快。

留心他人延长眨眼的时间

一般来说，在正常的条件下，一个人眨眼的频率是 1~3 次/分钟，每次闭眼的时间也仅仅为 1/10 秒。但是，在某些特殊的情况下，为了某个特定的目的或是为了表达某种特殊的情感，一个人可以故意延长他眨眼的时间。如果你凑巧遇到某个人对你做出此种姿势，就得留意他此举的含意了。

心理学家通过研究发现，当一个人心理压力忽然增大时，他眨眼的频率就会大大增加。比如正常条件下（职业骗子除外），当一个人撒谎时，由于害怕自己的谎言被对方揭穿，他在说完谎话后，其心理压力会骤然增大，相应地他眨眼的频率会大大增加，最高可达 15 次/分钟。所以，你在和某个人谈话时，如果你发现他老是不断地眨眼睛，说话也变得结结巴巴，你就得留心他所说话内容的真实性了。

如果一个人故意延长眨眼时间，往往意味着他对对方已失去了兴趣，或是对对方感到厌烦了，再或是他感觉自己比对方要"高一截"。他们之所以要有意延长眨眼的时间，就是想通过此举阻止对方进入他的视线之中，或是把对方从他的视线中清除出去。所以，他们在看对方一眼后，往往要把眼睛闭上 2~3 秒，甚至是更长的时间。如此反复数遍，直到对方察觉他的意思为止。

一般来说，员工和老板谈话时，如果发现老板眼睛老是一开一闭，就得小心了。因为这就表明老板对该员工的回答可能不太满意。为了让老板改变此种姿势，他可以这样做：改变谈话方式，重新引起他的注意，为此，可以在老板闭眼的过程当中，迅速地向左或向右跨一步。当他睁开眼的时候，就会产生一种错觉，认为你已经出去过了，现在又重新进来了，这样往往能让他开始留意你说话的内容。当然，如果是因为老板自视高傲而故意对你延长眨眼时间，也就没有必要采取此种方法了。此种情况下，你最明智的做法就是趁早离开这家公司。因为由如此不尊重员工的老板领导的公司，迟早会被淘汰。

三种常见的凝视对方的方式

米歇尔·阿基利认为，一个人在与他人进行交谈的过程中，视线朝向对方脸部的时间占据双方谈话时间的 30%~60%。事实也的确如此，和一个人进行交流时，能否以凝视的目光看着对方的脸部将在很大程度上决定他们最终的交流结果。

由此可见，凝视在双方交流过程中的重要性，那凝视的方式具体有哪些呢？一般来说，在日常生活中，人们使用最广的是下列三种凝视方式。

1. 社交性凝视

此种凝视方式使用得最广，也最为常见。常用人群有普通大众、老板、员工、经理，以及经商人士等。当一个人的视线落在对方眼睛水平线下方的时候，就会形成一种典型的社交气氛。其凝视的重点主要集中于对方双眼和嘴部之间所形成的三角地带。以此种方式看着对方，就不会让其产生压力或有不舒服的感觉。这就有利于双方在一种亲切、友好、宽松的氛围中进行交谈。

2. 亲密性凝视

此种凝视方式使用得也较为广泛。常用人群为陌生或熟悉的青年男女，再或是亲人、密友之间。一般来说，此种凝视从双方的双眼开始，越过下巴，直至身体的其他部分。具体来说，其凝视过程如此下，当一个人从较远处接近另一个人时，他往往会迅速扫视对方的脸至胯部之间的区域以确定对方的性别，然后再次打量对方来确定自己对对方的兴趣有多高，并将凝视的重点集中在眼睛、下巴，以及腹部以上的部位。如果双方的距离较近，那么双方彼此凝视的焦点主要集中在眼部和胸部之间的亲密区域之内。青年男女往往就是用此种凝视方式来表情达意，一方在做出此种凝视姿势后，如果另一方有意，就会报以同样的凝视。

3. 控制性的凝视

此种凝视方式多用于较为严肃和正式的场合之中。多用于老板和员工、老师和学生、上级和下级，相互较量的对手之间，以及其他一些人群中。一般来说，此种凝视方式主要集中于对方前额正中的三角地带，这不仅会使气氛变得紧张、严肃。更能对对方心理产生威慑作用。一般来说，只要你把自己的目光定格在对方前额正中的三角地带，你也就能掌握谈话的主动权，或牢牢控制住对方了。所以，很多成人在吓唬自己的孩子，或是老师教训犯错误的学生时，就十分喜欢使用此种凝视的方式，这往往能达到"此时无声胜有声"的效果。

需要注意的是，凝视作为一种无声的语言，一旦运用不好往往会事与愿违。所以，在使用这一特殊身体语言时，应注意下面这样几个事项：

一是和对方对准视线。无论是何种方式的凝视，都应和对方对准视线，切不可将眼神游来荡去，或是将头转向一方，这会让对方觉得你在有意避开他。如此一来，双方的交谈极有可能会不欢而散。

二是焦点放在对方的脸部。一般来说，与对方进行凝视时，应将注目的焦点集中在对方脸和下巴之间的区域，这会让对方感觉很轻松、自在。虽然我们平常强调与别人进行谈话时，应该注视着对方的眼睛，但如果长时间盯着对方的眼睛看，肯定会让对方感到很紧张和不舒服。

三是不要长时间将目光凝聚在对方某一部位。很多人在凝视对方时，最易长时间盯住别人某一部位，这其实是不礼貌的。此外，有研究证实，凝视时间超过 10 秒钟以上时，双方之间极有可能会产生不安的气氛。所以，在凝视别人，尤其是男性凝视女性的时候，眼睛不应该静止在某一部位，而应缓慢而适度地移动着。

四是视线不能突然很快移开。在很多较为高级的场合中，如果一个人凝视着对方的时候，被凝视的一方慌慌张张地把视线转移到一边，这往往会让对方觉得你是一个胆怯、懦弱的人。所以，不管身处何种场合，与别人视线相触时，如果你不想和对方进行凝视的话，最好不要突然很快移开，而应缓慢而从容地把自己的目光转向一旁。

具有威慑力的直盯对方的方式

在动物界，当某种动物准备攻击猎物时，它往往会用眼睛死死地盯住对方。在对猎物进行数秒或数分钟的视觉恐吓后，它就会以迅雷不及掩耳之势攻击对方。作为"宇宙的主宰""万物的灵长"的人在攻击对方时，往往也会采用此种方式。

在相扑、拳击之类的竞技运动中，运动员不仅要进行常规的训练，还要接受一种眼神训练。这种训练，要求运动员能够不眨眼地凝视对方的眼睛，并且时间越长越好。如果能练就一双锐利凶狠的眼睛，就能在搏斗时以眼神挑衅对方，甚至摧毁对方的心理防线。

相关研究显示，不少相扑运动员之所以能经常获胜，并不是因为他们的技术多么出色，或与对手相比占有多大优势，而是因为他们通过赛前凝视的目光取得了心理上的优势。在他们的逼视下，对手往往会产生畏惧的心理，并最终在战斗中失败。

生活中，一个人的威严感或者震慑力，往往不是因为他们的身体多么高大，而是因为他们的眼神可怕。所谓英气逼人，目光如刀，说的就是眼神的威力。

如果一个人的眼神显得柔弱无力，这肯定不会让其在受到攻击时，对"敌人"产生威慑力。那如何才能使一个人的眼神具有威慑力呢？其实很简单，当一个人忽然受到他人威胁或攻击的时候，应该高昂起自己的头，和"敌人"进行眼神交流，直盯着对方，不眨眼睛。切忌不能将视线转向一边或是双眼盯地。因为一旦这样，"敌人"就会认为你感到害怕、恐慌，理所当然，你就容易受到"敌人"的伤害。

随后，开始移动眼球、脑袋，同时保持肩和身体其他部位不动，把眼神逐渐从一个人转移到另一个人身上。如此一来，那些被你眼神"扫描"过的人，肯定会感到后背发凉了，这样就取到不战而屈人之兵的效果。

透过眼形辨别对方

固然，嘴能说话，但生活无时不在告诉大家：嘴有时会说"谎话"，而将"真情"流露的则往往是守不住秘密的眼睛。

1. 虎眼

这种人的眼睛常呈现出一种淡黄色，人们称之为"金眼"。这种眼睛的瞳孔可以变化，有时候大，有时候小。从性格上讲这种人比较稳重，常常会表现出宠辱不惊的态度。

2. 象眼

这类型的人的眼光里似乎上上下下都有波纹，眼睛虽然不太大，但是显得炯炯有神，给人一种比较和善、容易相处的感觉。这样的人比较敏锐，善于抓住时机，因此成功的机会是很大的。

3. 龙王眼

此类人的眼睛眼珠、眼白可谓是黑白分明，眼眶比较大，很有生气，给人一种清明秀丽的感觉。他的心理素质一般都比较好，无论遇到什么事情，总是可以泰然处之。因此他在成功的道路上一般都会风调雨顺。

4. 龟眼

这种人的眼睛显得圆而充满了秀气。眼球上好像有细小的波纹，眼光里充满着灵气，正由于他这双美丽的眼睛，常常给人留下很好的印象。所以在事业上，一般都会取得不小的成就。他很会团结人，有时甚至会给子子孙孙留下几辈人的友谊。

5. 牛眼

此类人的眼睛大而有光，眼珠不会变化，无论是远看还是近看，神气都不会发生多大的变化。虽然如此，但他为人比较平和，办事一般都是一步一个脚印，一生都比较平稳。

6. 狮眼

这类人的眼睛最显著的特征是大，眉毛比较粗，略微给人一种狂妄的感觉，但又不失端庄的神态。这成就了他外刚内柔的性格特质，外表与内心结合得很好。他在事业上一般都比较顺利，不会干那些贪赃枉法的事情。

7. 鹊眼

这类型的人的眼睛比较修长，再加上一对比较好看的双眼皮，给人的印象基本是温顺和善良的。他从小就比较有志气，做事情比较老练，所以常常都是少年得志，同时也可能因犹豫不决而错失良机。

8. 鸳鸯眼

这种人的眼睛长得很美，红润的眼圈就像蒙上了一层薄纱，给人一种若明若暗的朦胧之美，让人感觉温顺而有情。

9. 孔雀眼

这类型的眼睛眼白少，眼黑多，但眼睛并不代表他的心，黑光形成一道光柱，让不良之辈不寒而栗。他比较廉洁，很少去占别人的便宜，因此常常获得很好的名声。

10. 猴眼

这类型的眼睛里好像有一道道的波纹，黑眼珠转动很快，但是让人感觉到的不是奸诈而是机敏。他一般头脑灵活，善于吸收各方面的有益信息。正是由于这种机敏，使他常常为别人着想，从而能够跟别人处理好各种关系，因此在事业方面成功的可能性很大。

11. 凤眼

此类人的眼睛主要是明丽清秀，眼光炯炯有神还不失儒雅式的柔美，让人感到神清气爽。他们具有良好的心理素质，能够很冷静地对待很多事物，善于择善而从、择优而取，常常取他人的长处，补自己的短处，因而一般都可以出人头地。

12. 醉眼

这类人的眼珠红黄混杂，眼神迷茫，昏昏糊糊，如痴如醉。现实中的他常常分不清是非曲直，尤其喜好寻欢作乐，灯红酒绿的花花世界就是他的天堂。这种眼神与他生活经历是密不可分的。

13. 鹤眼

此类人的眼睛四周微红，黑白分明，瞳孔秀美，可谓人见人爱。端庄秀丽的他一般不会斜视别人，给人一种温文尔雅的印象。在事业上，他常常都会一帆风顺，心想事成，即使有些波折那也只是他生命的小插曲。

14. 桃花眼

这类人的眼皮很滋润，仿佛充满了液体，看人总是微微地一斜，眯眯的微笑让人有魂不守舍的感觉。此类人很喜欢娱乐。那些通宵达旦的人中，常常少不了这样的人。他们是天生的"情场高手"，这双眼睛使他们在社交圈子里四通八达。

男女眼神的差异

究竟是女性解读眼睛信息的能力强，还是男性解读眼睛信息的能力强，心理学家

对这一问题一直存在争议。近来，美国心理学家布莱德的一项实验证明，女性解读眼睛信息的能力比男性更胜一筹。

实验中，布莱德让参加试验的 100 名男女（男女各占一半）去看一些仅能看见人物眼睛的照片，并要求他们通过人物的眼神去揣摩照片中人物的情绪状态。让这 100 名参加实验的男女观看了各自手中照片大约 10 分钟后，布莱德要求他们把揣摩的人物的情绪状态写在纸上。结果和布莱德预想的几乎完全一致，在 50 名男性中，仅有 15 人猜对了他们手中人物的情绪状态，而在 50 名女性中，仅有 15 人猜错了她们手中人物的情绪状态。随后，布莱德又挑选了不同的人群做了近 10 次这样的试验，其结果几乎和第一次完全一样。这就表明，女性解读眼睛信息的能力的确比男性更胜一筹。

有趣的是，各国科学家至今仍然没有弄明白人们是如何通过眼睛来解读或发出各种信息的，他们仅仅知道我们有这一能力。同时，布莱德通过实验还发现，在男性当中，性格内向，或是有自闭倾向的人，他们不仅在解读眼睛信息方面比一般男性差，即使在解读其他身体语言方面，也会比一般男性差一大截。这可能就是那些性格内向或是患有自闭症的人很难建立和谐人际关系的原因之一。

1. 女性的眼白比男性多

因为身体语言比口头语言更接近于人类的本能，所以，心理学家在从事相关研究时，喜欢用灵长类的动物比如黑猩猩、猿猴等作对比试验，对人类眼神的研究也不例外。

通过对比，科学家发现，借助眼白，人们就可以很方便地观察到对方的视线，并猜测到他的心理变化，因为一个人的视线的移动和变化是和他的心情密切相关的。与男性相比，女性更善于借助身体语言表情达意，其结果就是女性的眼白要比男性更多。此外，女性在解读诸如眼神之类的身体语言、阅读他人的情绪的能力方面也同样强于男性。

猿类没有眼白，它们的眼睛完全是黑色的。当猿类捕猎时，猎物根本无从察知猿的视线，也无法知道自己是不是已经被猿发现了，这样，猿就能够轻松地捕获猎物。与猿类似，男人的眼白较少，可能与他们需要掩饰自己动机的心理有关。

2. 变大的眼睛和变小的眼睛

当一只黑猩猩受到外界刺激而生气或是准备攻击对方时，它的眉毛会自动降低，同时瞳孔缩小，眼睛变小，表现出一副气势汹汹的样子。反之，当一只黑猩猩忽然得到一大串香蕉或是准备与同类友好相处时，它的眉毛会自动上扬，同时瞳孔扩大，眼睛变大，表现出一副友好、顺从的样子。

人类也同黑猩猩一样，当我们感到生气或是想控制、威胁对方时，就会眉毛降低、瞳孔缩小、眼睛变小，表现出一副无比威严的样子。反之，当我们感到高兴或是想与对方建立友好关系时，就会眉毛上扬，同时瞳孔扩大，眼睛变大，表现出温柔、顺从的样子。

由此，我们也就明白了很多女性在与别人，尤其是与异性，进行眼神交流时总是喜欢扬起自己的眉毛和眼皮的原因。她们之所以要这样做，就在于此举能使她们的瞳孔扩大，眼睛变大，从而显示出可爱而又让人"可怜"的"娃娃脸"。一般来说，此种表情对男性具有很大的吸引力。相比于其他表情，它也更能增添女性的温柔和美丽。所以，很多女性在为自己化妆时，总喜欢把眉形增高，以便使自己的眼睛看起来更大，显得更加可爱、温柔，从而吸引更多男性的"眼球"。与女性故意将眉形增高相反，男性如果要修眉，他们通常会把眉形降低，以便使自己的眼睛看起来较小，显得精神十足，从而给别人一种震撼力和威慑感，尽显男子汉的魅力。

3. 向上看的姿势让女性备受男性的青睐

当一个孩子抬起头，睁着大大的眼睛，向大人发出某种请求时，大人（不论是男人还是女人）一般都很难拒绝。因为这种姿势，意味着信任、顺从和请求，足以打动男性或激发女性产生作为父母的关爱之心。

女人是天生的情感动物，她们擅长运用眼神和其他肢体语言表情达意。不少时候，我们会发现，在与男性交往中，有的女性喜欢放低身姿，脸朝上看。这样，她们眼睛看上去更大，整个人看上去更像一个天真的孩子。这种姿势让男人顿生怜爱之情，也很受男性的青睐。

4. 怎样使男人欲火中烧

被誉为性感女神的玛丽莲·梦露有一幅经典的照片——眼皮低垂，眉毛扬起，双目迷离地往上看，精致红润的唇稍微张开。这幅照片打动了无数男人，这种姿势令无数男人为之痴迷。为什么这种姿势能激起男人兴趣，其秘密何在呢？不少行为学家对此进行了深入研究。他们发现，女性这样做，能够使眼皮和眉毛之间的距离最大化，能够使她看上去更具神秘感。同时还发现，许多女人在性高潮即将到来的时候，就会不自觉地做出这种表情。

几个世纪以来，许多聪明的女性就发现了这个秘密，她们不断运用这种姿态吸引男性，向他们传递性暗号。

5. 男性和女性对裸体的不同视觉反应

男性对裸体的视觉反应更为强烈一些呢，还是女性对裸体的视觉反应更为强烈一些？这是很多心理学家争论的话题之一。一位心理学家的实验可能能为这个争论提供一些参考。

实验中，心理学家为参加实验的 10 名男性放映了一段裸体电影，并把他们观看裸体电影时的状态摄了像。随后，心理学家又为参加实验的 10 名女性放映了同一段裸体电影，也把她们观看裸体电影时的状态摄了像。随后，心理学家仔细观察了这 20 人在观看裸体电影时瞳孔的大小变化。结果发现，男性在观看裸体电影时，其瞳孔几乎要比平常放大 3 倍，而女性在观看裸体电影时，其瞳孔放大的程度比男性还要大。

无独有偶，爱尔兰的一名心理学家也做了一个相类似的实验。他带着一男一女两个助手来到非洲某个裸体部落。首先，他要求男助手和他一起进入该部落去进行相关的采访。当他和男助手进入该裸体部落之后，他拍下了同行导游给男助手介绍那些赤身裸体的人时男助手的视线走向。随后，他又和女助手进入该裸体部落，也拍下了同行导游给女助手介绍那些赤身裸体者时她的视线走向。回到营地后，心理学家问了两位助手在看到那些赤身裸体人的时候，有没有往对方下身看的欲望。男助手表示，当他看见那些赤身裸体的人后，有较为强烈地往下看的冲动。心理学家拍摄的录像也证明该男助手没有说谎，因为拍摄画面中，他有较为明显地往对方下身看的动作。女助手则表示，当她看见那些赤身裸体的人后，没有非常强烈地往对方下身看的欲望。心理学家拍摄的录像也证明女助手的确没有明显地往下看的动作。但是，在仔细对比录像中男女助手的眼部动作后，心理学家发现了这样一个秘密，女助手在看见那些赤身裸体的人后，其瞳孔扩大的程度要比男助手看见那些赤身裸体的人后瞳孔扩大的程度要大得多。这就说明，女性对裸体的视觉反应要强于男性。

为什么实验中的女助手虽然对裸体的视觉反应较为强烈，却没有明显往下看的动作，而对裸体的视觉反应相对要弱一些男性却有明显往下看的动作呢？这主要是由男女的视觉特征所造成。男性的视觉特征为"管道型"，这使得他们能比女性看到更远处的目标；而女性的视觉特征为"周围型"，这使得她们能比男性更能看清周围和近处的东西。一般来说，女性的周围视力可以上下左右扩展 45°左右，这就意味着她们在观看对方上半身的同时，也能看见对方的下半身。这也是实验中女助手没有往下看动作的主要原因。

6. 怎样吸引一个男人的注意力

当某位女性试图吸引一个男性的注意力时，她通常会采取哪些手段？一般来说，她主要采取下列三种手段：

第一，通过视觉冲击来吸引该男性的注意力，如精心打扮自己的容貌，穿着华丽、鲜艳的衣服等。正所谓爱美之心人皆有之，当一个男性看见容貌美丽的女性，或是衣着鲜艳、华丽的女性时，往往会情不自禁地多看几眼，甚至会故意停下来驻足观看。如此一来，她就可能达到了自己的目的——吸引了某位男士的注意力。一般来说，使用此种方式的女性其性格较为外向。

第二，通过听觉冲击来吸引该男性的注意力。当一个女性通过容貌、衣着服饰不能吸引某个男性的注意力时，她往往就会通过听觉冲击来引起别人对她的注意，比如故意在对方面前或是周围大声说话、发出笑声等，以此来吸引对方注意自己。这是很多女性吸引自己心仪男性的常用手段之一。一般来说，使用此种方式的女性其性格也较为外向。所以，很多在办公室或其他公共场合故意大声说话、发出笑声的女性，往往是"别有用心"的。

第三，通过眼神来暗示。当一个女性想要吸引某位男性的注意力时，除了上述两种方法以外，她还可以通过自己的眼神来向对方暗示："嗨，对面的家伙，我对你有点感兴趣！"具体来说，她会这样来做：寻找机会和那位男士进行眼神交流；一旦机会来临，她就会脉脉含情地注视着对方；和对方对视二三秒钟后，她就会嫣然一笑，轻轻地把头扭向一边或是向下看。令人遗憾的是，很多男性无法在第一时间内领会女性对他含情脉脉的凝视和嫣然一笑的真实含义。所以很多时候，女性得对自己心仪的男性重复数遍此种眼神暗示，对方才可能真正明白她的意思。当她成功吸引到男性的注意力的时候，会轻微而巧妙地对对方扬一扬眉，并睁大自己的眼睛，以此来告诉对方："笨蛋，我看的就是你！"一般来说，使用此种方式的女性其性格也较为外向。

来看这样一则有趣的故事：

某位男孩在和第99位姑娘相亲失败后，从此一蹶不振，并下定决心从此单身过一辈子。父母知道儿子的这个打算后，感到非常难过。于是，他们去向一位心理学家求救，希望他能帮助儿子走出失败的阴影，让他重新振作起来去寻找人生的"另一半"。心理学家听完这位年轻人父母的述说后，当即决定要帮助他们的儿子重拾爱情的信心。他对年轻人的父母说："你们马上打电话叫他到我的诊所来，我现在就给他'看一看'。"父母立即照办。很快，这位男孩赶了过来。

心理学家让男孩坐好后，说道："年轻人，请你给我简要说说你99次相亲的过程。"男孩点了点头，然后埋下头说道："我也感到很奇怪，那些和我曾经相过亲的女孩都说我不打算与她们相处，有的女孩还说我不想听她们说话，还有一少部分女孩说我很冷漠，但我不是那样的人啊，我很渴望与她们交流、相处……"令心理学家颇感意外的是，这位男孩在自己整个说话的近20分钟内，居然没有抬过一次头。随后，心

理学家又注意到，每当自己说话的时候，这位男孩也总是低着头不说一句话。自此，心理学家终于明白了男孩99次相亲失败的原因。于是，他对这位男孩说："年轻人，不要紧张，你的身心完全是健康的，我相信你很快就会找到你生命中的'另一半'。"随后，他让这位男孩出去时把他母亲叫进来。当这位男孩的母亲坐下后，心理学家笑着说道："不要担心，你的孩子身心非常健康，回去后再为他安排一次相亲。不过在相亲前，你这样告诉他，就说和他约会的女孩某只眼睛曾经受过伤，现在不能正常转动，所以她很在意别人看她的那只眼睛。"听完心理学家的这番话后，这位母亲半信半疑地离开了。

不久，他们就托人为儿子张罗到一个姑娘，并安排好了约会的时间。在儿子出门前，母亲把心理学家说的话告诉了儿子。儿子听完母亲的话后感到很不解，心想母亲怎么安排自己跟一个眼睛有残疾的人相亲呢，但与此同时，他也感到很好奇，想看看那位女孩究竟是哪只眼睛受了伤。见面后，那位女孩做起了自我介绍。这一次，这位男孩没有在对方说话时低下头，而是时不时地用眼睛盯着女孩的眼睛。因为他试图去弄明白她哪只眼睛受过伤。面对对方如此"火辣辣的眼神"，女孩的心里感到很高兴，同时也感到几分羞涩。随后，女孩语带羞涩地请这位男孩介绍一下他自己的情况。男孩面带微笑地点了点头，便开始介绍自己的一些情况，与此同时，他仍不时地盯着女孩的眼睛看，想看看她那只受伤的眼睛究竟能不能转动。这就让那位女孩更加陶醉了，心想对方看来真的是很在意我。约会结束后，这位女孩没有像此前的99位女孩那样掉头就走，而是主动将自己的电话留给了这位男孩。这让男孩感动不已。

回到家后，男孩迫不及待地对母亲说道："妈，我这次相亲可能要成功，因为那个女孩主动把她的手机号给我了。不过，我没有看出她哪只眼睛受过伤啊！"听完儿子的话后，母亲笑着说道："傻小子，要是你真看出人家哪只眼睛受过伤，那可真是神了，因为人家眼睛根本就没受过伤。"男孩一听这话，顿时满头雾水。母亲说："上次那个心理学家说，主要是因为你在别人说话时总是低着头，不看别人的眼神，这会让别人觉得你根本没有真心和她说话，同时，你说话的时候也不看着别人的眼睛，这会让对方觉得你是一个很顽固的人，不喜欢听别人的意见。所以，他让我在你相亲时说对方眼睛受过伤，就是想利用你的好奇心去观察别人说话时的眼睛，以此多与对方进行眼神交流。"后来，男孩果真和那第100个约会对象走进了结婚礼堂。

故事固然有趣，但也说明了一个道理，如果你真的喜欢一个人，那么就请你在和她/他约会的时候，多看看对方的眼睛。

（二）眉：容貌的点睛之笔

从眉毛观察对方

人的眉毛无疑可以展现心情的变化。过去曾有人认为它们主要的功用是防止汗水和雨水滴进眼睛里。眉毛除了有这种功能，更重要的还与表情有关。每当我们的心情有所改变时，眉毛的形状也会跟着改变，而产生许多不同的重要信号，主要有如下几种。

1. 低眉

低眉是受到侵略时的表情，防护性的低眉则只是要保护眼睛，免受外界的伤害。

在遭遇危险时，光是低眉仍不够保护眼睛，还得将眼睛下面的面颊往上挤，以尽最大可能提供保护，这时眼睛仍保持睁开并注意外界动静。这种上下压挤的形式，是面临外界袭击时典型的退避反应，眼睛突然见到强光照射时也会有如此的反应。当人们有强烈的情绪反应，如大哭大笑或感到极度恶心时，也会在脸上产生这种情状。

2. 皱眉

一般人常把一张皱眉的脸视为凶猛，不会想到那其实和自卫有关，而真正带有侵略性的、无所畏惧的脸，是瞪眼直观、毫不皱眉的。

皱眉所代表的心情可能有许多种，例如：希望、诧异、怀疑、疑惑、惊奇、否定、快乐、傲慢、错愕、不了解、无知、愤怒和恐惧。要确实了解其意义，只有回头去看它的原因。

一个深皱眉头忧虑的人，基本上是想逃离他目前的境地，却因某些原因不能如此做。一个大笑而皱眉的人，其实心中也有轻微的惊讶成分。

3. 眉毛一道降低、一道上扬

两条眉毛一道降低、一道上扬。它所表达的信息介于扬眉与低眉之间，半边脸显得激越，半边脸显得恐惧。尾毛斜挑的人，心情通常处于怀疑状态，扬起的那道眉毛就像是提出一个问号。

4. 眉毛打结

指眉毛同时上扬及相互趋近，和眉毛斜挑一样。

这种表情通常表现严重的烦恼和忧郁，有些慢性疼痛的患者也会如此。急性的剧痛产生的是低眉而面孔扭曲的反应，较和缓的慢性疼痛才产生眉毛打结的现象。

在某些情况下，眉毛的内侧端会拉得比外侧端高，而成吊眉似的夸张表情，一般

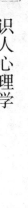

人如果心中并不那么悲痛的话，是很难勉强做到的。眉毛先上扬，然后在几分之一秒的瞬间内又下降，这种向上闪动的短捷动作，是看到其他人出现时的友善表示。它通常会伴着扬头和微笑，但也可能自行发生。眉毛闪动也经常出现于一般对话里，作为加强语气之用，每当说话时要强调某一个字时，眉毛就会扬起并瞬即落下，像是不断在强调："我说的这些都是很惊人的！"

见面时，眉毛闪动，是表示"哈罗"，连续闪动就等于在说："哈罗！哈罗！哈罗！"如果前者是说"看到你我真高兴"，则后者就在说"我真是太意外、太高兴了"。

5. 耸眉

耸眉亦可见于某些人说话时。人在热烈谈话时，差不多都会重复做一些小动作以强调他所说的话，大多数人讲到要点时，会不断耸起眉毛，那些习惯性的抱怨者絮絮叨叨时就会这样。

眉毛的形状是千变万化的，心理学家指出，眉毛有 20 多种动态，分别表示不同心理变化。

◇双眉上扬，表示非常欣喜或特别惊讶。

◇单眉上扬，表示不理解、有疑问。

◇皱起眉头，要么是陷入困难的境地，要么是拒绝、不赞成。

◇眉毛迅速上下活动，说明心情十分好，内心赞同或对对方表示亲切。

◇眉毛倒竖、眉角下拉，表明极端愤怒或异常气恼。

◇眉毛完全抬高表示"难以置信"。

◇眉毛半抬高表示"大吃一惊"。

◇眉毛正常表示"不做评论"。

◇眉毛半放低表示"大惑不解"。

◇眉毛全部降下表明"怒不可遏"。

◇眉头紧锁，说明这是个内心忧虑或犹豫不定的人。

◇眉梢上扬，表示是个喜形于色的人。

◇眉心舒展，表示此人心情坦然、愉快。

眉形不同，表明人各有异

从生理学来说，眉毛对保护眼睛功不可没，即使在美学上，眉毛的作用也不可小看。人们将"眉清目秀"作为美人的一个重要标准。

1. 威虎眉

这类人的眉毛清秀而修长，眉毛向上，给人一种威风凛凛、不可侵犯的感觉。他们胆子比较大，敢作敢为，有顶天立地的责任心，因此事业往往有比较大的成就。

2. 罗汉眉

此种人的眉毛短而杂乱，从整体上看，显得局促而疏散。他们的眉毛显示出像长期劳碌的样子，给你一种落魄的印象，运气总是不好，但苦尽甘来，他们早年艰辛，中年往往有所发迹。

3. 狮子眉

这种人的眉毛粗壮而肥直，毛很粗。狮子虽然给人威猛的感觉，但不像老虎那样凶猛，因此人们认为，这种人一辈子比较平淡，中年以后才可能有所发达，在事业上属于大器晚成。

4. 螺旋眉

这类型的人的眉毛既像一个螺旋，又像烫过的卷发，每一根眉毛都卷曲起来，给人一种比较威严的感觉，有如战场上的将军。可能是人们经常把这种人当成将军，所以他们往往用将军"兵不厌诈"的思维去处理问题，生性多疑，与人的关系比较冷淡，对家人也是一样。由于他们沉着冷静，所以寿命较长。

5. 利剑眉

此类人的眉毛粗壮，眉头斜上，形如短剑，往往给人凶悍的感觉。一般而言，他们的脾气比较急躁，往往造成人际关系的不融洽。所以一方面他们要注意身体，另一方面应该特别注意陶冶自己的情操。

6. 卧蚕眉

这种类型的人的眉毛清秀而细长，眉头眉尾比较细，眉的中间较粗。史上说关羽长着这样一对眉毛。他们生性比较机灵，为人仗义，给人一种英俊的感觉，往往是少年得志。这种人由于外形比较清高，使人产生敬意，所以与人的关系常常不很和谐。

7. 细弯眉

这种人的眉毛清秀而弯长，眉尾微微上翘，眉毛细长，看起来聪明伶俐。事实上他们谦恭而文雅，非常注意品德的修养，很有作家的风采。与人的关系较好，做事容易取得成功，一生平安，吃穿不愁。

8. 柳叶眉

这类型人眉毛较粗，眉尾弯曲，呈现出不规则的角状，就像春天的一片柳叶。他们表面上给人一种糊涂的感觉，但内心往往是哑巴吃汤圆——心中有数。他对人比较诚实，与朋友的关系很融洽，家庭观念却比较淡薄。因为朋友很多，中年之后，往往事业有成，名声较大。

9. 短秀眉

这种类型的人眉毛短促而清秀，漆黑有光，给人一种慈眉善目的感觉。他们比较讲求信义，抱负远大，心地善良，对家庭负责，对朋友忠义，对父母有孝心，被人认为是有福气之人。

10. 八字眉

即眉毛像一个"八"字，此种类型的人为人善良，极为勤奋，因而一辈子衣食无忧，但是终身劳作不息，有时还得不到家人的理解。眉毛比较细长，稍微向上弯曲，从整体上看，显得浓密而清秀。这类型人往往人缘不错。一般来说，他们会得到良好的教育，因此才智超群，一般事业有成。

11. 扁担眉

这种人的眉毛的眉头眉尾粗细均匀，给人一种清明的印象，因形状像"扁担"而得名。正如扁担的爽直单纯一样，他们比较孤僻，但能够专心做事。因为心态坦然，故身体健康，寿命较长。

12. 短眉

此种类型人眉短不过目，性情上较易怒，不轻易与人妥协，多愁善感。

13. 疏秀眉

此类人的眉毛清秀修长、眉尾疏散成三角形，往往比较清高。他从小就很聪明，读书成绩上佳，一生都比较顺利，但家庭责任感不强。

14. 稀疏眉

这种人的眉毛散乱而且很薄，几乎盖不住皮肤。就这类人而言，钱像水往低处流一样，轻轻松松就去了。尽管他们没有多余的钱，但并不缺钱。

15. 疏散眉

这种类型人眉稀毛细，给人雾里看花的感觉，这种眉相的人，内向文静，但缺乏上进心。由于工作或婚姻关系他们与亲人聚少离多，自己的健康也不太理想，是一个较主观理智的人。

16. 浓眉

这种人眉浓得像用签字笔画上的，如蜡笔小新的黑眉，代表他们傲慢顽固的倾向，自我中心意识比较强，待人不够谦虚诚实。但此类人心机不深，性情率直，颇有人缘。

17. 淡眉

这类人眉毛颜色非常淡，远看类似白眉，此类人心思简单。眉淡之人虽无企图心，但是只要努力，也可成功。

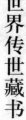

18. 三角眉

三角眉也俗称勇士眉，拥有此类眉相的人刚毅果决，不怕遭遇挫折，喜欢以自我为中心。因而事业上常常是孤军奋战。

19. 疏眼眉

这类人眉眼距离宽，代表他们体内有长寿的因子，性格温和宽厚，是个很好相处的人。

20. 亲眼眉

这一类型的人眉眼距离短，眉毛和眼睛太近，甚至是眉低压眼的人，性急脾气暴躁，疑心病重反而使他们容易受骗，目光短浅，见识少。若距离窄过一根食指，则事业不顺，人际关系也不好。

21. 一字眉

一字眉也就是眉形象正楷写一字的样子。一字眉又有粗细之分，粗一字眉的人，胆子大、意志力强并且有势头精神，说话声音大而且严厉甚至武断。细一字眉的人，固执、做事缺乏耐性，也有可能成为令警察头疼的智慧型罪犯。

22. 倒竖眉

"倒竖"之眉，指眉相成倒八字，这类人性格坚毅，有理想有抱负，勇于进取，具备了成功的所有心理品质。但过则不美。这种眉如过于飞扬无度，使眼显得低陷无奇，则多为好高骛远之人。

23. 上扬眉

这种类型人比较有杀气和霸气，他们好强不服输，霸道不讲理，非常有自尊心. 甚至以封闭来保持他们神秘的自尊。

（三）鼻：人性情的象征

读懂对方鼻子的语言

鼻子动作虽然轻微，但也能表现一个人的心理变化，就是说，鼻子也有"表情"。

在谈话中对方的鼻子只要稍微胀大时，多半表示满意或不满，或情感有所抑制。鼻头冒出汗珠时，说明心理急躁或紧张；如果对方是重要的交易对手时，必然是急于达成协议。如果鼻子的颜色整个泛白，表示心情一定畏缩不前。鼻孔朝着对方，显示藐视对方，轻视别人。摸着鼻子沉思，说明正在思考方法，希望有个权宜之计解决当前的问题。

有位研究身体语言的学者，为了弄清"鼻子"的"表情"问题，还专门做了一次观察"鼻语"的旅行。他在车站观察，在码头观察，到机场观察。他旅行了一个星期，观察了一周，得出以下两方面的结论：

一是旅途是身体语言最丰富的表现区域。因为各个地区、各种年龄、不同性别、各种性格的人都汇集在一起，而且都是陌生人，语言交流很少，但心理活动又很多，所以，大量的心态都表现于身体语言。他说："旅途是身体语言的试验室。"

二是人的鼻子是会动的。因此，鼻子是个无声语言的器官。他说，根据他的观察显示，在有异味和香味刺激时，鼻孔会有明显的伸缩动作，严重时，整个鼻体会微微地颤动，接下来往往就会出现"打喷嚏"现象。他还认为，这些"动作"，都是在发射信息。此外，据他观察，凡高鼻梁的人，多少都有某种优越感，表现出"挺着鼻梁"的傲慢态度。关于这一点，有些影视界的女明星表现得最为突出。他说，在旅途中，与这类"挺着鼻梁"的人打交道，比跟低鼻梁的人打交道要稍难一些。

根据一位日本籍整容医生的临床经验说："某人一旦接受了隆鼻手术，以往本来属于内向性格者，常会摇身一变而为倔强之人。"

曾有一本小说，其中有一段关于鼻子动作的描写。书中的男主角看到一位漂亮的小姐，为了表现出他的与众不同的吸烟法，他向空中吐着烟圈，然后烟圈飘向那位小姐。小姐没说什么，只是伸手捂了一下鼻子。男主角便问道："你讨厌烟味吗?"那位小姐没有应答他，只是继续捂着鼻子。

其实，用手捂着鼻子的身体语言已经表达出了她的讨厌情绪，遗憾的是，那吸烟者竟然没有看出来，反而去问一个不该问的问题。这样做自然要碰钉子。

另外，有的研究资料主张把用手捏鼻子的动作归为鼻子的身体语言，而不是手的身体语言。还有，若某人仰着脸，用鼻孔而不是用眼睛"看"人，这跟用手捂捏鼻子一样，是要表达自己反感的情绪。

在旅途中，碰到有这些姿势的人，尽量少打交道。譬如：请他人帮助做某件事情之时，如果对方做出用手摸鼻子的样子，或是用鼻孔对着你"看"，这应该视为他接受请求的可能性不大，或者提出拒绝的表示。

因此，跟讨厌的人迫不得已而交谈时，如果想尽快结束无谓的话题，不妨用手多次摸鼻子，再加上不停地交换架势，或用手拍打物体之类的动作。

从鼻形和鼻势看心理

鼻子不仅是人体的呼吸通道和嗅觉器官，而且与人的性格有关，你可以通过鼻形、鼻类、鼻势及鼻色等闻出对方的"人味"。

1. 眉心鼻

这种人的鼻子直插脑门，鼻根几乎与眉心连在一起，给人一种一气贯通的样子。鼻子上的肉与骨头互相映衬，含而不露，让人产生一种神清气爽的感觉。

2. 鹰嘴鼻

俗话说"鹰鼻挖人的脑髓"。因此，这种人常常在聪明中给人一种奸诈的感觉。他们的鼻子鼻梁很高，就像一座山峰。鼻尖仿佛有个钩子，恰如"鹰嘴锁唇边"。他们的鼻翼短小而少肉，常常给人一种刻薄寡情的印象。

3. 胡羊鼻

此类人的鼻头很大，鼻翼丰满，给人一种富贵的感觉。常常挥金如土使他们一方面朋友多，另一方面则成为坐吃山空的"败家"形象。

4. 猛虎鼻

这种类型的人的鼻子的鼻尖很圆很壮，鼻孔不外露，鼻梁不偏不歪，给人一种美感。他们一般比较稳重，是成熟的形象代表。但同时，他们的魄力往往使他们生活有一些小的波折。

5. 黄牛鼻

这类人的鼻翼比较丰满，鼻孔稍稍上扬，鼻根很肥大，左右鼻线分明。因此比较有谋略，善于动脑筋。但黄牛鼻若长在长方脸上才会比较好看。

6. 苦胆鼻

这种人的鼻子就像一只悬挂着的苦胆，鼻尖圆而齐整，鼻梁连贯挺直，鼻翼一般比较小。由于鼻翼的陪衬作用比较差，他们鼻子看上去不很美观，青壮年时代是他们成家立业的黄金时期，如果他们意气风发，成家立业将两全其美。反之，错过了这样的时期，孤苦生活可能常伴他们左右。

7. 猎狗鼻

这种类型的人的鼻子的中部骨峰突起，就像一条可爱而调皮的小狗鼻，鼻孔很薄且大。他们一般都比较有主见，不大会听别人的意见，一般都会凭自己的意志去办事，这往往使他们把自己置于孤军深入的地步。事业上的成功，大多需要他们付出沉重的代价。

8. 竹筒鼻

此类人的鼻子就像一节竹筒，齐齐整整，端端正正。鼻梁上肉很多，摸起来软软的。就一般来说，他们办事很稳重，其行为举止散发出男人的干练或女性的端庄。

9. 蒜头鼻

这类人的鼻子就像一个蒜头，鼻梁扁平，鼻子短小，鼻尖和鼻翼比较细小。他们缺乏热情，对人比较冷淡，年轻的时候一般不会受到他人重视，中晚年才会有希望发展。他们所信奉的生活给人的印象是"平平淡淡才是真"。

10. 威龙鼻

这种人的鼻子就是人们常说的高鼻隆。鼻梁方正，不偏不斜，高高地隆起，给人一种威严的感觉。他们在人们心目中是美好和高贵的象征。事实上，他们也是衣食丰足，而且往往成为某一领域的权威人物，但需要注意有自负与清高趋向。

11. 狮子鼻

这种类型的人鼻子的主要特征是鼻翼很丰满，看起来虽然不很美观，鼻梁不高，但是却给人一种贵族化的风味。他们的财富与自身的努力关系十分密切，从社会背景上讲往往一片空白，属于"白手起家"的典型。

12. 偏门鼻

这类人的鼻子鼻根比较细小，鼻梁比较低，鼻尖舒缓，鼻翼又矮又小。此类人做事常常会遇到意外的困难。对他们而言，受委屈是家常便饭。因此，建议他们多登山或观海，抛弃烦恼或心中的郁闷。

13. 黑灶鼻

此类人的鼻子的鼻孔很大，鼻尖高高地向上翘起，两个鼻孔就像两个深不可测的洞。在他们生活里，他们相信"一分耕耘，一分收获"，这可能使他们在事业上有所作为。

14. 猩猩鼻

这种类型的鼻子有些像聪明的猩猩的鼻子，鼻梁比较高，眉毛和眼睛与鼻子紧紧地挤在一起，毛发比较粗，面部比较宽，身体比较厚实。他们的鼻子给人的印象是朴实和憨厚。对别人而言，他们的平步青云令人羡慕，但他们并不因此而与朋友离散。

15. 忧猿鼻

这种人的鼻子也称为"桃花鼻"，鼻头小而尖，鼻孔就像小小的三角形。但他们并不像三角形一样稳定，生活中的他们常常喜怒无常，有时忧心忡忡。他们常常拈花惹草，就像人们心目中好色的猴子一样，这常常使他们麻烦不断，也可能是他们忧虑的原因。

（四）口：善变的嘴巴，祸福的门户

口是人传递有声语言的器官，它不但是人最忙碌的器官之一，而且是脸上最富有表情的部位，语言表达、情感交流、吃喝等许多功能都需要口来实现。口在人的生存交往中有着其他任何器官都不可替代的重要作用，现代心理学家经过长期观察，发现口还有反映一个人性格特征的功能。

口型各异，性格不同

口不仅有大小之分，也有形状之别，不同的口形能给人以不同的感觉，不同的口形有不同的性格。

理想的口唇形状应该是：口阔而有棱，正而不偏，厚而不薄，唇色红润，形如角弓，或如四字，或口方唇齐，上下唇厚薄一致，相载相覆，开大合小，唇紧闭而不露齿，位置正中，左右对称，此为有成。有成的嘴唇，表示一个人正直、忠信，语不妄发，有口德，也说明身体健康。

1. 聪明好学的四方口

四方口就是嘴的形状像一个"四"字。这种口型方方正正，嘴角平直，给人一种活泼开朗的感觉。这种人无论做什么事情都专心致志，头脑比较灵活，读书学习都比较见成效，被当作聪明人。这种人因为乐观好学，很容易受到别人的喜欢。他们因为正派，常会得到别人的信赖和帮助，因此人生也少坎坷。

2. 笑不绝口的仰月口

这种口型比较方正，两个嘴角自然向上，天生就是副很快乐的样子。这种人往往唇如朱丹，齿如白银，给人以很好的印象，再加上那副天生笑容，很容易获得别人的好感。他们对知识也很感兴趣，好奇心强，知道的也多，往往出口成章，显得满腹经纶，所以经常会成为社交中引人注目的人物。

3. 消极悲观的覆船口

口形如倒扣的船，嘴角两边向下垂，下唇绷得很紧而且轮廓也不大清楚。这种人思想消极，无论什么事情都往坏的一方面想，行动迟缓，是个典型的悲观主义者。

嘴唇厚薄与人的德性

一些社会学家对嘴唇进行了研究，并且总结出许多经验，不仅得出嘴唇与身体健康有关的结论，也得出了与人的品质性格有关的结论。

1. 嘴唇厚的人为人实在

嘴唇厚的人给人的感觉是憨厚、诚实。这种人心地善良而仁慈，在为人处世中，他们总是诚恳待人，对朋友、同事重感情、讲信用。但是，这种人缺乏自己应有的主见，办事缺乏足够的果断。

如果一个女人有两瓣丰润的朱唇，这就是她的本钱，足够她享受一辈子了。因为这不仅表明她为人实在，还表明她身体健康，并且性感十足。

2. 嘴唇大且厚的人性格坚强

嘴唇大而厚的人给人的印象往往是比较沉着稳重。通常而言，这种人性格坚强，具有很强的自尊心和好胜心，干起事来，总有一股冲劲和拼搏力，不达目的，他们绝不会罢休。为什么会有这种感觉呢？嘴唇厚的人，面颊往往比较丰满，因此给人一种忠厚老实的感觉，而这种人待人温和，具有良好的人缘。为了保持这一系列优势，他们对自己的工作会愈来愈尽职尽责，工作也会愈来愈扎实。如果是女性，其内心感情更为丰富。

3. 嘴唇松弛的人缺乏耐力

嘴唇松弛的人给人一种松松垮垮的感觉。这种人身体一般不会很好，因此办事缺乏足够的体力支持，无论做什么事情，只要过一会儿，他们就会感到精疲力竭。

这种人适合干那些风风火火的事，因为他们的动作往往很迅速。他们应该注意锻炼身体和增加营养，把体力和意志都提到一个新的高度。

嘴部的无声语言远远超过了有声语言的作用，它可以"一言不发"地告诉你一切。当然，这要依赖于你对身体语言的理解，只有这样才能使其发挥出相应的作用。

从嘴巴动作观察人的性格

1. 嘴巴抿"一"字形的人

大多在需要做重大决定，或事态紧急的情况下使用这种嘴巴动作。他们一般都比较坚强，具有坚持到底的顽强精神，面对困难想到的是战胜对方而不是临阵退缩。他们也是倔强一族，每件事都经过深思熟虑而采取行动，这时候谁也阻挡不了他们，他们有不到黄河心不死、不到长城非好汉的心理，所以获得成功的概率较大。

2. 谈吐清晰、口齿伶俐的人

这种人给他人的第一印象是嘴上功夫了不得，能说会道，而他们通常属于两种不同的极端，要么才华横溢，要么平庸无奇。前者能够口若悬河，倚仗着自己丰厚的知识底蕴，说出的话有理有据，不容辩驳；后者与前者相比大相径庭，他们说的话虽多，却是长篇累牍，像老太太的裹脚布——又臭又长，不堪一击，但他们也有敏捷的思维、机智，在交往过程中没有半点的呆板和迟钝，拥有良好的人缘。

3. 语言模糊、说话缓慢的人

这种人通常在语言表达方面缺乏训练，不喜欢人多的地方，孤僻，经常独处一室自娱自乐，结果各个方面都无法得到真正的锻炼，表现也非常平淡，成功只会离他们越来越远。还有一种人属于"不鸣则已，一鸣惊人"的类型。有一句名言说得好：沉默的人总是最危险的人。在别人夸夸其谈的时候，他们通常是沉默寡言，但在脑中却不停地进行着思考，他们说出来的话虽然少，但必定会非同凡响。

4. 偶尔用手捂住嘴巴的人

这种人容易害羞，特别是在陌生人或关系一般的人的面前更是沉默少语。他们的性格特征是保守和内向，在与他人进行交往的过程当中极力掩藏自己真实的感受，同时也不喜欢在别人面前显露自己。他们的这个动作有时候类似吐舌头，表示他们对刚才说出的话或做过的事已经意识到了错误。

5. 牙齿咬嘴唇的人

这种人在交谈的时候，通常的情况是上牙齿咬下嘴唇、下牙齿咬上嘴唇或双唇紧闭。人们都可以看出他们是一副聚精会神的样子，而他们也正是在聆听对方的谈话，同时在心中仔细揣摩话中的含义。他们一般都有很强的分析能力，遇事虽然不能非常迅速地做出判断，但是决定一旦做出，往往没有后顾之忧。

6. 高昂下巴的人

这种人心高气傲，从来不觉得自己会出现差错，即使客观事实摆在眼前，也会强词夺理进行辩论。他们有着非常高的优越感，仿佛自己是个亿万富翁似的。他们自尊心极强，不允许他人对自己有半点的亵渎。他们爱面子，为了维持自己的面子而拒绝承认别人的成绩和荣誉，否定别人成功如同探囊取物一样轻易。

7. 收缩下巴的人

这种人一般胆小怕事，办事总是小心翼翼，所以能够办好手头上的工作。但他们只注重自己眼前的工作，而且由于保守与传统而故步自封，同时不善于接纳他人，常常由于不信任他人而拒人于千里之外。

8. 嘴角上挑的人

这种人机智聪明，性格外向，能言善道，善于和陌生人主动打招呼，并进行亲切的交谈。他们胸襟开阔有包容心，不会记恨曾经伤害过他们的人。有着非常良好的人际关系，在最困难的时候常常能够得到他人的支持与帮助。

二、透过对方的话语，探视内心需求

一个人的言语，包括说话的语音跟韵律，都是自我心声的流露。学会分析声音的基本特点，以及能够从简单的言语中解读出更深层面的意思，即使再含糊晦涩的话语，你也可以听出说话人真正的思想情感，从而更深入地了解对方，看透人心。

（一）向你询问第三者意见的人其实是想知道你的意见

俗话说"听话听音儿"，会听话的人，善于听懂他人的弦外之音。比如，当有人向你询问第三者意见时，其实，他是想知道你的意见。这时，只要实话说出自己的看法，就一定能让他满意。

有时候，别人并不愿意直接表达自己内心的真实想法，或者怕说错，或者怕说了给自己带来不好的后果。于是，有些人就采取了一种高明的问法，"请问他的邻居对他印象如何？""请问他的老师怎样评价他？""请问他的同学认为他是一个怎样的人？"这样就打消了对方内心的顾忌，产生"反正我说的是他邻居、老师、同学的看法，又不是我的，我将不会为此负责任"这样的想法，从而将自己内心的想法和盘托出。

比如，很多记者就非常善于利用这种第三者意见而引出当事人心中的意见。尤其是在采访人命关天的案件的时候，记者知道问"你对死者的印象如何？""你觉得死者最近有什么反常吗？"很多人就会警觉起来，闪烁其词，不愿吐露真意。所以，记者就会换一种问法："请问死者的邻居对他怎么看？"对方就会放下警惕心，将自己的想法借邻居之名说出来。在红楼梦里，这一技巧用到的地方不少。

在《红楼梦》第六回"刘姥姥一进荣国府"中，周瑞家的带着刘姥姥和板儿来见凤姐，在地下拜了数拜。凤姐说自己"年轻，不大认得，也不知是什么辈数，不敢称呼"。周瑞家的忙回道："这就是我才回的那姥姥了。"这时，刘姥姥就拉身后的板儿出来作揖，大概是生疏，他死也不肯。

凤姐儿笑道："亲戚们不大走动，都疏远了。知道的呢，说你们嫌弃我们，不肯常来，不知道的那起小人，还只当我们眼里没人似的。"

凤姐的这最后几句话就是借第三者之口说出了自己的内心想法，其实并不是"知道的"人认为"你们嫌弃我们"，也不是"不知道的那起小人"认为她"眼里没人似的"，而是她自己这么认为的。同样的情景也出现在《红楼梦》的第四十五回中：

平儿斟上茶来，赖嬷嬷忙站起来接了，笑道："姑娘不管叫那个孩子倒来罢了，又折受我。"说着，一面吃茶，一面又道："奶奶不知道，这些小孩子们全要管的严。饶这么严，他们还偷空儿闹个乱子来叫大人操心。知道的说小孩子们淘气；不知道的，人家就说仗着财势欺人，连主子名声也不好，恨的我没法儿，常把他老子叫来骂一顿，才好些。"

这里赖嬷嬷说的也不是"知道的"的人和"不知道"的人的意见，而是她自己那么认为的，这种说法可以推卸掉一些不必要承担的责任。

那么，当我们想要了解一个人的真实看法和意见，而对方由于利益关系等诸多因素的干扰，不愿敞开心扉。而当他持反对意见时，更不愿意暴露自己的内心。

这时候，我们就可以假借询问第三者意见这个技巧，让他说说，其他人最有可能会怎么看这个事情。由于他陈述的是别人的意见，他不必承担什么责任，他就会放松警惕，说出自己的感想。

也许你会说，说不定他说的就是别人的想法呢。绝大多数情况下，他说的并不是别人的意见，而是他自己的真实想法。即便他说的是别人的想法，但别人的想法未必统一，他也需要自己做出判断，选择一种自己认为最可能的想法，这说明他个人比较赞同这种说法。再加上，陈述的时候，他不可能照搬别人的说法，多半还要靠他自己的描述，所以可以说完全是他本人的真实想法。一些人为了掩饰这个观点确实不是自己的，会在最后画蛇添足地说一句："他们认为是这样，但我个人不是这样想的。"你若再问："那可不可以谈谈你的想法呢？"对方通常会笑而不答，因为他的想法刚才已经告诉过你了。

（二）特意强调"巧合"的事可能是有意为之的

电视剧中，不少故事情节太"巧合"了，这的确是编剧们故意的安排，来推动故事情节的发展。但是，现实生活中，也有很多"巧合"的事儿，特别是对方故意强调的时候，很可能是对方为了达到某种目的，有意为之。

"哇，这么巧，你也在这里。"偶然的相遇，总是能给人带来更多的惊喜。由于巧合表面上完全没有功利性，很容易拉近人与人之间的距离。比如，你在一个朋友的聚会上偶然碰到一个让你心动的人，恰好对方也有这种感觉，你会觉得这真是上天安排的，你们很可能因此迅速坠入爱河……

偶然的巧合能极快地瓦解对方的心理防线，对你产生信任。所以，很多时候，一

些人就会精心布置一些巧合，利用人们对其无条件信任的心理，来达到自己的目的。

卓女士是一位非常有名的销售人员，不久前，她从公司辞职，准备好好休息下，然后再决定下一步的发展。

很多猎头和企业都瞄上了她，有一家公司甚至开出了 200 多万的年薪，她都不为所动，她并不缺钱。

在一个朋友的聚会上，卓女士碰到了一个陈老板，两个人聊得很投机，但陈老板并没有在这次聚会上邀请卓女士加盟自己的公司。

那次聚会结束后，陈老板邀请卓女士吃饭，提出了邀请对方的想法，但卓女士没有答应。陈老板也没有强求，之后，他依然和卓女士保持着联系。

一次，陈老板在与卓女士的一次通话中，得知她最近要去北京，就说："巧了，我也正好要去北京，我帮你订机票吧！"

卓女士未置可否，她心里想对方不过是想和自己套近乎而已。飞机上，两个人天南地北地聊，但令卓女士意外的是，陈老板并未再提及要她上班的事情。

然后，陈老板又偶然与她一起回来，但仍然没有提及让她上班的事。

又过了些天，陈老板邀请卓女士参观他刚刚开设的分公司，最后回到上海总公司，陈老板带着卓女士走到一间办公室前，室内布置得十分典雅，正是卓女士喜欢的类型。

陈老板诚恳地说："这是我们为您准备的未来办公的地方，不知道您满意吗？"

不久之后，卓女士成了陈老板公司的合伙人，这个新消息，令业界大跌眼镜。大家都以为卓女士的新东家，要么是在业界数一数二的大公司，要么就是舍得给她开出优厚待遇的公司，没想到她却选择了这家规模并不算太大的公司。阅人无数的卓女士相信一个公司有这样用心的老板经营，将来的发展机会一定会很大。

卓女士之所以最终决定加盟陈老板的公司，很大一个因素是由于陈老板善于通过制造巧合来拉近彼此的距离，让她看到了自己的真诚和对她的重视。比如，卓女士对陈老板故意制造与她搭同班飞机的巧合，虽然不置可否，心中肯定是温暖的。

如果有人愿意费尽心机制造与你相遇的各种巧合，你会怎么想，想必也会很感动吧！在爱情上，这一招也被很多人用到。因为在爱情上，人们总是迷信缘分，再加上一个巧合的因素，就会认定是上天注定让我们相爱，会为了在一起而尽力排除阻碍相爱的各种绊脚石。

梅菱绝对是一个标准的美人坯子，但她的老公却相貌一般，个头还不及她高。谈起他们的相识相爱到结婚生子，梅菱总是满脸的幸福。

从地铁站到公司只有一站地，梅菱都是走着过去。一次恰巧碰上下雨，梅菱没带伞，只好暂时躲在旁边一个屋檐下，无奈地望着哗哗的大雨，眼看就要迟到了。

一把雨伞撑在她头上，他说："赶着上班吧？公司在哪里？"

梅菱指了指不远处的大厦，小伙子说："一起走吧，我也在那上班。"

梅菱疑惑地望了望他，小伙子给了她一个肯定的眼神。

于是，两个人肩并肩走着，简单聊了几句，就这样认识了。

他们果然在同一个大厦上班，梅菱在 8 层，小伙子在 10 层。就这样，他们第二天又在从地铁通往公司大厦的路上"巧遇"了，梅菱得知，他和她一样，也喜欢从地铁站走到公司大厦。

之后的周一到周五，他们都会"巧遇"，一边聊一边走，然后梅菱在 8 层下电梯，小伙子在 10 层。

随着对彼此了解深入，两人渐渐形成了默契，谈起了恋爱。在后来浓情蜜意相处的日子里，梅菱才知道他根本就不与自己在同一个大厦上班，他上班的地方距离这里还有两站地呢。他们的巧遇，原来都是他自己一手策划故意为之，一切都只是为了追求爱情。每天，他都会陪着她走一站地，然后再陪着她坐电梯到 8 层，自己再从 10 层下楼，赶着去自己的公司上班。梅菱很是感动，这样的男人，嫁给他，错不了。

巧合，在人际交往中，体现了对方对你的尊重和重视。在爱情上，体现了对方对你的深深的爱意。都能在较短的时间内，让你接纳对方，认可对方。当然，这些有意为之的巧合都是善意的，在感动之余，我们也要防止那些心怀不轨之人制造的"巧合"。比如，一些骗子，砰打开一个易拉罐，一看："哟，我中奖了。"然后找出各种理由要低价卖掉这个奖项，引诱你掏出钱包，这个现在已经是人尽皆知的骗术了。现在流行一些手机、QQ 等发来的中奖信息，以及一些诸如你的银行卡在某地消费多少，请把钱汇入某某账号等等，都是利用巧合来骗取钱财的，万不可轻易上当受骗。

（三）提供"二选一"选项的人，是在下套让你钻

若问要茶还是要白开水时，没有人会要一碗饭。这是人的一种惯性思维，别有用心的人，就是利用人们这一心理，布置好圈套，等对方掉进去。所以，对待逼迫你"二选一"的人，最好的办法就是两个都不选。

在销售法则中有一个"二选一"法则，销售人员可以给顾客价格套系，适当地强迫顾客从 1 或 2 中做决定。例如，销售人员可对准顾客说："请问您是要那台两个门的还是一个门的冰箱呢？"或者说："请问是星期二还是星期三送到您府上？"像这样

"二选一"的问话技巧，只要准顾客选中一个，其实就是销售人员帮他拿主意，让他下决心购买了。

有一位老板在大街两边开办两家一模一样的粥店，每天前去就餐的顾客人数也相差不多。然而，左边一家粥店的收入总是比右边一家多出近百元，而且几乎天天如此。老板觉得很奇怪，就派人前去调查，了解两个店的经营、服务情况，以解营业额不同之"谜"。

被派去的人装扮成普通顾客，他首先走进右边的粥店。见客人来了，服务小姐满面春风，面带微笑地把他迎进去，给他盛好一碗热气腾腾的粥，接着又热情地问他："先生，加不加鸡蛋？"调查者发现，每进来一位顾客，服务员都要问同样的话："加不加鸡蛋？"顾客有说加的，也有说不加的，粗算起来加鸡蛋的人和不加鸡蛋的人各占一半。

之后，那位奉命调查的人又走进左边的粥店。服务小姐同样满面春风地把他迎进去，盛好一碗热粥放在饭桌上。然后和气地问他："先生，请问您需要加一个鸡蛋，还是加两个鸡蛋？"进来其他顾客，服务员又问同样的话。通常，爱吃鸡蛋的人要求加两个，不爱吃的人一般要求加一个，当然也有不加的，但这种情况比较少见。这样一天下来，左边小店要比右边那家多卖出很多鸡蛋。不同的问话，让两个粥店的营业额产生差异。

"加一个鸡蛋还是加两个鸡蛋"这样的问话方式，让顾客陷入提问者既定的前提之中，不由自主地给出选择。

其实，这是一种心理战术，对方事先为你设定好了答案，给你选择的权力，表面上看你有很大的自主权，事实上这不过是对方的一个"圈套"，因为无论你选哪一个答案都是对方想要的，就像孙悟空永远逃不开如来佛的掌心。

如果你遇到这种非常善于把握消费者心理的销售人员，一定保持足够的理智和清醒，防止被忽悠了。比如，你坐在沙发上，普通的销售人员会问："您需要沙发吗？"如果你买沙发的愿望不是很强烈，就会说："我随便看看。"或者"不是"。结果，你自然不会去购买不符合自己意愿的沙发。

而如果你遇到的是更高明的销售人员，他会问："你想要皮沙发还是布艺沙发？"你如果的确有购买沙发的意愿，就会在他的答案中做出一个选择。

有时候，销售者往往会通过问话来引导你去做他想要的答案。比如，对方问"您方便在12月1号还是12月8号交货？""您要红色的床单还是白色的床单？""您要交1000元定金还是1500元定金？"

对于这种"二选一"的销售模式，相信很多人都没有抵抗力。这种情况在心理学上称为"误前提暗示"，站在店员的立场，只要顾客购买自己就成功了。所以，推销员就假设了一个顾客购买的前提，把"买与不买"变为了"买红色还是紫色的"，顾客虽然是在误前提下做选题，却误以为买红色还是紫色是出于自己的意志，结果如推销者所愿买下其中的一件。

如果你是消费者，又确实没有成交这笔生意的念头，最好的方法就是两个答案都不选。你不选，也就最大限度地破坏了对方精心设下的陷阱。

对于这种推销方式，如果你对产品着实存在需求，只是在价格、颜色或者款式等上面拿不定主意，倒是可以参考推销员的意思，选择适合自己的。而如果你根本就不需要，只是随便看看，或者对哪一件都不够中意，那就不必受"二选一"推销模式的干扰，最好的办法是两个都不选。

（四）嘴上说"欢迎提意见"，心里并不想听到你的批评意见

想一想，生活中是不是常遇到这样的人呢？嘴上说"欢迎提意见"，等到你真的提出意见时，他又显得很不高兴。其实，这是人之常情，没有人真的愿意听批评，嘴上的谦虚也不代表真的谦虚。所以，当有人再说这样的话时，千万不要当真，否则会伤害他的自尊，惹他不高兴。

没有人喜欢被否定的感觉，但总有一些人会表现出很大度的样子说："欢迎大家提意见。"不要以为这样的人与众不同，喜欢听反对意见，其实越是表现出对别人的否定不在意的人越是在意，内心里更不希望听到你的批评意见。

朱峰大学毕业之后进入了一家私营制冷设备公司。老板对重点大学毕业的朱峰非常看重。第一年就让他做了销售主管，由于业绩突出，又直接提拔他为总经理助理。两人的私人关系非常好，经常在一起活动。在工作上，老板也非常倚重朱峰，和他商讨一些问题。渐渐地，朱峰觉得自己在公司中已经拥有了老板一样的地位。

有一回，公司召开会议商讨关于和美国一家大公司的合作案。在会议上，老板将自己的计划和合作意向书拿了出来，让大家看一下。他大度地说："看看有什么意见，尽管提。"公司里的其他几名主管看了之后都没有说什么，唯独朱峰看出了问题。他认为照这个合作案进行合作，公司能够得到的利润非常小。于是坦率地对老板说："我觉得这个合作方案有问题。"

老板的脸色不太自然，但还是问他哪里有问题。于是，朱峰从头到尾把这个合作

方案批了一通。朱峰当着这么多人的面把老板的工作全盘否定了，这让老板很不高兴。

于是老板淡淡地说："会议结束，这个问题以后再谈。"朱峰大声说："这个问题怎么能拖？要是按照这个合作方案……"

朱峰的话还没说完，老板就火了，大声呵斥道："我说了以后再说，我是老板，还是你是老板啊！"一句话让朱峰愣在了当场。

很多时候，别人说"欢迎大家提意见"不过是场面话，尤其是身份较高的人，一方面想要表现自己的大度，另一方面内心的自尊比常人更强。所以，他虽然嘴上说请大家多多指教，其实是想听到更多的鼓励和赞扬，而不是批评。

所以，如果在老总召开的会议上，如果他说："大家都别客气，有什么意见尽管提。"那可千万别傻乎乎地倒出一堆批评的话，尤其是当着大家的面，严重地伤害了他的自尊，以后不给你穿小鞋才怪。就算他足够的理智，当面还会面带笑容说："哦，非常感谢你的意见。"也只是碍于面子和公众场合，内心里也许已经火冒二三丈，对你更不会有什么好印象。

不论是在任何场合，会议、酒会、宴席等，凡是摆出一副毫不在乎的神态说："大家有什么尽管说，别客气。"千万不要当真，说不在乎的人，才是最在乎的。

（五）不断抱怨第三者的人可能是在间接地抱怨你

有个成语叫"指桑骂槐"，是说指着桑树骂槐树。生活中，这样的人也不少见。他们不愿意跟人发生正面冲突，还想把不满情绪发泄出来，因此，假装在你面前发别人的牢骚，实则是在埋怨你。这时，你可要认真检查一下是不是自己哪里得罪他了，及时改正。

对于抱怨指责这样容易得罪人的事，很多人通常不愿意直接告知，而会选择迂回的方式，比如通过抱怨第三者来暗示对你的不满。

马先生住在一所公寓里，最近他楼上搬来了一位邻居，是一位音乐爱好者。这位音乐爱好者每天都在弹奏钢琴，深夜里也不间断。马先生默默忍受着，但夜以继日的打扰让他忍耐度到了极限。

终于，马先生在楼梯口遇到了这位邻居，他说："隔着楼板还能听到您弹奏钢琴的声音，这说明楼板有问题，隔音效果做得太差，这幢楼的建造者要对此负责任，我们应该去找当初建楼的公司来做改善。"

这位音乐爱好者听了，知道自己每天弹钢琴打扰了邻居的生活，回去后就在钢琴底下垫了软垫来隔音，深夜也不再弹钢琴了。

这位马先生巧妙地将自己的意见转嫁到了楼的建造者身上，实则是对音乐爱好者暗示，你的钢琴声打扰我的生活。这位音乐爱好者也充分理解了马先生的意图，于是不再深夜弹钢琴。

这种说话方式，我们也常常会用到。而且这种隐晦的抱怨方式，有时候会避免正面的冲突。比如，邻居家的孩子老来邀请自己正在准备高考的儿子出去玩，这位母亲就对隔壁的太太说："你看我儿子经常找你儿子出去，一定打扰到了他读书，我感到很抱歉。"对方很快就会意识到自己儿子的行为不对，这位母亲是在抱怨自己对儿子管教不严。

如果这位母亲直接到隔壁邻居家兴师问罪："你们也不好好管教管教你儿子，天天找我儿子出去玩，我儿子正准备高考呢……"如果对方也不甘示弱，反唇相讥，一场激战就在所难免了。

由于人们对当面和直接的抱怨都是非常反感的，所以，有一些就拐着弯儿来启发你。这类人比较聪明，不喜欢与人发生直接的冲突。此外，如果是上司喜欢采取这种方式来对待下属，说明他是个比较温和的人，相对于不留情面的上司，更能赢得下属的信赖和喜爱。

一位百货公司的总经理为了检查员工的工作，经常会去卖场视察。这一天，他又来到了卖场巡视。突然，他发现有一名顾客在一个柜台前等待，服务员小巧却在不远处与另一名服务员聊天，彼此又说又笑。

这个经理本想训斥一下小巧，但是转念一想，在大卖场里训斥员工影响不好。于是他走到柜台前，亲自为那名顾客服务。

小巧看到经理，很是尴尬地走过来，想着一顿批是少不了的。经理却只是淡淡地对她说："哦，刚才你有事不在，我恰巧路过这。以前的那个小赵就因为一次有事离开，遭到客户投诉，被扣了一个月的奖金。这样做确实不太好，既耽误了客户的时间，对自己影响也不好。你以后如果有事就给我打个招呼，我好安排其他人来服务。"

小巧听了说："下次一定不会了，经理。"果然，在接下来的很长时间里，经理再去卖场巡视的时候，都看到小巧认真地守在柜台后，即便没有顾客，她也从不离开自己的位置。

在人际交往中，有些人性格直爽，喜欢直来直去，心里有什么怨言就说说什么，不隐晦，虽然这些人比较爽直，但有时候容易得罪人。一些聪明人就选择了另外一种方式，有了怨言也不直说，表面上在你跟前假装发别人的牢骚，实则是暗示你，希望你能有所改善。

人与人之间的关系其实很微妙，有时候对方并不会直接表达自己的意思，而会选择拐个弯，迂回一下。如果你反应不够快，不理解对方话语背后的意思，可能就会被人认为你是个迟钝的人。所以，当有人在你面前抱怨的时候，你要小心了，暗暗检查下自己是不是哪里做错了，以及时改正。

（六）以忙为借口拒绝你的人可能只是需要你再三邀请

大部分人都认为，人们对于容易得到的东西往往不会珍惜。所以，当别人有求于自己时，总会以忙为借口推脱。其实，他不是真的很忙，只是借此抬高自己的身价，你只要多邀请几次，一定能达成目的。

对于"太轻易"得到的东西，一旦到手人们往往不会"太珍惜"。相反，费尽周折才得到的，更容易被重视被珍惜。在人际交往中也一样，对于那些平常很容易就能见到的人，并不会太重视，而对那些再三邀请，对方却因为忙而一推再推的人会愈加重视。

三顾茅庐应该是最典型的案例，刘备得知诸葛亮是个奇才，决意请他帮助自己打天下。就同关羽、张飞一起去隆中请他出山。第一次，适逢诸葛亮不在家。刘备只好留下姓名，快快而回。

隔了几天，刘备打听到诸葛亮回来了，又带着关羽、张飞马不停蹄地冒着风雪前去拜访。谁知道，诸葛亮又恰好出去了，张飞气得直跳，关羽也满腹怨气。

直到刘备第三次去隆中，才终于见到了"繁忙"的诸葛亮。对方却又因刚出山回来，很累，而呼呼大睡，刘备就恭恭敬敬地候在门外。

终于坐下来交谈了，诸葛亮对天下形势做了非常精辟的分析，让刘备无比叹服。而刘备的诚意也打动了诸葛亮，答应出山相助。

这个故事一般我们都习惯说是刘备求贤若渴，尊重人才，而且他也因此而名垂青史。但另一方面，我们却忽略了诸葛亮的这一行为。第一次刘备已经留下了姓名，难道诸葛亮不知道？还有刘备站在门口恭候，心思细密的诸葛能察觉不到？恐怕未必。他不过是想借此考验刘备，或者说加大自己身份的筹码罢了。

在现代，忙似乎更成了一个人身份和地位的象征，你看那些高级官员哪个不是忙得团团转，1月份的时候都已经把10月份的工作日程排得满满的了。这样的人，怎么会一邀请就答应呢？只有那些没钱没地位的人才会闲到随叫随到。

三顾茅庐

有些人你邀请不到的确是因为太忙，但有些时候，忙碌不过是他故意制造的假象，目的只是为了凸出自己的身份。

例如在演艺界，一个刚刚有点小名气的小牌演员忽然接到一部大戏，接到导演的电话，他绝对不会满口："好好好，我一定按时到。"他通常会稳稳神，暗暗深吸气，或者还会整整衣服，慢慢地说："哦，这个我得先看看我的日程安排。"接着他会翻翻旁边的小本子，或者和身边的助理小声对话，然后才说："好的，我把时间安排好了。"

并不是他不想得到这部戏，他内心里的渴望也许已经达到了极点，但他不能轻易表现出来，他担心那样会被对方看轻。有时候，稍微端端架子，制造一派忙碌的繁华景象，会让别人觉得这个人有实力，忙得很，我好不容易才请到呢，以提升被重视的力度。

对于你的请求，如果别人张口就答应，很难显示出他的身份，甚至会让你看轻他。这就像砍价的时候，你说个价，对方立即痛快地答应，你心里难免不会犯嘀咕，自己是不是买亏了，为什么他答应得这么爽快？

在商界，也有很多人运用这个技巧，你邀请一个重要客户。你说："张总，您看下周二您方便吗？方便的话，我再把修改好的计划书给您看下。"对方一般不忙着回答，而会思考一会，说："我看情况吧，到时候你提前跟我的秘书联系下。"也许，他下周二并没有那么忙，备忘录上的时间也标注的很清楚，但他还是想通过自己很忙不能立

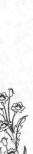

刻答应你的请求来显示自己的能干。

　　无论是什么人物，他也许不一定忙到连见你20分钟的时间都没有，但他一定要显示出自己连5分钟的空闲都没有。对此现象，他不过是为了让你知晓他答应和你见面，自己会推脱掉其他事宜，让你产生好不容易见一面，一定不敢怠慢的心理。

　　知道了对方的这个心理，在联系一些重要人物而遭到拒绝的时候，我们就有灵丹妙药了。当对方说自己很忙的时候，最好的方法就是再三邀请。邀请的时候，要表达自己足够的诚意，同时有意提起和加重对方忙碌的程度，以显示你知道他很忙，潜台词是你知道他的身份不一般。你可以说："陈总，我知道您最近特忙，打扰您真是不好意思，不知道您这个月末有时间没？"一次没邀请成功，千万不要灰心，就第二次、第三次，当对方觉得摆架子的火候差不多了，自然会答应你的。如果你的邀请非常重要，对方心里是有谱的。他绝不会为了摆架子，而白白浪费一个大好机会。当然也不排除对方确实不想答应你的情况，比如你的邀请对他完全没有吸引力，或者他确实腾不出时间。

（七）托付你顺便去办的事可能才是他真正关心的事情

　　在人们的思维中，会把最重要的事放在前面说，不重要的事儿放在最后一笔带过。但有时候，别人让你顺便去办的事才是他真正关心的事情。可能因为要办的事不是那么光明正大，说起来不那么理直气壮，所以，只好找一件别的事做托词，然后让你把那件重要的事"顺便"办了。这时候，我们一定要认清他真实的目的，才不会白忙活一场。

　　我们总是以为顺便办的事都是不重要的，但有时候，别人会因为这件事办起来不那么光明正大，或者说起来不那么理直气壮。所以只好找一件别的事做托词，然后让你把那件重要的事顺便办了。

　　比如，部门经理让下属送一份文件，临走的时候，顺口说："你顺便帮我看看张科长在办公室吗？"其实，送文件的事并不重要，顺便看看张科长在不在才是部门经理的本意。

　　当人们不好意思说出自己的本来目的或者不愿意别人发现自己的目的的时候，通常会利用这一策略。

　　最近，部门主管李莉发现一位员工的工作效率和质量每况愈下，但这是位老员工，资格比自己还要老，直接批评效果必定不会太好。因此，李莉并没有直接向经理"告状"，指责那位员工工作没做好，也没有向其他同事说起．而是找到这位员工，跟他进行了坦诚的交谈。

李莉是这样说的："王师傅，你是一位很棒的技工，在现在的这条生产线上工作也有好几年啦，你修出来的车子也都很让顾客满意。事实上，有很多人都赞扬你的功夫很好，你真是一位杰出的技工。"

李莉稍微停顿了一下说："这个月公司准备对像您这样的，效率和质量都排在前几名的员工给予奖励，我就顺便来看看了解一下您的工作状况，看看有没有什么需要我帮助的。"

王师傅听出了部门主管李莉的话外音，她是来了解自己最近工作效率和质量比以前下滑的原因。于是，他坦率地向李莉说自己家里最近出了点状况，以致心情影响了工作，他保证以后会注意的。

李莉先把王师傅大大夸奖了一番，但这并不是她的本意，她的本意是想了解王师傅的工作状况，以及如何帮他改善。这种将批评的话隐藏在赞美背后来说的方法，实在是高明之至。它极大地维护了对方的自尊心，必会让对方感激不尽。

在销售上，一些人就巧妙地运用了这一方法，达到了自己的目的。

有两家电影院，为了争抢顾客竞相降价。A影院推出了门票八折优惠，B影院立即来了个五折大酬宾。A影院的老板甚为生气，一赌气来了个"跳楼大甩卖"——门票两折。原本五折的影票已经没有利润了，这两折不过是为了挤垮对手，再进行价格垄断。但没想到B影院的老板也不甘示弱，一下就推出了门票一折优惠，并且每人另送一包瓜子。

这下A影院的老板彻底服了，门票一折，还得送一包瓜子，这生意只有疯子才做，自动关门大吉。想要不了多久，B影院就得赔个底朝天。

但没想到B影院不但没倒闭，而且看起来还红红火火的。仅仅几个月后，老板就把那辆旧桑塔纳换成了崭新的奥迪A6，听说还买了两套新房。

A影院老板很是纳闷，就找人去打探。原来，B影院老板一折的门票的确赔钱，白送的瓜子也是赔钱，但秘密也正在这里。他送的瓜子是咸味瓜子，吃了必然口渴。于是，老板就顺便派人卖起饮料来。饮料也是经过精心挑选的甜型饮料，结果顾客们越喝越渴，越渴越买，饮料和矿泉水的销量大增。再加上由于如此优惠的价格，电影院场场爆满，B影院不仅从饮料中补齐了电影门票和瓜子的钱，还大大赚了一笔。

看起来是商家给你送的馅饼，但你却在不知不觉中跳进了他设好的陷阱，实现了他的本意。这就像很多超市、网站、饭店等做促销，送优惠券，目的当然不是白白送

你，只不过是为了吸引你下次再来消费。而且商家一般还会规定，送你的优惠券要消费到某个金额才能用。所以，下次，你为了用掉这张优惠券，不得不挖空心思去购买物品来凑够那个金额，或者为了不浪费这张优惠券而专门去那家店再吃一次饭。你的再次消费就是商家的原本目的，只不过借优惠券引诱你去实现它的愿望罢了。

这有点醉翁之意不在酒，声东击西，顾左右而言它的意味。所以，如果你在生活中听到类似"如果你方便的话……""顺便……"之类的话，说明对方对你有所求。比如"你最近进步不小，不过细节上还需要注意"。千万不要以为对方是在夸奖你，他是在用这种方式暗示你在细节上注意不够。再比如，你的邻居对你说："我看每天都是你去接孩子，真是一位尽职尽责的好爸爸。如果你方便的话，这个周末顺便帮我把儿子接回来怎么样，我约了客户……"他的目的是想求你帮忙接孩子。

有时候，看透一个人的真实想法并不容易，就像你并没有在意商家做促销背后的动机，总是容易相信商家推出的"凡在元旦三天假期内一次性购物满300元的返券50元，满500返100……"之类的优惠活动，就如他们所说是"为了回馈广大客户的厚爱"。

遇到此类销售手段，多想一想，会避免花冤枉钱。在人际交往中，对这种"顺便"的话多思考一下，能更好地掌控对方心理，了解对方意图。比如，领导交代你办一件事，然后让你顺便把另一件事也办了。你却没有领会到他的真意——那件顺便去办的事才是不能怠慢的，结果没认真去办他真正想让你去办的事，你说他能高兴吗？

三、通过穿着打扮读懂人心

（一）服装：心灵自我显露的平台

衣着与人的心理的关系

大文豪郭沫若曾说过："衣服是文化的表征，衣服是思想的形象。"意思是说人可以通过衣着打扮来向外界展示自己。

随着人类社会的发展与进步，现在从衣着打扮上判断一个人的难度在无形之中增大了，因为现在的人们提倡张扬个性、不再拘泥于某一种形式，所以不能按照传统的一套进行观察和判断。但也正是由于张扬个性，不拘泥于形式，人可以更加充分地表现自己的心理状况、审美观点等，从而可由此把握其性格特征。

一般来说，喜欢穿简单朴素衣服的人，性格比较沉着、稳重，为人比较真诚和热情。这种人在工作、学习和生活当中，对任何一件事情都比较诚实、肯干，勤奋好学，而且还能够做到客观和理智。但是如果过分朴素就不太好了，这种情况表明人缺乏主体意识，软弱而容易屈服于别人。

喜欢穿单一色调服装的人，这种人是比较正直、刚强的，理性思维要优于感性思维。

喜欢穿淡色便服的人，大多比较活泼、健谈，并且喜欢结交朋友。

喜欢穿深色衣服的人，性格十分稳重，显得城府很深，一般比较沉默，凡事深谋远虑，常会有一些意外之举，让人捉摸不定。

喜欢穿式样繁杂、五颜六色、花里胡哨衣服的人，多是虚荣心比较强、爱表现自己而又乐于炫耀的人，他们任性甚至还有些飞扬跋扈。

喜欢穿过于华丽衣服的人，多为具有很强的虚荣心和自我显示欲、金钱欲的人。

喜欢穿流行时装的人，最大的特点就是没有自己的主见，不知道自己有什么样的审美观，他们多情绪不稳定，且无法安分守己。

喜欢根据自己的嗜好选择服装而不跟着流行走的人，一般是独立性比较强、有果断决策力的人。

喜爱穿同一款式衣服的人，性格大多比较直率和爽朗，他们有很强的自信心，爱憎、是非、对错往往都十分明确。他们的优点是行事果断，显得十分干脆利落，言必信，行必果。同时他们也有缺点，那就是清高自傲，自我意识比较浓，常常自以为是。

喜欢穿短袖衬衫的人，他们的性格是放荡不羁的，但为人却十分随和、亲切。他们热衷于享受，凡事率性而为，不墨守成规，喜欢有所创新和突破，自主意识比较强，常常是以个人的好恶来评判一切。他们虽然看起来有点表里不一，但实际上他们的心思还是比较缜密的，而且什么时候都知道自己是做什么的，所以他们能够做到三思而后行，小心谨慎，不至于任性妄为而做出错事来。

喜欢穿长袖衣服的人，大多数人比较传统和保守，为人处世都循规蹈矩，而不敢有所推陈出新。他们的冒险意识在某一方面来讲是比较缺乏的，但他们又喜爱争名逐利，自己的人生理想定得也很高。这样的人最大的优点就是适应能力比较强，这得益于循规蹈矩的为人处世原则，把他们任意放在哪一个地方，他们都能迅速地融入其中，所以通常会营造出较好的人际关系。他们很重视自己在他人心目中的形象，希望得到注意、尊重和赞赏，从而在衣着打扮、言谈举止等各个方面总是严格地要求自己。

喜爱宽松自然的打扮，不讲究剪裁合身、款式入时的衣着的人，多是内向型的。他们常常以自我为中心，而不能走进其他人的生活圈子里。他们有时候很孤独，也想和别人交往，但在与人交往中，又总会出现许多的不如意，所以到最后还是以失败而告终。他们多是没有什么朋友，可一旦有，就会是非常要好的。他们的性格中害羞、胆怯的成分比较多，不容易接近别人，也不易被人接近。他们对团体活动一般来说是没有兴趣的。

从衣服的选择判断人的性格

有句俗话叫"人在衣裳，马在鞍"，可见衣着是人社会性的重要内容，不仅掩饰了人的动物性，更将人在社会中的地位区分得清楚明白，而且人们在选择衣着的时候，都会考虑到方方面面，如衣着款式、年龄、经济条件、用途等等。一件满意的衣服到底如何，其实都是由他们真实的性格勾勒出来的。

1. 以节约原则为主的人

以节约原则为主的人，购买衣物时，首先从价格上考虑，然后再全力以赴地讨价还价，寸步不让。他们珍惜每一分金钱，即使花一分钱也要计算它的价值；他们会用金钱衡量很多东西，处处考虑金钱利益的得失，所以显得没有丝毫的人情味，很势利。

2. 以讲究原则为主的人

以讲究原则为主的人，在购买衣服的时候，过度讲求衣物的质地面料、手工和美观大方。他们有求知的热情和自己的人生目标；他们非常清楚自己的价值，懂得为自己争取适合自己的东西；他们的享受是建立在辛勤付出的基础之上的，所以多能实现自己的目标和理想。

3. 以树立形象为主的人

以树立形象为主的人，选择衣服时，不以自己的好恶来决定，而是考虑能否给他人留下一个美好的印象。他们在乎自己的一举一动，而且努力实现完美，以求在公众心中树立起良好的形象，这是他们相当重视权势和声望所致。

4. 以思想愉悦为主的人

以思想愉悦为主的人，不喜欢时尚和流行，对商店橱窗中的展示往往不屑一顾，那些既简单而又保守的衣服才是他们的钟爱。他们不在乎物质上的享受，对旁人的评头论足也视若耳旁风，只重视精神上的富足，为了买到理想中的衣服也经常要耗费很多精力和时间。

5. 以唯美原则为主的人

以唯美原则为主的人，购买衣物时，只要求好看，其他的如价格、质地和面料都是次要的。他们对一切美的事物都有十分灵敏的感受，以视觉美为最高的目标；喜欢吹嘘，不注重实际，所付出的努力往往归于昙花一现，有所成就的机会很渺茫。

6. 以实用原则为主的人

对以实用原则为主的人来说，穿衣仅是为了保暖，款式与时尚都是次要或无关紧要的。他们的消费很低，会省下很多的钱，属于持家类型，性情忠厚，有着菩萨心肠，往往悲天悯人，乐善好施，乞丐上门也经常会受到款待。此类人以中老年居多。

从服装颜色的选择上看透对方

服装在人们的日常生活中占有十分重要的地位。穿着打扮不仅反映一个人的修养、职业，同时也反映其个性与心理。心理学家从服装的颜色、款式等选择上，分析了人的不同个性与心理。

一般来说，在选择服装色彩的时候，人们多少会受到自己性格的影响。因为每个人服装的色彩，总是和自己当时的心理活动状态有着一定的联系。所以，从每个人所喜爱的颜色上可多少看出他具有什么样的性格特征。

1. 喜欢穿白衬衫的人

喜欢穿白衬衫的人，他们的性格特征是缺乏主动性、判断力、羞耻之心。他们在色彩感觉上、在装扮上都非常优秀；与之相反，不论搭配什么服装，只要穿上白衬衫都能相得益彰。白色确实与任何颜色的衣服都能搭配组合，同时，白色是表示干净的颜色。

虽然白色与任何颜色都能搭配，也给人一种亲切感，但常穿白衬衫的人，也给人一种"穿什么都可以"的感觉，在性格方面是属于直爽派的。从事需穿白衬衫职业的，例如裁判官、医生、护士、机关的职员等，当你看到对方的第一印象都是缺乏感性，尤其在感情方面和爱情方面。

2. 喜欢蓝色、蓝紫色服装的人

喜欢穿这种颜色服装的人，其性格主要缺乏决断力、执行力。这类人说话比较啰唆，缺乏责任感，是自尊心很强的人。

要想接近喜欢这类色彩服装的人，应逐渐按部就班，并投其所好。同时在这种人面前不能说别人的坏话。

3. 喜欢穿黑色服装的人

有的人说，穿黑色衣服使人精神紧张，黑色服装也是在丧葬及祭祀的仪式中穿着的服装。通常喜欢红白明显色彩的人，同时也喜欢黑色系的服装。

4. 喜欢红色服装的人

选择红色服装的人是冲动的、精神的、很坚强的生活者。红色是在增强声势时所选择的。

5. 喜欢紫红色服装的人

选择紫红色服装的人，一般是在无法冷静、无法客观分析自己的时候选择的。

6. 喜欢桃红色服装的人

喜欢桃红色服装的人，是追求漂亮时所选择的。这种人以举止优雅为特征。

7. 喜欢青绿色服装的人

这类人是在喜欢有纤细感觉的心理状态下选择的。

8. 喜欢紫色服装的人

这种人一般具有保持神秘、自我满足的艺术家的气质，喜欢别出心裁。

9. 喜欢褐色服装的人

这类人在选择褐色服装时，当时的心理状态很踏实。

10. 喜欢黄绿色服装的人

这类人是在缺乏兴趣、交际狭窄、缺乏纤细心情的情况下选择的。

11. 喜欢灰色服装的人

这种人是在缺乏主动性的时候，自己没有勇气面对困难的心理状态下选择这种服饰颜色。

12. 喜欢浊紫红色、暗褐色服装的人

这种人是在非社交场合的时候、不喜欢表露心情的时候选择这样颜色衣服的。

13. 喜欢橄榄色服装的人

这种人在选择橄榄色时，当时的心理状态一般是处于被抑制的状态或歇斯底里的状态。

14. 喜欢绿色服装的人

这种人一般喜欢自由，有宽大的胸怀，绿色是其在抱有希望、没有偏见的心理状态下选择的。

15. 喜欢橙色服装的人

一般是在无法独居时，对人生意欲强烈的时候所选择的服装颜色，这种人雄辩、开朗、口才好，并喜欢幽默。

16. 喜欢黄色服装的人

这种人为使别人感觉自己有智慧、有纯粹高洁心灵时，选择黄颜色的服装。

从 T 恤的选择看透对方

当今，T 恤已经成了夏日里最普遍而且最受欢迎的服装，男女老少皆宜。在过去，T 恤只是用来保暖和吸汗的内衣，可是现在，它已演变成了一面公众告示牌，自己可以任意在上面留下或记录各种情绪和想法。所以，选择什么样的 T 恤可以更直观地看出一个人具有什么样的性格。

习惯于选择没有花样的白色 T 恤的人，多是一些比较独立的人，他们不会轻易地向世俗潮流低头。他们一般都会具有一定程度的叛逆性，但表现的形式往往不是特别明显与恰当。

喜欢选择没有花样的彩色 T 恤的人，自我表现欲望并不是十分强烈，他们甚至可以甘于平庸和普通，做一个默默无闻的人。他们多数比较内向，不喜欢张扬，而且富有同情心，在自己能力许可的范围内，会去关心和帮助他人。

喜欢在 T 恤上印上自己名字的人，思想多数是比较开放和时尚前卫的，能够很轻松地接受一些新鲜的事物，他们对一些陈旧迂腐的老观念多持一种排斥的态度。他们的性格比较外向，喜欢结交朋友，为人比较真诚和热情，所以通常会有良好而又不错的人际关系。他们的自信心还是挺强的，有一定的随机应变能力，在不同的情况下，能够随机应变地做出应对策略。

喜欢 T 恤上印有各种明星的画像及与之有关的东西的人，多属于追星族，他们对那些人十分的崇拜，并且希望自己有朝一日能像他们一样。他们很乐于向别人表达自己的这种心理。

喜欢在 T 恤衫上印有一段幽默标语的人，多具有一定的幽默感，而且很聪慧。另外，他们也具有很强的表现欲望，希望能够引起别人的注意。

喜欢在 T 恤上印有学校名称或大企业的标志装饰的人，一般比较希望他人知道自己的身份，并且对自己所在的单位和企业具有一定的感情。他们希望能够以此为载体，吸引一些志同道合的人。

喜欢在 T 恤上印有著名景点的风景的人，对旅游总是很有兴趣的。他们的性格多是外向型的，对新鲜事物的接收能力很强，而且具有一定的冒险精神。自我表现欲很强，希望把自己所知道的一切都传达给他人。

从女人对内衣的喜好透视对方

无论是在超市商场，还是在路边小店货摊，女人的内衣已不像昔日那样养在深闺人不知了。它们无论在色彩、质地、做工，还是在塑体功能上，都呈现出千姿百态，满足了众多女人的不同需求，不仅让女人流连忘返，也让男人大饱眼福。

也许女人认为挑选内衣是自己的专利，购买和穿着内衣也是一件非常平常的生活小事。其实不然，一件经过千挑万选的内衣是她们爱好的体现，同时也暴露出她们的心理和性格特征。

1. 喜欢棉质内衣的女人

这种女人属于乳臭未干类型，总认为自己还没有长大，时不时地还表现出小女孩的顽皮，而此时的她们或许已经为人母了。她们热衷于运动，但不一定专指体育活动，而是展现活力的一种方式和要求。在对待情感方面，她们总是表现得很从容，只要有付出的机会、条件许可，不管对方是否死缠着自己，她们很少轻言放弃。

2. 喜欢整体搭配衣着的女人

这种女人属于协调类型，在任何方面都追求一种和谐与平衡，力求以一种完美的形象出现在人们面前。她们能把分内之事处理得有条不紊，不会出现偏袒情况；总是显得大公无私、沉着冷静，让大献殷勤的男人猜不出自己在她们心目中的位置。

3. 喜欢紧身尼龙内衣的女人

这种女人属于开放类型，喜欢暴露，希望情人会为她们迷人的身段而神魂颠倒，并对自己的身体和所持的开放性观念引以为荣，直言不讳；性格直率，有什么就说什么，喜欢什么，不喜欢什么都被他人看得一清二楚，从而给他人提供可乘之机。

4. 喜欢透明睡衣的女人

这种女人外表虽然诱人，但骨子里依然保持着传统思想。找这样的女人做老婆，男人可称得上是青春永驻，因为她们会用那件若隐若现的睡衣为平淡的生活增添一份恍惚迷离。受到诱惑的丈夫或情人如同喝下了兴奋剂，看到她们永远风采依旧，结果欲罢难休，增添出戏剧般的效果。

5. 喜欢黑色内衣的女人

这种女人是十足的享乐主义者，把卧室当成自己的娱乐场所，随心所欲，而且对自己的情人，没有丝毫隐瞒。她们最为性感和迷人，并以此为优势积极主动地寻找情感伴侣。她们在白天如同温顺的小羊羔一样惹人喜爱，但一到了晚上就会恢复母夜叉的形象。

6. 喜欢白色内衣的女人

白色代表纯洁，所以这种女人大多属于守身如玉的类型。她们不善于表露感情，懒于思想和追求目标。也许是怕玷污了自己的纯洁，哪怕是对于强烈的原始性欲，她们都采取相当保守的态度，结果生命过程中的满足次数寥寥无几，她们最在行的是恪守道德准则，贤淑是对她们最恰当的形容。

透过鞋子观察对方的性格

鞋子，并不是像人们所想象的那样，单纯地起到保护脚的作用，这只是一方面。在观察他人的鞋子的时候，人们除了注意其美观大方外，还可以通过它对一个人的性格进行观察。

1. 始终穿着自己最喜爱的一款鞋

始终穿着自己最喜爱的一款鞋子，这一双穿坏了，会再去买另外一双，这样的人思想属于相当独立的。他们知道自己喜欢什么，不喜欢什么，他们十分重视自己的感觉，而不会过多地在意他人怎样看。他们做事一般比较小心和谨慎，在经过仔细认真地考虑以后，要么不做，要做就会全身心地投入，把它做得很好。他们很重视感情，对自己的亲人、朋友、爱人的感情都是相当忠诚的，不会轻易背叛。

2. 喜欢穿没有鞋带的鞋子的人

喜欢穿没有鞋带的鞋子的人，并没有多少特别之处，穿着打扮和思想意识都和绝大多数人差不多。但他们比较传统和保守，中规中矩，追求整洁，表现欲望不强。

3. 喜欢穿细高跟鞋的人

穿细高跟鞋，脚在一定程度上是要受些折磨的，但爱美的女性是不会在意这些的。这样的女性，表现欲望是很强的，她们希望能引起他人和异性的注意力。

4. 喜欢穿时髦鞋子的人

喜欢追着流行走、穿时髦鞋子的人，有一种观念，那就是只要是流行的，就全部是好的，但没有考虑到自身的条件是否与流行相符合，有点不切合实际。这种人做事时常缺少周全的考虑，所以会顾此失彼。他们对新鲜事物的接受能力比较强，表现欲望和虚荣心也强。

5. 喜欢穿运动鞋的人

喜欢穿运动鞋说明这是一个对生活持积极乐观态度的人，他们为人较亲切和自然，生活规律性不强，比较随便。

6。喜欢穿靴子的人

喜欢穿靴子的人，自信心并不是特别强，而靴子却在一定程度上能为他们带来一些自信。另外，他们很有安全意识，懂得在适当的场合和时机将自己很好掩蔽起来。

7. 喜欢穿拖鞋的人

喜欢穿拖鞋的人是轻松随意型人的最佳代表，他们只追求自己的感觉和感受，并

不会为了别人而轻易地改变自己。他们很会享受生活，绝对不会苛求自己。

8. 喜欢穿远足靴的人

热衷于远足靴的人，会在工作上投入充足的时间和精力，他们有很强烈的危机感，并且时刻做好了准备，准备迎接一些可能突然发生的事情。他们有较强的挑战性和创新意识。敢于冒险，向自己不熟悉的领域挺进，并且有较强的自信心，相信自己能够成功。

9. 喜欢穿露脚趾的鞋子的人

喜欢穿露脚趾的鞋子，这样的人多是外向型的人，而且思想意识比较先进和前卫，浑身上下充满了朝气和自由的味道。他们很乐于与人结交，并且能做到拿得起放得下，比较洒脱。

（二）化妆：无法掩饰所有的真相

不同的装扮。折射出不同的心理

1. 异国妆和怪妆

异国妆是外国流行的妆；怪妆则是没有一定模式和规范，甚至与化妆的本意相悖的妆。这两种化妆者化妆的目的是不同的，因而化妆所起到的效果也就有了很大的差异。

（1）异国妆。喜欢化异国色彩比较浓重的妆的人，多是有比较丰富的想象力的，身体内有很多艺术细胞，希望自己将来能够成为一个艺术家。她们向往自由，渴望过一种完全无拘无束的生活。她们常常会有许多独特的、让人诧异的想法，是个完美主义者。

（2）怪妆。眼皮周围或是黑乎乎的，或是蓝幽幽的；嘴唇也是有时紫有时红，有时大嘴巴有时小嘴巴；脸颊涂得红红的。喜欢化如此怪妆的人也清楚自己并没有追求什么美丽，她们只把这种妆当成宣泄的一种方式。她们通常具有强烈的反抗心理，主要是自小受到家庭的溺爱，总是要求说一不二，但现实生活只会使她们失望，所以用一些非常规的思想和行为与社会分庭抗礼，但往往是失败多于成功。

2. 怀旧妆和完美妆

怀旧妆是指某些人将自小形成的那套化妆理论和方法延续到成年，甚至中年和老年。其实是对美好过去的一种回忆，以期忘记现实中的不愉快和不如意，但她们依然保持头脑清醒，不会沉迷其中而忘记现实。她们讲究实际，会极力把握住现在的所有。

她们热情善良，善解人意，拥有很多可以推心置腹的朋友。由于容易满足，她们难以享受时代发展带来的刺激和美好。

与化怀旧妆的人不同的是，化完美妆的人追求的是尽善尽美。她们为了完成自己的目标不惜花费巨大代价，任何事情都会追求尽善尽美，属于典型的完美主义者。这种类型的人甚至倾尽所有也要使自己的容貌达到自己满意的程度。之所以如此，最主要的是她们对自己的才智和财力都有充足的把握，而唯一放心不下的是自己的外貌。为了成为一块无瑕美玉，只好不停地审视自己，用化妆来掩饰不足，结果却让别人感到不自在。

淡妆与浓妆，表现不同的欲望

有的人喜欢淡妆，此类人大多没有太强的表现欲望，希望最好谁也别注意她们。她们只要求能过得去，简单地涂抹一下使自己不至于特别难看就行。她们大多属于聪明和智慧的类型，不会将时间和精力都耗费在梳妆台前；往往有着自己的想法与思考，而且敢打敢拼，所以较多人能获得成功；拥有秘而不宣的秘密，甚至珍藏一生也不会向他人透露；最希望得到别人的尊重，对她们的难言之隐给予支持和理解。

与之相反，有的人则喜欢浓妆。与喜欢淡妆的人相比较，这样的人表现欲望十分强烈。她们不辞辛苦地将各种化学药剂喷洒在自己的脸上，并忍受痛苦用各式工具修饰五官，为的是用一种极端的方式引起他人的注意，而异性的欣赏往往使她们心甜如蜜。前卫和开放是她们的思想特征，她们对一些大胆和偏激的行为大多保持赞赏的态度。她们真诚、热忱，一些恶意的指责并不能使她们受多大的伤害，但她们对他人依然会很尊重。

自然与时尚，个性的保守与开放

女性在约会的时候，或是工作上有重要的提案要进行的时候，化的妆应该比平常要浓，可以说是充满干劲的"决胜负彩妆"。根据心理学家研究，化比平常浓的彩妆，会提高自信心与满足感，变得活跃、具有攻击性，也变得较具社交性。决胜负彩妆似乎真的有效果，不过，奇怪的是，化这种妆同时也会变得情绪不安，这是因为"和平常的自己不同"。

最容易影响别人印象的是脸孔，而眼睛扮演了尤其重要的角色，唇部也会给人十分深刻的印象。

眼睛给人的印象取决于眉形与眼线。眉毛描绘成细细的弧形，再画鲜明的眼线，就给人华丽的感觉，在漂亮气派的餐厅里约会时很适合化这种妆。口红使用玫瑰色系的，上唇唇山的部分仔细描绘出锐角，会更加强华丽的印象。

平直上扬的眉形，以深色醒目的眼线，配上强调唇线的深红色的唇，会给人意志极为坚强的印象，不是华丽，而是利落感，给人一种强烈的积极感与坚决强硬的态度。这种强硬感的化妆，在提案会议、做报告或发表意见时，可以做你的后盾。即使实际上自己是很紧张的，也能隐藏住这种情绪，不论是在言语或动作上，都能让你看起来充满自信。

眉尖自然往上扬，但尾端却突然往下的眉形，营造出俏丽可爱的感觉。画上淡淡的眼线，口红涂得比实际的嘴唇轮廓大一些，然后再迅速地回眸一笑，就能给人魅力十足的印象。跟喜欢的男性朋友约会时，很适合化这种妆。在看似冷淡的气氛中，偶尔散发出带点俏皮的性感，就是最完美的表现了。

口红显示女性的性格和职业

中国有句古话："女儿心，海底针。"这句话蕴含的意思非常简单，即女人的心理是很难猜测的。但是，近来心理学家通过"投射"方式发现，很多女性总会无意识地将自己的心理特征"投射"在自己的日常生活用品，尤其是一些化妆品上。

就拿口红来说，现在全世界几乎有一半的女性每天都会用口红。对那些习惯于每天用口红的女性来说，如果哪一天忽然不让她们用口红，她们就会感到如同没穿好衣服一样别扭。口红作为女性增添魅力的手段之一，其颜色种类可谓是五花八门，既有红色、粉色、橙色，也有珍珠色、褐色、紫色等。通过观察一个女性对口红颜色的喜好，往往就能知晓她的性格特征和职业。

一般来说，红色的口红会使女性的嘴唇显得更为突出。所以，如果一个女性喜欢红色的口红，则说明其性格外向、活泼好动、乐观、崇尚自由、具有独立的个性。她的社交能力非常的强，对人真诚有礼，喜欢与人分享美好的事物，因而其人际关系处理得非常好，朋友很多。通常情况下，涂有这种口红的女性往往是从事销售、公关，或是美容、美发等行业。

粉红是一种代表纯情和女性本色美的颜色。所以，很多女孩子和男孩第一次约会时最喜欢使用此种颜色的口红。通常情况下，如果一个女性喜欢使用此种颜色的口红，则说明其性格较为温柔、和善、思想较为单纯、富有同情心和爱心。但是她的心理承受能力较弱，在挫折和失败面前常常会表现出很委屈、很受伤的样子。她很信任爱情，对恋爱抱有很大的期待。虽然她平时表现得温柔贤淑，但一旦知道冒险的乐趣，很可能会发生大胆的变化。在与人交往时，她可能显得有点矜持，但其内心却是火热的。一旦你成了她的朋友，往往会得到她无微不至的关怀。一般来说，涂着这种颜色口红的女性往往从事教师、医生等行业。

橙色往往能给人亲切、温柔、温馨的感觉。所以，喜欢这种颜色口红的女性，其性格较为稳重、和蔼，具有较强的自我控制能力和判断力，无论是对人还是对事，都有自己的观点和看法，从不会人云亦云。她的口才较好，但不会强词夺理，喜欢以理服人，同时，她还具有较强的幽默感。在爱情方面，她往往愿意为对方付出自己的一切，是典型的贤妻良母型女性，她坚信"爱情的眼里容不得半粒沙子"。一旦恋人背叛了自己，她极有可能会报复对方。不过，她对朋友是非常坦荡和大度的，如果朋友不小心伤害了她，她往往会一笑而过。所以，她的人缘很是不错。通常情况下，涂着这种颜色口红的女性往往从事各种商业活动，如一些店铺的老板，或是大公司的高级职员。

珍珠色是一种代表纯洁、高洁的颜色。喜欢这种颜色口红的女性，其性格文静、庄重，聪颖谨慎，心思细腻且喜欢追求完美。她具有较强的个性，自我主张非常明确，从不掩饰自己的追求和欲望，喜欢自由地享受生活。一旦她确定了自己的追求目标，她就会全力以赴，从不会在乎别人的眼光。在爱情方面，不喜欢受到对方的约束，要求对方尊重自己的个人空间。在与人交往时，她也不喜欢别人干预自己的事情，同时她也不会干预对方的事。通常情况下，涂着这种颜色口红的女性往往是一些自由职业者。

紫色是一种代表高贵和典雅的颜色。喜欢这种颜色口红的女性，其性格较为外向，具有较强的表现欲望和优越感，虽然喜欢在别人面前展示自己的魅力，但从不虚伪。有些时候，她很爱幻想，喜欢追求不平凡的生活方式。在与人交往时，她往往会给人，尤其是给男性，一种高高在上、难以接近，不易被诱惑的感觉，但她恰恰具有让男性痴迷的不可思议的魅力和个性。通常情况下，涂着这种颜色口红的女性往往从事音乐、艺术等行业。

从发型观察你的对手

在足球场上，大家时常可以看到运动员各种各样稀奇古怪的头发，并为此津津乐道。不同的发型往往表现人的不同个性。

1. 女士的头发

与男士相比，女士的发型若要详细分析起来，则显得较为复杂。

女性若留着飘逸的披肩发，则说明她比较清纯、浪漫；若留的是齐眉的短发，则这类人显得天真活泼、无忧无虑；烫成满头卷发，代表这个人较有青春的活力，或多或少地充满些野性。

女性把头发梳得很整齐，并让它保持顺其自然的状态，说明这个人比较安分守己，甚至是封闭保守的；如果她把头发打理得很整齐，但并不追求某种流行的款式，则表明她可能是比较含蓄，但有较强烈的自主意识的一个人。在自己的发型上投入很多的精力，力争达到尽善尽美的程度，说明这是一个自尊心比较强、追求完美、爱挑剔的人。

2. 男士的头发

男士不管是留长发、剃光头，或是其他各种各样比较特别的发型，其都有一个普遍的共同点，那就是标新立异，想别出心裁地突出自己，增加自身的魅力。

（1）让自然来决定自己的发型，并且长时间地保持。这一类型的人总喜欢怨天尤人，但却从来不从自己身上寻找原因，更不会付诸行动努力去寻求改变。他们很多时候容易向别人妥协，所以很多行动并不是真正地发自内心真实想做的。

（2）头发长长的、直直的，看起来显得非常飘逸和流畅。这种人的性格大多界于传统与现代之间，他们既含蕴世故，又大胆前卫，只是要视情况而定。他们通常有很强的自信心，对成功的渴望很迫切。

（3）头发很短，看起来很简洁，而且也极为方便。这一类型的人，大多是野心勃勃，他们的生活总是被各种各样的事情占据着。他们在内心很想把这些事情做好，但实际上却往往什么也做不好，因为他们缺少必要的责任心，在遭遇困难和面对挫折的时候，往往是选择逃避现实。

（三）饰品：心灵文化的显示

佩戴各种装饰品，在古今中外都有着相当长的历史，这是人类审美意识觉醒以来最传统的一种装饰行为。这种行为不仅为人们增添了无限的风采，而且可将人们的身份喜好区分得一目了然，同时，还体现了人们对生活目标的追求和审美时尚的选择。有人认为，佩戴饰品还具有"延长自我"的特点。饰品时刻都在传递着人们的性格、性情和情绪等信息。试想，如果一个人的形象和代表"自我延长"的饰品背道而驰，就会给人以"不完整人格"的印象，所以，根据服饰来判断一个人的性格是有章可循的。

帽子：盖不住思维的大脑

帽子不仅有御寒遮阳的功能，它还是一种增加美观、给人树立某种形象的装饰物。世界各地都在生产各式各样的帽子，出入任何一家娱乐场所、大型酒楼餐馆，都会看到"衣帽间"的牌子，这说明帽子对于一个人来说，有着十分重要的用途，它可以帮人们建立某种形象，使其个性在众人面前得以展现。

1. 爱戴礼帽的人

戴礼帽的人都自认为自己稳重而具有绅士风度。这种人的愿望是让人觉得他有沉稳和成熟的风格，在别人面前，经常表现得非常热爱传统。除帽子外，这种人所穿的皮鞋任何时候都擦得锃亮，而且所穿的袜子也一定会给人以厚实的感觉，即使是炎热的夏季，他们也会拒绝穿丝袜，同时也讨厌穿着凉鞋和拖鞋走路。由于他们看不惯很多东西，所以他们很清高，有些自命不凡，认为自己是个干大事的人，进入任何一个行业都应该是主管级的人物。

2. 爱戴旅游帽的人

旅游帽既不能御寒也不能抵挡太阳的照射，纯粹是作为装饰之用。用这种帽子来装扮自己，可用以折射某种气质或形象，或者另有一些企图，用来掩饰一些自己认为不理想或者有缺陷的东西。

从这些表现出来的特点看，爱戴旅游帽的人并不是一个心地诚实的人，而是个善于投机取巧的人，因此真正了解他的人少之又少，而一般人所看到的只是他的外表。

3. 爱戴鸭舌帽的人

一般有点年纪的人才戴鸭舌帽，鸭舌帽表现出稳重、办事踏实的形象。如果男人戴这种帽子，那么他会认为自己是个客观的人，从不虚华，面对问题时，能从大局着想，不会因为一些细枝末节而影响整个大局。有时候他自以为是个老练的人，在与别人交往时，就算对方胸无城府，他还是喜欢与别人兜着圈子，直到把对方搞得晕头转向，也不直接说出自己的心思。

4. 爱戴彩色帽的人

爱戴彩色帽的人非常清楚在不同的场合，不同颜色的服装，应该佩戴不同色彩的帽子，说明他是个天生会搭配且衣着人时的人。

这种人喜欢色彩鲜艳的东西，对时下流行的东西非常敏锐。每当出现新鲜玩意，他总是最先尝试，希望人家说他的生活过得多姿多彩，懂得享受快乐人生，并且总是以弄潮儿的身份走在时代前列。

同时，这种类型的人也是个害怕寂寞的人，因为他精力旺盛、朝气蓬勃，那颗不甘寂寞的心，总是使他躁动不安，他会经常邀请伙伴们一起到歌舞升平之地尽情玩耍。当最后一支舞跳完后，曲终人散的那种寂寞滋味也会油然而生。

5. 爱戴圆顶毡帽的人

爱戴圆顶毡帽的人对任何事情都产生兴趣，但从不表达自己的看法，即使有看法也是附和别人的论点，好像自己没有什么主见似的。但他们并不是没有主张，只不过是个老好人，不愿随便得罪一个人，哪怕是个最不起眼的人。

从本质上讲，这种类型的人大多忠实肯干，他们相信只有付出才有收获的道理。在他们平和的外表下，有自己执着的观点，他们相当痛恨不劳而获的人，相信君子爱财取之有道，从来不让不义之财玷污自己的手指。

眼镜：心灵窗户的另一种显示

眼镜最初是为了矫正近视或为了保护眼睛而使用的工具，但今天它早已超出了其原本的作用，成了具有多种功能且很有装饰意义的大众用品。它除了具有矫正视力、过滤阳光、阻挡风沙等使用价值外，有的人佩戴眼镜，甚至就是为了美观或塑造一种气质。下面针对佩戴不同款式眼镜的情况谈谈不同人的性格特点。

1。戴黑胶边眼镜者

戴黑胶边眼镜的人希望表现出稳重及成熟的风格。在他人面前，这种人通常表现得热爱传统。通常他们自视很高，可惜他们保守且缺乏冒险精神，因此成就不大。这种人对朋友彬彬有礼，但是这样形成的友谊没有深度。

2. 戴金丝边眼镜者

戴着金丝边眼镜的人希望当他人看他们的时候，认为他们除斯文之余，还有着学者的风范。这种人喜欢追赶潮流，给人一种很现代的感觉。

这种人十分注重自己的外表，尤其是当他们与朋友约会时，必定穿着光彩，同时在言语之间，还会暗示自己是个有身份的人。在跟人家讨论问题的时候，这种人喜欢发表一些独特的见解，以表示自己与众不同。

3. 戴无边眼镜者

常戴无边眼镜的人认为自己是个客观的人，在面对所有问题的时候，都能够从大体着想，不会因为一些细节而影响大局。

这种人与人交往时，他们喜欢兜着圈子跟人沟通。其实他们害怕被人伤害，所以千方百计不让别人接触他们真实的内心世界。

领带：男人个性的表现

西服，自诞生那日起就成为男人服饰中的佼佼者，而且这个地位直到今天也没有动摇。正式的西装有单排扣和双排扣之分，每一个男人都可以依据自己的喜好进行选择，而且不用花太多的精力。但是有一件辅助饰物却让男人大伤脑筋，那就是领带的打法和色彩的搭配。领带的作用类似于女士们的丝巾的作用，但男人的行事原则和人品秉性却可以完完全全地展现在领带打法及颜色的搭配上。若仔细观察周围的男人，便不难发现他们"本色"的蛛丝马迹！

1. 领带结又小又紧的人

有这种喜好的男人若身材瘦小，则说明他们是有意凭借小而紧的领带结，让自己在他人匆忙的一瞥时显得"高大"一些。如果他们并无体形之忧，则说明是在暗示别人最好别惹他们，他们不会容忍别人对自己有半点的轻视和怠慢，这是气量狭小的表现。由于生活和工作中谨言慎行，疑心甚重，他们养成了孤独的性格。他们凡事大多先想到自己，热衷于物质享受，对金钱很吝啬，一毛不拔，几乎没有什么人愿意和他们交朋友，他们也乐于一个人守着自己的阵地，孤军奋战。

2. 领带结不大不小的人

先不考虑领带的色彩和样式，也不管长相和体形如何，男人配上这种领带结，大都会容光焕发，精神抖擞。他们可以获得心灵上的鼓舞，会在交往过程中注重自己的言谈举止，所以不管本性如何，都显得彬彬有礼，不敢轻举妄动。由于认识到领带的作用，他们在打领带结的时候常常一丝不苟，把领带打得恰到好处，给人以美感。他们安分守己，把大部分的时间放到工作当中，勤奋上进。

3. 领带结既大又松的人

领带的作用是使男人更加温文尔雅，但打这种领带结的男人所展现的风度翩翩绝不是矫揉造作出来的，而是货真价实的，是他们丰富的感情所展现出的风采。他们不喜欢拘束，积极拓展自己的生活空间，主动与他人交往，练就高超的交往艺术，在社交场合深得女人的欢心和青睐。

4. 穿黄色衬衫，系绿色领带的人

绿色象征生命和活力，是点缀大自然最美妙的颜色；黄色代表收获和金钱，是财富与权势的徽章。这样搭配领带和衬衫的男人富有青春活力与朝气，想什么就做什么，不喜欢拖泥带水，对于事业充满信心。不过他们有时鲁莽冲动，自控能力比较差。

5. 穿白色衬衫，系深蓝色领带的人

"蓝领"代表职工阶层，"白领"代表管理阶层，他们将两者融合到一起，上下兼

顾，少年老成，同时不乏风度翩翩。由于视野宽阔，白领的诱惑远远超过蓝领，所以他们对工作十分专注，事业心极重，结果在奋斗过程中常常出现急功近利的表现。

6. 穿浅蓝色衬衫，系多色领带的人

五彩缤纷是人们对美好事物的形容，充满了迷离和诱惑，普通人和勤奋的人往往对此敬而远之。所以选择这种领带和衬衫的人拥有一股市井气息，热衷于名利；路边的野花繁多美丽，常常使他们心猿意马，见异思迁的他们对爱情往往不能用情专一，追逐的目标总是换了一个又一个。

7. 穿白色衬衫，系黑色领带的人

黑白分明是对于阅历丰富之人的形容，所以喜欢这种打扮的人多为稳健老成之士。由于看得多，感悟也会多，他们懂得什么是人生的追求，善于明辨是非，相信"善有善报、恶有恶报"，正义在他们身上得到了最大的展现。

8. 穿灰色衬衫，系黑色领带的人

不用看他们的表情如何，仅这种打扮就让人有种不舒畅的感觉。他们在穿着之时必先照镜子，能够接受镜中的压抑则说明他们有很深的忧郁，而这份忧郁是气量狭小所致，他们选择这身打扮。在工作当中，老板考虑到其他员工的情绪，常常请他们卷铺盖回家，所以他们也经常变换工作。

9. 穿白色衬衫，系红色领带的人

红色象征火焰，代表奔放的热情，更是一种积极和主动的表现，所以男人选择红色领带，无异于想追逐太阳的光辉，以使自己成为注意的焦点。他们本应该属于充满野心的类型，但白色代表纯洁，是和平与祥和的象征，白色衬衫让别人对他们刮目相看，感受到他们如火一样的热情和纯洁的心灵。

10. 穿绿色衬衫，系黄色领带的人

用辛勤的耕耘换取丰硕的收获，按照理想设计自己生活和人生，并勇于实施，他们流露出的是诗人或艺术家的气质。他们相信付出就会有回报，所以不会杞人忧天地担心秋后是否会因为意外的暴风雨而颗粒无收。他们与世无争，保持柔顺的性情，对人非常和蔼可亲。

11. 不会系领带的人

连系领带这种小事都要人代劳的人，大都心胸豁达而不拘小节。他们或是有某种常人没有的绝技在身，或是先天具有领袖才能，使他们不屑将精力消耗在系领带这样的细节问题上。他们性情随和，有同情心，朋友甚多，口碑亦好，且夫妻情笃、家庭祥和。

手表：对待时间的态度

"一寸光阴一寸金，寸金难买寸光阴。"这是在说时间的宝贵。时间在不知不觉、悄无声息中流逝，不同的人对此会有不同的感受。有的人视若无睹，而有的人则表示深深的惋惜，然后，抓紧利用每一分钟去做一些有意义的事情。一个人对待时间的态度，很大程度上是由其性格决定的，而时间对人具有什么样的影响，很多时候又能通过所戴的手表传达出来。这两者之间有着非同一般的关系，下面就针对这一点进行说明和介绍。

1. 喜欢戴电子表的人

有一种新型的电子表，只要按一下显示时间的键，就会出现红色的数字，如果不按，则表面上一片漆黑，什么也看不见。喜欢戴这一类型手表的人多是有些与众不同的特别之处。他们独立意识非常强烈，从来不希望受到他人的控制和约束，而喜欢自由自在、无拘无束地去做自己想做并且也愿意去做的事情。他们善于掩饰自己的真实情感，所以一般人不能轻易走近去了解他们。在别人看来，他们是特别神秘的，而他们自己也非常喜欢这种神秘感，乐于让他人对自己进行各种猜测。

2. 喜欢液晶显示型手表的人

喜欢液晶显示型手表的人在生活中多为比较节俭，知道如何精打细算。而且他们的思维比较单纯，对简捷方便的各种事物比较热衷，而对于太抽象的概念则难以理解。他们在为人处世各方面多持比较认真的态度，不会显得特别随便。

3. 喜欢戴闹钟型手表的人

喜欢戴闹钟型手表的人大多对自己要求特别严格，总是把神经绷得紧紧的，一刻也不能放松。这一类型的人虽算不上传统和保守，但他们习惯于按一定的规律和规定办事，他们在争取成功的过程中任何一件事都是以相当直接而又有计划的方式完成的。他们非常具有责任心，有时候会刻意地培养和锻炼自己在这一方面的能力。除此之外，他们还有一定的组织和领导才能。

4. 喜欢戴具有几个时区手表的人

戴具有几个时区手表的人多是有些不现实的。他们有一定的聪明和智慧，但一切都止于想象而已，不会努力付诸实践。做事常三心二意，这山望着那山高。在一些责任面前，常以逃避现实的方式面对。

5. 喜欢戴古典金表的人

戴古典金表的人多是具有发展眼光和长远打算的人，他们绝对不会为了眼前一些

既得的利益而放弃一些更有发展前途的事业。他们心思缜密，头脑灵活，往往有很好的预见力。他们的思想境界比较高，而且非常成熟，凡事看得清楚透彻。他们有宽容力和忍耐力，又很重义气，能够与家人朋友同甘共苦、生死与共。他们有坚强的意志力，从来不会轻易向外界的一些困难和压力低头。

6. 喜欢怀表的人

喜欢怀表的人多对时间具有很好的控制能力，虽然他们每天的生活都是忙忙碌碌的，但是却并不是时间的奴隶，而懂得如何在有限的时间里让自己放松并且寻找快乐。他们善于把握和控制自己，适应能力非常强，能够很好地调整自己的心态。他们多有比较强的怀旧心理，乐于收集一些过去的东西。他们言谈举止高雅，表现出一定的文化修养。他们有比较浓厚的浪漫思想，常会制造一些出人意料的惊喜。他们为人处世具有耐心，很看重人与人之间的友情。

7. 喜欢戴上发条的表的人

喜欢戴上发条的表的人独立意识比较强。他们自给自足，很多事情都坚持一定要自己动手。他们乐于做那些可以马上见到成果的工作，如干一次体力活。他们最看重的是自己所获得的那种成就感，但在这个过程中，他们又不希望一切都是轻而易举就获得的，这样反而没有了意义和价值。此外他们还并不希望得到他人过多的关心和宠爱。

8. 喜欢戴没有数字的表的人

戴没有数字的表的人抽象化的理念较为强烈，他们擅长于观念的表达，而不希望什么事情都说得十分明白。他们很在意对一个人智力的锻炼和考验，他们认为把一切都说得太明白就没有任何意义了。他们很喜欢玩益智游戏，因为他们本身就是相当聪明和智慧的，他们对一切实际的事物似乎并不是特别在乎。

9. 喜欢戴由设计师为自己设计的手表的人

喜欢戴由设计师特别为自己设计的手表的人，大多非常在乎自己在他人心目中的形象和地位，并且可以为了迎合他人而改变自己。他们时常会大肆渲染而夸张一些事情，以证明和表现自己，吸引别人的注意。

10. 不戴手表的人

不戴手表的人，大多有比较独立自主的性格，他们不会轻而易举地被他人支配，而只喜欢做自己想做并且也愿意去做的事情。他们的随机应变能力比较强，能够及时地想出应对的策略，而且非常乐于与人结识和交往。

戒指：展示自己的内心世界

人的一双手在生活中常是起着至关重要的作用的，它在无形之中会向人泄露许多的秘密，这除了手的形状、特质外，还与佩戴的饰物有着密切的关系。

戒指是手上最常见的一种饰物，在这一小节里就介绍一下戒指与人性格之间的关系。

1. 戴结婚戒指的人

一个人戴的如果是结婚戒指，那么这枚戒指越大越华丽，则表明这个人的自我膨胀感和表现欲望越强烈。如果戒指是紧紧地套在手指上，则表明他对人非常忠诚。

2. 戴刻有家庭标志的戒指的人

戴刻有家庭标志的戒指的人对家庭是特别重视的，而且也有表现、证明是这一家族成员的心理。

3. 戴代表自己生辰标志的戒指的人

戴代表自己生辰标志的戒指的人多很想让他人了解和注意自己，同时也非常想去了解他人，并且会给予他人一定的关注。

4. 戴钻石戒指的人

喜欢戴钻石戒指的人愿以此引起他人的注意，他们常会为自己所取得的成就沾沾自喜，而且还有一点骄傲自满，常常陶醉在过去的美好意境当中。

5. 戴风信子石戒指的人

喜欢戴风信子石的人大多非常在乎自己外在的形象，却忽略了内在的修养，所以虽然外表看起来他们很有魅力，但实质则是腹中空空。他们多有较丰富的想象力，而行动的指导则常是一时的心血来潮。

6. 戴小戒指的人

乐于戴一枚小戒指的人大多都有比较丰富的想象力和突出的创造力，只是这些东西时常不适合生活，他们常怀着非常迫切的心情想向他人说明自己的想法。他们的生活态度相对比较积极，在很多时候知道该如何适当地表现自己。

7. 戴手工戒指的人

手工戒指多是非常独特和复杂的，对这种戒指情有独钟的人的性格大多也是如此。他们也有较强烈的表现欲望，为了让他人认识和注意自己，他们可能会花费很大一番心思。他们喜欢标新立异，树立自己独特的风格，并且有十足的信心认为一定会成功。

8. 从来不戴戒指的人

从来不戴戒指的人并不喜欢杂乱和烦扰的感觉。他们在生活中凡事总是力求自然

舒适，这样他们才会感到自由，可以无拘无束地表达自己的各种思想和情绪。

手提包：身份的见证物

提包在人们的工作、生活和学习中是非常重要的一件必需品，很多时候它几乎与人形影不离，人走到哪里，它们也随之被带到哪里。正是因为提包具有如此特殊的作用，所以，它们在一定程度上可以向外界表达一定的信息，让外界通过提包来认识提包的主人。

提包的样式众多，人们可以根据自己的喜好进行选择。一般来说，选择比较大众化的提包的人，他们的性格也比较大众化，或者是说没有什么特别鲜明的、属于自己的个性。他们在很多时候都是随大流，大家都这样选择，所以他也这样选择，没有自己的看法，目光和思想都比较平庸和狭窄。人生中或许多少有所收获，但不会有大的成就和发展。

1. 喜欢休闲式提包的人

选择的提包多是休闲式的人，工作具有很大的伸缩性，自由活动的空间也非常大。正是由于这样的条件，再加上先天的性格，这类人大多很懂得享受生活。他们对生活的态度比较随意，不会过分苛刻地要求自己。他们比较积极和乐观，也有一定程度的进取心，能很好地安排工作、学习和生活，做到劳逸结合，在比较轻松惬意的环境中把属于自己的事情做好，并取得一定的成就。

2. 喜欢公文包的人

选择的提包多是公文包的人可能是某个企事业单位的总经理，如果是普通职员，也是在比较正规的单位。选择公文包是出于工作的一种需要，但在其中多少也能表现此种人的性格特征。这样的人大多数办事较小心和谨慎，他们不一定非得要不苟言笑，即使是有说有笑，对人也会相当严厉。当然，他们对自己的要求往往更高。

3. 喜欢方形提包的人

有小把手的方形或长方形的手提包，在有些时候可以当成是一件饰品。这种手提包外形和体积都相对比较小，所以使用起来并不是特别的方便。喜爱这一款式手提包的人，多是没有经历过什么磨难的人。他们比较脆弱和不堪一击，遇到挫折容易退缩和妥协。

4. 喜欢肩带式手提包的人

喜欢中型肩带式手提包的人，在性格上相对比较独立，但在言行举止等各个方面却是相对较传统和保守的。他们有一定相对自由的空间，但不是特别的大，交际圈子比较狭窄，朋友也不是很多。

5. 喜欢小巧精致的手提包的人

非常小巧精致，但不实用，装不了什么东西的手提包，一般来说，是年纪比较轻、涉世也不深、比较单纯的女孩子的最好选择。但如果已经过了这样的年纪，步入成年，非常成熟了，还热衷于这样的选择，说明这个人对生活的态度是非常积极而又乐观的，对未来充满了美好的期待。

6. 喜欢浓郁的民族风味手提包的人

比较喜欢具有浓郁的民族风味、地方特色的手提包的人，自主意识比较强，是个人主义者。他们个性突出，往往有着与别人截然不同的衣着打扮、思维方式。有些时候他们表现得与他人格格不入，所以说，营造出良好的人际关系存在着一定的困难。

7. 喜欢超大型手提包的人

喜欢超大型手提包的人，性格多是那种自由自在、无拘无束的，他们很容易与他人建立某种特殊的关系，但是关系一旦建立以后，也会很容易就破裂，这也是由他们的性格所决定的，因为他们的生活态度太散漫，缺乏必要的责任感。虽然他们自己感觉无所谓，但并不是其他所有人都能接受和容忍的。

8. 喜欢金属制手提包的人

喜欢金属制手提包的人，多是比较敏感的，能够很快跟上时代的脚步，他们对新鲜事物的接受能力是很强的。但是这一类型的人，在很多时候自己并不肯轻易地付出，而总是希望别人能够付出。

9. 喜欢中性色系手提包的人

喜欢中性色系手提包的人表现欲望并不是很强烈，他们不希望被人注意，目的是缓减压力。他们凡事多持得过且过的态度，比较懒散。在对待别人方面，也喜欢保持相对中立的立场。

10. 不习惯于带手提包的人

不习惯于带手提包的人，他们这类人的性格要分几种情况来说，有可能是因为他们比较懒惰，觉得带一个包是一种负担，太麻烦了；还有一种可能是他们的自主意识比较强，希望能够独立，而手提包会在无形当中造成一些障碍。两种情况都是把手提包当成一种负担，可以表现出这种人的责任心并不是特别强，他们不希望对任何人、任何事负责任。

11. 喜欢男性化皮包的人

喜欢男性化皮包的人（这里理所当然是针对女性而言，因为男性本应该选择男性化皮包），一般来说都是比较坚强、剽悍、能干的，并且趋于外向化的。

喜欢以上那些提包的人中，有的人包内摆放整齐，有的人包内乱七八糟。提包里的东西摆放得非常零散，没有一点规则，要找一件东西，需要把提包内的所有东西全部拿出来，这样的人可以看出他们的生活是杂乱无章的，奉行的是"无所谓"的随便态度。这一类型的人做事多比较模糊，目的性也不是很明确，但对人通常都比较热情和亲切。可是由于他们的生活态度有些过于随便和无所谓，所以常常会致使自己陷入比较难堪的境地。

提包内的各种东西摆放得层次分明，想要什么伸手就可以拿到，这说明提包的主人是一个很有原则性的人，他们大多具有很强的进取心，办事认真可靠，待人也很有礼貌。一般说来，这一类型的人有很强的自信心，且组织能力突出。但缺点是他们大多比较严肃、呆板，会过多地拘泥于生活中的某些细节。

手机：心灵交流的桥梁

1. 简单、方便的普通机型

这类人的性格是易于交往的，因此可以结交很多朋友，朋友也给他创造了更多的人生机遇。但是，他们容易从众，往往不知道自己真正需要什么，经常迷失在朋友的建议中。

在感情方面，他们原则性不强，分不清自己的所爱，虽然他力求做一个有原则的人，却常常让自己处于矛盾之中，放弃了原来的看法，因此表现出对人忽冷忽热，意志不够坚定。因为欠缺感情分析能力，所以他们只有在朋友和家人的支持下，才能顺利恋爱。

2. 外形极酷的金属机型

喜欢使用这种机型的人大多生活适应能力非常强，人生的机遇好，随时随地都能把握人生机会。但如果他没有坚强的意志，很容易让自己半途而废。他虽然看起来与人相处得很好，那是因为懂得隐藏自己，实质上，他个性独特，不容易让别人了解，内心很孤僻。

在情感上，他可以轻易地交朋友，却不是一个容易谈恋爱的人。他喜欢隐藏自己，很难让别人走进自己的内心世界。因此他的感情是孤独的，除非他遇见一个真心喜欢的人，引起他热情的追求，而对方刚好也很喜欢他，才有恋爱的机会。如果他没有遇到适合于自己的伴侣，便会宁愿孤独地生活。

3. 可换彩壳的流行机型

这种类型的人心目中最理想的生活境界就是放荡不羁、轻松自在的人生。虽然他为人真诚、善良、爽快，喜欢赞美别人，能包容别人的缺点，使很多朋友愿意亲近他，但是，过于浅显的心思，使他缺乏吸引力。

情感方面，他从小到大有不少恋爱的机会，却都无法长久，往往难以深入发展，因为他不知道别人需要什么，也不关心别人需要什么，只顾自我投入，虽然付出很多，但很难打动对方。

4. 能防水防震的运动机型

他们这类人，因为性格开朗、热爱生活和运动，所以天生看起来阳光味十足。他们人缘不错，身边经常围着许多同性或异性的朋友，不过不属于交友过滥那种。

运动机型最大的特点就是经久耐用，因此，虽然他看起来可能有点"花"，但是内心追慕的仍是那种天长地久的恋情。如果真正遇到值得他去争取和等待的感情，他所表现出来的执着也是让人吃惊的。

5. 对机型没有特别要求

这类人的个人信条，是工作至上，只有工作着，才感到自己生活着。因此，只有愉快的工作才能让他有快乐的生活。一旦失去了工作，或者没有喜欢的工作，他就开始质疑自己的人生价值。他最大的优点在于敬业，但过分的敬业也让他活得并不轻松。

在恋爱方面，他是个被动的人，如果没有足够的热情擦亮他爱情的火花，恐怕他还以为自己是个不注重爱情生活的人。虽然经常谈论爱情，但他不是个没有责任感的人，对家庭与事业，他都非常看重，在他的观念里，浪漫的爱情只是生命的点缀，平衡家庭与事业的关系才是生命的基石。

耳环：透视性格的物品

经过长期观察、研究，心理学家终于发现，不同性格的人喜好不同形状的耳环，这其实反映出人们希望借此寻求一种内心世界与外在表现的和谐。例如：活泼好动的女性通常会选择小巧的、呈几何图案的明快型耳环；而温顺柔和的女性则偏爱富于曲线美的流线型的耳环。

1. 圆形

喜欢圆形款式耳环的女性比较传统，家庭观念强，有一定的依赖性，但比较知足，性格恬静。她们性情温和、亲切、平易近人，具强烈的责任感。

2. 椭圆形

钟情于椭圆形款式耳环的女性，具较强的独立性和创造性，不论在生活还是在事

业上，都显得与众不同，往往能得到上司的欣赏和重用。

3. 心形

这种女性性情细致，体贴入微，而且浪漫活泼，感情丰富，富于女人味。同时也热情大方，乐于助人，对爱情执着，具很强的社交能力。

4. 方形

偏爱长方形或方形款式耳环的女性，生活严肃认真，做事井井有条，坦诚、坚强。她们处事也很沉稳，具有很强的洞悉能力，理智行事，精力充沛。

5. 梨形

选择此款式耳环的女性，多为追求时尚的现代女性，容易接受新鲜事物，勇于探索，具较强的适应能力，禀性坦诚、外向，能尊重他人。

6. 橄榄形

偏爱橄榄形款式耳环的女性具很强的事业心，雄心万丈，大胆外向，喜欢接受挑战。她们具有独创性，喜欢标新立异，追求刺激，不易受人影响。

美国纽约的著名心理学家伊莉尼医生认为，通过女性佩戴的耳环不仅能看出她的爱好和眼光，还可以反映出她的性格。

喜欢戴金耳环的人，往往是一个颇有自信心、性格外向并对人友善的人。她们有欣赏好东西的口味，但性格不太外向，注意约束自己，不是一个态度随便的人。

喜欢戴银耳环的是一个有秩序的人，做事喜欢遵循事先制订好的规则，尤其是每天的例行工作，而不喜欢突然使人惊奇。

有些女性喜欢戴家传耳环、旧式耳环，而不去买现代的耳环，身上绝无新潮的耳环。这类人是热衷家庭、忠于家人的，对朋友也非常忠诚。

喜欢戴很大的耳环的人，大多是无忧无虑的人，很有幽默感，喜欢在众人中突出自己。受人欢迎，也乐于助人，能与人善处。

有人喜欢买手工做的耳环，或是自制的耳环，每件都是与众不同的，这类人是有创造性的人，如果向文艺或戏剧方面发展或搞建筑工作，肯定会有成就。

有人爱戴一个小十字架或其他宗教意味的小耳环，这类人有深切的内在力量，对自己的素质引以为荣。为人是实际的，绝无花架子，不希望有炫耀成分的耳环在身上，更不戴假耳环。

有些人耳朵上戴着成串的红宝石、绿翡翠，其实全是赝品。这种人把自己的外貌放在非常重要的地位，也可能生活上要求甚高，喜爱精品，哪怕是假的。

有些人任何耳环也不戴，并不在乎别人满身珠宝。这种人很实际，并不准备在他人心目中建立自己的形象。她可能是个注意内在的人，并不留心外表，也并非无钱购买耳环。

其他饰物：展示着个性

常言道："清水出芙蓉，天然去雕饰。"自然之美固然让人沉醉，但除此以外，一些人为的创造，更会在自然的基础之上增添几分美丽。佩戴饰物就是装扮一个人的最好方式。

一个人选择什么样的饰物，才能与自己的个性相匹配？只有彼此相互吻合，才能达到最佳的效果。而这种选择，也就是一个人性格的外现。通过佩带的饰物，往往也能觉察出一个人的性格。

喜欢戴手镯的人，多数是精力充沛、很有朝气和活力的人。他们多比较聪明和智慧，并且有某一方面的特长。他们是有追求、有理想的一群人。他们在绝大多数时候知道自己想要些什么，并且会主动去追求自己想要的东西，甚至有些时候感到很迷茫也仍旧不会放弃，而是在行动过程中进行探索。手是展示手镯的必要载体，在这个展现的过程当中，人与人可以进行情感的沟通。

讲究衣着，重视整体的搭配，常常会带一枚小小的胸针，这样的人是相当重视自己在他人心中的形象的。他们在为人处世方面处处都比较小心和谨慎，不会贸然地做出某种决定。他们有一定的疑心，不会轻易地相信某一个人，即使是对非常要好的朋友，也是有一定保留的。他们希望自己能够引起别人的注意，但又总是习惯于用谦虚的态度来掩饰这种心理。

喜欢用珠宝来当作装饰品，对服饰起到某种点缀的作用，在很多时候并不是为了突出表现自己的个性，而是为了配合整体造型，达到一种整体和谐的程度而存在的。这样的人可以称得上是完美主义者，他们凡事总是竭力追求完美。他们的自我表现欲望不是太强烈，他们更在乎的是自己是否可以完全融入某一种氛围当中，与其他人打成一片。

所选择的装饰品具有很浓厚的民族风格，这样的人一般来说个性是相当鲜明的，他们总是有自己独特的思维和见解。

喜欢佩戴体积大、坠多、灿烂醒目的珠宝的人，多爱招摇和卖弄，他们无论走到哪里，总会吸引许多人的目光。他们比较热情，并且这种情绪还会传染给其他人。他们比较积极和乐观，喜爱幻想。

喜欢佩戴体积小、不太打眼的珍宝首饰的人，多为谦虚而又稳重的人。他们的内心多十分平静，在任何事情面前都能保持顺其自然的神情。他们一般不太希望能够引起他人的注意，随便自然一些反倒更好。

四、兴趣爱好，让你的内心无处隐秘

（一）休闲娱乐：透露人心的显示场

生活中每一个人都有自己的休闲娱乐方式。有的喜欢跳舞，以此来放松自己，缓解白天的工作压力；有的喜爱艺术，以此来陶冶自己的情操；有的喜欢慢慢地、很潇洒地、轻松自如地漫步遛弯。在今天的城市里，几乎每个人都有自己的休闲方式，每个人都懂得让自己高兴地度过美好的闲暇时间，并为此不遗余力。不过，从人们五花八门的休闲娱乐方式中，我们也可以看出他们不同的性格特征。

从音乐的爱好得出人的性格规律

音乐是全人类共通的语言之一，在我们的生活中是离不开音乐的，离开了音乐的生活会显得特别的枯燥和无味。

或许每一个人都曾有过被某一首音乐作品感动的经历。音乐是一种纯感觉性的东西，听音乐的时候喜欢听哪一类型的，就表明他在这一方面的感觉比较好，而这种感觉很多时候又是与一个人的性格紧密相连的。

1. 喜欢听古典音乐的人

喜欢听古典音乐的人，一般是理性成分占多数的人，他们在很多时候要比一般人懂得如何进行自我反省、自我积累，从而留下对自己非常重要的东西，将那些可有可无的，甚至是一些糟粕的东西抛弃。这样的人大多很孤独，很少有人能够真正地走入到他们的内心深处去了解和认识他们，所以音乐在一定程度上成了他们的心灵伙伴。

2. 喜欢摇滚乐的人

喜欢摇滚乐的人，大多对社会不满，有些愤世嫉俗，他们需要以摇滚的形式来宣泄自己心中的诸多情绪。他们会常常感到迷茫和不安，需要有一个人领导着逐渐地找回已经丧失或是正丧失的自我。他们很喜欢与一些自己志同道合的人交往，他们害怕孤单和寂寞。

3. 喜欢乡村音乐的人

喜欢乡村音乐的人，多是十分敏感的人。他们对一些问题常会表现出过分的关心，为人多比较老练、沉稳，轻易不会动怒。他们的性格一般比较温和、亲切，攻击性欲望并不强，比较喜欢稳定和富足的生活。

4. 喜欢爵士乐的人

喜欢爵士乐的人，其性格中感性成分往往要多于理性，他们做事很多时候都只是从自己的感觉出发，而忽略了客观的实际。他们喜欢自由自在的、无拘无束的生活，希望能够摆脱控制自己的一切。他们对生活往往是追求丰富多彩，而讨厌一成不变的任何东西。他们的生活多是由很多不同的方面组成的，而这些方面又总是彼此互相矛盾着，从而给他们在表面笼上了一层神秘的面纱，使他们在人前永远具有十足的魅力。

5. 喜欢歌剧的人

喜欢歌剧的人，性格中有很多比较保守、传统的成分，他们多是比较情绪化的人，但在大多数时候都懂得把握自己的情绪，不会随便发作。他们做事比较认真和负责，对自己很苛刻，总是要求表现出最好的一面，而努力做到至善至美。

6. 喜欢背景音乐的人

喜欢背景音乐的人，想象力是特别丰富的，而他们的生活态度却有点脱离现实而耽于幻想，这就使他们有许多必然的失望。不过还好，他们比较善于自我调节，能够重新面对生活，只不过幻想并没有减少。他们的感觉相当敏锐，往往能够在不经意间捕捉到许多东西。他们喜欢与人交往，哪怕是不熟悉的人。

7. 喜欢流行音乐的人

简单是流行音乐的主旨，这并不是说喜欢流行音乐的人都很简单，但至少他们在追求一种相对简单和自由自在的生活方式，而让自己轻松快乐一点。

8. 喜欢情境音乐的人

情境音乐听起来清脆悦耳，可以让人产生快乐的心情。喜欢情境音乐的人，大多都是比较内向的，他们渴望平静和安宁，而不受到人或事的干扰。

9. 喜欢颓废音乐的人

喜欢颓废音乐的人，多有自卑感，他们的性格从某种程度上来说是较矛盾的。他们讨厌一个人的孤独和寂寞，渴望与人交往，但他们又很难与人建立起相对较好的交往关系。在这种情况下，他们会产生一种很叛逆的心理，颓废音乐正好使这种心理得到了满足。喜欢颓废音乐的人大多崇尚暴力，有自我毁灭的倾向。

对爱好舞蹈的人的性格分析

跳舞是人类通过肢体语言进行沟通的方式，它超越了所有的文化，是社会化过程中相当重要的一环。舞蹈就像语言一样，不断演进，同时体现出社会的价值和历史变迁。一个人跳舞的方式和喜爱的舞蹈，比说话更能透露出一个人的个性，人可以用嘴撒一个谎，但是用跳舞来撒谎却是难上加难。

1. 喜欢芭蕾舞的人

喜爱芭蕾舞的人一般多有很强的耐心，能够以最大限度的忍耐心把一件事情完成。他们也很遵守纪律，具有一定的组织性。他们有一定的理想和追求，常会为自己设定下一些目标，然后努力地去完成它们。除此以外，他们的创造性也是很突出的，常会有一些与传统背道而驰的惊人之作。

2. 喜欢跳踢踏舞的人

喜欢跳踢踏舞的人多数精力充沛，表现欲望强烈，希望能够引起别人的注意。在遭遇失败和磨难的时候，他们能够坚持下来，从而渡过难关。他们的时间观念比较强，时间对他们来说是宝贵的，不会轻易地浪费。而且他们能够随机应变地处理事情，在面对任何一件比较棘手的事情时，都能够保持沉着冷静，认真地思考应付的策略，懂得如何进退，以保全自己。

3. 喜欢探戈的人

喜欢探戈的人大多是不甘于平庸的，他们总是追求生活的绚丽多彩，最好还要带有一些神秘性。他们很重视一个人的内涵和修养，在他们看来，这可能是比其他任何东西都重要的。

4. 喜欢华尔兹的人

华尔兹是一种相当优雅、平衡感十足的舞蹈，喜欢这种舞蹈的人多是十分沉着稳重，为人比较亲切、随和，有一定的社会经验和阅历的人。他们精通各种礼仪，善于捕捉着人与人之间十分微妙的关系。所以在为人处世、待人接物等方面，经过时间的磨炼和自我严格的要求，他们总会表现得十分得体、恰到好处，在无形之中流露出一种成熟而又高贵的气质和魅力。

5. 喜欢拉丁舞的人

拉丁舞包括了森巴、恰恰、马林巴、亲波萨舞等。喜爱这些舞蹈的人，大多是精力充沛而又魅力十足的，他们有很强的自我表现愿望，希望能够引起更多人的目光，而实际上，他们也很容易引起别人的关注。

6. 喜欢跳摇滚舞的人

喜欢跳摇滚舞的多是一些年轻人，毕竟这是一种需要耗费大量体力的舞蹈，人上了年纪，即使是喜欢，也不大可能跳了。无论是喜欢跳的还是只能喜欢而无法跳的，他们大多是充满了叛逆思想的人。摇滚往往更容易使人宣泄自己心中的不满情绪，因此他们的思想大多是比较时尚、前卫的，但这些时尚、前卫的思想往往又很难被人理解，更不要说认可了，所以说他们又是相当孤僻的一群人。

7. 喜欢跳交谊舞的人

喜欢跳交谊舞的人大多很乐意与人交往，对人与人之间那种相对频繁和友好的互动关系更是情有独钟。他们在为人处世方面多是比较小心和谨慎的，而且具有较强的组织和创造能力。

8. 喜欢爵士舞的人

爵士舞基本上来说是一种即兴的舞蹈，喜欢这种舞蹈的人，多具有灵活的随机应变能力。他们在为人处世方面多不拘小节，只要能说得过去就可以了，而且具有一定的幽默感，这种幽默感并不是故意表现出来的，而是一种机智和智慧的自然流露。他们很喜欢和很多人在一起，但如果只是一个人也能够寻找和创造乐趣。

从旅游偏好了解人的性格

心理学家认为，了解一个人喜爱的旅游方式，可以推测出一个人的潜在性格。不妨拿自己进行比较，便可以探究其真实性。

1. 喜欢欣赏风景

喜欢欣赏风景的人不想被局限于斗室之内，呆板的工作往往令他们感到烦躁，他们是精力充沛的人，而且很有幻想，任何生活中的新责任或新体验，都会让他们大为兴奋。

2. 喜欢漫步海滩

喜欢漫步海滩的人个性略带保守与传统，爱好孤独，有一种离群索居的欲望。不过，由于这种人对朋友和人际关系都很冷漠，所以他们会是好父母，因为他们会把所有心思都放在孩子身上。

3. 喜欢参加旅行团

喜欢参加旅游团的人是很理性的人，做什么事情都喜欢计划得井井有条，不期待任何惊奇的意外之旅。此外，他们个性豪爽，喜欢与别人分享一切，而且当别人懂得欣赏他们的时候，他们会格外高兴。

4. 喜欢到各地去探访朋友

忠诚是喜欢到各地去探访朋友的人的最大优点，也是他们做任何事情的最大动力。

在探访朋友或亲戚时，会让他们有踏实感。他们还是实事求是的人。

5. 喜欢出国旅行

喜欢出国旅行的人是追求潮流和时尚的人，生活中的变化会让他们觉得很刺激。此外，他们还充满幽默的个性，不容易被生活的重担压倒，总是过着自由自在、毫无拘束的生活。

6. 喜欢露营

喜欢露营的人是传统思想的拥护者，拥有崇高的道德标准，个性独立，富于创造性。这种人的人生观是讲究实际、讲究客观的。

7. 热衷于登山

当你问一个将要去度假的人，希望从事何种消遣时，如果他以登山回答的话，那么你就可以判断他是个内向型的人。

内向型的登山爱好者，经常组队向岩壁挑战，以攀登和征服人烟稀少、人力难及的险峻高峰为目标。他们对大自然的态度也不同于外向型的人，对于大自然的险峻、壮观以及美丽，他们又爱又恐惧，虽然敢于对它挑战，但是，始终不把它当成享乐的休闲对象，他们一向以真挚的态度对待那些他们想要征服的高山大川。

一般来说，内向型的人比较能够适应大自然严酷的环境，探险家就不用说，就是登山者也大多是内向型的人。真正名副其实的爱好登山之人，不仅抵制不了山峰险峻的诱惑，他们也热爱溪流声、高山植物、冰河、虫鸟等山峰拥有的自然景观。当他背着沉重的行囊，被问及"你到底要爬几次才过瘾"时，他只会回答："因为那儿有我喜欢的一座山呀……"

如果外向型的人说"我也喜欢大山"，这时你不妨认为——充其量，他只喜欢去那种能够吃野餐的小山丘罢了。

从读书看人的性格特征

在心理学家眼里，读书不仅能增加一个人的知识和内涵，还能在某种程度上反映出一个人的性格和心理。从一个人喜爱看的书，可以分析出其性格和心理。

1. 喜欢读言情小说的人

他们是重感情的人。这种类型的人非常敏感，生性乐观，直觉敏锐，一般很快就能从失望中恢复过来，东山再起。

2. 喜欢看传记的人

这类人有好奇心重、谨慎、野心勃勃的性格。他们在做出决定之前，一定会研究各种选择的利弊得失及可行性，绝对不会贸然行事。

3. 喜欢看通俗读物的人

喜欢看诸如各类型街头小报、周刊、八卦杂志等的人，一般都富有同情心，乐观开朗，经常利用巧妙的言辞带给别人欢乐。这种人总有源源不断的趣味性话题，经常成为办公室里或社交场合中颇受欢迎的人物。

4. 喜欢浏览报纸及新闻杂志的人

这类人大多属于意志坚强的现实主义者，并且易于接受各种新生的事物。

5. 喜欢读漫画书的人

这类人一般都喜欢玩乐，性格无拘无束，不想把生活看得太认真。

6. 喜欢读侦探小说的人

这种人勇于接受现实中的挑战，善于解决各种各样的问题，别人不敢挑战的难题，他们也愿意去应付。

7. 喜欢看恐怖小说的人

这种人多半因为生活太沉闷，使得他们想要寻找刺激及冒险。

8. 喜欢读科幻小说的人

这种人大多是富有丰富的幻想力和创造性的人，多为科学技术所迷惑，喜欢为未来拟订计划。

9. 喜欢翻阅财经杂志的人

这类人多喜欢竞争，争强好胜，最喜欢把他人比下去。

10. 喜欢读妇女杂志的女性

这类人喜欢读妇女杂志的女性：她们大都上进心强，希望自己成为女强人，希望事事都表现得超人一步。

11. 喜欢读时尚杂志的人

这类人非常在意自己的外貌，十分顾及面子，在日常生活中会尽力改变自己在别人心目中的形象。

12. 喜欢读历史类书籍的人

此类人富有创造力，不喜欢胡扯、闲谈，宁愿花时间做些有建设性的工作，而不想去参加无意义的社交活动。

从益智游戏来观察对方

"益智游戏"就是以新方法运用旧知识来解决问题。经常接触与之相关的游戏，会

使一个人逐渐地变得更聪明和灵活。不同的人会喜欢不同类型的益智游戏，喜欢是因为他在这一方面感兴趣，这就是人性格的一种体现。通过喜欢的益智游戏往往也能对一个人进行观察、了解和分析。

1. 喜欢魔术方块的人

喜欢魔术方块的人大多自主意识比较强，他们不希望他人把一切都准备好，而自己不需要花费什么力气或心思，也不喜欢把他人的思想和意见据为己有，而是热衷于自己去钻研和探索，哪怕这需要漫长的过程和付出昂贵的代价，也不会改变初衷。他们具有很好的耐力，对某一件事情，别人在感觉不耐烦的时候，他们也还能坚持如一。他们心思灵巧，触觉相当灵敏，喜欢自己动手制作一些小玩意。

2. 喜欢拼图游戏的人

喜欢拼图游戏的人的生活常常像也拼图一样，好不容易把一副完整的图形拼好，紧接着又会变成一块块的碎片，他们的生活常常会被一些意料不到的事情所困扰和左右，有时甚至是使长时间的努力和付出全部付诸东流。不过庆幸的是，这一类型的人具有一定的忍耐力和信心，在不满意的面前，不会被击垮，而是能够保持自己再奋斗的精神，一切都可以重新开始。

3. 喜欢纵横字谜的人

喜欢纵横字谜的人多是做事非常注重效率的人。他们希望在最短的时间内花费最少的精力最大限度地完成某件事情，可这在某些时候是不现实的。他们很有礼貌和教养，在与人相处时彬彬有礼，表现出十足的绅士风度。他们多有坚强的意志和责任心，敢于面对生活中许多始料不及的困难和灾难。

4. 喜欢玩几何图形游戏的人

喜欢玩几何图形游戏的人多是比较聪明和智慧的，他们对某一事物，常常会有自己独到的见解，而不是随大流。他们有很强的自信心，生活态度积极向上，在思想上比较成熟，为人深沉而内敛，常常是一副成竹在胸的模样。在做某一件事情之前，他们多是要经过深思熟虑，前前后后把该想的都想到，在心里有了大致的把握以后，才会行动，这样即使出现什么变故，也能很快地找到应对的策略。

5. 喜欢数字类益智游戏的人

喜欢数字类益智游戏的人大多逻辑思维能力比较强，他们的生活多是极有规律的，有时候甚至达到了呆板的程度。他们在为人处世等各个方面并不会随机应变，而是过分地有棱有角，结果，既伤到了别人，也给自己带来了伤害。

6. 喜欢智力测验的人

喜欢智力测验的人对生活的态度虽然是非常积极和乐观的，但有时候并不了解生活的本质是什么。他们的生活没有什么规律，而且对于各种事物的轻重缓急并没有一个清楚的认识，常常会将时间、精力甚至财力浪费在没有任何意义的事情上面，结果反倒将正经事情耽误了。可是他们并不为此而懊恼或后悔，相反却还找各种理由安慰和劝导自己。

7. 喜欢神秘类益智游戏的人

喜欢神秘类益智游戏的人性格中最突出的特征就是疑心比较重。在他们看来，这个世界上好像没有一样东西是可信的，他们对任何事物都表示怀疑，而这怀疑常常又是没有任何依据的。他们对某些细节及一些微小的差别总是表现得极其敏感，而这往往又会成为他们为自己的怀疑所找到的依据。他们会不断地对别人进行指控，但紧接着又会为没有充分的证据进行说明而感到苦恼。

8. 喜欢在一张照片中寻找错误的游戏的人

喜欢在一张照片中寻找错误的游戏的人，活得多不轻松，常常会被一些没有任何理由的烦恼困扰着。尽管目前的现状是一片大好，可他们却往往要朝着差的方面想。他们的胸怀多不够宽阔，很少注意到别人的优点，却总是盯着缺点不放。

对喜爱下棋的人的心理探索

下棋无疑是两军对垒，你杀我，我杀你。这种搏杀有自身的玄妙之处。棋道很重视三个字——"平常心"。真正懂得棋道的人深知这个为人处世的道理。人生就如一盘棋，其中常常是风云变幻、胜负无常。有很多有关棋的格言常常给人们不少启示，例如"一着不慎，全盘皆输"，"举手无悔，落地生根"等。

从下棋当中，一般都可以看出一个人的性格。有的人喜欢出奇制胜；有的人常常稳扎稳打，步步为营；有的人则很诡秘，趁他人不注意的时候下一着看起来很平常的棋；有的人经常悔棋；有的人则常常顾头不顾尾。如此种种，与各种各样的处世态度十分相近。

不同年龄的人下起棋来风格是很不相同的。年轻人初生牛犊不怕虎，下起棋来风风火火，大拼大杀，不到几分钟就一败涂地。老年人则老谋深算，走起棋来如行云流水，风平浪静，看起来若无其事，往往却暗藏杀机。

有的人爱下棋是出于对生活的补偿。在我们的日常生活中，争争斗斗在所难免，为了满足生活中的这种需要，下棋便成了比较理想的娱乐方式。在生活中比较温和的人下棋时却可能表现得很凶猛，他们从棋盘中获得了很大的安慰。

年轻人如果整天沉溺于棋局，那么这个人在生活中的包袱可能很重，他们将所有怨怒都发泄在棋局上，因此往往还显得急躁。

（二）运动方式：不同的思维定式

提到"运动"，你会联想到什么？健身？减肥？娱乐？休闲？还是其他更具创意的答案呢？不管其目的如何，通过长期的细致入微的观察，我们就会发现，当人们选择了某种运动时，便透露出其在身心两方面的需求，从中展现了他某方面的个性。

所以，当我们认识一个新朋友并想了解他的个性特征时，别忘了问他："你喜欢做什么运动？"然后再慢慢观察他的个性，也许你会得到意想不到的收获。

酷爱不同球类运动的人

人是一种动物，其关键就在于"动"，所谓的"动"，其中就包括身体运动。其实运动对于人而言是一种必不可少的生活方式，而生活当中绝大多数人也都在运动。不同的人会热衷于不同的运动方式，这也是人性格方面的流露。

1. 喜欢篮球的人

喜爱篮球的人多有较高的理想和远大的目标，他们经常对自己抱有很高的期望，希望自己能够比他人出色，站到别人前边去。为了达到这样的目标，他们可以做出很大的牺牲和努力。这其中可能避免不了要遭遇失败，但他们失败以后多不会被击倒，不会一蹶不振、灰心丧气，与之相反，他们的心理素质比较好，能够重新站起来，再接再厉。

2. 喜欢排球的人

喜爱排球的人多是不拘小节的，他们在做一件事情的时候，对过程的重视程度往往要超出结果许多倍。

3. 喜欢打网球的人

喜爱打网球的人大多是具有比较高文化素养的人，因为网球运动本身就具有贵族的气息和很高的格调，并不是所有人都可以轻而易举加入这项运动中来的。喜爱网球运动的人从整体上来说，大多是属于文质彬彬、有涵养的那一种人，他们会在各个方面严格要求自己，使自己达到一个相对比较高的层次上，力求至善至美。

4. 喜欢足球的人

足球运动本身就是一项很刺激的运动方式，能让人兴奋。喜欢足球的人应该是相当富有激情的，对生活持有非常积极的态度，有战斗的欲望，干劲十足。

5. 喜爱高尔夫球的人

高尔夫球也是一种象征着地位、财富和身份的贵族消遣，喜爱并不一定都能玩得起，凡是能够玩得起的人，大都是具有比较强大的经济实力作支持的，而其本人也可以称得上是个成功者。他们能够成功是具备了成功者必备的素质：宽阔的胸怀、远大的理想、不达目的不罢休的精神和坚强的毅力。

喜欢冬泳的人

喜欢游泳的人，都是有超强意志力的人，特别是冬天也到江河里进行长距离游泳的人的毅力是相当让人佩服的。

这种人喜欢保持冷静，做任何事情时，从不贸然行事，他认为遇上再严重的险境，能保持清醒的头脑是最为重要的，不希望被强烈的情绪左右自己的判断力。这种人经常以自己有理性、有逻辑而骄傲。

在任何公共场合，他们很少公然批评和指责别人，因为他们觉得这样做容易树敌，当然他们私底下对每个人、每件事都有独到的见解，他们从来都十分相信自己的分析能力。

冬泳者在事业方面总是追求很高的专业知识和地位，希望得到别人的赏识和尊重。由于冬泳者的冷静的个性，或许在某些方面难以得到异性的青睐，因为在对方看来，这种人显得不够热情，不那么容易亲近，这是这种人的短处。如果他们能在大众场合多表达一点自己的感受，抒发一下自己的感情，那么别人也许就不会觉得他们那么冷漠了。

喜欢步行运动的人

把走路当成是一种运动方式的人，为人处世就和走路一样，既不稀奇也不时髦，但是一直坚持下来，从中受到的益处却是无穷无尽的。他们没有很强的表现欲望，对能够很好地表现自己的事情并没有多大的兴趣。他们只是保持着相对的沉着、稳重，做自己该做、能做的事情。他们很有耐心，并且也有信心做好每一件事情。

喜欢黄昏散步的人

喜爱黄昏散步的人不爱好剧烈运动，只是喜欢在宁静中散步，向往自由自在的生活。

这种人的行为不拘小节，甚至根本不注重外表和个人卫生，生活上无欲无求。给人的整个形象是不修边幅、懒散。这种人对大部分事情都抱着无所谓的态度，是个火

没烧到眉毛不着急的人。

如果别人托他办事，就要碰运气。当他心情好时，能把事情办得顺当、体面；当他心情不好时，一点小事也会办砸。

喜欢器械运动者

购买运动器材，在家里做运动的人，可能是个冲动的人，因一时冲动，想买运动器材，结果就买了。可是通常都锻炼不了一段时间，因为家里事情比较多，比较烦琐，而且他们也没有那么坚强的毅力。

（三）兴趣偏好：判别他人的性格及品位

兴趣偏好是一个人的性格镜子，每一个人的爱好及兴趣与他的性格都有着密切的关联，而同一类型性格的人的兴趣偏好有着大致相同的范围，因而有时候只要知道一个人的兴趣，就可以大致判断这一类人的性格及品位。

心理学医生麦吉尔博士在对病人治疗的过程中，就通过病人的个人爱好，帮助他们分析和认清自己的特征，使他们主动摆脱心理疾病。这为我们通过兴趣爱好了解性格提供了科学的理论依据。

从喜欢的宠物看人的心理

小的时候，我们爱护自己的宠物；长大后，由于工作繁忙，我们只能看小朋友为了争夺宠物而又哭又闹；到了退休的年龄，又像孩提时那样照顾自己的宠物。养宠物是一种休闲方式，喜好不同，宠物自然相差悬殊，但是从心理学角度来看，不难发现其中一个共性，那就是通过人们喜爱的宠物通常可以了解他们的真实性格。

1. 喜欢养猫的人

这种人崇尚独立自主，讨厌随声附和，喜欢直来直去，从来不委曲求全、言不由衷。他们内向，喜欢宁静和恬淡的生活，抑制感情流露，很少有人能进入他们的内心世界。他们也严于律己，不喜欢随随便便，让人感觉不到热情和活力，有时难免矫揉造作。

2. 喜欢养狗的人

这种人随和温顺，显得格外亲切，但喜欢随波逐流，总是顺着别人的想法去做事。他们外向，不喜欢寂寞孤独，整天嘻嘻哈哈，与左邻右舍关系融洽。他们交际能力出众，爽快开朗，人情味浓，胸无城府，真实想法通常会从脸上或行为举止当中表现出来。

3. 喜欢养鸟的人

这类人性格细腻，同时会精心地装饰属于自己的空间。他们不喜欢烦琐的人际关系，心胸狭隘，交际能力差，性格孤僻。养鸟使他们自娱自乐，帮助他们打发多余的时间和寂寞，鸟成为他们生活中不可或缺的伙伴。

4. 喜欢养鱼的人

这种人有生活情趣，是个充满自信的乐天派，对事业和生活没有过高的奢求，只想平平安安度过每一天。有人说他们胸无大志，但一生快乐却也令人羡慕。

从对水果的喜好看透对方

通常，喜欢水果的人是憧憬母爱的善良性格的人。不过，从"水果中选择最喜欢的水果"这一点，却可判断出这个人的性格或个性。

1. 葡萄

这种人属于郁郁寡欢，喜欢躲在自己的象牙塔内的类型。他们具有美的意识或强烈的诗情和幻想力，很富个性，虽然第一印象给人冷漠的感觉，但是在交往之后会渐渐发现其内心是非常善良的。

2. 菠萝

这种人热情、专注执着、具有远大的梦想，喜好刺激或变化，凡事一头栽入其中埋头苦干，还最讨厌固定模式的生活。

3. 香蕉

这种人有时的任性举动会令别人伤透脑筋，不过他们很富有灵活简捷的行动力，具备和任何人都能成为好友的社交能力，性格开放。

如果为女性则属于稍带阳刚气的类型。

4. 葡萄柚

他们对健康或美貌的关心极强，是理想高的浪漫主义者，讨厌"平凡"，对任何事都极其关心，求知欲强烈。

5. 哈密瓜

这种类型的人外表典雅与内敛，然而胸怀大志或具有崇高理想，是属于积极向上的类型。他们讨厌对别人言听计从，会明显地体现出贯彻自我理想、信念的态度。

6. 苹果

这种人属于将事物处理得井井有条的认真型，谦恭有礼、凡事追求"恰到好处"。

7. 梨子

这种人也是能控制自我欲求的认真型。他们处事慎重，以诚信坚定为生活目标，

菠萝

具有抑制自己、凸显别人的一面，但有时想法过于消极。

8. 橘子

这种人是个性温和，与任何人都能步调一致、令人安心的人。他们特别重视家庭生活，喜欢与众人谈话，与志同道合的人共餐。

9. 樱桃

这种人对优雅、美的东西敏感，对于流行时尚会发挥个人品位的类型。不过，他们理想虽高却内向而缺乏执行力，不擅长在他人面前提升自己的形象。

10. 柿子

他们略带保守，生活朴素，在金钱方面绝不浪费，因此也具有成为巨富的潜质。

11. 木瓜

这种人属于极为个性的类型，充满着对某种新鲜的刺激或奇特行为的期待感，讨厌受束缚。他们极具有幽默感，擅长与人相处，不过，冷热变化极快，稍欠执着的耐力。

从喜欢的汽车观察对方

从现代经济水平来看，每一个人、每一个家庭都拥有一部汽车，这几乎是不可能的。但无法拥有，并不代表着人们就对汽车没有了解。虽然没有汽车，但对汽车津津乐道，甚至达到痴迷程度的人也比比皆是。喜欢、痴迷于什么样的车子，往往是个人品位的浓缩，由此也可对一个人的性格有个大致的了解和把握。

1. 喜欢节油型汽车的人

物价上涨，汽油自然也不例外，所以有很多人把目光盯在了节油型的汽车上面。这一类型的人多是比较客观实际、非常现实的，是能够脚踏实地生活的人。他们虽然也时常幻想，但从来不会让自己在其中驻足过长的时间。他们不怀念过去，也不寄希望于未来，只是着眼于现在，做到把握住现在所拥有的一切，然后在适当的时机再寻求突破和发展。他们大都很注意自己的外在形象，穿着非常体面，举止也相当优雅。

2. 喜欢进口车的人

喜欢进口车的人大多属于现实的利己主义者，他们缺乏集体的团队精神，凡事只要是能给自己带来益处的就会全盘接受。他们虽然也有很强的交际能力，但其中多以物质利益为纽带，一旦这一环节出现故障，那么一切就会不攻自破。

3. 喜欢吉普车的人

喜欢吉普车的人多有很强的好胜欲望，希望别人远远地落在自己的后边，自己永远保持第一名的优势。而且他们有较强烈的自主意识，希望走一条完全属于自己的路。喜欢吉普车的人的性格往往就像吉普车一样，能够不辞劳苦地进驻许多交通工具无法到达的地区。

4. 喜欢旅游车的人

喜欢旅游车的人多是比较节约、勤俭，能够精打细算过日子的人。他们总是能利用有限的时间、精力和金钱做出价值更大的事情来。他们在很多时候会赢得别人的尊敬和赞扬。

5. 喜欢豪华车的人

豪华车不仅仅只是富人的标志，穷人也有喜欢的权利。对豪华车情有独钟的人，他们多希望自己的表现是与众不同的，并且具有一定的影响力，能够吸引别人的目光。他们时常有成功的感觉，这种感觉多来自别人的赞美，可这又不能得到完全发自内心的肯定。

6. 喜欢轿车型的人

轿车型汽车有时候可能比豪华车更胜一筹。喜欢这一类型车的人大多自我感觉良好，他们总是乐于向别人炫耀自己，从而想证明一些什么。他们渴望自己能够得到别人更多的尊重和爱戴。

7. 喜欢敞篷车的人

喜欢敞篷车的人，大多是属于外向型的人，他们喜欢与外界进行各种接触，而厌

恶死气沉沉的生活。他们喜欢热闹，对色彩鲜艳华丽的事物情有独钟。他们对人多比较热情，富有同情心，能够给予别人关心和帮助。这一类型的人，对新鲜事物的接受能力也是很强的。

8. 喜欢双门车的人

喜欢双门车的人，一般而言控制欲和占有欲望是很强烈的，他们希望自己能够领导别人而不是被别人领导。某一事物一旦进入他们的视线，他们就会尽一切努力去争取，有股不达目的誓不罢休的劲头。在为人处世方面，他们更在乎的是自己的感受，而很少顾及别人的心理，而对于别人有什么样的心理，也是持一副毫不在乎的无所谓态度。

9. 喜欢四门车的人

喜爱四门车的人，多有自己较独特的个性，他们讨厌被人左右。因为自己有过深刻的受人限制的感受，所以他们从来不会去束缚别人。他们在绝大多数时候会尊重别人的意见和看法，给别人更多的自由选择的余地，哪怕这种选择对他们自己来说可能是一种伤害，他们也还会抱着一种理解和支持的态度。因为这一类型的人不过多地控制和限制别人，所以会赢得更多人的依赖和尊重，为自己营造出良好的人际关系。

从对喝茶场所的喜好观察对方

不同的地方，人们有着不同的喝茶习惯，对茶的品味也不尽相同，可以说是花样百出。例如有的人喜欢在街头茶馆喝茶，有人喜欢上茶楼。如果我们对喝茶者的喝茶场所进行细致入微的观察，就能发现他们的不同心理特征。

1. 喜欢到街头茶馆去的人

喜欢了解世俗风情的人，一般只去街边茶馆闲坐，当然也不排除那种囊中羞涩者。这种茶馆往往以价廉物美和小道消息多而吸引顾客，而经常进出这种地方的人，一般性情都比较温和，很少做无谓的争吵之类的事。

这种人的包容性很强，承受力也很强，特别能吃苦，是不怕苦不怕累一类的人。面对各式各样的辛劳、艰苦和困难，他们都能接受，都勇于承担。这种人在工作中是努力的，他们从不怕劳累，更不会偷懒，再艰难的事情他们都能够做好。在生活中这种人有耐心，不发牢骚，有能力，坚强，无畏，能承受生活的负担。不过，这种人的随机应变能力较差，有时缺乏灵巧。

2. 喜欢在家喝茶的人

从某方面讲，喜欢在家喝茶的人守家意识特别强烈，他们对外面的世界往往没有太浓厚的兴趣，也不愿意到外面去混，更喜欢泡一壶清茶与家人待在一起。他们只关心家事，而对外与世无争，或者根本就没有竞争力。

3. 在哪都不喜欢喝茶的人

这种人既不喜欢去茶馆，也不愿自己在家沏茶喝。他们并不是贫穷，但他们的确对此毫无兴趣，而且对茶友的劝告不以为然。这种人大都是内向型性格。

由于过于专注自己，戒备心过强，有时候就显得顽固。他们一般不会轻易地接受别人的邀请，也不会随便附和众人的意见，尤其是对于新事物，他们更有着强烈的对抗。他们很执拗，你要想说服他，恐怕只会惹得一身不快，败兴而归。通常在一个限度内，和他们还有协调的可能性，如果超过了那个限度，恐怕就难以成功了，与这种人交往，要避免过于莽撞的行为，否则马上会遭到拒绝来往的回报。

从对饮酒场所的喜好看人的品位

喝酒的行为中潜藏着想要消除不满或压力的欲求。因此，若调查喜好在何种场所饮酒，即能明白该人的深层心理或性格。

酒在人际交往中有时扮演着很重要的角色，我们也可以从中发现饮酒者的社交性。

1. 喜好路边摊的人

这种人天性嗜酒，是属于纯情、质朴的人。喜好路边摊等不必装模作样的场所的人，大多是个性善良、亲切。赚钱或出人头地不如与人交往来的重要，也可以说是具有社交性的类型。

2. 喜好酒吧、俱乐部的人

这种人与其说是喜好饮酒，毋宁说是讲究气氛或挑选饮酒对象的人。虽然希望受人欢迎，却只重视与特定人的交往。同时，饮酒也只限于工作的需要，是工作狂常见的类型。

3. 喜好酒馆的人

喜好酒馆等时髦气氛的人爱憎分明，对文学或美术具有兴趣，属于个性派人士，只和特定的人交往，并非和任何人都能相处。

4. 喜欢快餐店的人

喜欢快餐店或卡拉 OK 厅的人交友广，富有社交性。因工作的关系招待客人而选择快餐店的人，大多是能干型，而且绝不会承受压力。

5. 喜欢在家饮酒的人

喜欢在家悠哉游哉饮酒的，是对暴露自己的缺点感到不安的人。虽然郁郁寡欢却

又讨厌与人交往或警戒心过强，而无法拥有推心置腹的朋友。

五、千头万绪藏心间，一举一动露真相

身体语言是一个人下意识的举动，它最不具欺骗性，因此常常会出卖人们内心的真实想法。读懂身体语言，你就能轻松自如地破解那些意在言外的信息，从而读懂他人，领悟他人微妙的感情，你就能更清楚地理解对方的真实意思，从而使得沟通能够更顺利地进行，随心所欲地掌控局面。

（一）握手，能握出内心的秘密

无论是很久不见的老朋友，还是刚刚认识的陌生人，见面握手是必须要做的。因为，这不仅是一种基本的礼貌，而且，可以通过和对方握手，感知他的内心，推知其性格和行为倾向。

握手是人际交往中最常见的礼节之一。同时，握手也是一种交流方式，能传达出尊重、热情、鼓励，或者敷衍、逢迎、傲慢等情绪，握手时下意识的动作，就流露出一方内心不为人知的秘密。

习惯用双手握住对方的手

此类人待人热情，品性温厚，心地善良，对朋友能够推心置腹，喜怒形于色，而且爱憎分明。

握手时大力紧握

这种人握手就像掰手腕，令对方疼痛难忍。其实，他们是想传达真诚的情感，却往往因为做得太过，给人留下虚伪的印象。尤其是第一次见面，很多人都不习惯这样的握手方式。性格方面，这类人精力充沛，自信心很强，但是往往偏于专断专行，妄自尊大。另外，他们的组织领导能力都很突出。

握手时力度适中

他们和别人握手时力度适中、动作沉稳，双目自然注视对方。这类人个性坚毅坦率，富有责任感，为人可靠。他们往往思维缜密，擅长推理，经常能为人提出建设性意见。每当别人遇到困难时，他总会迅速地提出切实可行的应对方法，颇具大将风度，因而能得到他人信赖。这类人具有做领导的潜质，所以，不妨和他多走动，说不定以后他会成为你的贵人。

握手时轻轻碰触

这在社交礼仪中是大忌，只轻轻触碰，握不紧对方的手，会给人留下敷衍、不尊重人的印象。一般来说，这类人性格比较悲观，对什么事情都漠不关心，颇有游戏人间的洒脱精神。另一方面，他们为人比较豁达，谦虚而随和。

握手时上下摇动

他们会紧紧抓住对方的手，然后不停上下摇动。这类人属于极度乐天派，对未来充满希望，无论什么时候都神采奕奕，似乎没人见过他们发愁。而且，他们往往因为自己的积极热诚，成为受人爱戴倾慕的对象。

握手时抓住不放

他们常会抓住对方的手，直到把话说完。总体来说，此类人感情丰富，喜欢结交朋友。但是，如果是两位男士握手，则说明不放手的一方对另一方有所求，他希望对方认真听完他的话，并且做出回应。如果是两位女士握手，可能她是一个喜欢嚼舌头的人，爱在背后议论他人是非。如果是男士握住女士的手，说明男士对女士有好感，希望通过这种方式把好感传达出去。

握手时只用手指抓住对方

这类人个性敏感，情绪不稳，容易激动。跟这样的人接触，一定要小心，不要触碰他们的雷区，否则很可能让自己下不来台。除此之外，他们心地善良，富有同情心。

不愿与人握手

不会主动跟人握手，别人先伸出手时，他显得很不情愿。这类人大多内向羞怯，性格保守，但是对人却很真挚。

心理学家认为，最好的握手方法是：力度适中，直视对方的眼睛。这样，才能既显出你的自信，又能传达出你的真诚和对对方的情谊。通过握手，为彼此间搭建心灵沟通的桥梁。

（二）行走姿势是个性的速写

世界上没有两片相同的树叶，世界上也没有行走姿势一模一样的两个人。这不仅是身体上的差异，更重要的是个性上的差异造成的。不同的走路方式，折射出的是每个人与众不同的个性。

平时在路上，除了列队行走的军人，人们走路的样子是各式各样的，不可能完全一样。时间长了，你就会发现，一个人的走路姿势与他的性格、心理密切相关。一般来说，可以总结成下面几种类型：

标准步姿

腰板挺直，收腹收胸，步伐有弹力，手臂自然摆动，眼睛平视前方。这类人一般都乐观、自信，对人友善且有远见。

走路时，手插裤兜里

一只手插在裤兜里的人，走路显得很潇洒，比较重视自己的形象，很重感情，也很懂感情。两只手同时插在裤兜里，为人一般比较懒散，个性上有点多愁善感。

走路时两臂在身后摆动

这类人有点自高自大，老子什么都不买账，什么都不怕。性格比较蛮横，别人很难与其进行言语上的沟通。他们爱打抱不平，喜欢指挥别人，不愿意被别人指挥。虽然如此，这类人其实思维敏捷，做起事来有条不紊，有很强的组织能力，具有做领导的潜力。

走路时两臂在身前摆动

这类人往往胆小谨慎，唯唯诺诺，看上去没有精神，非常柔弱。他们承受不住一点精神上的打击，情绪很容易崩溃。但如果是故意装出这样的走路姿势，说明此人油里油气，别人很难看清他的真实为人和目的。

走路时上身微微前倾

这类人大多个性内向，为人谦虚而含蓄。他们与人相处时，表面沉默寡言，但极重情谊。他们表面看起来很平和，内心却十分积极或急躁。

走路速度很慢

走起路来气定神闲，比一般人慢半拍。这样的人能严格自律，为人谨慎，做事有条理，对任何人都十分宽容。为人精明而稳重，不轻信人言，重信义，守承诺。虽然看上去有点懦弱，实则十分有思想，有主见。

走路速度很快

这类人大多聪明能干，精力比较充沛，勇于面对生活中的各种挑战，有很强的适应能力。他们做事讲究效率，从不拖泥带水，只要是想办成的事情，就一定会朝着目标努力，严肃而认真，是个"言必信，行必果"之人。

小步快走

就像古代臣子见君主时的样子，用小碎步急急行走。这类人可能长期处于被管理、被领导的地位，养成了这样的行走习惯，或是本身就性情急躁，抑或心情急迫。

走路时大踏步

这类人一般都有强健的体格，自信心比较强，个性顽固且好胜，做事十分干练，讨厌别人拖拖拉拉。他们心地善良，别人有事相求一定会尽力帮忙。

走路时脚拖地

这类人走路不抬脚，鞋跟与地面摩擦严重。这类人常有疲劳、不快乐及苦闷的心情。做事没有积极性，喜好墨守成规，没有开拓性。也没有突出的才能，常会在命运方面受阻或受挫。

总结起来，最好的走路方式是，抬头挺胸，眼向前看，步伐不紧不慢。这样，才能给人一种自信、积极向上的感觉，也容易获得他人的信任和好感。

（三）站姿最能反映一个人秉性如何

俗话说"站有站相"，但这并不容易做到。因为，人的站姿其实和个性有着密切关系，有什么样的性格就有什么样的站姿。所以，人的性格千差万别，站姿也就千差万别。

在我们的成长过程中，长辈们总是教导我们要"坐有坐相，站有站相"。尽管如

此，人们的站相还是千姿百态，不尽一致。每个人都有自己习惯的站立姿势。美国夏威夷大学的心理学家指出，人们的"站姿"其实是由一个人的性格特征决定的。

站立时，双手叉腰

这类人多是领导，具有很强的自信心和权威性。如果他的双脚分开比肩宽，整个身躯微微向前倾，往往表示其存在着潜在的进攻性，你就要做好对方要发火的心理准备。

站立时，习惯将双手插入口袋

这类人一般城府较深，不会轻易向人表露心思，而是暗中策划行动。他们的性格偏于内向、保守型，凡事步步为营，警觉性很高，不会轻易相信别人。

站立时，习惯一只手插入口袋

这类人往往性格复杂多变。有时会亲切随和，与人推心置腹，极易相处；有时则对人冷若冰霜，处处提防，将自己严严包裹起来。

站立时，习惯把双手置于臀部

这类人往往有主见，有自信。做事绝对认真，为人稳重不轻率，具有驾驭一切的魅力，比较有领导才能。他们最大的缺点就是，主观意识太浓，而且听不进劝告，所以有时候表现得很固执。

站立时，将双手置于背后

这类人性格保守，最大的特点就是尊重权威，遵守约定俗成的规则，而且极富责任感。不过，只要给一定的时间，他们也能够接受新思想和新观点。另外，这类人的情绪不是很稳定，因此，往往显得有些高深莫测。优点是富有耐性，做事不怕麻烦，无论遇到什么困难，都能够坚持到底。

站立时，双手交叉放于胸前

这类人大多个性坚强，在困难面前不屈不挠，轻易不会低头。同时，他们过分追求个人利益，且有很强的戒备心，与人交往时，常常摆出一副自我保护的防范姿态，拒人于千里之外，往往给人冷冰冰的感觉，令人难以接近。

单腿直立，另一腿弯曲或交叉在一侧

这是一种持保留态度，或者有轻微拒绝倾向的站立姿势。习惯这样站立方式的人，往往自信心不足，性格比较腼腆，到了一个陌生环境或者不熟悉的人中间，会觉得很约束。但是，他们待人很真诚，内心也比较火热，喜欢帮助人。

双脚并拢，双手交叉

这类人为人处世谨小慎微，而且凡事喜欢追求完美。从外表看起来，他们稍显懦弱，似乎缺乏积极的进取精神，实则，这类人性格中有很坚韧的一面，他们认准的事情，就会默默而顽强地去做，绝不轻言放弃。

习惯倚靠着物体站立

他们不是靠着墙，就是靠着桌子，没有任何物体的时候，还会靠着别人。这类人比较好的一面是，为人坦白爽直，也容易接纳他人。不好的方面是，缺乏独立性，做事总喜欢走捷径。

身体语言往往比嘴巴更诚实，嘴巴经常有意识地撒谎，身体语言却是无意识地流露出真实状态。我们仔细观察一个人的站姿，就可以看出他是怎样一种人。

（四）坐姿体现着一个人的内心状态

坐在你对面的人，他在想什么？这可能是每个人都非常想了解的问题。其实很简单，要想知道他的内心状态，看看他放松时的坐姿就行了。坐姿不会说谎，它会告诉你当事人真实的心理状态。

你觉得怎样坐着最舒服？你的这个看似不经意的坐姿可能会"出卖"你，它会透露出你的性格特点和内心秘密等一些信息，下面让我们一起来看看。

正襟危坐的人

两腿并拢，整个脚掌着地。这类人为人真挚诚恳，襟怀坦荡，天生古道热肠。因此，虽然性格直爽，但不会激怒他人。他们的特点是，做事有条不紊，但比较容易较真儿，力求周密完美。并且，从不冒险行事，也缺乏足够的灵活性，难免给人留下拘泥于形式和呆板的印象。

跷着二郎腿的人

这种坐相显得很自然，说明此类人比较自信，懂得如何处理复杂的人际关系，也比较会享受生活。但是，如果一条腿勾着另一条腿，则说明此类人为人谨慎、矜持，没有足够的自信，做起事来经常犹豫不决，性格也显得比较复杂。不过，因为能掌握待人处事的分寸，也能得到他人的喜欢和好评。

脚尖并拢，脚跟分开

这类人做事太过认真，一丝不苟，常会显得犹豫不决。他们虽然知道这样做会耽误事，却往往不能改正。他们不太喜欢交际，总是独处，或跟最亲近的几个人交往。他们有很好的洞察力，能以最快的速度准确判断出陌生人的性格。但有时候，会过高评价自己的能力。

两脚并拢，脚尖抬起，脚跟着地

这类人谨慎小心，孤僻自闭，不敢融入人群，对人常持远观和防卫态度。这和他们天性异常敏感有关系，他们不能够承受一点点指责和议论。周围人能感觉到他们的这一特点，因此常会避免和他们谈论一些问题。这会让他们产生一种被隔离的孤独感，增加他们的心理防卫。

双脚向前伸，脚踝部交叉

男性出现这种坐姿时，常会双手握拳放在膝盖上，或者紧紧抓住椅子扶手；女性则双手自然放在膝盖上，或将双手交叠。这类人通常喜欢发号施令，还有强烈的嫉妒心，总是想在各方面争第一，支配和控制他人。所以，他们可能很难相处。另外，此类人做事有点犹豫不决，尤其是在个人生活上，经常会害怕做不好，出现紧张、恐惧心理。同时，他们会防御别人，避免受到他人的支配和攻击。

双腿分开而坐

这类人胸怀坦荡，可能具有主管一切的偏好，有指挥者的气质或支配他人的性格。他们一般都很外向，无所畏惧，甚至有些不知天高地厚。如果是女性，则说明其缺乏生活经验，有些自以为是。

坐着时，腿脚不停抖动

这类人很自私，凡事从自己的利益出发，极少考虑别人，对人很苛刻，对自己却

很纵容。没有什么人缘。但他们善于思考，经常能提出一些别人想不到的问题。

可能我们很难猜出对方内心所想，但如果做个有心人，认真观察陌生人的坐姿，在三五分钟内，即使你们没说话，也能将对方的兴趣了解个大概。这是一个很不错的公关策略。

（五）手是表达信息的最好工具

手，作为人体的重要组成部分，起着重要作用。举手投足之间，往往传递着一个人性格、情绪、心理等诸多的信息。想了解一个人，就必须多观察他的双手，通过细节，捕捉到他的心理信号。

在日常生活中，我们做很多事情都离不开自己的双手。不光是做一些事情，当我们有了情绪的时候，会本能地用手去表达。比如，跷起大拇指，表示夸奖或赞赏；招手表示喜欢或者再见；等等。另外，双手一些不自觉的习惯，也是人内在情感的自然流露，善于观察的人，就能从一些手的细节中，捕捉到他人的心理信号。

指尖轻敲桌面

当你对人说话的时候，他人做出这个动作，可能是他正陷入某种思维困境，或者在考虑解决问题的办法，抑或是还处于犹豫之中，不知道该不该做某个决定。这时候，你应该知趣地停下来，如果继续说下去，可能会引起对方的不耐烦，使事情变得糟糕。

抱紧双臂或双手叉腰

在交际场合中，突然用手抱住胳膊，身体向后仰，或者双手叉腰，身子前倾。这都表示对方对你的话持反对态度，甚至是你的话已经惹怒了他。前一种姿势，颇有点不以为然的意味，后一种姿势则代表攻击性，说明对方准备激烈地反驳你。

双手交叉放在脑后

这是一种很舒适的动作。行为人可能处于支配地位，以舒适的姿势来表现自己的从容、镇定及身份地位。比如，聚会时，部门头头可能会做出这样的动作，但是，当经理走进来后，他马上就会放下手，变得毕恭毕敬。

不停搓手

当一个人做出这样的动作时，说明他正处于一种紧张、焦虑、不安的状态。尤其

是十指交叉，来回上下搓动，则说明他的焦虑到了极点，如果再找不到十分好的办法，可能将面临情绪的大爆发。

用手摸嘴、鼻子或耳朵

这是人在说谎时，一些下意识的动作。有可能是他们在故意撒谎，也有可能是不想告诉别人某件事情。不管是哪种情况，如果看到有人在做这种小动作，就不要轻易相信他所说的话。

将拇指插入口袋

跟人交谈时，只将拇指放入口袋，其他四根手指露在衣服外面。这表示他们正处在不安的状态，大多是因为不自信，或者缺乏安全感导致的。这会让对方产生一种你不值得信任的感觉，因此，应尽量克制不要去做这样的动作。

用手指对人指指点点

这样的人，往往处于一种支配别人的状态。此类人，自高自大，而且性格暴躁。如果他们正在做这个动作，则说明对某件事情，或者某个人不满。这时候，千万不要去反驳，否则可能引发他们的暴脾气，惹出争吵。

用手捂嘴

说明当事人意识到自己某句话说的不合适，赶紧用手捂嘴，做出遮掩之势。这时候，若给他一些宽慰的话，一定能让他对你感激不已。

我们常说"十指连心"，手能表达人的心声，是不容怀疑的事实。我们要想了解一个人的内心，多观察他的手势就可以了。

（六）双臂交叉抱于胸前的人防卫心强

在生活中，不少人会做出双臂交叉抱于胸前的动作。这是一种表示防御、拒绝、否定的动作，尤其是在谈话时，若对方做出这样的动作，很可能处于防卫心理，所以，我们要先想办法削弱他的防卫心，才能使谈话顺利进行下去。

当遇到危险时，你的第一个动作会是什么？可能，大多数人会选择用胳膊抱住自己的身体。其实，这是人的一种本能自我保护。

在生活中，我们也常见到一些人做出双臂交叉抱于胸前的动作。这个动作是人的心理防御的外在表现。当我们身处陌生环境，或者陌生人中，或者对某个观点持排斥态度，经常会下意识地做出双臂交叉抱于胸前的动作。

它是我们为自己建立起的一道身体防线，潜意识里，阻止别人不要越过这条防线，给人一种防御、拒绝、否定的感觉。经常做出这个动作，说明此人的防卫心很强！

有人曾做过这样一个实验：将随机选出、互相之间并不认识的陌生人分为两组，各自围坐在一起。第一组的人，身体自然放松，坐在椅子上。第二组的人，都将双臂交叉紧紧抱在胸前。

结果发现，第一组的人很快互相热聊起来，实验结束后，他们之间变得跟朋友一样熟悉。第二组的人，则表现沉闷，没有人愿意主动和人攀谈，实验结束后，他们还是陌生人。

这个研究结果证明，将双臂抱于胸前，将给人一种孤傲、难以接近的感觉，别人会不敢接近你。同时，也使自己失去了诸多可贵的交际机会。

双臂交叉抱于胸前的人，基本上属于防卫心较强的类型，对谁都不能信任，不愿敞开心扉，将别人拒之门外，自然不会有太多的朋友。

我们应该怎样做？

交谈过程中，如果对方双臂一直抱于胸前，则表明他听不进你说的任何话。

某公司召开一次研讨会，会上请著名的专家来发言。有不少人表示赞同他的观点，也有不少人提出反对意见。老板通过观察发现，提出反对意见的人，几乎在听的过程中做出同一个动作——双臂交叉抱于胸前。而表示支持的人，都将手臂自然地放在椅子上或自己的腿上，呈现一种接纳、开放的姿势。

所以，我们只要想办法让他放开紧抱着的双臂，就有可能降低他的防卫心理，让他接纳你的意见。

有几个比较简单的方法可以试一试：

第一，找一件小物品，比如一支笔、一张宣传彩页、一个记事本让他握着，他就不得不松开紧抱着的双臂了。

第二，找一把有扶手的椅子，这样他就可以把手放在扶手上。

第三，边说话，边用肢体语言配合。肢体语言有时候是可以传染的，这会让他不自觉地松开双臂，模仿你的动作。

第四，谈话过程中，可以偶尔看看他交叉在一起的胳膊。眼神儿会告诉他"我不喜欢你这个动作"，也会给他带来压力，自觉地把胳膊放下来。

双臂交叉抱于胸前，表示当事人防卫心很强，不会轻易让你走入他的内心世界。

这时，不妨用几个小技巧，让他把胳膊放下来。只有先做出了身体开放的姿势，下一步他才会试着接纳你。

（七）爱幻想的人总是双手托腮

生活中压力无处不在，解压的方法之一就是幻想美好事物。人们在幻想时，喜欢做出双手托腮的动作，给自己一种精神和身体上的安慰。这个时候，千万不能打扰她，否则可能会让她不高兴。

相信大家一定都看过经典童话剧《白雪公主和七个小矮人》，剧中白雪公主经常双手托腮，入神地望着窗外，想象着自己的白马王子和一场浪漫的圣诞夜舞会。在动漫产业发达的日本，几乎在每部动画片中，在所有出现多愁善感、爱幻想的小女孩的场景中就会有双手托腮的可爱动作。这个动作出现频率之高，以至于已经成为设计的固定模式，双手托腮也已经成为爱幻想的妙龄少女的专属动作。

托腮幻想的样子

早上八点钟，英语早读时间，班主任王老师照例走进教室。环顾教室，一片朗朗的读书声，王老师露出满意的微笑。忽然她发现第一排最远处座位上小 A 同学的课本直立在桌子上，却看不到小 A 同学的脸。王老师轻轻走过去，拿掉小 A 同学的课本，轻轻地喊道："小 A，小 A…"却并不见小 A 同学的回答。只见小 A 同学双手托腮，面带微笑，沉醉于美好的想象中。

为什么爱幻想的人喜欢双手托腮

很多人都喜欢幻想，对于处于青春期的女孩来说，幻想的内容多半是未知的生活，美好的爱情，幻想成为电视剧里的女主角，和心爱的人在一起；对于即将或刚刚步入社会的青年来说，幻想成功的事业、和美的家庭。双手托腮，这一动作看似随意，实则是用自己的手代替了亲人、朋友或者是情人的手，来给予自己拥抱、呵护，弥补了自己当前无法体会到的感觉，给予自己在幻想过程中的一种身体和精神上的安慰。

在工作忙碌、生活充实的人身上，双手托腮去幻想的动作并不多见，只有可供幻想的时间，心有所想时，才会托腮沉浸在自己的思绪中。若你眼前的人，正用手托腮听你说话时，那就表示她觉得话题很无趣，你的谈话内容无法吸引她，她另有所想。而如果你的情人出现这样的举动，也许她正厌倦于沉闷的聊天，希望你给她一份其他的惊喜！

经常托腮幻想会偏离实际

一方面来说，若平日就习惯以手托腮的话，表示此人富于想象力，有自己的内心生活情怀；也可能是经常心不在焉，对现实生活感到空虚，期待新鲜的事物，梦想着在某处找到幸福。想抓住幸福的话，不能只是用手托着腮幻想而什么都不做。守株待兔便是这类人最佳的写照。

从另一个方面来看，这种人因为觉得日常生活了无新意，而习惯于生活在自己编织的世界中，偏离了现实，脑中净是罗曼蒂克的构思，与之交谈，往往会有一些意想不到的有趣话题出现。这种人就像一个爱撒娇的孩子一样，随时需要呵护，但太过于溺爱也不是好事。拿捏好尺度，适度地满足她的需求才是上策。而经常做出托腮动作的人，除了要自我注意这种行为是否是因内心空虚产生的反射动作外，也应尽量充实自己，减少内心的不安，试着通过心态的调整，改善表现在外的肢体动作。

（八）双手叉腰的人充满了敌意

人们在吵架或者搏斗的时候，总是将双手放在腰间，可以方便随时出击，这样的动作充满了敌意。在生活中，有人无意之间也会做出这样的动作，这会让对方感觉不舒服，要想跟他人交朋友，最好先将手放下来。

喜欢体育运动的朋友都知道，在某些重大的拳击比赛开始之前，举办方为给比赛造势，通常让拳手摆出一些具有挑衅性的姿势做宣传写真。于是我们经常会看到拳手双手叉腰，下巴微扬，一副目中无人、无所畏惧的样子。其实，如果我们留心观察的话，双手叉腰这种姿势不光在竞技场合中，在普通生活中也很多。名作《故乡》中，鲁迅先生笔下的杨二嫂"薄嘴唇……两手搭在腰间"，刻画出了一位性格"尖酸刻薄"的女人形象。可见，双手叉腰并不能给人表达一种友善可亲的形象。

两手叉腰的动作会被不同的人在不同的场合下展示出来。例如，小孩子向父母辩解时，运动员等待比赛开始时，等等。当男人的领地被其他男性闯入时，他们也会用这样的姿势向入侵者发起无声的挑战。

在周末的周工作总结会上，同事小张和小王因为工作职责和工作进度问题产生了分歧，但幸好有同事及领导在，两人的争吵没有发展到特别激烈。下班后，小张去抽烟区放松紧张的神经，突然看到小王也在那里，双手叉腰，嘴里叼着一支香烟，于是一股怒火充斥了内心。这个场景下小张感觉到的是小王对工作中争吵的不服气，以及不依不饶，于是开始了新的争吵。

也许小王并没有咄咄逼人的意思，但这个姿势却把不友好的态度传递给了他人，以至于造成误会。

据国外科学家研究，两手叉腰的姿势会给人一种微妙的视觉和情感上的刺激。双手叉腰时，我们能够占据更大的空间，往外凸出的手肘形状也像是武器，给人一种震慑感觉，尤其是在双方已经有冲突意识的前提下，这种视觉上的刺激会更加明显，造成人心理上的防御情绪。

这个强势者的姿势通行于全世界，它给人的信号就是要随时准备发起攻击。于是在众多的美国西部牛仔电影中，这成了牛仔们的一种经典姿势，决斗前的牛仔们必定是一手拿一把左轮手枪，一手叉腰。

这个姿势让人们感觉到的是来者不善，似乎当事人对已锁定目标志在必得。在某种情况下，即使双方之间的交谈是随意而友好的，但是，双手叉腰的姿势肯定无法营造出完全放松的谈话氛围，除非他们能够放下叉在腰部的手臂。

所以，当和别人交谈时，一定要不做出双手叉腰的动作，这会让人感到威胁。即使是正在发生争执，也不要做这个动作，而是想办法心平气和地解决，否则只会让事情越来越糟糕。

（九）双腿交叉是自信舒适的象征

陌生人之间谈话，常会有拘束和戒备，所以，交谈动作大多时候是正襟危坐。朋友之间则要放松很多，交谈时，总会摆出让自己舒服的姿势，比如两腿交叉在一起。所以，当看到谈话对象做出这样的动作时，说明他已经把你当成了朋友。

某跨国公司H公司高档会议室里，小李与公司商务总监王总和H公司的刘总在沟通H公司产品国内代理权事宜。会谈进行得十分顺利，双方都比较放松，刘总更是站起来，沏了一杯茶后，身体斜倚在会议桌上，左腿放在右腿之前，呷起了茶水。再经过详细事宜商谈之后，双方愉快地签订了合作合同。

事后，王总自信地说："其实会谈进行到一半我就能够预测到这个合同已经稳拿。"

小李很吃惊地说："为什么，难道王总能够神机妙算？"

王总哈哈一笑，回答道："小小的暗示就发生在你身边的每时每刻。你应该注意到了吧，H公司的刘总表现得是多么坦诚自然，没有特别多的客套拘束，说明他对我们的沟通也是相当满意的。"

小李："您是说他会谈中间还有心情沏茶？"

王总："这还不是主要的，你看他双腿交叉，一副悠然自得的样子，仿佛已经胜券在握，这已经说明问题了。"

小李："双腿交叉也能说明问题？"

在几百万年前，人类尚未产生语言的时期，由于相互之间无法快速有效沟通，腿和脚就成为最有效的工具，遇到危险情况可以逃跑以应对猛兽、灾害等。在此时期，两腿交叉只能在放松自在时才能做，因为它使人体不稳且不利于反应。所以，一旦这种姿势出现就证明交往双方感觉彼此舒适、值得信赖。

一般来说，在拘束感比较强的场合，开始时人们多采用正式的坐姿，正襟危坐，因为此时心理上有一种无形的约束力在约束自己的行为，使自己的表现显得更正式。商务交流初始，出于礼貌考虑双方之间会彼此稍稍点头示意，这是一种防御性的姿势，从心理学上分析，其实这时候人的心理并不平静，也缺乏自信。

经过一系列语言及肢体的沟通了解，对谈话对象有更多的认知之后，人们开始逐步融入这个群体，随之身体会逐渐从正式的姿势转变为双腿交叉的随意姿势，互相之间可以询问初始不便公开的话题。这种亲昵态度表明他们逐渐变成了好朋友。有趣的是，这些双腿交叉站着的人经常显现出一种心情放松的样子，谈话也显得相当随意。

由此可以看出，在谈话环节上整个姿势的变化过程，其实是人们的心理变化过程所带动出来的肢体表现。人的心情由紧张到放松，身体也做出了由正式到随意的变化。

研究显示，缺乏自信的人们经常会使用正式的坐姿。感觉自信舒服、游刃有余的人经常会使用双腿交叉的姿势。故此，在信息沟通交流过程中，要想获得更多的有效信息，必须要让你的沟通对象感觉舒服自在，不应有心理上的负担。

（十）不自觉地抖脚是内心紧张的表现

遇到压力或危险的时候，人们会感觉紧张，这是一种正常的心理反应。人在紧张的时候，往往会不自觉地抖动双脚，或者做其他小动作，这会妨碍其表达自己真实的想法。

每个人都会有感觉紧张的时候。尤其是身处陌生环境，处理没有把握的事情，产生对外界无法预知的担忧感和无法掌控感，因而在心理上会产生一种紧张的情绪。

通常为了稳定紧张的情绪，人们做出一些细微的小动作。比如握紧拳头，紧咬嘴唇，或者不自觉抖动双脚。只要认真观察，就很容易捕捉到。

小飞第一次和相亲对象约会。开始的时候，两人都没话说，显得稍微有点紧张。

桌子下面，他们的脚都在不自觉地抖动着。

"你喝水吗？"为了打破僵局，小飞主动起身给女孩儿倒水，却不小心打翻了水杯。

"对不起，对不起……"

"没关系……"女孩儿也帮忙收拾桌子，气氛一下子活跃起来了。

随着两人聊得越来越多，他们的双腿都换了一个舒服的姿势，脚也不再使劲儿抖动了。

实际上在生活中，你只要仔细观察就会发现，人们都会或多或少地产生紧张感。比如，在会议上的发言者，考场中的学生，初入职场的毕业生，等等。

他们都有一个相同的动作——抖动双脚。

从神经解剖学的角度分析，如果我们产生紧张情绪，大脑皮层会通过中枢神经传送一些命令给肢体，肢体会无意识地做出抖动双脚的动作，来缓解神经上的紧张情绪。类似的动作还有握拳、咬嘴唇、吸烟等。

所以，如果与人交谈时，无论他的脸部是多么镇定从容，只要对方不停地抖动双脚，就说明他的神经紧张程度一定很高。那么，我们应该注意，是什么让他如此紧张。

如果对方不停抖动双脚，产生紧张情绪，那我们一定要注意了。这可能是被你问到了敏感话题，他不想回答；或者，对自己所说的话感到不自信；再或者，他根本就是在说谎！

如果是第一种情况，那你就要及时反思，是不是问题涉及了人家的隐私？接下来要及时调整话题，不能继续纠缠下去，最好装作不在意的样子，换个话题聊。

如果你说的话占据引导地位，而且所说的是事实，对方听到之后，不自觉抖动双脚。这可能是他心虚的表现。要大胆推测一下，对方的紧张情绪从何而来？也有可能，他接下来会说谎，这时，要多追问几个问题，才能真正看清他的内心世界。

例如，小张和小李在聊天。小张："这个月的奖金可真不5，-n阿。我拿到了整整2000元。你呢？"小李："啊？是吗？我……我也跟你一样。"同时，双脚不自然地出现了抖动。其实，小李拿了3000元，而且据他所知，同事们的奖金基本都是3000元。

原来，他怕打击小张，不敢说出实情。而善意的谎言，也让他很紧张，所以出现了抖脚。小张其实发现了他这个动作，但为了避免尴尬，巧妙地转移了话题。小李轻松了很多，脚部不再抖动。

总之，在与人相处中，要想更好地了解一个人，就要多一些认真和细致的观察，通过一个人的小动作，来看出其广阔的内心世界，通过其内心的想法才能真正了解一个人的性格特点，从而为我们自己的生活争取到更多的优势地位。

六、你的习惯也会出卖你的心

（一）行为习惯：刻在心灵上的烙印

习惯是性格的一面镜子。汉语中的"习性"一词，指的就是习惯与性格，这两者相互依存，谁也离不开谁。

任何一种行为习惯的形成，都是人类的感情与欲望在有意和无意中积累的结果，是将人们内心表现于外的行动。每一种不同的心性都有不同的行为表现形式，通过这些行为习惯可以透视一个人的内在本质。

从签名习惯上透视人心

名字是一个人的身份代号。时至今日，人们的交际圈越来越大，交际活动也越来越频繁，亮出自己名字的机会也越来越多，于是签名成为人们一项重要的交际内容。签名有美有丑，有大有小，千姿百态。签名不仅能透露签名者的个人信息，还能把他们的性格反映出来。

1. 名字向上的人

名字向上的人一般都是有雄心壮志的人。他们不畏辛劳，坚定执着地朝着自己的理想前进，积极向上，会想尽办法战胜眼前的困难。他们喜欢荣誉和鲜花，非常热衷于世间的一切享受，这也是他们不懈努力的结果。他们可以成就大的事业，同样也将灾难降临到别人的头上。

2. 名字向下的人

名字向下的人通常都是消极的等待者或妥协者，总是一副有气无力的样子，犹如大病初愈，又好像历尽了沧桑和磨砺。他们自信心不足，不敢设计未来，见到别人取得荣誉，虽然有时也会热血沸腾，但转眼间又去随波逐流了。

3. 名字向左的人

名字向左的人一般不喜欢按照常规办事，喜欢创新和追求不同凡响。如果他们喜欢某个人，就会冷酷到底；如果厌恶某个人，则会热情周到。他们喜欢表现自我，在陌生人面前直言不讳，他们认真诚恳而又不失幽默的表现往往会获得大众的喜欢。

4. 名字向右的人

名字向右的人信心十足，热情洋溢，积极向上，总是一副充满朝气、和蔼亲切的样子，在人际交往过程当中经常主动向别人靠拢，别人也会笑脸相迎，和他们愉快地交谈。但这并不是他们成为社交高手的主要原因，他们真正高明之处是"醉翁之意不在酒"，在交往的时候表面热心参与，而实际上置身事外，对全局进行缜密的观察和了解，别人的一举一动几乎都逃不过他们的眼睛，所有的发展变化都在他们的掌控当中。

5. 名字写得特别大的人

名字写得特别大的人表现欲望强烈，喜欢招摇，注重表面文章，总是将非常多的精力用到穿着打扮上，给人留下良好的视觉感受，但不会让人对他们念念不忘，因为他们没有办法打动他人的内心。他们总喜欢将众多任务揽于一身，但是他们的工作成绩表现出他们的真实面目，那就是他们能力有限，遇到困难显得软弱无能，更有甚者无始无终，所以他们成就大事的希望较小。

6. 名字写得特别小的人

名字写得特别小的人的性格与签名特别大的人截然不同。他们不喜欢在大庭广众下抛头露面，引人注意，既不积极用特别的外表吸引别人的注意力，也不主动向别人打招呼和表示什么。他们对自己没有足够的信心，工作上的表现虽然不是十分主动，但属于自己的工作都能集中精力来完成，没有很强的功利心，喜欢平淡的生活。

从打电话的方式分析不同的人性

1. 从使用手机的方式看人的心理

"没有用过手机！"在现代社会，这么说的人简直会被当成怪人，手机已经成为现代生活不可缺少的物品了。它有与人联络方便的优点，但同时也引发被广泛讨论的"手机依赖症"。

这里我们把焦点放在用法特殊的案例上，来考虑一下这些人的心理与性格。

（1）老是用短短的对话交谈的人。和不同的人讲电话都讲个不停，可是交谈的语言都是"怎样"，或是"好吗"这种简单的对话，表示他们希望与对方交流，但却无法得到满足。他们与人只有表面上的交往，对人际关系和自己都没有足够信心，有时会避免和特定的人有深入的交往。因此他们如果不打电话，会被"我被抛弃了吗""别人讨厌我吗"等不安所驱使，总是会很紧张，为这种事所烦恼。这种人也有缺乏体贴与想象力的一面。

在学校、家庭或公司里因找不到身心安顿之处而感到孤独寂寞的人，也有依赖手机的倾向。

（2）不断地传短信的人。根据调查，学生使用手机的方式，通常一天平均只打一两次电话，但收发短信却高达 15 次。短信比较便宜，当然就占了不少优势，但一天发好几十次短信的人，就和电话讲个不停的人没什么区别。

只使用文字的短信，不需要像讲电话那样注意声音语调，只要传送自己的想法就行了。热衷于这种沟通方式，连讲电话这样简单的沟通都嫌麻烦而尽量避免的人，对人际关系怀有强烈的不安和自卑感，有独断专行的习惯，爱钻牛角尖，可能会将对方的短信按照自己的想法来解释，容易有和现实状况不相符的想法（妄想性认知）。

（3）依照不同对象使用手机或室内电话的人。"因为不好意思打手机给前辈，所以用家里的电话。"会说这种话的人，是因为觉得手机是"简便的联络工具"，所以"使用这个来跟长辈联络太过失礼了"。他们对于上下关系非常敏锐，会紧守住这层关系，是保守、怀抱着权威主义的人。从很在乎对方的反应与他人对自己的评价这点看来，可说他们是对人际关系心怀不安的人。

（4）拒绝使用手机的人。这一类的人有很多典型，例如：讨厌跟随潮流的人，对青少年文化反感的人，对于联络不上时不会感到不安的自信家，不爱交际的人，对人际关系极度不适应的人等。

2. 在人前讲电话的方式表现出性格

（1）即使周围有人，讲话也很大声。自我表现极强，这种人即使没有特别理由也要夸大自己的存在。他们反应迟钝，完全没意识到自己已经侵入别人的领域。和他人交谈时只顾讲自己的事，完全不听他人说话。

因为把周围的人都当成"跟自己一样的人"，所以会把不认识的人当作不存在，对于事物也会视而不见，很有可能会毫不在乎地做出一些不近人情的事。

（2）在人前仍会掏出手机与其他人通话。性格比较自私，这种人不会顾虑到可能给其他的人带来麻烦或干扰，凡事会以自己的想法和希望为优先的人，很难指望和这种人能稳定地交往。

此外，这种人如果受到了什么刺激，会把全副注意力转移过去，搞不好会完全忘记了对方的存在。他们并不是自以为是，反而是过于谦虚而认真，通常会有太过在意别人的个性，但容易遭到对方误解，对他而言处理人际关系会非常辛苦。

（3）总爱在别人面前确认有无来电。对他人最失礼的事，莫过于"心不在焉"，心思神游到别的事情上面去了。这类人常常不在意对方，以自我为中心。

此外，这种人对于得在他人面前说话这件事，觉得很辛苦，心想着"早点结束对话吧"，还可能会不时拿出手机确认有无来电。他们如果能改变无法清楚表达自己想法的弱点，就会变成个性很温和的人。

3. 从打来的电话知道对方的"规矩遵守度"

在公事往来的电话中，基本的对话礼貌是"当电话拨进来时，要尽快接起来""电话铃响两声后再将电话接起来"。不过，现实生活中的这种事情也是因人而异的。

（1）电话响起时，即使忙于某件工作，也会放下手上的事接起电话。这种人是会遵守规则的人，属于领导的指示与公司的规定都会乖乖听从的优等生类型。他们有表里一致的性格，对于外界的刺激会很敏锐，但如果遇到预料之外的事情就会紧张得不知所措。

（2）电话响了好一阵子，也是一副无所谓的样子。这种人是一个个性不慌不忙，总是很悠闲自在，凡事都尽可能按照自己的意思去做，就算改换指示或规则，仍是会以自己的标准去做衡量判断，然后再做些改变。他们个性松散，有可能是个麻烦的制造者，而且非常不善于与人交际，所以也很不喜欢接电话。

（3）除了自己的电话之外，就算是在自己身边的电话响起，也绝对不会去接。这种人总抱着"别人是别人，我是我"这种想法，没有协调性，所以不适合做团队的工作，而且会反抗领导、会破坏规则。但是他们如果工作能力很强的话，会是一个很让人尊敬的对象呢！

4. 从打电话时的动作看个性

（1）边记要点边说。事先准备好便条纸的人，是思考很周到的人。他们对于自己的工作有很严谨的规范，会注意到小细节，绝不会敷衍了事，很善于把工作做好。他们考虑周到、重感情，但遇到突发的情况，会有点无法适应。

（2）讲电话讲到一半才开始找便条纸。这种人是做到哪想到哪的人，做事事先没有计划，很懂得随机应变的行动派，但情绪转变很快，会有点草率，给人不够沉着稳重的感觉。

（3）边说话边写下无意义的话与图。这是讲电话时不用心，不管说什么都无所谓的最佳证据，这种人处在闲得无聊的状态。

（4）讲电话时总是不知道手该放哪里。这种人正对某个状况或某个人感到慌张、担心与不安，为了缓解这种压力而做出的反应。还有人喜欢边讲电话边用手指敲桌子，这也是同样的情况。这种人也可能会有突然大发雷霆的情况。

（5）边做别的事边讲电话。一边整理桌上的书与文具，一边说电话，这种人不专心说话，还会随着其他事物转移注意力。如果自己不留意到这一点的话，将没有办法把握自己的行为举止，会造成注意力与体贴心不足。

（6）边讲电话边做出行礼的动作。他说话时是带着感情的，会无意识地做出一些动作来，这个称之为自己的同调行动。会带出动作的感情是很强烈的，他不会说谎，个性积极又正直。

贪吃贪喝的人害怕孤独

曾有这样一个故事：

一位年轻的女孩去看病，说最近 3 个月，她的体重增加了 15 公斤，而发胖的主要原因是吃得太多。

这位女孩毕业于外地一所学校，3 个月之前来到现在工作的所在地。她以前从未离开父母单独生活，但因为毕业求职，不得不离开父母。对将来抱着很大希望的她，搬来本地，过着枯燥无味的孤独寂寞的生活。当她从公司回到自己的宿舍时，没有人迎接她，只有冷清、黑暗的空屋子，晚餐也得自己动手准备，这就是她每天的生活。

孤独的生活使她难以忍受，因此当她独自在悄无声息的屋子里时，会涌起吃的冲动，所以就开始乱吃东西，因为只有多吃，心理才能获得宁静。这次冲动刚平静，下次的冲动又会袭来，于是随着自己的冲动不断地吃，到最后一天三餐根本吃不饱，一天得吃六七餐，由此养成习惯后，她更是每天不停地吃。

不久后，除了每天吃以外，冰箱里还必须常常塞满食物，否则她就会担心食物是否少了。而且这种离不开食物的习惯，也带到了单位，办公室的抽屉里也经常塞满饼干、面包，只要一有想法，也顾不得是否在上班，马上偷偷拿出零食来吃。难怪 3 个月内会胖 15 公斤。

造成其行为的原因源于她离开了父母，当心里感觉孤寂时，没有别的排遣方式，只有吃东西才能安抚自己的心灵。除了食物外，当人在失意、孤单时，也有"借酒浇愁"的类似冲动。

这类人除了吃得很多外，也很爱说话。因为说话可以满足他们的口欲，所以大家常可看到有的人一边谈话一边不停地吃东西，他们虽然外表看起来是个成熟的大人，但心理状态仍停留在爱撒娇、未成熟的小孩子阶段。

贪吃和爱喝酒的人，都很怕孤单，只要我们抱着一颗同情的心，就可以与他们建立友谊。

从阅读习惯上看人的内心

不同的人会有不同的阅读习惯。买回一本书或是一份报纸，有的人会迫不及待地

马上就读，但也有的人可能会把它先放在一边，等闲暇时再安安静静地去享受，这其中的差别就是由不同人的不同性格所致。所以通过阅读的状态和习惯也可以对一个人的性格进行观察。

有些人拿到一本书或是一份报纸后，不论时间、地点和场合，总是迫不及待地想看看其中到底讲了什么内容，即使是手头上正做着别的事情，也会暂时地先放一放。这种人多是外向型的，他们做事总是雷厉风行，虽然干劲十足，但缺乏必备的稳重和沉着。他们的性格比较开朗和大方，真诚而又豪爽，生活态度也很积极乐观，有充沛的精力和热情，是一个不甘于寂寞的好动分子。他们虽然头脑很灵活，具有一定的随机应变能力，但是并不善于掩饰自己，常常是喜怒形于色，别人往往会看个一目了然。他们的适应能力和交际能力并不差，所以在社会上还算吃得开。他们的思想比较超前，对于新鲜事物的接受能力也很快，常常会有一些大胆的设想。但缺点是太爱出风头，有时还有些刚愎自用。

有些人拿到一本书或是一份报纸以后，先将它们放在一边，尽快把自己手头上的工作做好，然后在没有任何打扰的情况下，再将它们拿出来，静静地、仔细认真地阅读，看到比较好的内容，说不定还会剪下来贴到剪报上去。这一类型的人大多属于内向型的，他们沉默少语，也不善于交际，所以人际关系并不是特别的好。但是他们却很有自己的思想和主见，不说则已，一说常常是一鸣惊人。他们很注重现实，不会有一些不切合实际的想法和做法，自我约束能力比较强，个性独立，办事认真，只要去做，就会力争把事情做好。他们对周围的人一般时候不是很热情，不希望从别人那里得到什么。他们也很懂得自取其乐。

有些人拿到一本书或是一份报纸以后，只是先大概地浏览一下，然后就放在一边不看了，因为他们很难静下心来一一仔细地阅读。这样的人性格大多外向，生活态度是乐观而又积极的，但有一些随便。他们具有一定的幽默感，善于交际，兴趣广泛，耐不住寂寞，他们希望生活中永远都有许多人和欢声笑语。他们具有一定的组织能力，但自我约束力差，做事常常马马虎虎、得过且过，且时常招惹一些是非。

有些人拿到书或是报纸时，放在一旁不看，只等到自己无事可做，或是心情烦闷的时候才把它们拿出来，权当是一种解闷的消遣，这一类型的人大多性格孤僻寂寞，而且还有一些多愁善感。他们为人处世缺乏坚决果断的魄力和勇气，不善于交际，常常孤芳自赏、自命清高。他们有很丰富的想象力，但又有些不切合实际。他们善于体贴别人，具有一定的同情心，思想比较单纯，为人憨厚，一般时候不愿意伤害别人。

从付款方式看人

在生活里，付款成为我们进行交易的一种形式，它伴随我们的日常生活而存在。那么采用什么样的付款方式，这在很大程度上和处理生活中其他的琐事都有相似之处，从中也可以了解到一个人的性格。

喜欢亲自付款的人，大多比较传统和保守，对新鲜事物的接受能力比较差，而偏重于循规蹈矩，守着一些过时的东西，缺乏冒险精神。他们缺乏安全感，有自卑心理，但又极其希望获得别人的肯定和认同。凡事他们只有亲自参与，才会觉得有所保障。

能拖多久就拖多久的人，这一类型的人大多有占便宜的心理，比较自私，缺乏公平的概念，总是想着自己少付出或是不付出就能得到尽可能多的回报。他们在一般情况下不会轻易地去关心和帮助别人，对人虽然不算太冷淡，但也算不上热情。

把付款的任务推给别人的人，这一类型的人常常无法坚持自己的原则和立场，而习惯于服从和听命于他人，被别人领导。他们的责任心并不强，常会找理由和借口为自己开脱，在挫折和困难面前会胆怯、退缩。

收到账单以后就立即付款的人，多是很有魄力的，凡事说到做到，拿得起放得下，当机立断，从来不拖拖拉拉。他们的个性独立，为人真诚坦率，无论在哪一方面，从来不希望自己欠别人的，倒是可以别人欠自己的。

采用电话付款服务的人，对新鲜事物比较容易接受，并懂得利用它们为自己服务。但由于对某些东西的依赖性太强，常常会使他们丧失一些自我的主动权，而受控于人。除此之外，他们对人是有很强的信任感的。

（二）生活习惯：掌握人内心活动的捷径

生活习惯是人们在日常生活中逐渐形成的，就像生活本身是丰富多彩的一样，人们的生活习惯也丰富多彩，因人而异。同样的生活内容，为什么会有不同的生活习惯呢？这里，除了条件、环境等因素的影响外，同样是与人的性格、心态分不开的，因此说，从人们的生活习惯中，我们就可以看到他们各自的性格特征。

从吃饭的习惯识别对方

吃饭是我们生命中不可缺少的一项重要内容，人只有吃饭，才能够维持生命的存在。但有的人吃饭是为了活着，还有的人活着只是为吃饭，这是两种截然不同的生活态度。吃饭是一个人从出生到死亡一直持续做的一件事情，所以会在自然不自然中养

成一定的习惯，而从这些习惯中又最能表现出一个人的性格来。

1. 喜欢站着吃饭的人

喜欢站着吃饭的人并不是特别讲究吃，他们会尽力讲求方便、简单，既省时又省力，只要能填饱肚子就可以了。他们在生活中并没有太大的理想和追求，很容易满足，他们的性格很温和，懂得关心别人，为人也很慷慨和大方。

2. 边做边吃的人

边做边吃的人生活节奏是很快的，因为有许多事情要做，他们表现得也比较繁忙。但他们并不以此当作是自己的烦恼，他们甚至还觉得很高兴。

3. 边看书边吃饭的人

边看书边吃饭的人，明显属于是为了活着才吃饭的人，他们吃饭只是为了满足身体的需要，如果不吃饭也仍旧可以活着，那么相信他们会放弃这一件既耽误时间又浪费精力的事情。边看书边吃饭的人，他们的时间表总是安排得满满的，为了能够做更多的事情，他们不得不千方百计地挤时间。这类人野心勃勃，并且也有具体的计划可以使自己的梦想变成现实。他们拥有积极向上的乐观精神，会把想法付诸行动。

4. 边走边吃东西的人

边走边吃东西的人，虽然给人的感觉是来也匆匆去也匆匆，像是时间紧张的样子，但实际则不一定是如此，紧张很有可能是由于他们自己缺少组织性和纪律性而造成的。这样的人大多比较容易冲动，也会经常意气用事，常把事情搞到不可收拾的地步。

5. 经常有饭局的人

经常有饭局的人，多属于外向型的人，而且人际关系处得也比较好。这样的人如果不是有某一方面较突出的才能，具有一定的权力和地位，就是为人比较和蔼、亲切，并深谙人情世故，比较圆滑。

6. 喜欢一边看电视一边吃饭的人

喜欢一边看电视一边吃饭的人，多是比较孤独的，电视或许是他们消除内心孤独的最好方式之一。

7. 吃饭速度比较快的人

吃饭速度比较快的人做任何事情都重视效率，而且也追求速度，他们总是希望在最短的时间内将事情做完做好。结果与过程对他们而言，前者相对要重要一些。

8. 吃饭喜欢细嚼慢咽的人

吃饭喜欢细嚼慢咽的人，与吃饭速度很快的人恰恰相反，他们是属于那种慢性子的人，凡事都能以缓慢而又悠闲的方式来做，这从一个侧面也说明他们是懂得享受的人。

9. 喜欢在餐厅里吃饭的人

喜欢在餐厅里吃饭的人，多是比较懒惰而又好享受的人，毕竟在餐厅里有人侍候，而不用自己动手，但这样一个前提则是在经济条件允许的情况下。如果经济条件不允许还这样做，就显得不是那么恰当了。这样的人不善于照顾自己，但他们希望别人能够体会到自己的这种心情，然后来关心和照顾自己。他们不太轻易付出，往往会在别人付出以后自己才行动。

10. 喜欢在家里吃饭的人

经常在家里吃饭的人，在一定程度上说明他们对家庭是相当重视的，具有一定的责任心。他们不太喜欢被人照顾和侍候，这样有时反倒会让他们感觉不自在，他们更倾向于自己动手。

11. 吃饭定时定量的人

吃饭定时定量，表明这是一个生活十分有规律性的人，而这些规律如果没有特别意外的事情发生，是不会轻易改变的。他们的生活虽然很有规律，但并不意味着为人处世呆板迟钝，相反却可能很灵活。只是无论在什么时候，都具有一定的原则性。

12. 没有吃早餐习惯的人

没有吃早餐习惯的人，一般可以分两种情况来讲：一种是生活时间表安排得太满了，忙得没有时间吃早餐，这样的人多是具有很强的事业心和责任心，能够为了更有意义的事情而放弃一些在他们看来并不是十分重要的事情。还有一种就是吃早餐的时间已经到了，可他们还没有从床上爬起来，这又分两种情况，一种是前一夜工作得太晚太累了，另外一种是整天无所事事，只想在床上耗费时间。

13. 只习惯于吃晚饭的人

只习惯于吃晚饭的人，大多能够严格要求自己，会给自己制定一个目标，鼓励自己向着那一方面努力，并告诉自己达到什么样的程度可以得到什么样的奖励，以便更好地进行生活、工作或是学习。

14. 整天吃东西的人

整天吃东西的人，多是无所事事、闲着无聊的人。其实他们并不饿，只是靠不断地吃东西来使自己不那么无聊、寂寞，消除内心的焦虑和烦躁。

从睡床看人

人的一生有1/3的时间都是在床上度过的，在床上睡觉、做梦，或只是躺在被子

下。床是与人们分享最亲密的想法和经验的地方。由于一张床要能够实现上述的目的，所以，这张床必定是安全和舒适的，它能够反映出床主人的特性。

1. 单人床

睡单人床说明从小到大的教育方式对他的道德观影响深远，而且他对自己的社交关系限制得也十分严格。他是一个保守主义者，结婚之前，不会和别人分享自己的睡床。

2. 是大床 3/4 的床

这样的床比单人床大一点儿，但比双人床小一点儿。只要和某人同床共枕，他喜欢和对方很亲近、很温暖地躺在一起。他可能没有伴侣，不过这段时间不会太长。他还没准备好对某人做完全的承诺，不过，他做好了付出 75% 的准备。

3. 特大号床

他需要有自己的独立空间，而且这空间要很大很大。他需要玩耍的空间，需要逃避的空间。他不计代价避开被囚禁的感觉，为的是维持自己对自由和独立的那份渴望。特大号床表示，只要他想和他的同伴保持距离，随时在这特大号床上都可以做到。

4. 圆床

他不晓得哪一头是床头，其实，他也不在乎，因为这样，生活才更有意思。既定的规则无法圈限他，他喜欢把自己的床当作整个宇宙来想象。

5. 日式垫子

这种来自东方的地板垫子，有股自律的味道。它们就像地板一样硬邦邦的，而这点正合这种人之意，因为他从来没有打算让自己舒适自在地生活。

6. 折叠床

他可能还没意识到，但他对已经压抑多年的性欲，有着一种深切的罪恶感。他能够放纵自己，然后再否认自己曾有过的那番经历。每当他把床折成椅子形状时，他所关心的只剩下事业，他把自己的感情和床垫一块儿隐藏起来。这样的行为，可能会令那些刚和他共度良宵的异性恐惧不已。

7. 铜床

床就是他的城堡，四周都有精巧的金属架，四角有四根尖尖的柱子。他觉得自己十分容易受伤，甚至在睡觉时，也需要保护，才不会受到他人的攻击。企图卸下这种防御心的人，由于无法攻破周身这道坚实的堡垒而倍感挫折。

8. 自动调整床

只要轻轻按一下按钮，就可以抬高或放低头和脚，而且可以调整出上千种位置。

他是个完美主义者，无论花多少成本，费多少心力，都会追求一种完美的境界。他为人严苛，难以取悦，刻意塑造环境迎合自己的需求和想法，而且会坚持到底，别无选择。他不去顺应他人，但别人必须适应他。

9. 早晨整理床铺

如果他通常在早晨下床前，就把自己的床铺整理好，那他是个爱整洁、擅长于打扮自己的人。不过，如果他每天早上都一定要把床铺打理得漂漂亮亮、整整齐齐，那就是有洁癖。他会把浴室的每一条毛巾都叠得整整齐齐，家中每一个角落都打扫得一尘不染，而且沙发上还盖了一层塑料套子。别人到家里来，他根本无法放松自己心情，因为他无时无刻不在找寻掉落的尘屑。

10. 早晨不整理床铺

这种人不曾有过一位像严格的长官一样巡视你床铺的母亲，也不曾遇见一位像母亲一样检查床铺的严厉长官。他自以为对人生的态度是如何的超然，其实，这一切反映在现实的生活里，不过表现出他是一个既懒惰又无纪律的人罢了。他的床变得邋遢透顶，邋遢到没有人愿意坐在上面。

从洗澡方式看人

多数人每天都会沐浴，把累积了一天的尘垢洗净，以清新的身体面对新的一天。不同的沐浴习惯表现出不同的心理特征。

1. 泡泡浴

喜欢泡泡浴的人相当纵容自己，所以，在尽可能的范围之内，他们让自己享受快乐的人生。

这种人对自己的外表特别重视，经常做皮肤护理，还很小心打理自己的头发。在穿着打扮方面，他们并不着意追上潮流，他们最注意款式是否舒适大方，衣料是否名贵。

这种人的脾气属于温和型，但他们厌恶别人的侵犯或占便宜。遇到如此的对待，他们会不顾一切做出反击，因为保障本身利益对他们而言是很重要的。

2. 蒸汽浴

喜欢享受蒸汽浴的人，做事既彻底又有耐性。他们相信"天下无难事，只怕有心人"，他们认为只要肯去做，没有什么事是办不到的。

这种态度能够为他们的成功带来很大的把握，但在人际关系方面，有些人会觉得这种人太过专横，有点难以相处。

他们看不起软弱无能的人，觉得这类人不长进，但他们对权势却相当崇拜。

3. 去公共浴室洗澡

有些人喜欢到公众浴室洗澡，赤裸着身体，与其他人一起泡在大浴池里。

经常如此洗澡的人，是一个不甘孤独与寂寞的人，因为这种人即使做别人视为极度隐私的事情时，也喜欢选择有一堆人在场。

这种人虽然未必是现代孟尝君，但他们对朋友相当乐善好施，有时宁愿先照顾朋友的需要，而忘记家人的痛苦。

4. 按摩式洗浴

喜欢按摩式洗浴的人一般会投资一笔钱，在自己的浴室里特别安装一个可以调节水流大小缓急的浴缸。

他们相当追求物质上的享受，其内在哲学是：既然投胎做人，就应该尽情享受这快乐的人生。虽然他们花钱的方法不至于出手大方，但他们绝对也不是守财奴，他们认为钱是赚来用的，所以逛街购物是这种人的嗜好之一。

他们希望能够舒舒服服、快快乐乐地做人，绝少自寻烦恼，更不会涉入感情的纠纷。

这种人唯一对自己稍有不满的地方，是缺乏对灵性的追求。

5. 冷水淋浴

喜欢冷水淋浴的人能够保持冷静，他们认为面对事情时，最重要的是保持头脑清醒，他们不希望被强烈的感觉左右了自己的判断能力。在别人面前他们经常以自己有理性、有逻辑为傲。

这种人很少公开批评别人，因为他们觉得这样做容易树敌，是不理智的，但私下他们对每件事、每个人都有独特的见解。在事业方面，这种人追求专业知识及事业地位，渴望得到他人的尊重与赏识。

这种人吸引异性有些困难，因为在对方的眼中，他们属于比较冷漠的那类。如果这种人考虑一下多向别人表达他们的感受，人家会觉得他们平易近人些。

6. 热水淋浴

这种人不分寒暑，经常把水温调得较高才淋浴。他们是"感受"型的人。

他们待人接物特别讲究第一感觉，如果他们第一眼接触某人就对他有好感，那么就会与他一见如故，迅速发展友谊。不然的话，他们会采取避之大吉的态度。

碰见喜欢的异性，他们有时会脱离现实（例如忘记自己已婚或对方已婚），而展开热烈疯狂的追求。或者，他们认为爱得痛苦才属于真正的爱，就好像要用灼热的水淋浴才能彻底把自己洗干净一样。

在吃的方面，他们也很追求味觉上的刺激，吃什么菜都要蘸点辣椒酱，喝清淡的汤也可能要撒胡椒粉！在衣着（包括领带）方面，他们喜欢选择鲜艳的颜色，款式上也尽可能追上潮流。

许多人都认为这种人是性情中人，喜欢跟他们打交道，不过也有同样多的人被他们的热情吓跑了。他们如果能把握自己的情绪最好，因为时时乱发脾气其实是相当令人讨厌的。

从放手机的位置识别对方

1. 置于手中

手，是全身上下活动最多的地方之一（另一个是腿，但现在还没有谁将手机放在腿上）。习惯将手机一直拿在手上的人，一般都是精力充沛的，也就是所谓的工作狂，不到非休息不可的最后一刻，他们是绝不会上床休息的。你甚至可以在浴缸里或客厅的沙发上找到疲惫的他们。

2. 置于上身

这种人用完电话总会习惯性地将手机插在上衣上方的口袋里。这样的人做事有条不紊，并且会尽一切努力让生活朝着他的目标前进。因为他精明强干，就算现在的他还年轻，尚未达至最高层的职位，数年之后也是很有希望的。

3. 置于腰间

习惯将手机夹在腰前方的人，都有一套自己奇特的想法和做法，生活的态度是真诚而坦率的；习惯将手机夹在腰后方的人，对生活也很有创意，可能凡事喜欢留一手，不将事情完全说清楚，这是他的习惯，也是他的乐趣。

4. 置于裤袋

总是将手机置于牛仔裤或西装裤后口袋的人，表达方式友善、温和，却带着浓浓的戒备心，他总有一些不希望他人知道的隐藏在内心深处的小秘密。他对愈疏远的朋友愈显得亲密友好，而对愈接近他的身边的朋友，却会表现得非常冷漠，甚至刻意疏远。他的情绪起伏很大，多是心里不为人知的那些小秘密所致。

5. 置于包中

将手机放到背包或公事包里，这就是白领们公认的所谓最安全的做法。习惯这么做的人做任何事都会深思熟虑、小心翼翼。他对自我的要求很高，自尊心特别强，平时注意风度，姿态优雅，对人亲切却很少采取主动。他常常有着无限的潜力与能量，

只要有一次机遇，就有可能平步青云。

从烹饪方式上透视人心

一个人在准备食物的时候持什么样的态度，往往会流露出他对生活的某种感受。在准备的方法和过程中，可以表现出一个人许多内在的东西。

1. 享受烹饪的人

有的人认为烹饪是一种艺术，更是一种享受，他们愿意自己动手，准备一切。这一类型的人，多独立意识比较强，从来不企图依靠他人来达到自己的某种目的，同时他们对别人也缺乏足够的信任感。他们有强烈的自我意识，不会轻易相信任何人。他们很满足获得成功后的那种成就感，而且自信心特别强，即使身处困境也乐观依旧。

2. 常采用剁、揉的方法的人

有的人在烹饪的时候大多采取剁、揉的方法，这样的人多属于实干型的人，他们很客观，总是能够以非常积极和诚信的态度来面对生活中的各种问题。他们的生活节奏相当快，生活态度也非常积极，对于已经决定的事情，他们会全身心地投入，尽量把事情做好。

3. 照着有关烹饪的书做菜的人

有的人喜欢按照有关烹饪的书籍做菜，这样的人显得有些呆板，凡事喜欢依据一定的规则，如果没有这一类指导性的东西，就会显得手足无措。他们习惯于被人领导，而不可能领导别人。他们总是过分地追求各种细节，精确严谨，从来不会轻易放弃任何一件他们认为重要的事情。他们对自己并没有多少自信心，随机应变能力比较差，害怕遇到突然发生的事件，因为那时他们会手足无措。

4. 凭着自己的感觉进行烹饪的人

有的人只是凭着自己的感觉进行烹饪，这样的人多比较善变，常凭着一时的冲动感情用事。他们不愿受人束缚，喜欢随心所欲，为所欲为。他们很少向别人做出承诺，因为他们非常了解自己，知道自己根本无法兑现。他们的心地还是善良的，并不想去伤害别人，可到最后还是会有许多人受到伤害，他们会为此感到难过，但并不改变自己什么，或许也是改不了。

5. 给美食家打电话请教烹饪问题的人

有的人喜欢给美食家打电话，请教烹饪方面的问题。这样的人大多比较有宽容性，能够虚心认真地接纳别人给自己提出的意见和建议。但只是接纳并不是全盘接受，他们是有着自己奇特的思维的，会充分考虑别人的意见和建议，但在此基础之上，最后决定的还是自己。

6. 喜欢烤肉的人

有的人喜欢烤肉，这样的人性格多是外向的。他们待人大方热情，乐于结交新的朋友，而且富有同情心，做事常不拘小节，马马虎虎，得过且过就好，因此常常会制造一些不必要的麻烦。他们乐于向别人介绍自己，以增进了解。

7. 喜欢边看电视上的烹饪节目边动手的人

有的人喜欢边看电视上的烹饪节目边动手，这样的人多自主意识强烈，不愿意让别人为自己做决定。他们喜欢把一切都变得简单和方便，并且很容易获得满足，在各方面都不挑剔，但对于一些事情还是有追求完美的心理倾向的。在大多时候，他们活得比较轻松自在，善于开导自己。

8. 爱在烹饪的时候使用一些小道具的人

有的人爱在烹饪的时候使用一些小道具，这样的人一般都有比较重的好奇心理，一旦喜欢上什么，就会千方百计要得到它。他们做事追求高效率，有较强烈的忧患意识，为了以防万一，会做许多的准备，但事实上，他们经常是杞人忧天。

9. 从不自己烹饪的人

有些人从来都不自己烹饪，这样的人多缺乏冒险意识，为了安全，他们会选择妥协退让。

从吃鸡蛋的方式考察人性

1. 炒蛋

这种人平易近人，可以与任何人拉开话匣子，说个没完，如果时间允许，哪怕是一千零一夜，他们也不会冷场。但是他们所说的话题大多是酒吧、娱乐城里的人情冷暖。

对生活，他要求并不高，只要有稳定的收入加上一点积蓄，他就会笑口常开。虽有不求上进之嫌，但他却不以为然，因为他不希望给自己太多压力。在学校，他几乎是一路高呼"及格万岁"而熬过来的，所以，对于卓越的品质要求，他抱怨连连。

他们绝不是好高骛远之人，多是一步一抬头，所以没有自己的人生路向，有的只是短期的目标。

2. 蒸水蛋

这种人虽然算不上是个完美主义者，但只要是他答应去办理的事情，他必会尽他的能力做到最好。

由于他以身作则，严于律己，因此他对身边的人也有较高的期待，但无论怎样，他都不是一个出口成"脏"之人。

他不善于表达本身的感受，也很少理会别人的感受，这大概是他对"君子之交淡如水"的现身说法。

3. 生吃鸡蛋

就像对药物敏感而又必须喝下藿香正气液一样，吃未煮过的鸡蛋就必须忍受腥味。为了身体健康，这种类型的人几乎在捏着鼻子才把它吞下，他认为小小的牺牲是在所难免的。

保持健康是他的生活重心及焦点，这也是他选择餐厅，甚至朋友约他吃饭而不能赴约的原因。晚上大伙儿一起去唱卡拉 OK，他又不能参与，因为他必须早睡，才会有精神在清晨起床去跑步运动。

总而言之，他做人太过执着，有时为了达到一个目标而不会顾全大局，换句话说，会为了一棵树而失去整个森林。此外，他还往往对别人的不理解颇有微词。

4. 盐蛋

此类人的性格像盐蛋一样，外表看来没有什么特别，但与他相处久了，就能体会到他是个有趣而含蓄的人。

他喜欢保持一份神秘感，令人感觉他深不可测，他认为自己有内涵有智慧，不是一般凡夫俗子能够了解的。为了保持这个形象，他经常积极地去吸收资讯，然后在适当的时候，将他所学到的和盘托出。由此不难看出，他寻求一种轰动效应，自然是一个名利的追逐者。

5. 煎蛋

基本上，他是个黑白分明的人，在他的世界里没有真空的地带：一个人不是好人就是坏人，一件事不是正确就是错误，一种现象不是健康就是精神污染……在他看来，事物的两面性本身就是科学上的一种共同敷衍。

他的这种心态实际上局限了他的自我成长，也导致他抗拒许多人和事，使他容易与人发生冲突。

6. 连壳煮老的蛋

这种人常把鸡蛋连壳放进水中煮至沸腾，5~7 分钟才捞起。煮老的蛋去壳后仍然保持着鸡蛋的外貌和形状，就和他们一样，无论环境如何压迫，他们都会屹立不倒，绝对不会改变英雄本色。过去的酸甜苦辣，对他们来说是性格的磨炼，他们是一个依靠精神与积极心态去推动他们事业的人。

认识他们的人都知道，只要不去触犯他们的原则，他们是充满趣味、容易相处的人。

7. 荷包蛋

这种人喜欢将生鸡蛋去壳，放进沸腾的水，一分钟熄火，放盐或糖，连水一起食用。

他们是个不追问生命的意义、只顾着忙着面对现实的人。他们没有耐性，想要的东西希望马上得手，要部署或等候时，他们大多会放弃。

他们不喜欢看推理小说，因为不耐烦抽丝剥茧地找寻凶手，受不了那近乎折磨又似捉迷藏般的精神颠簸，而且他们话很少，多用心思索。

从喝咖啡的方式考察人的习性

咖啡是世界著名的饮料，犹如中国的茶叶一样有着悠久的历史。由于地域、生产加工技术以及配料的不同，咖啡的味道和口感呈现出不同的变化，于是人们在挑选适合自己口味的咖啡时，便不经意地将自己的性格暴露出来。

1. 喜欢速溶咖啡的人

这种人属于节约时间的类型，轻易不会浪费一点时间。在工作过程中，他们喜欢一蹴而就，希望集中时间干工作，能尽快看到成果。但欲速不达，他们取得的效果往往不佳，还把人弄得筋疲力尽。由于没有足够的耐性，他们无法从事一些需要精益求精的工作，更不会设计出一个长远的计划、长年累月地向一个目标前进，所以成就不了大的事业，但他们会将自己安慰得特别好。

2. 喜欢亲自磨咖啡豆的人

这种人个性鲜明，追求独立自主，不喜欢受到别人的摆布。他们自信心十足，从来没有不敢尝试的事情，更愿意向权威人士挑战，这是一种莽撞行为，经常会让自己至亲的人捏一把汗，但他们却用大胆征服了旁观者，在别人心目中留下深刻的印象。他们吃苦耐劳，喜欢追求至善至美，而且办事有条不紊。

3. 喜欢过滤咖啡的人

这种人最不懂得珍惜时间，经常把浪费时间当成对别人的一种炫耀，而且会美其名曰高雅、超凡脱俗和提高生活品位。他们是完美主义者，对自己想拥有或已经拥有的特别关注，而且舍得投入，并要求实现最好最完美。他们期待付出会有响应和回报，但大多数情况下他们得自己安慰自己。

4. 用酒精炉加热咖啡的人

这种人具有浪漫情怀，渴望重温往日的情调，总会营造出一种怀旧的气氛，特别喜欢自然与纯朴。他们比较保守，为人处世按照传统的理念和规则行事，虽然有非常美好的理想，但是畏首畏尾而难以付诸实践，更别提实现的可能。

5. 用电热器煮咖啡的人

这种人有忧患意识，未雨绸缪，在事情还没有发生之前往往已经做好了相应的准备，所以很少出现手忙脚乱的情况。无论工作、学习还是人际交往，他们处处谨小慎微，在和自己有利害冲突或对别人不利的时候不轻易越过雷池一步。他们热情大方，特别是对自己的亲朋好友，经常能主动伸出援助之手，帮助他们克服困难、渡过难关。

从个人嗜好识别对方

其实每个人都有一些自己的嗜好，只不过有些时候，由于工作学习太忙了，以至于没有一点时间来做自己喜欢的事情，所以渐渐地把它忽略了。嗜好不同于一般的工作和学习，工作和学习在很多时候都具有一定的目的性，为了某一目的而做，甚至是做也得做，不做也得做，这就感觉到非常被动。可是嗜好不一样，嗜好完全是自己喜欢、感兴趣的，做它是为了愉悦自己。有什么样的嗜好，这往往要依据一个人的性格而定，所以通过它来了解一个人实在是最好不过的了。

1. 喜欢做高危活动的人

高危活动包括滑翔、跳伞、登山等。想从事这些活动，一个首要的要求就是必须得身体好。这样的人在外表上看起来很强壮，心思也是非常缜密的。他们做事情总是非常小心，做一件事情之前往往总是把可能出现的问题全部仔细考虑清楚以后才行动，他们对"三思而后行"这一句话往往有比别人更加深刻的理解。他们的性格是比较固执和顽强的，一件事情一旦决定要做，就不会轻易地改变，其中无论遭遇到多大的困难，他们也都能扛得住。他们很有胆识和魄力，敢于向一些未知的领域挑战。

2. 喜欢打猎的人

喜欢打猎的人性格多是比较粗犷和豪爽的，很讲义气，凡事不会和别人太计较。他们深知社会之现实，优胜劣汰，适者生存，所以会努力使自己成为一个强者，因为只有这样才能更好地生存下去。他们有一定的胆识和魄力，很多事情都是敢作敢当，可称得上是顶天立地的人。

3. 喜欢手工艺品和刺绣的人

喜欢手工艺品和刺绣的人，多数是热情而富有爱心的，他们具有很强烈的责任感，

能够对每一个人每一件事情负责。他们的生活态度是积极乐观的，但并不会放纵自己。他们什么时候都知道什么是自己应该做的，什么是自己不应该做的。他们的自我认同感非常强，经常会为自己所取得的成就而暗自陶醉，从中获得满足感和成就感。

4. 喜欢搜集钱币的人

喜欢搜集钱币的人，性格相对而言是比较保守和传统的，不太敢于冒风险，对于接受新鲜事物的能力比较差。他们多具有很强烈的责任心，尤其是对自己的子女更是倍加疼爱。这一类型的人做事有始有终，追求完美，从来不会半途而废。他们对结果的重视程度往往要大于过程。

5. 喜欢搜集一些乱七八糟东西的人

喜欢搜集一些乱七八糟的东西，例如啤酒瓶子、没用的盘子等的人，大多进取心比较强烈，他们在大多数时候都表现得相当忙碌，好像总有许多做不完的事情。他们的怀旧情结比较浓厚，从这一点可以观察出他们是很重感情的人。他们不会过分地放纵自己，而且很懂得节约，欲望心不是特别强烈，在很多时候比较容易满足现状，有很强的自信心，会为自己所取得的成就而感到骄傲和自豪。

6. 喜欢表演的人

喜欢表演的人情感是很细腻的，希望能够尝试不同的角色，体验不同的生活。除此之外，他们的想象力还十分丰富，这样他们才能把不同的角色揣摩到位，表演逼真。但这一类型的人，有点耽于幻想而不切合实际。

7. 喜欢木工制品的人

喜欢木工制品的人，动手能力都是比较强的，凡事都希望能够自己解决，而不依靠别人。他们的自尊心比较强，若总是靠别人，会使他们的自尊心受到伤害。他们多怀有强烈的自信，坚信自己会成功。他们对于新事物的接受比较快，敢于探险，喜欢进行探索和尝试。

8. 喜欢园艺的人

喜欢园艺的人凡事都追求一个循序渐进的过程，然后让其自然而然，水到渠成。他们具有一定的责任感，能对某个人、某件事情负责。他们自己心里会时常有一些欲望，为了使这种欲望变成现实，他们会很努力地工作，然后在付出得到回报以后，会好好地享受自己的劳动成果。

9. 喜欢钓鱼的人

喜欢钓鱼的人做事的时候对于过程的重视程度往往要多于结果。他们在做的过程中能够体会到很多的快乐和自我价值的肯定，但是对于结果的成败，则显得有些无所

谓了。他们信奉的人生格言就是努力做了就问心无愧。他们在平日里显得比较散漫，看样子有些不在状态，可一旦有事情发生，他们往往能够以最快的速度调整自己，积极地投入其中，而且大多有很好的耐性。

10. 喜欢写作的人

喜欢写作的人思考能力很强，为人比较小心和谨慎，喜欢把自己的想法写出来，这样可以更方便把自己的思路理清，他们很有自己独特的见解和想法。

11. 喜欢抽象画的人

喜欢抽象画的人表现欲望相对比较强，他们希望能够有更多的人注意到自己。另外，他们的自我意识比较强，并不是十分在意别人对自己的看法，而喜欢我行我素。他们的行为在很多时候相当古怪，他们做事喜欢为自己着想，而很少考虑其他人的意见和感受。他们是相对独立的，而且任性固执，只愿意自己定规矩，自己遵守，而不愿意遵守别人制定好的规章制度。

12. 喜欢飞机模型的人

喜欢飞机模型的人自我意识并不强烈。他们与喜欢不受人束缚和限制、自由自在的人恰恰相反，往往更乐于听命于他人的领导和安排，这样他们就不会感到无所适从了。他们缺少必要的冒险精神，凡事把安全保险放在第一位。在遇到困难的时候，他们的情绪往往会显得相当焦躁，这时候，只有出现一个领导者，指导着他们去做什么、怎样做，他们才会逐渐地稳定下来。

（三）习惯动作：细节表现人心

下意识动作和他的真实想法

很多时候，人们的一些下意识动作，往往透露了其内心的真实想法，因为人虽然是理性动物，但却不能完全控制自己的下意识动作。当我们感到兴奋、激动、高兴时，除了面带笑容、眉毛舒展之外，往往还会振臂欢呼，击掌庆贺，借着全身的动作将欢乐表现出来。当我们感到紧张、恐慌时，往往就会情不自禁地握紧拳头，全身也变得较为僵硬。

人们常常通过手足活动来表露感情。有时，人们想隐藏面部表情，但很容易引起指尖和脚的活动，将体态活动变为频繁的局部活动，即把感情所表露出的张力转换成了活动量。而所有这些活动都是在无意识的状态中进行的。一般来说，一个人有意识的动作，多出自表演、自耀的目的，而无意识的动作却是发自自然、出自天性的。正因为如此，通过一个人的一些无意识动作，可以知晓他内心很多真实的想法或情绪状态。

人的无意识动作与神经的类型有关。我们在观察这种类型的人时，与其看他们的体格，倒不如以他们强烈的感受性来分析他们的性格来得妥当。由于他们强烈的感受性，对于自己身边的事情，都有非常敏感的反应，因此常有留意周围人的动静的习惯。

我们在打电话的时候，有时会玩弄电话线，此种动作也是由于潜意识中无法以语言充分表达思想所采取的手的辅助作用，如果我们在众人面前演讲时，情绪一紧张，也就会自然而然地比手画脚，或者开始扭动麦克风线。我们面对外国人时，假使不能以语言充分表达思想，通常也会借助手脚来表情达意。

当你去朋友家做客时，虽然主人依旧和你像往常那样天南地北地神侃，但是你如果发现他不停地弹烟灰或者用手指像弹钢琴般地轻敲椅子扶手，或者不时移动一下桌子上的东西，那么，此时你最好站起来告辞。别看他的表情是那么热忱，他手发出的那些无意识动作在无意中已经告诉你，他开始感到心烦意乱，提醒你该走了。

在彼此信息交流最旺盛的时候，频频出现弹指、搔鼻、拭脸等与交谈内容无关的动作时，表示做出该动作的人，并没有认真倾听对方的说话，其心理上已经出现了障碍。很多时候，这种下意识的动作，是表示厌恶对方的一种无言的信号。

无意识的动作，有时候也可以制造一种企求别人的信号。比如，我们经常可以看到一些子女在外工作的独居老人，他们经常不由自主地玩弄一些小东西，这是他们在向外界传达这样的信息：我们很寂寞，多希望有人来陪陪我们啊！如果一个人不了解独居老人们这个无意识动作的含义，常常会对他们的这些小动作感到困惑不解。

潜意识中的遗忘

在生活中，我们常会因为不愿意做某件事，而做一些出乎自己意料、却能让自己避免做那件事的事情，比如说在买东西时会糊里糊涂忘记付钱。

精神分析大师弗洛伊德就曾犯过这样的无心之错，一天早晨他没有付钱就离开了他每天买雪茄的烟草店。这当然不能说大师想赖账，因为它也赖不了账，店里的每一个人都认识他，每个人都可以随时向他要钱。这件事引起了大师的注意，为什么自己会出现这种行为？经过琢磨，大师发现这个小小的忽略可能与前一天他筹划的家庭预算有关。

有位男士在迫不得已的情况下答应陪太太去参加一个不想参加的宴会，他磨磨蹭蹭地打开衣箱想拿礼服时，却忽然想要去刮脸，可是，当他刮完脸回来，却发现衣箱已经锁上了。他四下里找钥匙，可是钥匙却没有了踪影，碰巧锁匠也不在。"万般无奈"之下，男人的太太只好取消了赴宴。第二天找来锁匠打开衣箱时，却发现钥匙就在里面。

太太是个明白人，知道这是丈夫的"无心"之过，原谅了他。可是，静下心来想一想，丈夫把钥匙放错地方真的没有原因吗？别忘了，他可是一点都不想去参加什么鬼宴会的。

从这两个例子我们不难发现，所有人，即便是德高望重者，只要涉及金钱、财富和有违自己意愿的事情，就会或多或少地产生类似上面故事的无心之举，忘记付钱以减少生活开支，把钥匙锁在衣箱里以避免去参加宴会。

这种行为不是没有依据的。心理学家认为它来自婴儿期吮乳的原始食态，造成抓住每一样东西（以便塞入口中）的期望，虽然长大了，已经接受了文明的熏染和训练，还是不完全消失。也就是说，由于在潜意识里人仍然存在这样的倾向，所以，才会在行为上产生许多无心之过。

走在左边还是右边

人们常说，"以行观人"是有一定道理的。那什么是"以行观人"呢？简单地说，所谓"以行观人"就是通过观察一个人，尤其是一对恋人走路时的位置可以了解到关于他或他们的很多重要信息。

通常情况下，一对恋人并排走路时，男方一般会走在女方的右边，通常这个位置是属于支配者。但如果两人位置是一前一后的话，前者的心理往往是非常骄傲、不屑一顾的，甚至还有点唯我独尊的味道，后者就向外界传达出对前者有一种敬畏，甚至有点畏首畏尾的谦卑态度。

一般情况下，选择走在对方右侧的人，多半是掌握有主动权，在两人的关系中处于主导地位，在二人世界中具有绝对的权威，在心理上也有具有较强的优越感，喜欢对方绝对服从自己，个性上也较为倔强，有时还有点自大的倾向。与之相反，走在对方左侧的人，是被动型的人，很多时候显得温顺、听话，情愿听从对方对自己的安排。他一般不会主动发表意见，也很少会和别人发生争执，更不会一意孤行，坚持自己的观点或看法。这样的人个性温和，喜欢与世无争，耐心较好，经常会委曲求全，遏制自己的个性。

如果一对恋人都喜欢走在对方右侧的话，他们就得小心了，因为他们很可能会因为各自喜欢张扬自我而与对方发生冲突。凑巧的是，两人的性格都较为倔强，一旦发生争执，两人极有可能会谁也不会让谁半点，从而可能会让小矛盾演变成大矛盾。

如果一对恋人都喜欢走在对方左侧的话，这就意味着双方都有优柔寡断的一面。正因为这个原因，两人都不愿和对方发生冲突，所以，他们的相处会很平静，也很协调。一般来说，只要双方都多为对方着想，多了解对方，就会有很令人羡慕的恋情。

如果一对恋人，其中一人喜欢走在对方的左侧，而另一人喜欢走在对方的右侧，这就说明他们是"天造地设"的一对。他们不仅相处得愉快、协调，还会因为彼此性格的互补而使他们的恋情往往是坚如磐石。

喝酒的习惯动作

心理学家通过研究发现，通过观察一个人握酒杯的姿势，往往能知晓他大概的性格和心理特征。

一般来说，如果一个男性喜欢紧紧握住酒杯，同时用拇指紧按着杯口，这样的男性性格外向、豪爽，喜欢直来直去。那种婆婆妈妈、斤斤计较的人，他们是最瞧不起的。在与人相处时，他们非常热情、友好、直率，因此深得朋友的喜爱。做事时，他们很有魄力，常常是敢说敢做，正因为如此，他们有时显得有点莽撞。

如果一个男性喜欢用双手抓住酒杯，则说明其性格较为内向，逻辑思维严密，喜欢思考问题，冷静是他最大的特点。在与人相处时，他信奉"君子之交淡如水"的原则，所以不会与朋友走得太近，但也不会离朋友太远。可能，他的朋友不是很多，但与其交往的往往是挚友，很少有"酒肉朋友"。做事时，他喜欢三思而后行，凡事都要做好相关的计划，然后才开始行动。

如果一个男性喜欢把杯子紧握在掌中，同时用拇指扣住杯子的边缘，则表明其性格较为柔顺，为人忠厚，具有较为开阔的胸襟。在与人相处时，外表看来他可能对别人的态度不是很温柔，有一种难以接近的感觉，但如果了解了他的心理之后，你会发现他其实是一个非常有趣的人。做事时，他非常有主见，往往有自己的独到看法和做事方式。如果你试图改变他的做事方式往往是一件非常困难的事，除非你有百分百充足的理由。

如果一个男性喜欢用双手捂住杯子，则说明其城府很深，十分善于伪装自己。这类人在和他人打交道时，往往会笑容满面，实际上一点人情味也没有。他们从不肯在别人面前暴露自己半点，也从不喜欢将自己的事告诉朋友，所以，他们的朋友，尤其是知心朋友往往寥寥可数。

同样，观察一个女性端酒杯的姿势，也可以知晓她大概的性格和心理特征。

如果一位女性喜欢玩弄自己的酒杯，则说明其性格较为活泼、直率、爽朗，具有较强的自信心，是非观念也非常明确。与人交往时，不会斤斤计较，也不会睚眦必报，只要不是原则的问题，即使别人不小心冒犯了她，她也会一笑而过。做事时，她从不会犹豫不决或者是拖拖拉拉，而是非常利落和干脆。

如果一个女性总喜欢把手中的空酒杯翻来覆去玩耍，则说明其有较强的虚荣心，喜欢表现自己和炫耀。有些时候，她还有点任性，甚至有点飞扬跋扈。在参加一些宴会或聚会时，她极有可能会大胆地向自己心仪的男子卖弄风情，以吸引对方注意自己的存在。与人交往时，她往往具有较强的针对性，喜欢去结交那些较有权势的人，不过往往是事与愿违，因为那些有权有势的人，恰又瞧不上她这样的人。所以，她很多时候是茕茕孑立，形单影孤。

如果一个女性喜欢把杯子放在手掌上，一边喝酒，一边滔滔不绝地跟对方说话，则说明其性格外向，非常活泼、开朗，善于交际，对生活的态度也非常乐观、积极和向上。她也较为聪慧和机敏，并具有一定的幽默感，有时，她也有较强的表现欲望，常常会故意制造一些意外，给人带来耳目一新的感觉，以吸引他人注意自己。在与人交往时，无论走到哪儿，她总能将自己很快融入集体之中，所以其人际关系较好，朋友也较多。做事时，她信奉"言必行，行必果"，所以很容易取得成功。

如果一个女性习惯于一只手紧握酒杯，另一只手则无目的地划着杯沿，则说明其性格较为稳重，喜欢沉思，有比较独立的个性，不会轻易地向世俗潮流低头，具有一定的叛逆性，但表现方式不是特别恰当和明显。她也较为喜欢结交朋友，对人也比较真诚、热情，所以其人缘还颇为不错。做事时，她不喜欢张扬，更不喜欢出什么风头，仅会默默无闻地做好自己该做的事。

如果一个女性喜欢握住高酒杯的脚，同时食指前伸，则说明在她的性格中，自负的成分占了很多，喜欢妄自尊大，常常不把别人放在眼里。同时，她也较为世故，只对有钱、有势、有地位的人感兴趣，而对那些"寒士"或是比自己差的人，她往往会对其嗤之以鼻，这就使得她的人际关系较为糟糕。做事时，较为缺乏责任心，所以容易出现虎头蛇尾的状况。在遇到失败、挫折的时候，她会知难而退。但她在做事时各种准备工作往往会做得较为细致。

需要注意的是，以上结论仅是一个总体上的、大概的结论，而不是一个全面、准确的结论，具体到每个特殊的个体，可能会存在一定的差异。

吸烟的习惯动作

1. 两种吸烟者

概括地说，吸烟的人可以分为这样两大类：主动吸烟的上瘾者和社交场合需要的被动吸烟者。但是，不论是主动吸烟者还是被动吸烟者，他们很多时候之所以吸烟，都是其内心矛盾和混乱的一种外在表现。

一份研究表明，小口、快速地吸烟会刺激吸烟者的大脑，提高大脑的兴奋度和警觉性，而较慢吸烟则具有一定的镇静作用。一般来说，主动吸烟上瘾者较为喜欢独自一人抽烟，同时，依靠烟中的尼古丁的镇定作用来释放心中的压力。社交场合需要的被动吸烟者不同于主动吸烟上瘾者喜欢独自一人抽烟，他们通常在各种聚会、商务活动中，或者是在喝酒的时候才会吸烟。所以这类人吸烟往往是一种社交展示，仅是为了给对方留下某种印象。当然，不可否认，在那些被动吸烟者中，肯定也有人吸烟不仅仅是为了给别人留下某种印象，有些时候，他们吸烟同主动吸烟的上瘾者一样，也是为了释放心中的压力（也可能为了掩盖心中的紧张情绪）。在社交场合中抽烟时，通常那些被动吸烟者从烟点燃到熄灭的时间中，只有 20% 的时间在快速、小口地吸烟，其余 80% 的时间里，他们会做出一系列其他的姿势和动作。

在一份调查问卷中，近 85% 的"烟民"认为，吸烟的时候他们的压力会减小。事实果真如此吗？最新科学研究发现，吸烟的成年人的平均压力要比那些不吸烟的人稍微高出一些，同时，当一旦养成吸烟的习惯后，吸烟者的压力会随之上升。由此可见，吸烟根本无助于控制情绪，与之相反，吸烟者一旦对烟中的尼古丁形成了依赖性反而会增加他们的压力。吸烟所谓的放松作用仅仅在于：吸烟者在吸烟时所获得的尼古丁能够减缓他们身体缺乏尼古丁而产生的紧张和焦虑情绪。也就是说，吸烟者在吸烟的时候，他们的心情是平常的，而他们一旦停止了吸烟，却感到了压力。这就意味着，要想让一个吸烟者恢复平常的状态，他就必须随时在嘴上叼一支香烟。

因而，很多科学家都主张，无论是主动吸烟的上瘾者，还是社交场合需要的被动吸烟者，都应该戒烟。因为戒烟能减小身体对尼古丁的渴求，从而也就减少了心理压力。不过戒烟，尤其是对那些已经吸烟上瘾的人来说，可是一件痛苦的事。因为通常情况下，在戒烟的前几周，戒烟者都会出现心情烦躁、焦虑不安等症状，这往往会让很多戒烟者望而生畏，从而打消了戒烟的念头。但是，如果你挺过了前几周的"艰难期"后，随着身体对尼古丁依赖性的减弱，这种状况很快就会得到较大改善。到时，再假以时日，你就可以把自己"烟民"的帽子摘下来了。

2. 吸烟与性格

吸烟虽然有害健康，但还是有不少人依旧我行我素，正由此，通过观察一个人吸烟的特点，如吸烟的方式、喜欢抽什么样的烟等，我们可以大概知晓他的情绪特征或性格特点。具体来说，就吸烟的方式而言，如果一个人吸烟的时候是吸一口烟，弹一下烟灰，则说明其此时正处于心情凝重或是烦躁的阶段，或处于进退两难的尴尬境地之中，不知道下一步该如何做。有时，此种姿势也表明吸烟的人正处于紧张的思考阶段。当然，有时候，一些人也可能会故意摆出此种姿势，以显示自己的不凡，或是炫耀自己，以吸引别人的眼球，从而满足自己那一点点可怜的虚荣心。

如果一个人吸烟时总会把抽口弄湿，则说明其性格多变，情绪往往也是起伏不定。做事时，有时爱意气用事，缺少规划性，所以常会碰得"头破血流"。很多时候，往往会因为异性问题而与别人发生纠葛，从而损伤自己的人际关系。

如果一个人吸烟的速度很快，则说明其性格较为急躁，脾气也较为火爆，容易发怒。在与人交往时，他的好恶、是非观念非常清晰，绝不会因为私情偏袒和自己要好的朋友，也正因为如此，他深得朋友们的喜爱，人缘非常的不错。做事时，他往往有急功近利的思想，喜欢贪多求全，结果是顾此失彼。因而他如果是单纯地从事某一件工作，往往能把它做得非常出色、漂亮。当然，如果一个人偶尔出现快速、大口吸烟的情形，则说明其现在肯定处于焦虑的情绪状态之中。

如果一个人在吸烟时经常忘了弹烟灰，则说明其对自己缺乏信心，有较强的自卑感。在他看来，整个世界都是灰色的。有些时候，很多事情他明明努一下力就可以做到，但由于缺乏自信而放弃了，而看到别人轻易做成后，他又追悔莫及。与人交往时，他常常会显得较为谦卑，有时甚至还有点卑躬屈膝。不过，他对人却是非常真诚的，几乎不会跟人玩什么阴谋诡计。此外，如果一个人在工作或是开会的时候出现忘了弹烟灰的情形，则说明其正在专心致志思考问题。

如果一个人抽几口就把烟灭掉，这就相当于画上了一个句号，表示他要去做另一件事情，而且这件事情他已经下定决心非做不可，其灭烟的行为可以看作是对自己决定的再一次肯定和鼓励。当然，有的时候一个人做出此种动作，可能表明其此刻心情非常糟糕，把烟卷当成了一个出气筒。

如果一个人喜欢随时在自己的嘴角上叼一支烟，则说明其性格较为倔强、叛逆，有时候其外表看起来可能会给人放荡不羁的感觉，实际上他富有正义感，侠义心肠，喜欢"多管闲事"，好打抱不平，多不拘于小节，因而其人缘关系颇为不错。不过，他的心理承受能力较差，一旦自己的能力没有得到别人的认可，或是工作中遭到了失败，他要么是强烈反抗，要么就是从此一蹶不振，而且往往是后者居多。

如果一个人喜欢仰起头用嘴角抽烟，则表明其具有较强的独立意识，同时对自己充满了信心。他喜欢"流自己的汗，吃自己的饭"，不会接受别人对自己的施舍，很多事情都坚持一定要自己动手。不过处事过于勉强又自视过高，通常会使他与周围的人格格不入。所以，在很多人眼中，他是那种很难让人接近的人。不过事实并非如此，他其实是那种"外冷内热"的人，一旦与他交往一段时间后，就会发现他其实是一个很重感情的人。

如果一个人总喜欢把烟吸到抽口也舍不得丢掉，虽然这种人很节俭，但却较难持家，因为与其省下那么少的钱，倒不如把烟完全戒掉，但要他把烟戒掉，往往会比登天还难。一般来说，这种人工于心计，在待人处事上，常常是处心积虑，猜疑心非常重。他很少会对自己的朋友，哪怕是亲人，袒露自己的心事。所以其人际关系较为糟糕，有些时候，由于他太处心积虑，反而会让自己失去一些机会。

就吸烟的种类而言，通过观察一个人吸什么样的烟，也能了解他大概的性格特征。

如果一个人不太在意香烟的品牌，则说明其可能还没有真正成为烟民，他吸烟可能仅仅是为了好奇或好玩，或正在主动向"烟民"行列靠近。一般来说，这样的人性格较为温顺，喜欢随遇而安，缺少主见和原则性，往往是人云亦云。此外，这类人还有一个特点，即缺乏坚强的毅力，一旦遇到困难、挫折，就会打退堂鼓，从不肯认认真真做一件事，当然更不用说什么为理想而奋斗了。所以，他很难成就一番自己的事业。

如果一个人喜欢抽洋品牌烟，则说明其虚荣心较强，喜欢追逐潮流，也喜欢在别人面前表现自己。他对金钱有较为强烈的渴望，但绝不是一个吝啬鬼或守财奴，很多时候他为了在别人面前炫耀自己，即使一掷千金也在所不惜。他对生活的要求颇高，但又不愿意为之奋斗，故而常常陷入"心比天高，命比纸薄"的尴尬境地之中。

如果一个人喜欢吸雪茄，则说明其性格较为倔强，常常是"明知山有虎，偏向虎山行"，也不会在任何压力或权势面前低头。与人交往时，非常直爽、豪放，从不拘泥于各种繁文缛节，因而他深得朋友的喜爱。除此之外，这种人还有一个重要优点，即有一颗勇于负责任的心，他从不会推卸属于自己的责任。相反，在一些危急时刻，他还敢于临危受命，这就使他很多时候能受到大众的支持和拥戴。

如果一个人喜欢用名贵烟盒来装价格低廉的香烟，则说明其具有较强的虚荣心和表现欲望。这种人对金钱充满强烈的渴望，但是他又不肯做出半点努力，成天在那做着一些不切实际的发财梦，结果当然是连一分钱的财也没有发。在与人交往时，他几乎不会真心对待自己的朋友，往往是见异思迁，因而其知心朋友几乎没有。

此外，根据法国动作心理研究家贝尔杰先生的研究，一个人捻熄香烟的方式，也能反映他的性格特征。

如果一个人轻轻敲打熄灭自己的香烟，则说明其十分注意自己在别人眼中的一言一行，做事时非常谨慎、小心，从不会莽撞行事。在与人交往时，对对方非常谦逊，显得彬彬有礼。不过，有些时候由于他太过于谨慎，以至于有时不能完全将自己的意见传达给对方，同时，在该"断"的时候显得犹豫不决，以至于错过了一些好机会，致使局面变得更复杂。

如果一个人随便地将一个仍在冒烟的烟蒂扔进烟灰缸，则说明其性格较为懒散，凡事喜欢以自我为中心，因而有时显得较为自私。这种人还有一个不太好的地方就是，做事不严谨，喜欢打马虎眼，故而经常遗忘或丢失东西，同时别人托付给他的事，往往会无果而终，如果被人追问原因，他还会振振有词地为自己辩护。

如果一个人将烟蒂以按压的方式将其熄灭，这往往是其发泄心中不满或是某种欲望的表现。一般来说，这样的人性格非常倔强，有时甚至有点偏激，遇事非常容易激动。这类人的体力较为充沛但无法恰当处理自己心中的各种欲望，故而常常处于焦虑、急躁的情绪状态之中。不过，他们在做事时较为积极，很少出现半途而废的情况，因而深得老板的喜欢。

如果一个人经常用脚踩熄烟蒂，则说明其较为好强，喜欢争强好胜，具有一定的攻击性，不会轻易认输。他往往是能说会道，言语丰富，词意尖锐，喜欢讽刺、打击别人。正因为如此，他的人际关系不是很好。不过，一旦他对某人产生好感，就会积极主动地向对方表明自己的意思，他的独占欲望非常强烈，经常干涉恋人的生活，故而时常遭到恋人的反抗。

有趣的是，一些人吸烟时慌慌张张，一些人吸烟则波澜不惊，还有一些人吸烟时姿态优雅，也有一些人吸烟仅是让自己加入"烟民"的行列，当然有些人吸烟是为了掩饰自己的紧张情绪。吸烟的动机大相径庭，其姿势也因人而异，由此我们可以从中窥见那些吸烟者的"烟品"和性格。

抽烟时手掌向外的人性格非常外向，颇有点"人来疯"的特征。有些时候，他们可能会感到一些迷茫和不安，需要一个人领导着逐渐找回已经或是正在丧失的自我。他们跟谁都谈得来，十分喜欢与各式各样的人来往，如果让他们独处一段时间，他们通常会受不了。他们对生活往往是追求其丰富多彩，而讨厌一成不变的任何东西。

经常用指尖夹烟的人性格较为温和、亲切，攻击欲望不是很强烈。他们对自己的信心不是很足，很多时候总喜欢用悲观的态度去看待一些事情。这往往使他们活得很累。他们的心地较为善良，做事总会为别人留下一定的余地，他们也不太喜欢冒险，一般不会去做风险性较高的事情。他们的生活态度较为严格，做任何一件事情都会认真地对待，并且喜欢追求高效率、高质量。

把大拇指放在嘴边吸烟的人性格较为倔强、坚强，同时也具有较强的理性，富有独立性，但也有点自负。很多时候，他们都懂得如何进行自我反省、自我沉淀，从而留下对自己有用的东西，而将那些可有可无，甚至是一些糟粕的东西抛弃。这种人最不能容忍别人（尤其是自认为不如自己的人）对自己发号施令，很多时候，如果自己不发表一点意见，他们就会觉得不对劲儿。他们做事时不会死脑筋，一条路走到底，而是在几条路中选择最便捷的一条。

敞开手指拿烟的人较为敏感而细心，他们的情绪波动较大，颇为任性。因为他们较爱逞强，所以不太亲近别人，但实际上他们是随和且较为喜欢与人交往的人。虽然他们较为任性、喜欢逞强，但为人较为真诚、坦率，即使遭到别人误解，他们往往也会尊重对方。

用指腹夹烟的人性格较为稳重，思想也比较单纯和传统，富有同情心和正义感，是毫不含糊且可以信任的人。他们对自己往往有清醒的认识，不仅知道自己的优点在哪里，更知道自己的缺点在哪里，懂得如何扬长避短。他们对自己充满了信心，相信只要经过自己的一番努力，肯定能实现自己心中的梦想。

3. 男性和女性之间吸烟的区别

一说到吸烟，可能不少人不由自主地就会和男性联系到一起。其实，当今不少女性也加入了"烟民"的行列，如《蓝天使》里的玛德琳是抽烟的，被誉为"冰山美女"的嘉宝是抽烟的，《半生缘》里的梅艳芳也要抽烟。当然，也有很多普普通通的女性也在"默默无闻"地抽着烟。当女性用她们的纤纤玉指娴熟、自然地夹着香烟，袅袅升起的青烟若隐若现，像一层薄薄的面纱遮住了她们美丽的容颜。

虽然同是吸烟，但女性和男性在吸烟的目的、方式、姿势以及在香烟种类的选择上等方面却存在较大的差别。

一份研究表明，吸烟的女性绝大多数性格外向，至少吸烟后的女性性格会外向化。外向型的女人吸烟多为追求烟草的刺激，而内向性格的吸烟者，则是靠抽烟使自己镇静。而男性则不同，在所有男性"烟民"中，性格外向和性格内向的人几乎各占一半，在一些地方，性格内向的"烟民"还占有多数。外向型的男士吸烟多为展示自己的潇洒，而内向型的男士吸烟多为控制自己的情绪或是掩盖自己的紧张、尴尬。

在吸烟方式上，女性"烟民"通常会把香烟高举，手腕向后扳，同时露出手腕；也有一些女性在吸烟时喜欢将香烟叼在嘴角，烟头微微向上，或者在用手夹烟时喜欢将小指扬起；男性吸烟的时候，他们通常会伸直手腕来避免自己看上去缺乏男性气概，每吸一口烟后他们就会把拿着烟的那只手放在胸部以下，这样就能在任何时候让自己的身体不受到外界的侵犯或伤害。有些时候，男性在抽烟的时候会把香烟夹在手里，尤其是当他们想要不露声色的时候，他们会把香烟藏在手心。

就吸烟的目的而言，那些在各种宴会或聚会上"明目张胆"吸烟的女性，往往是想通过此举来向在场的男性展示自己个性和身体，以便让自己成为男性注目的焦点。当然，有些时候，女性吸烟则主要是为了宣泄自己的某种情绪或是控制、稳定自己的心绪。男性吸烟有的是为工作的需要，有的人则是为了让自己"不落伍"，当然也有不少男性吸烟者之所以吸烟，主要是想通过此举来缓解自己的精神压力。因为男性在各种社会及商务活动中容易产生极大的心理压力，吸烟也就成了他们放松自己的一种不可替代的方式。

4. 抽烟是一种性感的展示

抽烟不仅是缓解压力、释放心情的手段之一，有时候，它也是一种性感的展示。如果你细心观察一下那些"女烟民"，会发现这样一个有趣的现象：她们在吸烟的时候很喜欢露出自己的手腕，进而向男性展示她们婀娜多姿的身体，同时她叼在嘴里的香烟就像是个小型的男性生殖器官一样。她们将颜色、大小不一的各种香烟含在双唇里吮吸，极具诱惑的意味，会让不少男性情不自禁地对她们想入非非、浮想联翩。反观男性，他们非常喜欢通过吸烟来展示自己的男子汉气概。一般来说，男性在吸烟的时候往往将香烟藏在自己的掌心，这样既会让他们在女性眼中充满诱惑力，也会凸现他们的男性魅力。

其实，早在20世纪以前，人们就把吸烟作为一种求爱的方式。通常情况下，如果一位男士为某位女士主动点燃香烟，这位女士就会在该男士为自己点烟的时候触碰一下对方的手，以示自己的谢意。此外，一些女性在感谢男性为自己效劳的同时，还会长时间含情脉脉地凝视着对方。

然而，如今在世界上很多地方，吸烟，尤其是女性吸烟，已经是一种司空见惯的事了，所以，通过吸烟来表达爱意的方式也几乎不复存在了。很多时候，女性在吸烟时所展现出来的女性魅力是她们当时表现出来的一种顺从态度，换句话而言，女性在吸烟的时候，微妙地表明了自己在男性的劝说下，可能会做出一些对自己不是很有利的事情，比如喝酒。虽然在很多地方，故意对着一个人的脸吐烟是很不礼貌的，但是，在一些国家，如果一个男性对女性做出此种姿势，这就表明他对对方很感兴趣。

5. 吐烟圈也会暴露你的性格或情绪

很多人在紧张的时候都喜欢用抽烟来缓解心头的压力或是掩盖自己的情绪，但是也许你不知道，他们已把自己的很多秘密通过吸烟时的一些小动作告诉给了别人。其中，吸烟时吐烟的样式就是他们暴露自己心情或性格特征的重要信号之一。

一般来说，通过观察一个人吸烟时的朝向，可以判断他的性格是积极的，还是消极的。如果一个人在吸烟时喜欢朝上吐烟，则说明其对自己充满了自信，并具有较强的优越感。无论是对工作，还是对生活，其态度都是非常积极的，他坚信"没有比脚还长的路，没有比人还高的山"。

如果一个人在吸烟时喜欢朝下吐烟，则说明他对自己缺乏信心，较为多疑。很多时候，他都抱着一种较为消极的态度去对待生活、工作，因为在他看来，痛苦、不幸占据了人生的大部分。

如果一个人朝下吐，且是由嘴角吐出烟时，则暗示此人的人生态度非常消极或灰暗。当然，这都不是指把烟吐向别人的情况，而是指比较典型的情况。这种情况在很多电影里十分常见，比如那些黑帮或犯罪集团的首领，经常被描绘成强悍、凶狠的角色。这些人在吸烟的时候，常常是靠坐在椅子上，斜仰着头，不时把烟吐向天花板，以此来显示自己的优越性和强悍。相反，那些地位卑微，处于弱势群体的人，常常把香烟用食指和拇指倒扣在手里，从嘴角把烟吐出来。

一个人吐烟的快慢往往与他当时的情绪状态有很大关系，如果一个人吸烟时吐烟的速度很快，则说明其现在正处于一种积极、充满自信的状态之中，同时，他此刻还具有较强的优越感。反之，如果一个人吸烟时吐烟的速度较慢，则说明其现在正处于一种消极、压抑或是失望的情绪状态之中。就拿玩牌来说，当一个吸烟的人拿到一手好牌后，他往往会充满自信地朝上吐烟；反之，当他手气不好，拿到一手"烂牌"时，他往往又会朝下吐烟。正因为如此，很多玩牌的高手往往通过观察对手拿牌后吐烟的朝向来判断他们手上牌的好与差。不过，如果玩牌高手们哪天遇到比自己更善于"察烟观色"的对手，他们往往会血本无归。因为这些"高手"不仅善于观察他人的身体语言，还善于伪造一些身体语言姿势来麻痹对方。比如，他们拿到一手好牌后，肯定不会喜形于色，而是会在那骂骂咧咧，并把牌随便往桌上一扔，将两只胳膊交叉在一起，做出一副准备投降的样子。与此同时，他却静静地为自己点上一支烟，悠闲地吸着，并向上喷着烟雾。此时，如果对方心里窃喜自己此次赢定了，并压上自己所有的赌注，很有可能他会在这一次输个精光。

很多有丰富经验的销售员就十分谙熟这一点，他们在向吸烟的顾客推荐商品时，如果发现他朝上吐烟，满脸悦色，则说明他这次推销成功了；反之，如他发现顾客朝下吐烟，心里就会暗暗叫苦，因为顾客此举表明对自己推荐的商品并不感兴趣。这种情况下，他就会迅速改变策略，向顾客推荐其他商品，好让他有时间重新考虑自己的决定。

一般来说，抽烟时喜欢吐烟圈的人，一个比较突出的特点就是有比较强的支配欲和占有欲，喜欢以自我为中心，凡事喜欢我行我素，不愿被任何规则、条款束缚。他们的性格较为外向，喜欢与人交往，较为仗义和慷慨，不喜欢斤斤计较，很多事情只要说得过去就行了。所以，他们的人缘很是不错。

此外，从鼻孔喷烟往往是自傲、自信的象征，但如果一个人在用鼻孔喷烟的时候，把头朝下，则说明其欲给对方一个凶狠的印象，当然也有可能此时他的心情正处于一种非常糟糕的状态之中。

戴眼镜和化妆的习惯动作

1. 怎样辨识和眼镜有关的身体语言

心理学家通过研究发现，几乎人们所用的每一件东西，都有助于他们做出许多表明自己情绪或性格特征的姿势。而那些善于"察言观色"的人正是通过观察一个人在使用某件物品所做出的各种动作来洞察别人的内心世界的。

人们用各种物品做出的动作可谓是多种多样，戴眼镜也不例外。其中，人们用眼镜做出的动作中，最常见的是将一只眼镜腿放进自己的嘴里。这个动作有什么含义呢？一般来说，一个人故意把某些物品放在嘴唇上，或者是直接放进嘴里，是为了重温他在婴儿时期吮吸母乳时所获得的安全感。这就是说，一个人故意将一只眼镜腿儿放进自己的嘴里，也是为了让自己心理上获得一种安全感。这同孩子吮吸手指，成人叼含一个烟斗，是一样的道理。

除了故意把眼镜腿儿放进嘴里这一姿势外，还有很多与眼镜有关的身体语言也能反映一个人的思想情绪或性格特征。如果你戴眼镜的话，可能有时候你会觉得自己在通过望远镜看生活。但是，别人会觉得你是一个勤奋、聪敏的人，尤其是你在与对方第一次见面时。行为学家的问卷调查也证实了这一点，在参与调查的人群中，90%以上的被调查者都认为，那些戴眼镜的人看上去比没有戴眼镜的人要聪明得多。不过，这种感觉不会持续太久（一般在5分钟左右），一旦与人交谈一会儿后，一个人聪明与否就会"原形毕露"了。所以，明智的选择就是：只有在简短的面试中，才能考虑故意去戴一副眼镜，这可能会给面试官一个好的第一印象。但是，如果你戴的是深色或是镜片过大的眼镜，很有可能，你看上去就没有那么聪明了。因为深色眼镜或是镜片过大的眼镜会使一个人看上去很严肃、很古板，甚至还会给人一种老气横秋的感觉。

很多时候，在商务或社交活动中戴上一副眼镜，往往会给人受过良好教育、聪明、勤奋、真诚的印象，尤其是当你的眼镜框越重时，给人的这种印象会越强烈，不管你是男性还是女性。这可能是因为很多成功人士所戴的眼镜通常都有较重的边框吧！所以，在很多商务场合中，眼镜通常是身份的象征。

2. 拖延时间的策略

眼镜的作用可谓多矣，既可以用来辅助眼睛观物看路，也可以用来彰显一个人的身份地位，还可以用来遮阳。除了这些作用外，眼镜还有一个重要作用——帮助一个人在某些时候拖延时间。

利用眼镜来拖延时间在很多商务场合中十分常见，其中屡试不爽的姿势就是故意将眼镜腿放在嘴边，以此来拖延做出决定的时间。比如，在没有硝烟，却异常激烈的商业谈判中，当一方要求另一方做出最后决定时，被动的一方如果还没有考虑好是否要接受对方提出的条件，或是对对方的某些地方存在疑问的时候，他们就会把眼镜的一条腿放在嘴角边，有时还会若有所思地点点头，但不会给出明确的答案。除了这种常见的姿势外，那些戴眼镜的人还会采用另一种伎俩来获得更多的思考时间，即故意不断地将眼镜摘下，然后慢条斯理地在那里擦拭镜片。一般来说，有丰富经验的谈判专家在看见对方做出此种姿势后，往往不会催促对方马上给出明确的答复，而是安静坐在那儿，什么也不说。

根据上述利用眼镜拖延时间的姿势，了解了对方内心真实的想法后，你便可以在各种谈判中相机而动了。比如，对方若是在擦拭镜片后又迅速戴上眼镜，且不会在短时间内再取下，则说明其打算进一步进行商谈，但心中可能还存在一定的疑惑，或想再看看各种数据资料。遇见这种情况，你就应该主动挑明，问问对方在哪些地方还在疑惑，同时将自己这一方的相关数据资料递给对方；如果对方在和你进行一段时间的谈判后，把自己的眼镜摘下叠起，放在一边，这说明他已不再打算和你进行谈判了。此种条件下，如果你一再缠着对方进行谈判，肯定会事与愿违。如果对方在和你进行谈判的过程中，把自己的眼镜摘下，并随便地往桌上一扔，则说明他反对你提出的建议或是条件，此种情况下，你最明智的做法是收回自己的提议或是建议，当然，也可以主动提出结束这次谈判。

3. 请摘下眼镜和对方谈话

如果你是个戴眼镜的人，眼镜足可以成为你和别人成功交流的道具，即说话时摘下眼镜，倾听时再戴上眼镜。

这样做看似很麻烦，其实不然。这样做能够帮助你让对方感到放松，更好地控制交流。因为，在你的引导下，听话者很快就会明白当你把眼镜摘下的时候，就是你说话的时候，当你再戴上眼镜的时候，就是轮到他说话的时候了。

这样，你们的交流能不顺畅吗？

4. 戴隐形眼镜所产生的效果

对于近视眼来说，隐形眼镜的发明真可谓是一大福音，因为隐形眼镜不仅能使人的鼻梁变轻松，还能让人的瞳孔看起来更大，更湿润，因为它能反射光线，还会使人看上去更加温和、性感。这在社交场合中是很有益的。

可是，任何事情有利就有弊，在商业场合中，隐形眼镜带来的效果就不大乐观了，尤其是对女性而言。当女性在竭尽全力地劝说客户接受自己的意见时，客户却被自己的眼睛所吸引，全没听见自己说了什么！

5. 把墨镜戴在头上所产生的效果

炎炎夏日，不管从美学角度，还是健康角度，墨镜都变得炙手可热。并且爱美的人士还有了新的发明，把墨镜戴在头上用作装饰。

这是一个不错的发明，因为，墨镜总会让人看不清墨镜下的眼睛，进而让人对戴墨镜的人产生多疑、秘密和不安的印象，尤其在开会时，某个人如果留给别人如此的印象，则一定不是什么好事情。而在开会时，如果把墨镜戴在头上，会使人看起来好像在头上添了两只有神的大眼睛一般，其效果就像是婴儿的大眼睛或者是拥有大眼睛的玩具一样，会给人留下轻松、年轻和"帅气"的印象，让人产生好感。

6. 眼镜和化妆的力量

对很多女性来说，眼镜和化妆是她们增强自己魅力、吸引别人注意的重要手段，尤其对于那些职场女性来说更是如此。心理学家下面的这个实验也证实了这一点。

实验中，心理学家让4个外貌差不多的女性服务员穿着相同的服装在某个大商场销售电子商品。这4个服务员每个人都有自己的销售柜台，其中第一个女服务员戴有眼镜，化了妆；第二个女服务员没有戴眼镜，也没有化妆；第三个女服务员没有戴眼镜，但化了妆；第四个女服务员戴有眼镜，但没有化妆。当这4个女服务员各自到达岗位后不久，便有顾客陆陆续续来到她们柜台前询问或购买她们销售的电子商品。而此时，心理专家便在一旁开始了统计，他发现这些顾客平均会在柜台前逗留2～5分钟的时间。随后，心理学家又随机问了那些刚离开 4 位女服务员柜台的顾客，让他们说说那 4 个服务员的性格和外貌特征，并让他们从一张单子中选出最适合用来形容这些服务员的词。

这些顾客给出的答案几乎和心理学家预料的结果一模一样。在被询问的顾客中，90% 的人认为那个既戴有眼镜又化了妆的女服务员性格最为外向，也显得十分自信、大方。不过也有少数女性顾客觉得这位又戴眼镜又化妆的女服务员比较冷淡、自傲，甚至还有点自负——这一小部分女性顾客之所以会这样认识那位又戴眼镜又化妆的女服务员，可能是因为她们觉得那位女性服务员是她们潜在的竞争对手。不过，男性则从来不会这样认为。与之相反，在被询问的顾客中，85% 的人都认为那个既没有戴眼镜也没有化妆的女服务员，无论是在个人形象展现方面，还是在个性展示方面，都是最差的。而此时有没有戴眼镜则对于顾客的评价则无足轻重了。那个化了妆，但没有戴眼镜的女服务员，无论是在外表上，还是在个性、个人能力的展示上都获得了顾客们这样的评论：性格外向活泼，口齿伶俐，漂亮大方。很多顾客仅认为她在与人交往的技巧方面，比如说如何倾听别人说话和如何让顾客相信自己的话等方面存在一定的欠缺。

有趣的是，大多数女性顾客一眼就能准确判断女服务员是否化过妆，但是很多男性顾客却记不住该服务员是否戴有眼镜。更为有趣的是，几乎所有的顾客都认为那 4 个女服务员中化了妆的两位所穿的裙子要比没有化妆那两位所穿的裙子要短（实际是一样长的），这就意味着化妆，尤其是得体的化妆会使一个女性在别人眼中，尤其是男性眼中显得更为性感。由此可见，化妆能使女性看上去更加美丽、性感、自信和聪慧。而在职场，如果一个女性在化妆的同时，再戴上一副眼镜，往往会给对方极为深刻的印象，

掰手指节的人

有些人习惯于把自己的手指掰得咔嗒咔嗒响，不管有人没人，有事还是无事。如果心烦意乱时听到这种响声一定很不舒服。

此类男人通常精力旺盛，哪怕他得了重感冒，如果叫他去干一件他平常最喜爱的活动，他同样也会从床上爬起来。他们还很健谈，喜欢钻"牛角尖"，凭借自己较强的思维逻辑而经常把你的谈话、文章说得一无是处。

挤眉弄眼的人

喜爱挤眉弄眼的人善于运用面部的动作和表情来传情达意。一些心理学家和行为学家认为，这类人比较轻浮或缺乏内在的修养，在恋爱和婚姻上也总是喜新厌旧。

这种人特别会处理人际关系，尽管他们十有八九都略显高傲，但因为他们的处事大方为其掩盖了很多不足。在事业上他们很善于捕捉机会，深得领导的赏识。

七、触摸人性脉搏，识破对方谎言

生活中处处有谎言，这绝不是危言耸听。无论你是经理、公务员、作家、专家，还是其他任何人，都面临形形色色的谎言。而如果你被其中的某一个谎言欺骗，你的事业就很可能遭受重创。你要做的就是在五分钟内判断对方说的是真话还是谎话！

（一）通过面部表情识别对方的谎言

人们说谎时，虽然可以说得天衣无缝。但是，这并不是说，别人因此就会被蒙骗。说谎者的面部表情会出卖他，语言可以控制，但面部表情是很难控制的。判断一个人是不是在说谎，看他的面部表情即可。

他是不是在说谎？很多时候，光听语言是听不出来的。说的比唱的好听的人靠不住，大家公认的"老实人"也有说谎的时候。那么该如何判断一个人是不是在说谎呢？第一时间要做的应该是——看面部表情。

说谎的人，会刻意控制自己的语言和面部表情。一般来说，这是交谈双方特别在意的两个方面。但是，掩饰言辞很容易，只要事先准备好就行了，而隐藏面部表情，却不是一件容易的事儿。

慢半拍的面部表情

一般来说，当一个人说谎时，会尽量微笑、点头、眨眼睛，他们试图以此掩盖自己的内心活动。但是，心理研究表明，我们的脸部特征很难完全被控制。在说谎时，整个脸部会出现短暂的凝固，这个过程大概会持续2~3秒。

如果你够细心，会发现很多说谎的人都存在类似情况。

场景一：

一位喜剧演员做客一个谈话节目，在现场为大家讲了一个小笑话。主持人听完后，哈哈大笑，说："这个笑话真是太好笑了。"

场景二：

一位喜剧演员做客一个谈话节目，在现场为大家讲了一个小笑话。主持人听完后，说："这个笑话真是太好笑了。"然后笑了出来。

那么，你觉得上面哪个场景表达了主持人真正的想法呢？没错，当然是第一个。第二个场景中，只是敷衍嘉宾而已。

这就是说，如果并不是出于真心，有些表情看上去明显是后补的，不仅慢半拍，还很机械僵硬。比如，一个上门的推销员，当你问他"能否保修一年"时，如果他先点头，再说"是"，说的就是真话。如果他先回答你："嗯……有的，你放心。"然后才点头，你就该怀疑他话的真假了。

（二）撒谎者常常触摸鼻子

人们在说谎时会产生压力，这会引起鼻腔内细胞肿胀和血压上升，鼻子有种刺痒的感觉。于是，人们只能频繁触摸鼻子，缓解这种症状。所以说，看到一个人说话时频繁地摸鼻子，就不要轻易相信他的话。

美剧《别对我撒谎》的第十一集，出现了一种撒谎掩饰姿态：用手指在鼻翼处蹭了一下。

一位妻子看完这个剧之后，就偷偷观察分析老公跟她说话时的语气、动作、表情，想探求他是不是在对她说谎。

一个周五，老公打电话说要加班，但是说话时犹犹豫豫的。她知道他在撒谎，可是想知道老公瞒着她在做什么。于是，假装答应，随后到他公司楼下等，偷偷跟踪他。结果，妻子发现，老公下班后就跟一群"狐朋狗友"聚会去了。

晚上回到家，妻子假装什么都不知道，拉住他的手问："今天是不是很辛苦？工作完成了吗？"老公摸了摸自己的鼻子，说："我努力工作都是为了让你过上更好的生活，不辛苦。"

人们摸鼻子，通常是在说谎。原因是什么呢？美国芝加哥的嗅觉和味觉治疗与研究基金会的科学家也许能给我们答案。

他们研究发现，当人们撒谎时，一种名为儿茶酚胺的化学物质就会被释放出来，而引起鼻腔内部的细胞肿胀。科学家们还通过可以显示内部血流量的特殊成像仪器，揭示出血压也会因为撒谎而上升。这项技术显示，人们的鼻子在撒谎过程中会因为血流量上升而增大。血压增强导致鼻子膨胀，从而引发鼻腔的神经末梢传送出刺痒的感觉，于是，人们只能频繁地用手摸鼻子，以舒缓发痒的症状。

这就是著名的"皮诺基奥效应"。

尽管人们无法看到鼻腔血管膨胀的样子，但能看到撒谎者触摸鼻子这一手势。可以很轻松地认定，他是在撒谎。

某两位知名的神经学家，深入研究了美国前总统比尔·克林顿就莱温斯基性丑闻事件向陪审团陈述证词的录像。他们发现，克林顿说真话时很少触摸自己的鼻子，但是，只要他一撒谎，他的眉头就会在谎言出口之前不经意地微微一皱，而且每四分钟触摸一次鼻子，在陈述证词期间触摸鼻子的总数达到26次之多！这很好地印证了"撒谎会摸鼻子"的说法。

撒谎时，摸触鼻子的手势一般是用手在鼻子下沿的地方很快地擦几下，有时甚至只是略微轻触，几乎难以察觉。女性在做这个手势时，比男人的动作幅度更小些。

当然，不一定所有摸鼻子的动作都说明他在说谎。当一个人处于焦虑不安或者愤怒的情绪中时，他的鼻腔血管也会膨胀，也会出现触摸鼻子的动作。甚至有时候人们做出这个动作，只是因为感冒，或者花粉过敏，或者在抹鼻子上的脏东西。

鉴定他人是否在说谎时，还需要结合其他说谎迹象来进行解读。比如说，说谎因为要临时组织语言，会出现说话吞吞吐吐的现象；有的人会出现停顿、皱眉的动作；还有的人会脸红，等等。只要认真观察，这些小细节是不会逃脱出我们的眼睛的，知道他人是否在说谎也会变得十分轻松。

（三）频繁眨眼睛说明他在撒谎

眨眼睛可以有效避免直接接触别人的目光。对说谎的人来说，这是掩盖谎言最好的办法。当你看到一个人频繁地眨眼睛，很可能是他在躲避你的眼神儿，也就是说，他在对你撒谎！

下班前，主管吩咐秘书写一份重要的报告。可是，因为这天是秘书的生日，在和朋友们庆祝完之后，她竟然将这份重要的工作忘了。第二天，主管要这份报告时，秘书在包里翻来翻去，最后假装着急地说："哎呀，我保存文件的U盘忘记带了。"

主管一听，就知道秘书在睁眼说瞎话。因为，秘书根本就没有U盘，前几天还跟他申请要买一个呢。而且，他发现，秘书在说话时，一直在用比平时快的频率不停地眨眼睛。

心理学家研究表明，人的正常眨眼次数是每分钟30~50次，当人感到重压，内心难以承受时，眨眼次数明显会增多。而人在撒谎时，会使自己的心理压力不自觉地增加，所以，眨眼的频率就会加快。由此，主管肯定地判断出，秘书是在撒谎。

除了这个原因之外，快速地眨眼，还能避免与对方的目光直接对视。人们在撒谎的时候，也会有心虚的心理，不敢正视对方的眼睛，生怕对方看穿自己内心的恐慌。可是，如果将头别过去，说谎人担心这个动作太过明显，会被对方看穿。而快速眨眼睛，就能不动声色地躲避过对方的眼神。

在电影或电视剧里，我们常会看到这样的镜头：

一个法官言辞严厉地审问犯人"你昨天晚上干什么去了？"

犯人低着头，说："昨天晚上我哪儿也没去，就待在家里看电视。"

这是因为，当一个人说谎时，他是心虚的，会下意识地避免和对方眼神做直接接触。这样，他能减少压力，把谎言说出来。相反，如果他说的是真话，就敢直视对方的目光，仿佛是在挑衅："我说的是真话，干嘛要怕你，你要是不信，可以去调查。"

在生活中，我们通过观察也会发现，一个人在酝酿谎言、说出谎言之后，都会有眨眼睛、低下头等不自然的动作。比如，老师问学生为什么没做完作业，他可能会先低下头想一想，或者眨巴几下眼睛，然后再编个能被原谅的理由，妄图逃避惩罚。

这个动作代表着心虚。

很多时候，就像前面案例中的秘书一样，有很多人会当着你的面睁眼说瞎话，要识破对方的谎言非常容易，因为人的眼睛是无法骗人的。说谎的人不敢直视别人的眼睛，因此会选择快速地眨眼，或别过头去，下意识地掩盖自己的眼神。

但是，不是所有的眨眼睛都意味着说谎。如果一个人在你面前刻意延长了眨眼睛的时间，那只是说明，他对你的话不感兴趣，希望交谈早点结束。如果，他的眼睛会闭上两三秒再睁开，则说明他真的不能忍受这样无聊的交谈，希望你快点从他眼前消失。这时，你需要调整一下说话内容，或者干脆直接走开。

只有当眨眼睛的速度快于平时的频率，才说明当事人是在撒谎。所以，我们在观察时，一定要区分清楚，不要随便冤枉了好人。

（四）抓挠耳朵代表什么意思

生活中，当我们不同意别人的意见时，习惯用手摸摸耳朵。这其实是通过肢体语言告诉对方你真实的内心想法。所以，说话的时候加上这个动作，很可能是说话人言不由衷的表现。

妈妈："小明，你的袜子又开始乱扔。不知道放到柜子收好吗？作业有没有做完？别看电视了，天天就知道玩儿，怪不得上次考试考得那么差……"

小明听到妈妈的唠叨，赶快捂住耳朵，做出一副痛苦的表情："妈妈，求求你别再说了。"

生活中，这样的场景很常见。捂住耳朵，说明他是不想听到你的声音。而在成人世界里，他们不会捂住耳朵，只会抓挠耳朵的不同部位，来表达不同的情绪和内心想法。

摩擦耳廓背后

这代表他不同意说话人的观点，或者想要发表不同的意见。比如，一位售货员不停地向顾客介绍商品的好处。顾客只看了一眼，然后下意识地用手指摸摸耳廓背后，接下来一定会说："我再考虑一下。"这时，代表的意思是他不喜欢售货员推荐的商品，所以，摸摸耳朵，不愿意再听他说下去。

在日常工作生活中，比如你正发表意见，对方侧着头摸了摸耳朵，这代表对方意思和你相反，而且急于表达。这时，你就应该停下来，听听对方的意见，交流才会有效果。

不停地抓挠耳垂、耳背

这代表一种焦虑的情绪，说明当事人一定是遇到解决不了的困难需要帮助。

晓云是一个非常细心的人，总能观察出周围人的动作变化，并解读其中的意思。一次，她看见同事卢冲不停地抓挠耳背，于是走过去问，他是否需要帮助。原来，卢冲遇到了一个程序问题，怎么都调试不出想要的结果。晓云及时伸出援手，帮他解决了问题，同时，也得到了卢冲的万分感激。

人们在着急、焦虑时，就会通过不停挠耳朵，释放内心的压力。如果你能看出其中端倪，主动帮助对方渡过难关，会大大拉近和对方的距离。

用指尖掏耳朵

生活中会有这样的场景：一个人滔滔不绝地在讲话，听的人似乎心不在焉，不停用指尖掏耳朵。

这个动作表示，他对你所说的一切很不屑！而且，对说话人也很不尊重。这时候，就不要自顾自地说下去了，可以问一问对方："您对这件事情有什么高明的看法吗？"或者如果对方是长辈，就考虑转化他感兴趣的话题。

用手或耳廓遮住耳洞

这跟孩子捂住耳朵是一个意思，他们在直接阻止不愿意听到的话进入耳朵。表示的意思是："我不想听你再说下去了！"同时，脸部会出现不耐烦的神情。

比如电影里，女主人公是个话痨，看电视的时候，常对着下班回家的丈夫东家长西家短地唠叨个没完。男主人公只好用手堵住耳洞，这样，就只看见妻子的嘴一张一合，听不见唠叨声了。

很多人有挠耳朵的习惯，殊不知，这个动作会给人留下紧张、焦虑的坏印象，甚至会让对方产生你不喜欢听他说话、不尊重他的误会，所以，不到必要时，千万不要再用手挠耳朵。

（五）用手遮住嘴巴传达出什么信号

当人们说出了不该说的话，会下意识地捂住嘴巴表示懊悔，或者防止自己再继续说下去。这是一种下意识的动作，最能表达其真实的想法。所以，不要去相信他后面说的话，很可能是谎言。

在平时的交谈中，我们也许会发现一个现象，就是说话人在说完某一句话时，会突然捂住嘴。这说明了说话人的什么心理呢？我们一起来看看。

不该让他知道这个秘密

陈佩斯和朱时茂的小品《警察与小偷》里，有这样一个情景：

陈佩斯扮演的小偷在巷子口替正在干坏事儿同伴望风，恰巧遇到朱时茂扮演的警察巡视。

朱时茂问："你在这儿干什么？"

陈佩斯回答："我在望风儿。"

他意识到自己说漏了，紧接着用手捂了一下嘴，改口说："啊，不，我在放风儿。"

陈佩斯为什么会下意识地捂住了嘴呢？其实，他心里是在想："这个秘密不能让他知道！"

当你和别人交谈时，如果对方说话到一半，或者刚开了个头，就下意识地捂住了嘴巴，这可能是对方不愿意告诉你这件事情，但是毫无防备地说了半截。

这种情况下，我们不要相信他捂住嘴巴之后所说的话，那很可能是他临时编的谎言。只有他捂住嘴巴之前，不经意间说出的话，才是可信的。

并且，无论对方说了什么，无论这个秘密多么让你惊讶，你都要装作不感兴趣的样子，这样才会让对方安心些，接下来和你的交谈也会更顺畅些。否则，他可能会陷入说漏嘴的懊悔中，不再认真地和你进行交流，使谈话毫无意义。

不能让他看出我撒了谎

员工小王想看一眼发工资的单子，于是趁没人的时候，偷偷溜进了人事部的办公室。当他看完正要出门的时候，碰到外出办事儿回来的同事。

"你怎么会在这儿？有什么事吗？"

小王遮住嘴巴，轻咳了一声："啊，没什么，我来找小李，刚好他不在。"

心理学家告诉我们，在和别人交谈时，如果对方突然遮上了嘴巴，那么大多是因为说了谎。他试图通过捂住自己的嘴巴，来掩饰自己说出的那些谎话，或者遮挡说谎的痕迹。为了表现得更自然点，有些人还会像案例中的小王一样，在遮上嘴巴的同时，假装咳嗽来掩饰。

也就是说，用手遮住嘴巴，有可能是说了谎话，想掩饰自己的心虚。

比如，班会上，教室内一片安静，老师讲完话，问班长有没有事情要说。他摇摇头，说"没有"，手却不自觉地遮住了嘴。这时，他很可能在撒谎，因为比较有顾虑，该不该当着全班同学的面把某个问题说出来。

而且，如果能看到他的嘴巴，嘴巴的形状很可能是紧闭的，或者上嘴唇咬着下嘴唇。这表明，他的心里在纠结："到底是该说呢，还是不该说。"

遮住嘴巴就是在告诫自己，代表的是"不能让自己陷于危险中"或者"不能得罪人"的心理；蕴含的潜台词是"不要让他看出我在说谎"，"不能让他知道这个秘密"。

（六）谈话方式泄露了说谎的秘密

人们撒谎时主要靠语言，他一定不愿意让对方听出破绽，所以会事先编好一套说辞，以为这样就能掩饰。其实，这样会让谈话方式显得很刻意，无意中已经泄漏了他其实是在说谎的秘密。

当一个人说谎的时候，为了不让对方看出破绽，他会在谈话过程中十分注意。所以，如果仔细听，会发现他说话的模式和常人不同。

说谎的人记忆力都很好

警察在审问一个嫌疑犯。

警察："你还记得 3 月 18 号晚上 10 点钟，你在做什么吗？"

嫌疑人："哦，那天我吃完晚饭，躺在家里床上看电视。我还记得当时看的是五频道，我最喜欢的足球节目。"

警察："你晚饭吃的什么？"

嫌疑人："我晚饭吃了一份芝士比萨，还喝了一杯啤酒。"

警察："这可是一个月前的事儿了，既然你记得这么清楚，那请问那天你穿的什么衣服？想好了再回答，因为我们有当天你走进公寓时的监控录像！"

"这个……我真的忘了，我……"嫌疑人头上开始冒冷汗。警察把这一切都看在眼里，后来经过审问，他果真就是那个抢劫犯。

当你问到某个具体信息时，说谎的人一定会做出解答，而不会说不知道，因为他们害怕引起别人的怀疑。例如，这个抢劫犯，为了让警察相信他一直在家，特意说出了看了什么电视，吃了什么饭等具体信息。记忆力这么好的他，偏偏忘记了自己穿什么衣服！其实对大多数人来说，不要说一个月之前，恐怕一周之前某天做了什么，他都无法记得。

说谎的人不会把事情描述得很详细

丈夫一晚上没回来，第二天，妻子问他："你昨天晚上是不是又赌钱去了？"丈夫有些慌张，说："不是。我跟朋友们喝酒去了。"妻子接着问："是吗？都是哪些朋友？去哪儿喝的酒啊？"丈夫："就是关系不错的那几个朋友，去老地方喝酒了。"

很显然，妻子不会相信丈夫模模糊糊的回答。当一个人说谎的时候，他是心虚的，他害怕给出的信息越多，漏洞就越大。所以，当妻子问到具体的人时，丈夫不敢多说，害怕会穿帮。说谎的人，经不起追问细节，如果有怀疑，只要多问几句，就会知晓答案。

故意提供更多信息

警察审问嫌疑犯的案例中，我们发现，当警察问抢劫犯他吃过晚饭在做什么的时候，他说自己在看电视，而且还主动报出了节目内容。这就是典型的说谎方式之一！

说谎的人是心虚的，他害怕被看穿。所以，为了取信于人，会对自己的谎言加以更详细的描述。跟前面的区别是，他是不打自招，主动说出来，并且因为是早已在心里编造好的谎言，说出口的时候显得不假思索。

对于真诚的人不是这样，他们内心坦然，就不会再去做多余的解释。

比如，女友打电话给男友，很长时间才接，问为什么这么晚才接听啊？如果没做坏事儿，男友一定很坦然地告诉她："哦，我在卫生间，没听着。"如果他啰唆很多："我在卫生间，水龙头开得很大，我的房子隔音效果太好了……"那他一定在说谎。

在谈话中，如果人说了谎，一定会有某些语言，或者说话方式表现得很刻意，只要我们认真观察、仔细体会，是可以找出其中破绽的。

（七）微笑是否能够隐藏谎言

撒谎的人会心虚，也会刻意讨好你，使你放松对他的警惕。微笑是一个非常不错的办法。但是，他们不知道，微笑是发自内心，还是试图掩盖谎言，有的人一眼就能够看出。

一般情况下，人们都认为微笑展示的是友好、开心，微笑在生活中很泛滥，上班会看到同事的微笑、吃饭时会看到服务员的微笑、坐公车时，如果够幸运，也能看到售票员的微笑……

你有没有想过，这些微笑之中有多少是发自内心的？所有的微笑都是真诚的吗？答案是：并不是所有的微笑都是真诚的！微笑的面孔之下，也可能掩盖着谎言！

小晴是一名新进员工，她很有责任心。来公司不久，就发现管理上存在着各种各样的问题。小晴鼓起勇气敲开主管办公室的门，给主管提出了许多改善公司内部情况的合理建议。听她一鼓作气说完之后，主管微笑着，告诉她说："你的建议提得很好，我会和上级领导沟通讨论这些问题的。"

可是，过了很长时间，小晴提出的问题并没有得到改善。她百思不得其解，为什么主管觉得她提的意见有道理，却迟迟不给反馈呢？

法国科学家纪尧姆·杜胥内·德·波洛涅曾做的一项研究，或许能告诉我们答案。

纪尧姆研究发现，人的笑容是由两套肌肉控制的。第一套肌肉组织是颧骨处肌肉，它能带动嘴巴微咧，双唇后扯，露出牙齿，面部提升，然后将笑容扯到眼角。我们可以自由控制颧骨处的肌肉，制造出虚假的笑容。

第二套肌肉组织在眼部，它可以收缩肌肉，使眼睛变小，眼角出现"鱼尾纹"。这部分肌肉不受我们意识的主动控制。它调动起的笑容，一般都是真心的笑。

小晴的主管在微笑时，眼角并没有出现鱼尾纹，也就是说，他并不同意小晴的建议。说那番话，只是不想打击小晴的积极性而已。

那么，什么样的微笑才是真诚的呢？

就在几天之后，员工董文也走进了那位主管的办公室，他为新产品制定了一份特别棒的宣传方案。

我们来看看那位主管的反应：

董文在演示着宣传效果图，主管一边看一边点头，微笑从嘴角咧开，随着笑意越来越浓，眼角的鱼尾纹也越积越多。最后，当董文讲完之后，主管哈哈大笑，拍着他的肩膀说："做得不错，就按你的方案办！"

哪个微笑更真诚一些？很显然是对员工董文的微笑。

我们来比较一下，这个微笑出现了鱼尾纹。说明，他同时调动了嘴部和眼部两块肌肉，尤其是眼部肌肉，它不受我们意识的主动控制，也就是说，只有在眼部出现鱼尾纹的笑容，才是发自内心的真诚的笑。

现在，我们应该清楚了。微笑掩盖不了谎言。如果微笑带动的只是嘴部肌肉的运动，那这个笑容就不是真心的，脸上的表情看起来会很僵硬。这时，无论他后面说什么话，最好还是掂量掂量他的真假。

如果微笑时，不仅嘴巴张开，眼角的鱼尾纹也被挤了出来，表情看起来就会很自然。这样的微笑一定是真心的，他对你的话是赞同的，所以，也必然会对你说真心话。

（八）目光坚定不一定代表诚恳

撒谎时，人们会把目光移开吗？现在，研究者们告诉人们另一个事实：撒谎者也可能会目光坚定地看着你！这是因为，他们试图反其道而行之，掩盖内心的慌乱。

我们都知道，撒谎时，人们会下意识的目光晴移开，避免与对方眼神儿碰撞。那么，是不是说，如果对方目光坚定地看着我们，一定代表着诚恳呢？恐怕未必！即使对方眼睛定定地看着你，他也有可能在说谎！

说谎时也会目光坚定

人们做过这样一个实验：他们找来一群人，将这群人分成两组，面对面坐下。然后，让一组人对另一组人说谎。并将室内所有说谎者的表情，一一录下来。最终结果非常令人吃惊！

实验中，只有大约30%的撒谎者将目光移开了，而另外70%的人，则采取了目光坚定地看着对方。这是因为，他们知道眼神儿的游移会让对方发现撒谎的秘密，所以他们为了避免被识破，刻意控制自己的眼神，盯着对方的眼睛。

实际上，我们在说谎过程中，或者说完谎之后，目光常常偏向一边；但是在说谎

之前，目光通常会表现得十分坚定，一方面是在给自己信心，另一方面是为了不让他人怀疑。所以说，目光坚定不一定都代表诚恳，有些时候也代表着谎言。

区分谎言和真话

如何来区分目光坚定者是不是在说谎呢？

这就需要进一步看他的瞳孔！心理学家研究发现，人的心理活动与瞳孔变化关系非常密切。

张老师是位经验丰富的初三班主任，班上有几个调皮的学生，可他们不敢对张老师撒谎，因为每次都会被看穿。

张老师的法宝就是，看他们的瞳孔。一次，王小蒙踢球砸到了另外一个人的眼睛，却撒谎不是自己踢的。虽然，说这句话的时候，他理直气壮地盯着张老师的眼睛，可是，瞳孔却不自觉地放大。张老师当然不相信他的话，找了几个同学问过之后，果然没有冤枉他。

当一个人在撒谎的时候，会产生紧张情绪。在紧张情绪的刺激下，他的瞳孔就会放大，我们因此可以断定，他是在说谎。当然，并不是所有的瞳孔放大都代表着说谎，在恐怖、愤怒、喜爱等情况下也会如此，需要具体情况具体分析。

传递出诚意的目光

跟人交谈时，我们需要目光坚定地看着对方，但如果长时间定定地注视，有可能让对方觉得你太过做作，不可信。

因此，要想不让别人产生误会，我们在目光坚定地看着对方的同时，也要配合其他的身体姿势。

比如，在听别人讲话时，如果对他的话很感兴趣，不妨多点几次头，鼓励他继续说下去；或者，露出真诚的微笑；或者，插入一些自己的看法，等等。这时，对方会感觉到你对他的友善和尊重。

如果是你在为别人讲述某事，为了使自己的话更可信，可首先进行眼神的交流，然后配合一些表示自信和肯定的动作。这会感染他的情绪，对你的话坚信不疑。

总之，目光坚定者也有可能在说谎，看看他的瞳孔和其他的表情就知道了。在跟人交流时，尽量避免定定地看着对方，还要配合另外的动作或语言，表达自己的诚意。

（九）抓挠脖子是口是心非的暗号

脖子和耳朵的距离很近，挠耳朵是在说谎，心理学家研究发现，挠脖子同样也可以起到放松情绪的作用。也就是说，人们在下意识地抓挠脖子时，很有可能是在说谎！

如果在讨价还价时，店主对你说："这真是最低价，不能再低了。"同时，我们看到他在抓挠这脖子，那千万不要相信他说的话！他抓挠脖子的动作已经显露了他在说谎！其实，他还赚着很多，你完全可以再使劲儿往下压价格。

心理学家研究发现，人们在撒谎之时，会感到紧张，大脑不自觉地指挥手触摸身体，起到保护自己和放松情绪的作用。这些动作包括握紧手、摸鼻子、摸耳朵、抓挠脖子等。

人们抓挠脖子，一般是用食指抓挠脖子的侧面或者耳垂下方的那块区域；女性的动作幅度更为小一些，通常用手指盖住脖子和胸相接的地方，解剖学上称其为"胸骨上窝"。

美国联邦调查局前反间谍特工乔·纳瓦罗有一次调查一名持械通缉犯，前去他母亲家问话。其母亲知道儿子被通缉，显得有点紧张，但是面对盘问却对答如流。

"你儿子在家吗？"当纳瓦罗这么问她的时候，她把手放到胸骨上窝，说："不在。"纳瓦罗继续提问其他问题，几分钟后，又突然问道："有没有他趁你不在，偷偷藏在家里的可能？"母亲再次把手放到上次放的地方，表示自己不知道。

纳瓦罗觉察到了她这个小动作，确信她在说谎。为了进一步证实，离开之前他又问了一句："你确定他真的不在家里吗？"结果，她又一次将手放在胸骨上窝，回答说不在。

纳瓦罗申请了搜查令，最后，在母亲家里的密室找到了他的儿子。

这位母亲三次说谎，三次用手抓挠脖子，身体语言供出了他儿子就藏在家里的事实。

当一个人说"我非常理解你的感受"，但同时他的食指在脖子上抓挠了五次以上，那么我们可以断定，实际上他在说谎！

自从梁雅洁的同事离职之后，她就一个人干两个人的活儿，成天忙得脚不沾地儿。过了两个月，她实在不能忍受了，找到主管领导诉苦，提出要求，要么提工资，要么重新招一个人。在听梁雅洁说完之后，领导表现出很同情的样子，抓挠着脖子说："你说的这些公司都看在眼里了，我们也承认你做的工作的确不少。这样吧，我会跟上级领导商讨解决这个问题的。"梁雅洁得到这样的保证后，依然努力地做两个人的工作。

可是，过了很长一段时间，梁雅洁的问题迟迟没有得到解决。她觉得很懊恼，为什么领导说话不算话呢？

其实，如果她懂得领导挠脖子意味着什么，就不会轻易相信他了！而是应该不罢休，时时督促他快点招人。领导的手在抓挠脖子，这才是他真正的实话："我们可以理解你的感受，可是，公司暂时还没有招聘计划。"

在日常生活中，如果遇到总是说话抓挠脖子的人，那就别轻易相信他的话！理智的做法，应该是放弃跟这样口是心非的人交朋友，因为，他是永远不会拿真心对你的。

（十）撒谎者在不经意间有多余动作

潜意识不受我们大脑的控制，它所起到的作用同样是不可忽视的。其实，人们在说谎时，先受到潜意识的支配，然后才受大脑控制。所以，哪怕是最高明的撒谎者，说谎时都会做出多余的小动作，露出马脚。

一个高明的撒谎者，知道掩饰一切撒谎时的细微动作，那么，就真的会让人看不出任何破绽了吗？答案是否定的。

任何一个人，哪怕是经过训练，最高明的撒谎者，都会受到内心潜意识的支配，露出马脚。

摇头前下意识地点头

林老板的客户欠下一大笔货款未支付，底下人几次到公司要货款，都被告知负责人不在。这次，林老板亲自出马。他问前台小姐："请问，你们的负责人马经理在吗？"前台小姐稍微迟疑了一下，然后非常肯定地摇摇头，告诉他："不在。"

林老板盯着她，说："你在说谎！"然后，径直往负责人马经理的办公室闯，果然见他正在办公室里打电话。

林老板是怎么知道前台小姐在说谎呢？因为他观察到，前台小姐迟疑之后，还有一个非常细微地点头动作，然后才是大幅度地摇头。这个下意识地点头动作出卖了她！

研究人员发现，很多说谎的人在摇头否定之前，都会做出下意识地点头，表示对对方问题的肯定。这个快速地点头动作，人脑很难控制，它告诉我们，对方摇头之后所说的话都是谎言！

睁大又缩小的眼睛

除了快速眨动，眼睛还有另外的动作，暴露出人说谎的秘密。

警察给了被捕的毒贩一沓照片，让他辨认哪一个是同伙。他一张一张看过去，始终不肯说。但是，没关系，细心的警察们已经从他的眼睛里发现了问题。

原来，当他看到同伙的照片时，他的眼睛突然睁大，然后瞳孔迅速收缩，把眼睛轻轻眯了一下。后来，经过审问，这个人的确也在贩卖毒品。

用心理学原理解释是，他看到同伙的照片，会突然变得紧张，出现瞳孔不自觉地放大，但他害怕别人看到他眼睛的变化，于是有意识地将眼睛眯起来。

其实，这恰好证明了他内心所想。

咽唾沫的小动作

小周又迟到了，被经理逮了个正着，批评他说："听说你最近迷上打麻将，每天都熬到夜里两点，怎么样，手气一定不错吧！"

小周的喉结动了动，小声说："不是的经理，这几天我爱人身体不舒服，早上起床我得先照顾她。"

经理当然不信他的话，因为，听到了他咽唾沫的声音。

当一个人想要说谎时，内心的紧张，会让喉头有干痒和异样的感觉，这时，他们会下意识吞咽唾沫来缓解这种异样。所以，单凭这一个动作，我们就能判断对方说的是实话还是假话。

心理学家通过大量的研究和观察告诉我们，人在撒谎时会出现很多不经意的动作。例如上面讲到的摇头前的快速点头、眯眼睛、吞咽唾沫等，这些多余动作虽然持续的时间很短，却也告诉了我们事情真相。

八、用心观察，答案不言自明

通常来说，一个人的人品是品出来的，不是试探出来的。一个人平时的举止行为，就会证明他是什么样的人，因为一个人的人品不是装出来的，是本身的素质的体现。《论语》就记载了孔子名言："视其所以，观其所由，察其所安；人焉瘦哉。人焉瘦哉。"意思是，要观察他因何去做，再观察他如何去做，再观察他做此事时的心情如何，安或不安。如此观察，那人再向何处去藏匿呀！

（一）看他富裕时，结交什么样的朋友

一个人在富裕之后会结交什么样的朋友，可以看出其品行。跟昔日穷兄弟断交，而去结交同样富裕的朋友，这样的人虚伪而卑微，日后也不会再有什么大成就。我们要及时远离他。

当一个人有了钱变得富有了以后，他会结交什么样的朋友呢？是不忘当初在一起打拼的"穷兄弟"还是那些酒肉朋友呢？每个人对此的态度都是不一样的。如今有很多人只能和你"同患难"，但一旦他富裕了，却未必能够与你"同富裕"，不能共享，这是人性的弱点，也是辨别识人的重要手段。一个人在富裕时结交什么样的朋友，将反映出这个人的品行。

当一个人富贵了以后，他的周边自然而然会出现很多同样富贵的朋友，这时候，他对待曾经的那些"穷兄弟"的态度就未必如当初了。很多人在富贵之后喜欢去巴结那些同样富贵有权势的人，与那些曾经一起共患难的"穷兄弟"一刀两断，因为他们会让他丢面子、掉身份。

司马迁在《史记》中，曾经记载了陈胜称王以后杀了他贫贱时的朋友的故事。

陈胜年轻的时候很穷，无田无地，曾经跟别人一起受雇佣给富人家种地。

有一天，他放下农活到田埂上休息，对秦王朝肆无忌惮地征调劳役、不断加重对老百姓的压迫和剥削的社会现实愤恨不平，就决心摆脱压迫和剥削，改变目前的社会地位，并对耕田的朋友们说："苟富贵，毋相忘。"意思是说：我日后富贵了，一定不忘大家。同伴们说："你不过是受雇给人家种地，怎么能发迹富贵呢？"

然而世事变化就是如此莫测，几年之后，陈胜在大泽乡揭竿起事，当了"张楚王"，真的富贵了。

这时候那些当年和他一起被雇佣耕田的伙伴们很高兴，他们自然找到了陈胜称王的陈地。陈胜看到这些昔日的伙伴，很是高兴，把他们带回宫里，着实炫耀了一番，好肉好酒地招待。

但渐渐地，这群伙伴们在宫里渐渐放肆起来，与陈胜不分上下，总是见人就讲起陈胜贫微时一些不风光的往事，陈胜左右的人提醒说，客人的言行有损您的威望。此时陈胜初为王，急于树立权威，于是就找个借口把过去的伙伴都杀了！

富贵者乍贫，必好言往事；贫贱者新贵，必忌言往事。这就是说如果一个人原本很富裕，突然贫困了，那么他肯定总会提起以前那些风光的事情；而一个原本贫穷的

人突然变富裕以后，那他们最大的忌讳就是谈起往事。尽管和伙伴们叙说当年贫贱的往事看起来是一种友谊，但对于他们来说，却是一种耻辱。更多的时候，他们对那些"穷兄弟"们唯恐避之不及。

所以说，富贵面前，最能认识一个人的品行，正所谓"狡兔死，走狗烹；敌国灭，谋臣亡"。在有困难的时候，人们总是愿意联合起来，这时候大家往往容易成为好朋友，成为好的合作伙伴。但当朋友不再具备与其"共患难"的能力时，人们通常会出卖朋友来保全自己。因此，在生活中，无论我们是选择朋友抑或是合作伙伴，还是挑选人才时，都需要非常小心。看一个人在富裕时和谁交朋友，对了解一个人很有帮助。

在贫穷的时候，大家都一样，没有什么区别，必然能够在一起"共患难"，但当富裕了以后就不一样了。在这个社会上，一夜之间暴富以后抛家弃子，与那些贫困的朋友断绝联系，这样的事情并不在少数，这样的人，我们要尽量远离。相反，那些在富贵时不计较自己那些贫困的朋友的人，才值得我们结识。

蒋天阳和彭武是一对好朋友，两个人一块在大城市里打工。有一次，蒋天阳好几天都没有找到新工作，生活都过不下去了，都是彭武在救济他，买来饭菜和他一起吃。蒋天阳感动地说："彭武，将来我发达了，一定要好好对待你！"

时来运转，过了几年时间，蒋天阳真的起来了，他做的房地产生意非常红火，这时候，很多人向他涌了过来，一时间，蒋天阳不是请客吃饭，就是节假日送礼，忙得团团转。而他多年的好朋友彭武这时候也没有来打扰他，不知是因为蒋天阳的应酬多了无暇顾及彭武，还是彭武觉得曾经一起闯荡的朋友发了，心中不是滋味。但蒋天阳并没有忘记自己放出的诺言。

当他听闻彭武在经济危机到来的时候下岗了，立即找到了彭武，送上了一笔钱，然后对彭武说："在我落难的时候你拉了我一把，那么现在让我帮助你一回，千万不要推辞。"彭武非常感动，他没想到已经富裕了的蒋天阳还记得当初的承诺，还不忘自己这个贫穷的朋友，他庆幸自己当初真是帮对了这个朋友。

真正的朋友在富裕的时候从来不会把你抛弃，只有那些虚伪的人才会在富裕的时候把你扫地出门，去追求那些和他们地位相等或者同样富裕的朋友，这同时也说明了那些人的人格是多么卑微。因此，认识一个人，我们一定要看清他的内心，看看他富裕之后跟谁交朋友，再决定是否值得我们去结识。

（二）看他有钱时，把钱花在什么地方

钱，是社会中每个人都需要的东西。它不仅服务着人们的衣食住行，还有许多其他的用处。每个人花钱的方式也不尽相同，有些人将钱花在个人享受上，有些人则用来做慈善……其实，从人们花钱的方式，就大概能看清其真面目。

钱不是万能的，但没有钱是万万不能的。提到这句话，很多人都会有同感。但怎么去花钱，每个人都会有自己的方式。如果我们要认清一个人，那么看他有钱时，把钱花在什么地方也是一种很好的识人方法。

有的人在有钱之后会贪图个人享受，吃吃喝喝，玩玩乐乐，花天酒地，只管自己舒服；也有的人在有钱之后不忘救济那些贫困者，广散钱财，招贤纳士；挣了钱就投资，开商铺，建工厂，千方百计追求升值的，这也是一种人；钱多了捐出去，不给子孙留祸害的，这也是一种人；有钱存起来，不显山不露水，数钱的时间比花钱的时间还长的，这同样也是一种人……总之，每个人都会有自己支配财富的方式，这体现的就是人的一种品质。

余彭年，原名彭立珊，现为香港富得发展有限公司董事长，香港余氏慈善基金会主席。余彭年有钱，但他的钱都用在了社会公益事业上，他热衷于捐助教育和社会福利事业，是中国大陆第一个建立超10亿美金民间慈善基金会的慈善家。

在对待慈善事业上，余彭年有很多经典的名言，"儿子弱于我，留钱做什么？儿子强于我，留钱做什么？""行善就是养生之道，行善有天知。"可以说，做善事是余彭年一直的梦想，他认为做善事能够让自己很快乐。

余彭年

余彭年也是从艰苦的日子里过来的，1958年，时年30岁的余彭年抛妻别子，经澳门至香港。从勤杂工做起，一步步做到老板，主要从事地产建筑、酒店业等。在港台奋斗50年，终成工商界巨富，拥有几十亿资产的企业家。他经营着酒店、写字楼、房地

产并且资产遍布香港、台湾和海外。从勤杂工成为五星级酒店董事长和著名慈善家，此等成就得来不易。

他自 1981 年起，向老家湖南捐资 2500 多万元，兴建社会慈善福利事业项目 20 多个。1995 年当选为深圳市人大代表。他投资 18 个亿在深圳市罗湖商业中心区建造了 57 层的五星级酒店——彭年大厦，并许下诺言：酒店收益的纯利润全部永久地捐献给社会福利和教育事业。他作为深圳市人大常委，已向市人大提出立法请求：百年之后，彭年大厦的产权不赠予、不继承，成立专门资产管理委员会负责经营管理，所得利润继续无偿永久捐献。

2003 年，余彭年与中国工商银行深圳分行签署了一份慈善资产托管与监督合同，按照这份协议，银行将安全保管余彭年的慈善资产和监督慈善资产的使用。对此余彭年表示："我的钱来之不易，但自己的财产不会留给儿孙。"

2005 年 5 月，余彭年委托工商银行公布了自己的财产数额估算，其中包括彭年酒店大楼及其在香港的房产，当时，总资产不超过 30 亿元。

2007 年，余彭年被美国《时代》周刊评为全球慈善家之一，《2008 胡润慈善榜》2008 年 4 月 2 日在上海宣布，被称为"最年长的慈善家"的现年 86 岁的余彭年以捐赠 30 亿元人民币再次荣获"中国最慷慨的慈善家"称号。据悉，这是他第三次问鼎胡润慈善榜第一名。

余彭年也是实际"裸捐"的第一人，在 2010 年 9 月 29 日的慈善晚宴上，他在现场宣布将 93 亿港元委托香港汇丰银行托管，百年之后全部用作慈善。时值 88 岁高龄的余彭年是拄着手杖来参加"芭比"慈善晚宴的，他说："我的观点与盖茨、巴菲特的观点一致。所以非常高兴接受他们的邀请。"

而在平素的生活习惯上，余彭年从不奢侈，平时都在食堂吃饭，彭年酒店的职工食堂有余彭年的专门座位，一天三餐吃的是简单的素菜和汤。在食堂的墙上，有他的亲笔字："反对浪费、宁可多盛一次。"

《福布斯》曾报道过，截至 2007 年，中国身价超过 10 亿美元的富豪达到了 66 名，已经成了世界上亿万富翁最多的国家之一，仅次于美国。可就是在这一年，《福布斯》取消了中国慈善榜，这也是福布斯为中国富豪排名八年来，取消的第一张榜单。取消的原因，除了中国慈善体制的不完善，导致富豪捐款不愿意张扬之外，最重要的原因就在于中国富豪们的慈善意识一点也不强，对待财富的观念仍然比较保守。慈善榜的取消，是中国富豪们的尴尬。

我们经常可以看到那些开着名车，泡着夜店，大笔挥霍钱财的人，很多有钱人总

在竞相攀比谁最会花钱，最会享受，如果跟这样的人在一起，你最终会为钱所累。对于一个有钱人来说，能够支配自己的财富是一种实力的象征，但如何支配财富，则显出一个人的品格和趣味。因此，我们要对那些兼济天下的富者表示尊敬，要对那些用各种方式，直接间接地对社会有所贡献的富者表示欣赏。而对于那些独善其身的富者，我们只要认清他的真面目就可以了。

（三）看他有地位时，待人接物是否知礼

从待人接物上，能看出一个人的修养。有修养的人，无论对谁都会彬彬有礼，不卑不亢。小人只会对比自己地位高的奴颜婢膝，对比自己地位低的人颐指气使。所以，想看清楚一个人，只要看他有地位时跟平民相处的方式就可以了。

一个人身份的转变，常常能使得他待人接物的行为也发生变化。一些人平民的时候，与人温和，平易近人，甚至有点卑躬屈膝。忽然有一天地位变了，升了官，进了爵，连说话的强调都变了，居高临下，傲慢不逊的毛病全来了，一副典型的小人得志模样。

所以，不要看一个人在平时温文尔雅，就认定他必是知书达理之人。要看他有了地位的时候，是否还能保持原来的礼节。

有一位乡村老太太，第一次走出家门去看望自己的侄子，当她推着自己大大的行李箱走进候机大厅时，却发现，说好来接她的侄子并没有按时到来。老太太对外面一点也不熟，只好坐下来等候侄子。

因为在飞机上喝了不少水，所以这会老太太特别想上厕所，可是自己又带着这么大的一个行李箱，虽然里面东西不是很值钱，可是这确是自己为亲友们积攒的礼物，所以老太太只能忍耐着，焦急地东张西望，希望侄子能够早点出现。

这时候，一个坐在旁边的年轻人看出了老太太的焦急，于是微笑地问道："太太，需要帮忙吗？"

"哦，谢谢，暂时不需要。"老太太看了看年轻人。又在心里埋怨起了侄子："这个不守时的家伙，一会儿得好好教训教训他。"

此时，旁边的年轻人从口袋里掏出一本书，专心致志地阅读起来。又过了一会，侄子仍然没有来，老太太已经憋不住了，于是向正在看书的年轻人恳求道："实在不好意思，请帮我照看一下行李，我去一趟洗手间。可以吗？"

年轻人爽快地点了点头。

老太太很快就回来了，她感激地对年轻人道谢，并从口袋里掏出了一美元，递给

年轻人，道："谢谢你，年轻人，这是你应得的报酬。"

看着老太太一脸认真的样子，年轻人接过了钱，并回了一声"谢谢"，然后把钱放进了口袋。

这时候，老太太的侄子匆忙赶到了，原来他在路上堵车了，所以迟到了。突然，他看到了老太太旁边的年轻人，惊喜地叫道："您好，盖茨先生。真是太难得了，没想到你会在这里候机！"

"哦，是的。因为我有点事情正好来到了这里。"年轻人收起书，登机的时间马上就要到了。

这时候老太太不解地问道："哪个盖茨？"

"就是我常常跟您说起的世界首富，微软公司的总裁比尔·盖茨先生啊！"

"啊，我刚才还给过他一美元的小费呢。"老太太满脸自豪地说。

"是真的吗？"侄子惊讶地张大了嘴巴。

"没错，我很高兴今天在候机的时候还有一美元的收入。"盖茨坦然地答道。

真正的大人物，不会因为自己身份的提高而改变自己的处世方式，比如变得趾高气扬、傲慢无礼。但现实生活中，一些为官者却非常喜欢摆官架子，说话咄咄逼人，想借此提高自己的身份，或者引起别人的重视，结果往往适得其反。无须多言，他的行为已经向大家说明了自己是一个什么样的人。事实证明，越是有涵养、稳重的成功人士，态度越谦虚温和，自然越能得到更多人的认可和喜欢。

林肯和大富翁道格拉斯曾为了争夺美国总统职位而展开竞争。富翁道格拉斯排场豪华，每到一处，必定鸣炮32响，乐队奏乐，气派不凡，声势之大，堪称史无前例。道格拉斯甚至以不屑一气的口吻大放厥词："我要让林肯这个乡下佬闻闻我的贵族气味。"

而林肯这边，依然心平气和，毫不在乎，他照样买票乘车，到全国各地演讲。他每到一站，就登上朋友们为他准备的耕田用的马拉车，发表竞选演说："有许多人写信问我有多少财产。其实我只有一个妻子和三个儿子，不过他们都是无价之宝。此外，我还租有一个办公室，室内有办公桌一张，椅子三把，墙角还有一个大书架，架上的书值得我们每个人一读。我自己既穷又瘦，脸也很长，又不会发福，我实在没什么可以依靠的，唯一可以信赖的就是你们了。"

最后选举结果是格道拉斯大败，林肯获胜。很显然，林肯谦虚的美德发生了巨大的作用。无论在面对朋友还是对手，谦虚始终可以为你在他人心中的形象加分。林肯之所以赢，相当一部分功劳应该记在他的谦逊上，而格道拉斯的张扬跋扈和过分的自我表现又更衬托出了林肯这种难能可贵的品质，所以，这个结果并不意外。

孔子曾经说过："君子做事不自大，居功不自傲。"所以我们在与一些有地位的人相处的时候，要想摸清对方的品质，很简单，只要看他与平民相处的方式就可以了。

（四）看他身居要职时，推举什么样的人

想了解一个身居要职者，看看他推荐什么样的人才就明白了。真正无私、知人善任的人，会推举贤能者；虚伪自私的人，多数会推荐自己的亲信。这样的人品质有问题，跟随这样的领导，我们的才能也会被埋没，所以要慎重选择。

当一个人身居要职时，他所举荐、重用什么样的人才，至少能反映出他的胸怀和领导水平。如果他所提拔、推荐的都是自己的亲信，或者干脆是那些能够为他带来"实惠"的人，那么此人的品质也就不问可知了。

既然身居要职，那么就具备发现人才、重用人才的义务。正所谓领导者就要"知人善任"，如果一个领导者既不能知人，也不能善任，那么他的领导水平就要被打上一个大大的问号。而那些能够不为私利而举荐能人，不因为被举荐者的水平高于自己就打压的人，才是真正高明的领导者。一个领导者所举荐的人的才能，就代表着领导者自身的一种能力。

魏文侯决定挑选一位丞相，有两个候选人：魏成和翟璜。两个人的能力都不相上下，让文侯举棋不定，于是去咨询李克，李克说道："翟璜所举荐的吴起、西门豹、乐羊，后来都成了文侯的臣子；而魏成所举荐的卜子夏、田子方、段干木，都成了文侯的老师。能做文侯臣子的，只能算是干练的官吏，而能做文侯老师的，则一定是德才兼备的大臣，所以魏成要比翟璜高明。"

如今有很多领导者在举荐人才的时候，往往最先看的并不是这个人的能力，而是这个人是不是和自己一条心，因此而埋没了很多的人才。特别是那些和他们有过冲突，或者和自己站的不是同一条战线的人，他们不仅不会去推荐，反而会进行打压。如果和这样的人在一起，那么很难获得出头之日。

一个真正的领导者，从来不会因为自身的问题而埋没了人才，只要是人才，不管他的才能是不是都超出了自己，他们都会力荐，因为在他们心中想的是天下，想的不是自己的个人发展。跟这样的人在一起，我们才不会为自己的才能得不到发展而担忧。

"管鲍之交"直到如今依然为人们津津乐道，其中固然赞扬了管仲的治国才能和雄才大略，但更重要的则是赞扬了鲍叔牙的慧眼识才，不为小节所动。

管仲年少时常与鲍叔牙往来，那时候管仲因为家贫，所以经常去骗取鲍叔牙的财

物，但鲍叔牙很了解管仲的才能，所以并不为此生气，而一直很好地对待管仲。后来鲍叔牙跟随齐国的公子小白，而管仲跟随了公子纠。齐国的君主信公死后，各公子相互争夺王位，到最后剩下了公子小白与公子纠争夺。管仲为了替公子纠争夺王位，还曾用箭射伤公子小白。帮助公子纠争夺王位的鲁国在与齐国交战中大败，只得求和。齐桓公要求鲁国处死公子纠，并交出管仲。

鲁国人都以为管仲必被折磨致死。然而，令人意外的是，桓公却任用管仲为宰相，这连管仲也没有想到，因为宰相具有治理全国的崇高地位。而管仲曾是桓公的对手，并且是曾想杀害桓公的对手。其实管仲之所以受到重用，是因为桓公的师父鲍叔牙的推荐。鲍叔牙和管仲自小就是密友。原本是在桓公继位后，鲍叔牙要出任宰相。但是鲍叔牙却对桓公说："如果主君只认为当上齐君就满足了，或许我可以胜任；如果想称霸天下，我的才能不够。只有任用管仲为相，才能达到目的。"后来，齐桓公能够首先在春秋战国时期称霸，九次会合天下诸侯，匡扶天下正道，都是用了管仲之谋。

在《史记·管晏列传》中管仲曾说："我当初不得志的时候，曾经与鲍叔牙合伙做买卖，分利润时，总给自己多分一些，鲍叔牙却不认为我是贪婪，而是知道我贫困。我曾经替鲍叔牙谋划事业，但是事业发展不顺利我也更加困窘，鲍叔牙却不认为我愚钝，而是知道我做事的外部条件不成熟。我曾经多次出仕做官又多次被国君驱逐，鲍叔牙却不认为我没有才能，而是知道我是没遇到好的君主。我曾经三次在打仗时不积极参战，鲍叔牙却不认为我胆怯，而是知道我家中有老母亲需要赡养。公子纠失败了，召忽为他而死，我却忍受囚禁受辱，鲍叔牙不认为我没有羞耻之心，而是知道我不以小节为羞，而以功名在天下不显赫感到羞辱。所以说，生我的人是父母，真正了解我的人是鲍叔牙。"

鲍叔牙推荐了管仲之后，尽管自己的官职在管仲之下，不以为然。后来鲍叔牙家人世世代代都在齐国享受俸禄，有封地的就达十几代，很多是有名的大夫。而天下人也很少去赞美管仲的贤能却常常赞美鲍叔牙善于发现举荐人才！

一个人身居高位时，才能未必能够得到别人的夸赞，因为他位居该职就应该如此，但我们完全可以通过他推荐的人看出这个人是高明还是平庸。通过此法，我们就能够认识此人是一个什么样的人了。

（五）看他穷困时，是否接受非分之财

所谓君子爱财取之有道，是说，一个人喜爱钱财没错，但获得钱财的途径要正当，

非分之财不可取。接受非分之财的人，其人品和为人也不会好到哪儿去，跟这样的人在一起，说不定什么时候就会受到他的蒙骗，我们最好选择远离。

"君子爱财，取之有道"，儒家理财观首先讲究的是道，讲究赚取钱财是否合乎礼义道德，是否合乎行为规范。孔子说："有钱有地位，这是人人都向往的，但如果不是用仁道的方式得来，君子是不接受的；贫穷低贱，这是人人都厌恶的，但如果不是用仁道的方式摆脱，君子是不摆脱的。"所以说，看一个人的品质，那么就看他贫困时，是否接受非分之财。

对于那些不义之财，即使是在贫困之中，也不苟得，这样的人才可以信任、可以托付。否则，拥有再多的钱财也只是"不义之财"。

曾子在鲁国的时候，生活过得非常贫困，经常穿着破衣烂衫在农田里耕作。这时候鲁国的国君听说了曾子的事情，便要封给曾子一个小城，没想到曾子坚决不肯接受。

有人不解，问曾子说："这样的好事，又不是您亲自主动向国君求来的，而是大王主动要送给您的，为什么你却要推辞掉呢？"

曾子说："如果一个人接受了别人的施舍，那么就会害怕别人，施舍给人的人也常常会觉得自己高人一筹。即使国君不对我产生骄傲的情绪，我自己难道能不觉得害怕吗？"

常言道"人穷志不短"。尽管我们贫穷，但贫穷并不能让我们就没有了志气，不能无功而受禄，更不能用自己的尊严来换取财富。曾子的拒绝，体现的就是一种自强的品行，这样的人是可靠的，值得我们去结识。

有很多人耐不住贫穷，为了改变现状铤而走险，做出一些"人穷志短"的事情，对于那些"非分之财"而张开了手。比如说接受了别人的馈赠而在工作上给人走一下后门，开一下便车；在路上把捡到的物品占为己有；甚至有人去偷、去抢、去诈骗。这样的人，最后的结果只有一个，那就是为那些得来的"不义之财"而葬送了自己。这样的人是不可靠的，一旦他们面临巨大利益的时候，他们的人性往往会被"利益"所掩盖，从而做出一些非分之举。

曾经在某网站上看到这样一则消息：

有一位彩票店店主，在面对 500 万元的中奖彩票诱惑时，为非法占有这张彩票，该店主对彩民谎称没有中奖，欺骗了中奖彩民，而妄图把彩票占为己有，还让朋友夫妇去帮忙冒领巨奖。

殊不知，对于彩民来说，在买彩票时，不管这张彩票中没中奖，彩民都会记住自己的彩票号码，而且中奖信息还会在电视或者报纸等大众媒体上公布。结果该店主作茧自缚，他使用这种欺骗方法，骗取他人财物，数额特别巨大，因此其行为构成了诈骗罪，法院判其 12 年的牢狱，这完全是咎由自取。

而且，该店主除了自己自作自受以外，还连累了朋友，因为他们帮他冒领巨奖及窝藏赃款而犯掩饰、隐瞒犯罪所得罪，结果均被判罚。

由此可见，一个人的贪欲之心是非常可怕的，如果我们身边有这样的人，那么我们就会处在一种不安全的环境中。因此，通过他人贫困时的作为，我们要看清此人的品性如何，要对他有一个把握，这样我们才能更好地托付他。

有句俗话告诫人们："手莫伸，伸手必被捉！"在这个世界上财富有很多，我们只有通过诚实劳动去获得，不可能通过各种卑鄙无耻的手段都让它们成为自己的所有。尽管我们贫穷，但我们的精神不贫穷，对于那些不属于自己的东西坚决不要，即使一时得逞，那么到最后还是要交出去。而且这样的人，我们也不可能再对其产生信任感。

当我们在选择或者要托付一个人的时候，千万要看清这个人在贫困时的作为，如果他贪图非分之财，那么这样的人必将会成为埋在我们身边的一颗"雷"，和这样的人在一起，我们就得时时提防，时时担心，说不定哪天他就会为那些"非分之财"而爆炸。

在贫穷的时候，每个人都期望自己能够获得金钱的资助，过上富裕的日子。但这样的想法并不能通过贪图"非分之财"来实现，毕竟，不属于自己的东西强求是强求不来的。有些人能够在贫困时仍对送上门来的钱财不屑一顾，对于不属于自己的东西而坚守住自己的品行。正如陶渊明所说，"不为五斗米而折腰"，一切只靠自己的努力进取去获得。这样的人，才能够真正地成就一番大事业，值得我们结识和交往。和这样的人在一起，无论在任何时候，他都值得我们托付。

（六）看他地位卑下时，是否堂堂正正

大部分成功人士，都是从地位卑下一步步爬上来的。当一个人地位卑下时，是否能堂堂正正做人，这在一定程度上说明其人品，并预示着他未来的前途。一个地位卑微，却能活得有尊严、有良心的人，在日后的发展上一定不会太差。同时，跟这样的君子交往，也会让我们受益匪浅。

这里所说的地位卑下，指的是一个人在处于困境时，他的表现。是坚守自己的道德底线，一如既往堂堂正正地做人。还是破罐子破摔，一蹶不振，甚至苟且偷生，放弃原则。每个人的不同表现反映了每个人不同的个性和品质。

孔子说："芝兰生于深林，不以无人而不芳；君子修道立德，不谓穷困而改节。"意思就是说：灵芝和兰花生在深山老林，不因为没人看到就不发出芳香；君子修养自己的道德，不因为穷困就改变志向。当身处顺境中时，一个人要坚守住自己的品行，堂堂正正并不艰难，但一个人如果能够在地位卑下时仍旧能够做到堂堂正正，那么就显得难能可贵了。这样的人体现的是一种超乎常人的坚韧品性，无论所处的环境地位再低下，也不会改变自己做人的原则，这样的人是值得重用的。

有一位非常有才的年轻人，琴棋书画可谓是样样精通，只可惜怀才不遇，屡试不中，没办法，到最后只得靠出卖自己的字画来维持生计。

他在自己的家门口摆了一个书画摊，以现场为客人写字作画来赚点柴米油盐，因为他的字和画都非常漂亮，因此吸引了很多人来围观。他规定，一副对联五文钱，一副匾额十文钱，一幅画一两银子。在没有生意的时候，他就在一边弹琴消遣。

有一次，一位官员被他的琴声所吸引，循声而来。这位官员听琴声还以为是哪一家的书香门第呢，但没有想到，走近才知道只是一个卖字画的穷小子。不过，这位穷小子的画委实不错，吸引住了官员的目光，这种飘逸洒脱的字画他以前从来没有看见过。

官员打算买下几幅字画拿到家里好好观摩，而且心中有惜才之心，于是买了几幅现成的字画，并给了年轻人五两银子，说不用找了。让他没想到的是年轻人并不领情，执意把多余的钱退还给了官员。这位官员心想，天底下还有这么傻的人，给他钱竟然不要。不会是在装模作样吧？这位官员决定试他一试，于是故意把自己的钱袋趁他不注意的时候落在年轻人的书画摊上，然后就离开了。

结果刚走几步，官员听见后面有人叫他，回头一看，正是卖他字画的那位穷小子，正在追赶他："这是你掉的钱袋。"

这位官员立即为他这种骨气所折服，而且才气还如此之高，于是决心助他一臂之力。回到家后，官员请来了很多社会名流一起鉴赏他买回来的字画。这些达官贵人都以为这些字画是这位官员所作，都赞不绝口。

当官员说出真相后，更是惊讶不已。于是在官员的大力宣传下，这位穷小子结识了更多的社会名流，名气越来越大，最终成为江南四大才子之首。他就是唐伯虎。

孟子说："富贵不能淫，贫贱不能移，威武不能屈，此之谓大丈夫。"对于大丈夫来说，无论是高官厚禄，还是贫穷困苦，亦是强暴武力，都不能改变他们做人的品行，任何时候，堂堂正正做人都是他们奉行的一贯标准。这样的人，无论在任何时候，处在何种地位，都能够得到人们的尊重。

老百姓常说一句话："堂堂正正做人，踏踏实实做事。"一个人就要活得不卑躬屈膝，不唯唯诺诺，挺起腰杆做人，一身傲骨，这样的人才值得我们去结识交往。曾经听过一个打工仔的故事：

有一位年轻人自幼父母双亡，家庭的重担落在他的肩上，为了供弟弟上学，只身一个人在外闯荡。对一个一无所长又无高学历的人来说，现实是残酷的，工作并不好找，他只能流浪着打些零工，来养活自己和正在上学的弟弟。

在陌生的城市里，他最大的幸福就是到一家书店里去看书。每次看到书，他浑身就充满了力量，也打发了工作的疲惫。这天，他正在书店看书的时候，突然一阵吵闹声惊醒了他，他好奇地走出了书店，原来是书店门口发生了车祸。当纠纷平息后，他突然发现，书还在自己的手里，他赶紧准备把书放回原处。突然，书店的老板气势汹汹地跑了出来，不容分说就打了他一耳光，并骂道："让你看书就不错了，怎么你还想把书偷走啊？没教养的东西！"

年轻人被这一耳光打蒙了，好一会儿才急忙解释道："我不是小偷！我是想买这本书！"可话一说完他就后悔了，因为他现在身上一分钱也没有。

老板抓住了这个机会，冷笑着说道："那好啊！先交钱！"

"这……"年轻人嗫嚅道。

"掏啊！你不是要买吗？这样的人我见多了，没钱就偷书，上回我还抓了一个！"

年轻人不再辩解，只是把身上唯一的一块值钱的手表做了抵押，对老板说一周后带钱来买下这本书，只有这样才能证明他的清白。说完就离开了。

一周后，他没有出现，又过了一周，还是没有出现，不过年轻人的弟弟来了，他把书费还给了老板。买下了书，换回了手表。老板很纳闷，于是忍不住问了一句："那个年轻人怎么自己没有来？"

"他……死了，在工地上不小心被突然失事的起重机砸死了。在他的背包的书里我看到了这一张字条：'我欠某书店书费，我一定要还上，我不是小偷！'"

他把纸条递给老板，然后说道："我哥不是你想的那种人。"

尽管地位卑微，但尊严并不卑微，所谓"士可杀不可辱"，这样的人你可以要他的命，但不能侮辱他，伤害他的尊严！在生活中，在我们的身边，有很多这样的人，尽管他们没有一个显赫的地位，干着卑微的工作，但他们从来都是凭着良心做事，堂堂正正地做人，任何时候，这样的人都是我们值得交往的对象。

（七）看他不得志时，做人的底线在哪里

人人都有不得志的时候，但是人们的心态和做法却不尽相同。有的人会自暴自弃、破罐破摔，甚至放弃做人的底线。这样的人，多半不会成事，我们要远离。有的人会自我反思，坚守道德底线，这样的人，才是我们交往的对象。

一个人，在不得志的时候，做出什么样的事情就体现这个人什么样的道德基准。有的人做的事情，能够唤起人们由衷的尊重景仰，也有一些人和事招致鄙夷、怨恨或者嘲弄。在这些截然不同的反应背后有一条看不见的准绳，它就是做人的底线。

在事业一帆风顺的时候，几乎所有人做事的原则都很清晰，但是当郁郁不得志的时候，那么又有几个人能够坚守住自己做人的底线呢？在这个社会上，我们经常可以看到很多人在落魄的情况下做出一些有违社会道德、有违做人底线的事情。有些人在不得志的时候，会为了钱而出卖身边的朋友；有的人为了名利而对他人做一些具有危害性的事情，这种在不得志时无法坚守住自己做人的底线的人，是无法获得他人的信任的。

黛米·摩尔曾经主演过一部电影——《不道德的交易》，电影中讲述的就是一个因为金钱而突破底线的故事。

大卫和黛安娜新婚不久，他们非常恩爱，但他们在经济上却很拮据，而恰巧又碰上了经济大萧条，一直无法找到适合自己的工作。偶尔一次，在赌城里，他们邂逅了亿万富翁约翰·凯吉。在闲聊中，约翰说："金钱能买到一切。"但大卫和黛安娜并不认同这种观点，他们认为：金钱不能买到一切，比如说感情就买不到。

于是约翰就对他们说："我现在出100万，要黛安娜陪我过一夜，你们愿意吗？"100万，这是一个多么大的诱惑，导致两个人辗转反侧，彻夜难眠。最终，他们都没抵挡住这个诱惑，黛安娜还是陪了约翰一夜。

尽管，在影片的结尾，约翰看出两个年轻人是真心相爱，便不忍继续棒打鸳鸯，他主动放弃了黛安娜，让她回到了大卫身边。但这也只是导演不想让观众太失望。毕竟，在现实当中，这样的事情并不多见。

无论是在工作上还是在事业上，不得志的情况时有发生，因为没有人的一生是一帆风顺的。但在面对不得志的情况时，每个人的表现却不同。有些人在工作不得志，得不到老板的赏识时，并不是在自己的身上找原因，而是归咎于他人身上，从而破罐子破摔，对工作不再努力上心，对老板安排的任务不理不睬，甚至会把公司的资料泄

露给对手企业，无疑，这样的员工是让人可恨的。因为在他们身上，已经没有什么做人的底线，底线就像是"皇帝的新衣"，只是安慰自己的一种借口罢了。如果和这样的人在一起，那么你很有可能被传染，变得愤世嫉俗，从而丧失了做人的底线。因此，我们要与这样的人划清界限。

汤姆斯·麦考莱说："在真相肯定无人知晓的情况下，一个人的所作所为，能显示他的品格。"也就是说，无论你处在一种什么样的境况下，你的所作所为都能体现出你的人品。比如说当你在自己的公司才能得不到发挥的时候，有对手公司找上门来，许诺给你高薪职位和发挥能力的舞台，但前提是你需要带上现在公司的技术资料，那么你会去吗？这是一个很难的抉择，对于那些没有道德底线的人来说，他们当然会选择去，这时候道德并不能独挡他们，也不值得我们去挽留，只有剩下的那些能够坚守的人，才值得我们提拔和重用。

一个优秀的人，即便在事业不得志的时候，仍然能坚守做人的底线，做到问心无愧。因为优秀不是一种行为，而是一种习惯。世界上不存在优秀的行为，习惯优秀才是真正的优秀。一个人可以在事业上不优秀，但是做人不能没底线！

张国强是太行化纤材料厂的厂长，这是一家乡镇企业，专门生产一种工业纤维，由于设备陈旧，资金短缺，且欠有外债，工厂濒临破产。张国强为此苦恼之极，不知道未来的出路在哪里。

一天，张国强收到上海一家化纺公司来函，说他们愿意同太行化纤材料厂联营生产工业纤维，条件是由上海方面投资 200 万建立生产流水线，按太行厂现有的生产力进行利润分成。

有这等好事?! 张国强自然喜出望外，但是他又犯了嘀咕，自己这几台破设备，每年也就生产一二百吨货，如此将来分成时自己不是就有点吃亏了？他左思右想，决定先设法把这笔巨款弄到手再说。

第二天，他给这家上海公司发了个函，吹嘘自己的厂有 200 多名工人，产值上千万，要求利润分成时要大头，并拥有经营权。回函发出不久，上海那边便有了回信，原则上同意太行厂的条件，但要派人前来考察洽谈。

张国强心生一计，忙给市里的运输队打了个电话，又让厂办主任到市机械厂借几台旧设备和几十名工人，如此一番布置。

没几天，上海化纺公司的工程师小王来到了太行厂，张国强见对方是位二十几岁的小伙子，不禁松了口气。

看见厂区干净整洁，厂房内机器轰鸣，卡车出出进进十分忙碌。张国强指着仓库

前的两辆卡车说："这些都是外地的客户，有的都等了好几天了。"

小王羡慕地点点头，问道："那你们年产量有多少？"

"千把吨吧，但就是这样仍然供不应求，想扩大生产就是缺资金呀！"张国强叹了口气，摇摇头说，"如果贵公司能支持一下，前景会非常可观的！"

小王点点头："资金的事好商量，合作求的是双赢嘛！但你们提供的数字一定要准确。""那当然，既然合作，就应该信誉第一。"

二人说说笑笑，坐车朝厂部办公室驶去，忽然，小王对司机说："师傅，对不起，请停车，我去方便一下。"

张国强见是锅炉房旁边的一座小厕所，便不以为然地说："这厕所不卫生，还是去前边吧！""不必了，今天有点闹肚子，等不及了，就凑合一下吧，我又不是什么贵客。"小王说着推开车门跳了下去。

不一会儿，小王回到车上，二人来到厂部办公室，张国强取出一份报表递上说："这是上半年产量统计，照样的速度，今年突破1200万吨应该不是问题。"

小王接过报表，又取出计算器按了几下，抬起头说："李厂长，不对吧，据我推测，你们厂顶多年产量200吨。"

张国强听了不禁愣住了，反问道："200吨，有根据吗？"

"当然有根据。"小王指着计算器认真地说，"刚才我去厕所时专门量了你们厂的烟筒，直径为1.5米，也就是说：它每天产生的热动力只能供40人操作。就按你们人均5吨的数字来说一年也就是200吨。"

张国强有点尴尬，没想到这个年轻的小伙子还真有两下子，正在他不知如何应付的时候，小王起身严肃地说："扶持乡镇企业是我们公司的责任，但决不同弄虚作假的人合作，再见。"

小王说完推门走了出去，屋内只剩下呆若木鸡的张国强厂长，他追悔莫及！一个弄虚作假的人是不会赢得别人信赖的，这样的人到了商场上，即使能侥幸取得成功，最终也是搬石头砸自己的脚。

一个人在郁郁而不得志的时候，他所做的行动，良心会起审查和指令作用，在行动后，良心会对行动的后果进行评价和反省，或者满意或者自责，或者愉快或者惭愧。一个人在不得志的情况下坚守原则，才是一个人真正的道德底线，这样的人我们就应该重视。

（八）看他远离领导和监督时，是否忠诚

领导们会很忙，不可能时刻盯着员工，督促他认真工作。那么，怎么认清一个人是不是值得培养呢？只要来个突然袭击，看看谁在领导不在的时候依然努力；或者，没有上司的监督，是否依然忠诚。如果是，这就是有追求的好员工，值得去培养。

在企业中，很多员工都会认为：老板不在的时候正是可以放松的时候。因为老板在身边的时候，就有一种被监督的感觉，而一旦老板出去参加什么会议了，或是出国考察、谈判项目去了，他们就把这当作了最好的偷懒时机。这样的员工工作起来还像小学生学习一样，非要老板在后面盯着管着才认真地去干，发现老板不在就偷懒。因此，如果我们要想认清一个人，那么就让他远离领导和监督，看他是否忠诚于自己。

在任何企业的老板眼中，忠诚甚至比才能还重要。许多老板宁要一个才能一般，但是忠诚度高、可以信赖的员工，也不愿意接受一个极富才华和能力，但却总在盘算自己的小利益的人。因为忠诚所体现的是一个人的高尚品格，也是一个员工的基本道德。一个员工对公司是否忠诚，在老板不在的时候最能体现出来。

有一位销售部门的经理曾经讲过这样一件事情：

一天，他到一家销售公司去联系一款最新的打印设备的销售事宜，因为这是一款定位为大众化的新品，并且厂家即将开展大规模的广告宣传，为争取更大的市场份额，对经销商的让利幅度也非常大。所以他决定在媒体大量宣传报道之前同一些信誉与关系都比较好的经销商敲定首批的订量。

当他来到一家一直保持密切业务关系的公司时，恰巧老板不在。当他提起即将推出的新品时，负责接待他的员工冷冷地说："老板不在！这个我们可做不了主！"他把宣传资料拿出来，试图说明这是一款新产品，性能和质量都非常好，而且现在订货会有一定的优惠。但是，令他失望的是，对方那名员工根本不听他的解释，只用非常简单的一句话搪塞："老板不在！"

他没有任何办法，只好悻悻地走了出来。抱着试一试的态度，去了另外一家公司。没有预料到的是，这家公司的老板也不在，这让他有点失望。但既然进来了，那么不妨去试试。接待他的是一位新来不久的女员工，非常热情。当他说明了来意，她没有以老板不在为借口，而是主动要求第二天就为他们公司送货，其他具体事宜等老板回来以后再由老板定夺。

结果很清楚，第一家公司的员工因为老板不在而丧失了很好的商机，等再要求补

货的时候，已经没有了优惠，利润自然大打折扣。当老板得知事情的经过后，毫不客气地就把那位员工辞掉了。而第二家公司则因为那位女员工在老板不在的时候，也一样对工作尽职尽责，以优惠的价格购进了销售人员推荐的产品，不到一个月就销售了近9000件，为老板净赚了9万多元。这位女员工自然得到了老板的赏识，刚进公司就被提升为主管。

在职场法则中，忠诚是一个不可缺少的法则。阿尔伯特·哈伯德在《把信送给加西亚》中有句话："严格来说，一丁点儿的忠诚抵得上一大堆的智慧。"他甚至建议，如果为一个人工作，那就以上帝的名义去为他工作。一个员工能否忠诚地去对待他手里的工作，体现了这个员工的人品。

一个忠诚于自己工作的员工，不管老板在不在，也不管别人有没有看到，一定让自己努力。而那些需要老板去检测和监督的员工，总是认为工作是为老板干的，经常趁着老板不在的时候推卸责任、偷懒，这样的员工在公司中价值低廉，很快就会在竞争中被淘汰掉。这样的员工永远不能得到我们的重用，因为他只是在应付工作，而不是忠诚于自己的工作。

在《把信送给加西亚》一书中，罗文中尉接到上司的命令，没有任何的抱怨、只有全力以赴去做。没有人监督他，也没有人跟着他，但他依旧出色地完成了任务。100多年过去了，人们依然在缅怀罗文中尉，除了他根本不找任何借口去执行任务外，更重要的是他对工作的忠诚。

那些无论老板在与不在，都能够忠诚于自己工作的员工，这样的员工在哪一个企业都是备受重用的员工，因为他们忠诚于企业，不计较个人的利益，顾全大局，他们能够尽职尽责地完成自己的工作，一心一意地维护公司的利益。相反，那些投机取巧，总是趁机偷懒、谋私利的员工，最终面临的结果就是被淘汰。

如果你是老板，想要看清楚自己手下的员工，那么不妨离开一段时间，然后突然回来，那些在老板不在的时候能够干出比平时更突出的成绩来的员工，必然要受到信任和重用。相反，那些没有完成任务的员工，老板就要好好想一想了，因为他们的存在无疑就是在阻碍企业的前进，清除得越早，企业得益得越早。

（九）看他闲暇时，追求什么

闲暇之余，每个人都选择不同的放松方式。有的人喜欢文艺活动，有的人喜欢运动，还有的人喜欢休闲游戏，等等。从他选择的休闲方式，可以看出一个人的品性和为人处世的方式，这对我们了解一个人十分有用。

一个人的兴趣爱好就好比是一个人的性格镜子，生活中每个人的兴趣与爱好都各有差别。如果我们想要了解一个人，那么就看他闲暇的时候追求什么。有的人喜欢体育运动，有的人则喜欢户外活动譬如钓鱼什么的；有的人喜欢下棋，有的人则喜欢搞收藏，等等。一个人在闲暇时的兴趣爱好，能够反映出他的追求和心理状态。

因此，识别一个人的最好的方式就是从他的兴趣爱好入手，这样不仅能够近距离看清楚他的庐山真面目，也能够找到针对性解决问题的方法。一个人闲暇时的放松方式主要可以分为以下几个方面：

文体活动

有的人在闲暇时喜欢通过听歌、跳舞来放松自己，缓解白天的工作压力，这些都属于文体活动，我们可以从他们喜欢听的音乐或者舞蹈上来了解这个人。

比如，喜欢交响乐的人，往往对自己信心十足，喜欢显露自我，踌躇满志，凡事只想积极的一面，所以能够迅速和他人打成一片。这样的人也有缺点，就是对别人的盲目相信往往会导致吃亏和受损失，且有不务实的缺点。

喜欢摇滚乐的人，害怕孤独，不能忍受寂寞，喜欢与一些和自己志同道合的人交往。喜动不喜静，爱好体育运动。他们大多对社会不满，愤世嫉俗，他们需要以摇滚的形式来宣泄自己心中的诸多情绪。这样的人非常喜欢到处张扬，能引人注目，但不会给人留下深刻的印象。这样的人会常常感到迷茫和不安，需要有一个人领导着逐渐找回已经或是正在丧失的自我。

喜欢流行音乐的人，属于平凡的随波逐流型。简单是流行音乐的主旨，这并不是说喜欢流行音乐的人都很简单，但至少他们在追求一种相对简单和自由自在的生活方式，力图通过听音乐保持轻松和自在。

喜欢古典音乐的人，一般是理性成分占多数的人，他们在很多时候要比一般人懂得如何进行自我反省、自我积累，能够用理智约束情感；从音乐中汲取相当多的人生感悟，结果常常形单影只，因为很少有人能够真正地走进他们的内心深处去了解和认识他们。

一个人跳舞的方式和喜爱的舞蹈，同样能透露出一个人的个性。比如喜欢跳芭蕾舞的人都具有很强的耐心，能够以最大限度的忍耐心把一件事情完成；而喜欢跳踢踏舞的人则多数精力充沛，表现欲望强烈，他们希望能够引起别人的注意；他们的时间观念比较强，从不轻易地浪费时间；喜欢华尔兹的人则十分沉着稳重，为人比较亲切、

随和，有一定的社会经验和阅历的人，总在无形之中流露出一种成熟而又高贵的气质和魅力。

运动方式

在闲暇的时候，相信很多人都会选择去运动一下，锻炼一下自己的身体。有人也把健身、减肥、娱乐、休闲等视为运动。人们不管对运动寄予了什么样的希望或想法，通过长期细致入微的观察，我们就会发现，当人们选择了某种运动时，他都带有身心两方面的需求，这种需求又在不同的程度上展现出他不同方面的个性。

因此，如果我们要解释一位陌生人，想深入了解他的个性特征时，问他在闲暇的时候喜欢什么运动将为我们提供极大的帮助。

比如习惯打篮球的人一般都有较高的理想和远大的目标。他们经常充满信心，希望自己能够实现自己的远大抱负，希望自己能够比他人出色，总能先别人一步。为了完成自己的目标他们可以做出很大的牺牲和努力。而习惯踢足球的人，富有激情，对生活持有非常积极的态度，时刻充满着战斗的欲望，干劲十足。而对步行运动感兴趣的人能够对自己没有很大兴趣的事情保持着相对的沉着、稳重，做自己该做、能做的事情。他们相信自己有实力做好每一件事情，并且有很好的耐心。而对于自诩为"山之子"的登山爱好者，大部分则属于对自己也相当苛求的内向型之人。

娱乐游戏

时代在发展，一个人能不能跟上时代的进步，或者说能不能适应新的发展变化，与他接触新事物有很大的关系。所以，一个人对科技游戏的接触与态度，很大程度上反映着一个人的性格与能力。

如果一个人喜欢玩电脑，那么内向型的人则具有优势，因为他们喜欢井井有条的事物，而且，他们在数字与机构方面的能力很强。而外向型的人则因为性格方面的特点，即使使用电脑，也不会迷恋，他们充其量只能把电脑当成电子玩具，借此打发无聊的时间，而他们工作的时候，就尽一切可能不用电脑来完成任务。因此那些对电脑具有浓厚趣味的人，九成以上是属于内向型的人。

除此之外，还有很多的休闲方式，比如阅读、下棋、喝酒等，这些都是人们在闲暇时喜欢做的事情，如果我们能够挖掘出他人在闲暇时的休闲方式，我们就能够从他的休闲方式中窥见他的追求，这对我们了解一个人大有益处。

（十）让他经手钱财，看他是否廉洁

人心中的欲望是无穷大的，也是很难得到满足的。许多贪官落马，正是因为经不住利益的诱惑。要想看清一个人是否靠得住，就要让他经手钱财，如果能够经得住金钱的诱惑，那么这个人就是一个靠得住的人。

无论是在生活还是工作中，一旦沾惹上了金钱，我们就很难扯开关系，可以说，在金钱面前，人们内心的欲望将暴露无遗。因此，要想认清一个人，我们就可以通过以金钱利益为钓饵，看透他内心的善与恶。打个比方说，在职场上，如果我们是一个管理者，那么最令我们恼火的事情莫过于自己的员工欺骗企业，中饱私囊了。在"回扣"如此流行的今天，一旦员工贪图"回扣"而对企业进料的质量睁一只眼闭一只眼，那么一旦出现事故，将给企业带来无法弥补的损失，特别是那些重要部门的工作人员，如财务、采购等。

所以，在选拔这方面的人时，我们一定要把好关。因为并不是所有的人在金钱面前都站不住脚，我们可以把他放在有利可图的工作岗位上，给他一个可以得到财物的机会，让他经手钱财，就可以看出他是否廉洁公正。

赵刚是一家外贸公司的总经理，最近要招聘一位出纳，因为上一位出纳被赵刚发现居然把送给客户的礼物私自收了起来，这让赵刚大为恼火。所以，这次他一定要在招聘的时候看清这个人的品行。

不几天，聪明伶俐的刘芳就被赵刚看中了。刘芳很会察言观色，而且人也很漂亮，微笑起来让人打心眼里舒服。所以，刘芳被选中了，成为公司试用期的出纳和库管员。

当然，仅靠聪明和漂亮并不能保证她能够胜任这份工作，赵刚决定对刘芳进行一下测验。于是，赵刚把刘芳叫到了办公室，指着朋友刚刚送回来的一批红瓷杯说："小刘，把这些杯子收到仓库，这几天要送给客户。"

"好的，赵总，这一共多少个杯子呢？"刘芳问。

"我也没数，别人送的，你搬过去就可以了。"

刘芳没有再说什么，拿起杯子准备去仓库。这时候赵刚又说道："小刘，一会儿放完杯子你再到西八路的办公室用品批发地去买100个档案袋，就是我手上拿的这一种。"赵刚扬了扬手中的样品。

"没问题！"刘芳笑了笑，就去仓库了。赵刚看着刘芳，心里希望她能过去这一关。因为他已经提前去西八路考察过了，档案袋零售价都是0.5元，20个以上则只需要

0.3 元。

不久后，刘芳把档案袋买回来了，开的发票上是每只 0.6 元。赵刚没有说什么，几天后他让几个部门分别领杯子送给客户，刘芳说写个条子都是谁领走，领走了多少个。赵刚暗地里记下了每一位同事所领走的数量，到最后一核查，结果发现竟少了3 个。

刘芳的考核自然没有过关，因为这样的人员对企业来说是一个毒瘤，如果不及时拔除，说不定就会造成难以承担的后果。

一个企业的生存与发展离不开财务的正确管理。如果企业的员工不能够承受住金钱的诱惑，那么企业很难会立足下去。要认清员工是否清廉，那么最好的方法就是在实践中观察他。让他经手一些钱财，看他在办理这些事情的过程中有没有贪污的倾向，即使没有，也要看他是否接受贿赂，因为钱财的问题可能会涉及多方的利益，所以在这个过程中也就很可能有人行贿。因为受贿后难免不会做出有违企业条款的事情，会去偏袒某一方，一定要小心提防。

一般来说，在金钱面前，人们会有三种表现：

第一种，就是在金钱面前，丝毫不掩饰自己的贪欲，在利益的引导下，好不遮拦、明目张胆地索取钱财，这种人一旦有势，必将产生严重的后果。

第二种，表面上看起来拒金钱于千里之外，但在背地里却恨不得能捞得更多，容易给人造成一种假象，这样的人要特别注意。

第三种，是能够在金钱面前守得住自己的道德底线，能够做到清正廉洁，无论是在明处还是在暗处，都能够坚持自己的原则，不贪不拿。但这样的人极其少，最适合在那些重要岗位上担当重任。

人性是复杂的，要想看清他们，你就要懂得利用金钱去试探。在利益面前，任何人都会脱去虚伪的外衣，暴露出内心最赤裸的想法。

（十一）告知机密要事，看他能否保密

电视剧里，常见可敬的共产党员将"守住秘密"作为原则，甚至不惜为此牺牲生命，这样的人是值得尊重和信任的。在现实生活中也是一样，看一个人是否值得信任，可以先告诉他一件事，如果其能够做到守口如瓶，才是真正值得托付的人。

一个人能否保守住秘密，是一个人的品德问题。当我们需要认清一个人能不能被信任的时候，我们可以故意把秘密坦率说给对方听，看他能否保守秘密。有时也可以

供给假情报，只要泄露出来，马上知道他不能守口如瓶，这样的人是不值得合作，不能够被信任的。这种无法保守秘密的人，还是避开为妙。

特别是在竞争激烈的当今社会，如果口风不紧的人稍微不慎说漏了嘴，那么可能给企业带来无法弥补的损失。因此，管理者在选人用人的时候一定要注意到这一点。

刘静是一家咨询公司的前台，所以对于公司的机密了解得非常非常少。她能够接触到最多的信息，无非就是最近谁出差到什么地方了，今天哪个客户要来访问，需要订什么宾馆，等等。

这天，刘静被一个朋友拉出来吃饭，并给她引荐了另外一个朋友，是一家研究所的研究员。在吃饭过程中，那位研究员问起了刘静的工作情况，并顺带问了问刘静公司的情况。为了能够体现自己公司的实力，刘静在介绍自己公司的时候顺便举了几个客户作证。没有想到，言者无意，听者有心，那位研究员在听了刘静所说的客户后，立刻着手查找信息，搜集关系，将刘静所在公司马上就要签订的一个项目给搅黄了，并且取而代之。

煮熟的鸭子就这么飞了，经理自然非常生气。追查下来，发现是刘静的问题，考虑到她是无意的，公司没有辞退她，而是取消了她的年终奖和晋升的机会。自从这件事情之后，大家在公司里见了刘静就尽量避免谈话，生怕自己因不小心的谈话被连累，而公司也迅速与全体工作人员签订了保密协议，堵上了这个缺口。

尽管刘静的事情并不是很严重，但这种不经意的泄密，同样有可能会让公司遭受到重大的损失，甚至破产。这样的人尽管心地不坏，但有些秘密还是让他们少知道为好。常言道"谋成于密而败于泄"，一件大事成功与否，与能否保守秘密关系重大，不要让那些口风不紧的人成了导致大事失败的关键人物。

在人际交往中，许多人常常把自己的秘密毫无保留地透露出来。有时如果没把自己的心事完完全全地告诉问及的人，心中就会不安，认为自己没有以诚待人，感到对不起人家。但殊不知，如果他遇到的是那些口风不紧的人，那么无异于把自己的秘密公布于众。如果你们之间产生了利益冲突，那么难保对方不会拿秘密来挟我们。用泄露别人秘密的方法伤害别人、娱乐自己，甚至把掌握的秘密当作要挟别人的把柄，当作自己晋升的阶梯，这种人在现实生活中大有人在。

王强是一家事业单位的员工，工作非常努力，赢得了领导的青睐，为了鼓励王强在近期能够更好地做好自己的工作，这位领导特意找到王强，把公司最近准备提拔他的意图悄悄告诉了他，目的是鼓励他能够表现得更好。

王强自然是非常开心，于是想到了在办公室的好哥们赵勇，下班一起小聚一下，为了自己的升迁。因为具体的文件还没有下来，所以王强让赵勇保守这个秘密，赵勇点了点头。

但令王强没有想到的是，赵勇对这个职位已经窥视已久了，所以在看到王强升迁以后自然愤怒异常，在第二天就立即找到了领导说："王强已经在公开场合大肆吹嘘自己的成绩，说领导都已充分肯定他了，提拔非他莫属了。"

领导自然是大为愤怒，认为这样的人因为一点成绩就忘乎所以，需要继续考验。通过这件事，王强也认识到了赵勇真正的为人，但为时已晚。

王强为赵勇不守秘密而气愤，可他自己为什么要把秘密说出口呢？所以说，对于不能遵守秘密的人来说，我们不能轻易地把秘密告诉他。我们要用"明白显问，以观其德"的方法来试探一下对方，只有在完全知根知底的情况下，才值得让我们托付秘密。

能够保守秘密的人，在社会中必定能获得无数人的赏识，因为他们的口风严谨，做什么事情都值得让人放心。相反，那些不能保守秘密的人，永远不值得人们信任。认清他们的为人，才能防止我们受到迫害。

（十二）美色当前，看他举止是否轻佻

常言道"英雄难过美人关"，很多英雄豪杰，比如吕布、唐玄宗等人，就是败在了美人手里。在美色面前不为所动的人，值得我们交往；在美色面前举止轻佻的人，必须尽量远离。

在我国古代的《诗经》中，就有"关关雎鸠，在河之州。窈窕淑女，君子好逑"的说法，爱美之心几乎可以说人皆有之，但"爱美"是一种发自内心的喜爱之情，如果在美色面前不能把持住自己而深陷"温柔乡"中，很可能造成极为不利的影响。

常言道"英雄难过美人关"，在人的一生中，会遇到很多的关卡，比如权力关、金钱关等，而美色也是其中重要的代表。能否

《诗经》书影

过好这些关，就要看一个人的素质和品行是什么样的。品德高尚、素质较好的人，自然对这些关毫不在意，相反那些素质低、意志力又不强的人，则很难过去。

有些人表面上看起来道貌岸然，一本正经的样子，但在他们虚伪的外表下却隐藏着一颗卑劣的心。对于这样的人，我们要撕开他的外衣，窥见他的本性。比如，让美女服侍在他身边，借此观察他是不是不为美色所动。那些道貌岸然的人，一碰到美女，往往前后就会判若两人，举止轻佻。而真正品德高尚的人，才会坐怀不乱，能够在女色面前保持住自己的威严和品行，这样的人才值得担当大任。

在南宋时期，当时的宋高宗已经年迈力衰，要知道"国不可一日无君"，如果宋高宗突然病逝，那么朝中上下必然会乱作一团，所以宋高宗决定趁着头脑还清醒，立下太子，防备不测。

但立谁为太子呢？经过一番考虑，在宋高宗的心里，有了两个人选。一个是赵璩，就是当时的恩平王；一个是赵昚，也就是后来的孝宗。他们两个的谋略手段不相上下，在硬件条件上都没有什么问题，而且各有各的长处，因此，让宋高宗一时难以定夺。

赵璩为人比较机智灵活，且工于心计，颇有城府，得到了宪圣皇后的喜欢。宪圣皇后非常器重他，对他关爱有加。

而赵昚则富有气魄，英明神武，性格非常刚直。宋高宗非常喜欢他，有心立他为太子。就在他为选谁当太子左右为难的时候，宪圣皇后和秦桧都建议立恩平王为太子，但是高宗并不以为意。

宋高宗没有倾听任何人的建议，毕竟现在这两个人还看不出到底谁能够成为一个开明的皇帝，哪个更有能力保住来之不易的大宋江山。所以他决定亲自考察一下他们的德行，谁的品德好就立谁为太子。他想来想去想出了一个试探的方法。

这天，宋高宗把赵璩和赵昚二人叫到了身边，然后对他们说道："最近我一直忙于国事，对你们照顾不够。前两天，我听说你们的宫女不够使唤，现在我赐给你们20名宫女，每人10名。这样你们也可以自己省省心，不用到民间征用了。"

赵璩和赵昚不明白父皇的意思，但依然谢恩，然后各自领着赏给自己的宫女回到了自己的宫中。

一个月之后，宋高宗突然又把赵璩和赵昚两个人召回来，说道："上次赏赐给你们的那些宫女，现在需要派到其他的地方，你们把她们都送回来吧，记住，一个也不能少！"

当宫女们被送回来后，宋高宗立即叫人去检验那20名宫女，结果赏赐给赵璩的10名都被赵璩糟蹋了，而赏赐给赵昚的那10名宫女却都完好无损。高宗听完汇报，大吃一惊，不由倒吸一口凉气，他没想到恩平王如此荒淫无道！如果他真坐上了皇上的宝座，那么岂不整天沉醉于温柔乡中？哪里还会有时间去考虑国家大事呢！

很多时候，一些人会为了达到目的，故意装出一副道貌岸然的样子来欺骗你，如果对这种虚伪的做作缺乏足够的警惕，那么就会陷于危险当中而不自知。所以利用人的本性试探人的品格，可以做到无往而不利，也可见洁身自好的重要。

自古以来，拜倒在石榴裙下的"英雄"不胜其数，尽管他们文才武略，但在美色面前却不能把持住自己的品行，举止轻佻，结果，毁掉了自己的一生。而那些意志力坚强的人，才能够挑起重担。

《荷马史诗》里面曾经讲到，特洛伊战争结束后，希腊英雄奥德修斯在返乡途中要经受美色的致命考验：有三个人面鸟身的女妖住在一个神秘的小岛上，她们都是食人族，但她们的美貌和歌喉却极其诱惑，几乎没人能抵挡。

奥德修斯知道，即使自己有最坚定的意志也难以抵御海妖的诱惑，最终的结果难免会成为岛上的累累白骨。于是，他命令水手用蜂蜡堵住耳朵，并让人把自己捆绑在桅杆上，正因为如此，才驶过了那片危险之地。

一个人在美色面前的表现，是这个人最为真实的品行，举止轻佻的人，必然难成大器，只有那些能够对眼前的美色视而不见、不为所动的人，才能够让我们放心，认清他们的品行，对我们的人生有着莫大的好处。

（十三）以美酒招待他，看他酒醉后的行为

中国酒文化历史悠久，如今，酒已经成为人们之间交往不可或缺的东西。我们跟一个人交朋友之前，可以先以美酒招待他，看看他酒醉后的行为，就能认清这个人的品行。

俗话说"酒后吐真言"，但也有人说"酒后乱性"，因此，在识人之道上，"醉之以酒以观其性"不失为一种好方法。中国自古以来就有灿烂的酒文化，酒已经成为人与人之间不可或缺的一种交流方式。如果我们要结识一个人，那么以美酒招待他，看他酒醉后的行为，就能够认清这个人的品行。

很多人认为，在酒后爱发脾气的人，喜欢和别人吵架的人，那么他在不醉的时候肯定是好脾气，是好好先生。但事实上，这种说法是很荒谬的。历史上很多英雄人物都好酒，也有很多的昏君在花天酒地，然而昏君仍然是昏君，英雄依然是英雄。其实，饮酒只不过是一种享受方式，酒并不颠倒人性，或者在人们心里制造本来并不存在的情感，它只是撤去理性的岗哨，从而逼使我们显出种种丑态。

所以我们会看到，几杯酒一下肚，人的各种性格——爱生气的、多情的、慷慨的、

柔和的、贪婪的，就会格外清楚地表现出来。真正的大丈夫，在酒醉之后依然会慷慨激昂，比如岳飞的"怒发冲冠"，而那些戴着面具的小人，即使在不停地挖空心思掩饰自己的内心世界，那么也往往在酒醉之后将卑鄙无耻的灵魂暴露无遗。

郑塔是一家企业的老总，这天请新上任一个多月的企管部代经理刘飞吃饭，因为在刘飞做代经理的这一个多月里，对郑塔照顾得十分周到，特别是有好几次，郑塔迟到了刘飞都视而不见，所以郑塔觉得自己应该对刘飞做点什么。

酒过三巡，菜过五味，刘飞已经开始醉眼蒙眬了。郑塔知道这是因为自己请他吃饭让他感到了荣幸和自豪。这时候，刘飞又举起了手里的酒杯：

"郑总，您是我一生中最佩服的人，有什么事您尽管吩咐，至于那些其余的董事们，在我眼里什么都不是。"刘飞的话让郑塔大吃一惊，因为相比刘飞平时的谨小慎微来说，这样的出言不逊和他平时太不一样了。在平时，他对那些董事们和其他中层领导都很和蔼，但郑塔总觉得在许多制度的执行方面有些不力，现在刘飞的话让郑塔明白了，因为刘飞负责这方面的工作，与他当然有一定的关系了。

郑塔拿起了酒杯："谢谢，来，再干一杯！"

刘飞按住了郑塔的手："郑总，在工作上您是领导，在生活上您是老兄，为了朋友，我姓刘的绝不含糊……"刘飞明显已经高了，开始向郑塔掏"心窝子"说话。终于，郑塔明白了，刘飞在过去任职的那两个企业为什么不景气。

可以看出，尽管刘飞在平常的时候掩饰得很好，但在酒醉之后却放纵了自己的行为，这样的人，在哪个企业里都会成为拖累。因为这样的人在表面上一个样，在私底下却是另一个样，说不定就会让企业走上末路。

很多那些在平时看起来坦荡的君子，在最后却表现出一种我们从没见过的行为，其实那才是他们真正的品行，更多的时候，他们不过是在戴着面具生活，我们千万不要被他们的假象而迷惑了。

我们可以通过以下酒醉后的个人态度来对照一下：

有的人在喝醉酒后喜欢唱歌，这样的人在生活起居上一般都比较具有规律性，是一个乐观进取之人，尽管会酒醉，但他的心不会醉。

有的人在喝醉酒后喜欢找人唠嗑，和别人争吵，甚至会动手打架，这样的人在平时就是一个情绪不稳定的人，可能是长期郁郁而不得志或者屡遭挫折，是典型的怀才不遇，可能目前的运势正处在低谷时期。

有的人在喝醉酒后就立即睡觉，这样的人属于理智型之人，在平常的时候懂得自我约束，而且在言行上也少有踰矩。

有的人在喝醉酒后总是自我吹嘘、信口开河，在酒桌上动不动就会开承诺支票，这样的人是怯懦型的代言人，虚荣心极大，并且具有一定的消极倾向。

有的人在喝醉酒后会抱头痛哭或者找人倾诉，这样的人个性消极，具有很深的自卑感，在日常生活中大都遭受过严重的鄙视或受到很多的委屈，在平常的时候经常会抱怨或发牢骚。

有的人在喝醉酒后喜欢划拳或者玩游戏，这是孤独寂寞型的人，自身经常会有情绪性的孤寂感，所以借由划拳酒令等肢体语言排遣寂寞感。这样的人往往也会通过忙碌的工作忘却自身的烦恼。

有的人在喝醉酒后特别爱笑，这样的人在生活中是个性乐观、随和、不拘小节，也是颇具幽默感之人。

当年赵匡胤正是借助了醉酒才演出了一场"杯酒释兵权"的好戏，为什么？因为在醉酒以后他就能说出自己的真实想法。所以，当我们要了解一个人，认识一个人的时候，不妨用美酒来招待他，那么他在酒醉后的行为你将会一览无遗。

（十四）匆忙之间与他约定，看他是否守约

无论在东方还是在西方，遵守约定的故事数不胜数。遵守约定不仅是人际交往起码的礼节，并且，从一个人能否守约，可以判断出其为人。一个严格遵守约定的人，才是诚实的人，值得我们信任、交往。所以，不妨匆忙之间跟他约定，检验一下他的为人。

时间是一种不可再生的资源，如果我们的时间用完了，那么我们的生命也就不复存在了。但是许多人却不能真正认识到时间的重要性，以至于白白浪费了许多宝贵的时间。比如约会的时候迟到，上班的时候迟到，迟到已经成了家常便饭，而且每次都有各种各样的理由。

有些人也许会认为，我不就是晚了十分钟吗？有什么大不了的？可是，在约定的时间不到，让别人等你，这种等待是不公平的，是浪费别人的生命。这样的人从不尊重别人的时间，更不守信用，我们要认清他们的方法就是在匆忙之间与他约定，看看他能否按时守约。

美国铁路大亨范德比尔特认为，不能准时，简直是一种不可宽恕的罪恶。有一次，他约定一个青年人，于上午10时到他的办公室谈话。他准备在与其谈话后，领他去见一位铁路总办。因为当时铁路局正需要一个职员，范德比尔特准备介绍他担任这个职

位，并且已经提前通知了他，那位青年非常高兴能得到这份工作。

遗憾的是，那个青年来迟了 20 分钟。他到的时候，范德比尔特已经离开办公室了，去参加另一个会议了。

过了几天，那个青年终于见到了范德比尔特。范德比尔特问他，为何上次不准时赴约。青年回答说："先生，我那天是在 10 时 20 分到的。"范德比尔特立刻提醒他："但我是约你 10 时到的！"

"是的，我知道。"青年支吾地回答，"但是 20 分钟的相差，应该没有什么大的关系吧！"

"不！"范德比尔特严肃地说，"能否准时，是大有关系的。就以此事而论，你不能准时，所以就失去了你想得到的位置。因为就在那天，铁路局已录用了一个职员。而且，我告诉你，年轻人，你没有权利可以这样看轻我那 20 分钟的时间价值，而让我在这段时间闲着等候你，在这段时间，我正要参加两个重要的会议呢！"

我们都喜欢和守信用的人打交道，信用就相当于一个人在银行的信誉度。要知道一个人的财产，只要看看他的银行记录就行。而要查看一个人的信用度，只需和他约个时间，看他是否能准时到达。一些人，对时间的概念不够强烈，比如和朋友的约会，觉得晚一会儿有什么关系呢。其实不然，别人正是从你的这个小小细节里，看出了你对他的不尊重、不重视，进而失去了对你的信任感。

时间则是最好的检验真理的标准，不守时间之信的人，就可以定性为信用度很低了。而那些能够按时守约的人，才能够赢得别人的信任。

有一次百事可乐的总裁卡尔·威勒欧普到科罗拉多大学演讲的时候，有一个名叫杰克的商人想约卡尔见面谈一谈。卡尔答应了，但只能在演讲完后而且只有 15 分钟的时间。

随后，卡尔就到礼堂里演讲了，而杰克就在大学礼堂的外面坐等。当卡尔兴致勃勃地讲着，讲他的创业史，讲商业成功之道，不知不觉中已超过了与杰克约定的见面时间，显然他已忘记了这个约定。正在这时，一个人从礼堂外推门而入，径直朝讲台上走来。那人放下一张名片后一言不发地转身离去。卡尔拿起名片一看，上面写着："您和杰克在下午两点半有约在先。"意识到了自己的失误，卡尔没有犹豫，他对大学生们说："谢谢大家来听我的讲演，本来我还想和大家继续探讨一些问题的，但我有一个约会，而且现在已经迟到了。我不能再失约，所以请大家原谅，并祝大家好运。"

在大家的掌声中，卡尔快步走出礼堂。他在外面找到了正在等他的杰克，向他致歉后，便告诉了杰克他所想要知道的一切。结果，原来定好的 15 分钟时间他们一直交

谈了 30 分钟。

后来，杰克成了一名成功的商人。他把这一段经历告诉给他的朋友，他的朋友们都对百事可乐产生了信任并决定经销和宣传百事可乐。

在现实生活中，"信"往往是一个人很难做到的。有的人对自己的下属、同事、朋友许下诺言，但过一阵子就忘了。认清一个人，我们最先要认清的就是这个人是否有"信"，是否值得我们去"信"。有时候，领导者让下属在比较短的时间内去完成一件工作，其实就是在考察下属能否做到"言必信，行必果"，是否能够守约。

领导者可以采取"开放式"和"封闭式"两种方式来观察下属的信用。所谓的开放式，就是对下属提出任务以后，只要求他尽快完成，但并不规定具体的期限。在这种情况下，特别能看出一个人的负责精神和办事效率。工作责任心强的人，会把委任的每一项任务当作领导对自己的一种考验，会尽快完成；反之，责任心不强的人，则会拖拉；而所谓的封闭式，也就是在规定的时间内必须完成，有一个最后的期限，如果被委任的人不能在其承诺的期限内完成任务，就是言而无信。如果这样的事情在一个人身上连续发生，就可断定此人不可大用。

需要注意的是，一定掌握上述方法的关键：

（1）要清楚地告知对方准确的时间，不要用两点多，三四天的模糊概念；

（2）要问清对方是否能够如期赴约；

（3）所约事情要在对方能力许可范围内。

不过，切不可断章取义。如有失约情况，要弄清失约的原因，是客观造成的或是主观造成的，是可以谅解的或是不可谅解的。不管怎么说，"期之以事"总会给你带来其他考核很难采集到的知人信息。

（十五）突然查问他，看他的知识储备

想检验一个人的知识储备到底如何，考试固然是一种方法。但是，如果突然盘问，他也能对答如流，那么不仅说明他知识丰富，而且说明此人反应灵敏，具备应对突发事件的能力，这样的人才是真正的人才。

要想了解一个人的能力和智慧，就需要与他保持适时沟通与交流。你可以采取"突然查问"的方式，看看这个人的知识储备怎么样。特别是领导想了解下属能力的时候。需要记住的是，这里所说的"突然查问"，我们不能简单地理解成用突然袭击的方法去拷问下属，也可以理解为当工作中出现一些紧急情况或突发状况时，领导者需要

了解某些情况并听取对问题的处理应对意见时，临时与人才之间进行的交流。应对突发事件已经成为人才必备的素质之一。

在"突然查问"的情况下，往往最能够反映出被"猝问"者的快速反应能力以及语言组织、表达能力等一些动态的素质。如果我们提前通知好下属，让下属准备好了材料再来做汇报性的工作，那么听到的情况虽然全面，但对其能力的考察或者日常工作的尽心则可能就比"突然查问"的方式要稍逊一筹了。

姚海是一家策划公司的总经理。教师节快到了，姚海的公司准备组织一次由当地数所高校师生集体参加的公益活动。此次活动开展关系到企业的声誉和能力问题，不容疏忽。于是姚海准备临时找一下此次活动的负责人公关部的赵思聪，了解一下具体的情况，顺便看看她是不是把事情放在了心上。

"小赵，你怎样才能保证请到教委主任来参加我们的活动呢？"赵思聪一进门，姚海便发问道。

"我去告诉教委主任，此次活动负责抓教育的李副市长也来参加，这样教委主任就不会拒绝了！"赵思聪自信地回答说。姚海点了点头，然后继续问道："那么，我们如何保证李副市长一定会来参加我们此次的活动呢？这毕竟只是一个公益活动。"

"到时候我会带一名学生代表和我一起去见李副市长，然后让学生代表向他表达数千名学生每天都在盼望着副市长亲临现场向他们讲话指导，这时候我再补充这次活动的意义和规模，尤其告之，所有的新闻媒体都非常关注这件事，省内 12 家主要媒体记者到时候都会亲临现场。"看来赵思聪的确在这上面下了功夫，回答的时候一点也不迟疑，如数家珍。

"那么，我们又如何让这些参加活动的各所高校能够保证以积极的态度来参与这次活动的同时，我们公司又不用出费用呢？"姚海又发问道。

赵思聪笑了笑，然后说："当然是照实说啦！我们可以告诉他们，教委领导希望所有参与的高校到时候都能够体现出自己学校的实力，而且，告诉他们到时候现场会有很多的新闻记者，要注意在被采访时怎么抓住机会为自己院校扬名！我想，到时候这些院校肯定会非常积极地参加的！"姚海满意地点了点头。

果不其然，在教师节那天，教委主任陪同着李副市长如期而至，而各个参与的高校也组织得有条不紊，并且都非常认真地带来了自己的特色：有的高校身着一色的校服，有的打着令人振奋的条幅，有的集体挥舞着手中的花环……活动获得了圆满的成功，在当地引起了巨大的轰动，而姚海的企业也在此次活动中受益匪浅。

当然，最主要的功臣赵思聪，也被擢升为名副其实的公关部经理。

当遇到领导询问时，在提前没有得到任何通知的情况下，依然能够有理有据地回答出各项事宜，这样的员工哪个企业不看重呢？用突然查问的方式，我们才能真正看出员工是否对企业尽心，是否对自己的工作尽心。同时，也体现了这个员工的知识储备水平。

对于任何企业来说，都需要拥有一批知识储备高、有计谋的人才。真正的计谋和那些小聪明有着本质的区别。真正有用的计谋是与企业管理的有关问题联结起来的巧妙掌握，它是保护企业的切身利益和赚取利益的护卫舰，在遇到突发状况时能够临危不惧。

因此，当我们在选拔人才的时候，一定要用"突然查问"的方式来查看一下他的知识储备量。掌握好此项考核的关键在于，要设置相应领域内的具体问题，问的问题不要太抽象。诸如，你对财务管理有什么看法？办公室人员的职责是什么？这样纵然是很有能力的人也很难表现出真正的出色。因为抽象的问题，也只能是抽象的答案。我们要根据选择哪个方面的人才来选择提问的问题。比如，选择财务方面的人才，那么我们就要问他如何合理避税或用什么办法最大限度地减少财务开支；而办公室人员，则要向他咨询如何才能严格考勤制度，让所有员工感觉到制度的威严并能严格遵守，等等。

在突然被查问的时候，最能够体现这个人的知识水平。掌握好此点，那么管理者必然能够在选拔人才上顺风顺水。

（十六）交给他一件难办的事，看他的能力高低

都说文凭是块敲门砖，但拿着名牌大学的毕业证，就一定有高人一等的能力吗？恐怕并不一定。其实，要想检验一个人的能力很简单，只要给他一件难办的事情，看他能否在短时间内做好，结果就是最好的证明。

当我们要去了解一个人的能力的时候，那么最好的方法就是交给他一件难办的事情。比如说加大他的工作量，或者比较难完成的任务，安排他干那些重复的烦琐的工作，这样可以比较准确地检验出一个人的整体素质，那些有着特殊才能的人总是能够在相同的时间内完成一般人所不能完成的工作量。

当今社会，越来越多的人善于吹嘘自己的能力，一旦动起真格的，又成了缩头乌龟。一个人能否成功，并不在于他是不是名牌大学的高才生，也不在于他把自己夸得多么天花乱坠，而在于他是否有真本事。正所谓大浪淘沙，只有真金才能留下来。与

人交往，听到的不一定是事实，是骡子是马，拉出去遛遛，立即见分晓。

在三国时期，蜀国丞相诸葛亮在六出祁山北伐中原时，曾令李严负责后勤粮草供应。但这在李严看来确是一种屈才的表现，于是在这一繁复艰难的工作中没有经受住考验，不仅粮草没有及时运到，使诸葛亮的北伐大军不得不退兵，而且还在后主刘禅面前散布谣言，最后诸葛亮及群臣不得不上书要求后主对其进行严办，撤职削爵。

相反，与李严的失败形成鲜明对比的是萧何却能在楚汉相争中帮助刘邦"镇国家，抚百姓，给饷馈，不绝粮道"，最后赢得战争的胜利，也由此为汉高祖所认可，并被任命为当朝相国。

一个人有没有能力，别人说了不算，你自己说了也不算，你做事的结果就是最好的证明。

马建东，山东潍坊人，27岁，高中毕业，现为一家在全国200多座城市建立了300余家汽车销售连锁店，销售总量10.7万辆，净资产过亿的汽车公司销售总监，年薪60万。

一个普通的高中生，凭什么登上总监宝座，成为"淘金皇帝"的呢？通过了解，马建东高考落榜后，到北京打工，找到一家汽车销售公司做前台接线员，后来被安排到办公室做文职工作。

一年后，该公司因代理的一个重要品牌出现质量问题被媒体曝光濒临倒闭。当时马建东偷偷去别的汽车销售公司应聘过，人家只说了一句"你连大学门槛都没迈进一步，凭什么来我们这里上班？"就把他打发了。也正是因为这句话，激发了马建东刻苦钻研汽车销售技巧、汽车产品知识的决心。通过几年的摸爬滚打，马建东在汽车销售上积累了丰富的经验，创下了五个月销售476辆车的记录，因此马建东被提升为主管。之后，被总经理送到北大MBA班培训学习，被派到德国学习汽车销售管理经验，后来，又登上了销售总监的宝座。

任何时候，真才实学才能折服人。有些人怀里揣着一张让人羡慕的文凭，有些人名片后排着诱人的头衔，但真正聪明的人，从来不会因此而断定一个人的能力。而是会在实践中，检验他的才学。也许过硬文凭背后是胸无点墨的"草皮囊"，也许名片上的头衔不过是自主夸大的虚衔罢了。

想必大家都还记得庄子的《庖丁解牛》那篇文章，庖丁解牛的技艺之高超，手法之娴熟，已经到了出神入化的境界。只见他手"触"、肩"倚"、足"履"、膝"踦"，手中的刀似有神助刷刷刷几下，一个庞然大物，便肉是肉、骨是骨、皮是皮地解剖得清清爽爽。更奇的是，庖丁的刀已经用了19年，解了数千头牛，却还像刚刚在磨石上

磨过一样锋利。如果你想知道一个人是否真的具有他自己说的那种能力，或者他断定自己的能力真的达到了他说的程度，不妨交给他一项任务，看结果就明了了。

（十七）以大是大非来问他，看他的判断能力

识人最重要的是识其人品。一个人是否值得信任，值得委以大任，就要看他的人品、价值观，及对一些大是大非问题的判断。所以，结交朋友，或者提拔下属之前，不如先问他些大是大非的问题，从中分析出其人品、价值观等，再做决定也不迟。

知人，最为重要的是要知其人品。三国时期的诸葛亮，作为中国古代的头号智者，不仅谋略过人，在选人、用人方面也有独到的见解，在他的观人七法中，"志"是放在第一位的，要想认识一个人，我们首先就要了解他的志向、态度有何特点，也就是价值观。以大是大非的问题来问他，来看他的判断能力。

人的品行支配着行动，而行动反映这个人的人生观和价值观。一个人的志向是否坚定，意志能否被动摇，在大是大非面前的所作所为能否经得起考验，是一个人的人品核心，也是认识一个人的基本点。这是判断一个人是否值得重用最基本的一项要素。就像我们选择一名大将，那么忠诚爱国就是第一位的，如果为将者敌我不分，那后果是极其残忍的。

因此，如果你需要重用什么人，那么你首先就要了解他的志向，他的价值观，看看他的判断能力，这样，我们才能决定他值不值得重用。

方子恒是一家企业的总经理，最近，企业越做越大，他一个人已经忙得焦头烂额，所以他准备寻找一位能够独当一面的副总，这样就能够替自己分担一部分工作了。

但是寻找副总的事情并不简单，因为企业已经有些许规模，这位副总必须要有真才实学，而且能够死心塌地为公司着想。所以他必须是内部的人员，因为内部人员更熟悉公司。

方子恒仔细筛选了一遍公司里能够符合副总选拔条件的人，发现侯明和秦凯最为适合，两个人的能力都相对比较突出，在能力上必定没有什么问题。所以，方子恒决定用观人法中的"问之以是非而观其志"来识别一下他们。

"我有一位朋友，是一位老板，在他招聘员工的考试题上，有一题是：你将来想成为什么样的人？有一位应聘者的答案让他非常恼火。因为那位应聘者的答案是：我将来要当一位成功的老板。你们说可笑不可笑？！"方子恒以谈心的方式和随便聊的态度绕到这个问题上。

"这种人肯定不能够重用，太不可靠，居然妄图想当老板。"侯明说。

"不，我不这样认为，我的意见恰恰相反，我认为这样的人是值得重用的，因为只有想当老板的人或者说只有具备某些老板素质的人，才能替老板着想从而替老板分忧。"秦凯说出了自己的观点。

"好了，咱不争论这个问题了。"方子恒见好就收，随即又换了一个话题。

"最近我那位朋友不知道是什么原因，让我很失望，因为在过去的时候只要是我一打电话给他他都会亲自接，但是现在换成了秘书接，有好几次秘书都说老板不在。这明摆着是挡驾不见，你们说说，这事情窝不窝火！"

侯明的反应很快，张嘴就说道："这种一当老板就傲起来的人，朋友会变得越来越少的！"的确，他的话很在理。但是秦凯的话却让方子恒陷入了沉思，他说："当老板的，首先做事情就应该有条理，时间安排自然也不例外。更何况对朋友恰当地拒绝总比违心地去敷衍更有礼貌。"

没有什么悬念，秦凯成了一个称职的副总，而侯明依然还是尽心尽力处事稳妥的办公室主任。

"问之以是非"，看其对是非曲直的判断，对某事物的看法，观察其志向。这就说明了管理者在人才管理上不能不考虑志向程度的考察。古往今来，任何一个事业成功者，无不是志向专一者，无不是信仰坚定者。

那些凡是在大是大非问题上含混不清、模棱两可的人，还有那些随风摆动、起伏不定的"墙头草"式的人，往往是善于察言观色、趋炎附势的人，他们没有明确的是非观念和内心道德的操守，只习惯于见风使舵，没有定性，这些人最容易在关键场合、关键时刻损害国家、民族的最高利益。相反，那些志向高远、立场坚定、胸怀宽广、志同道合的人，才会为了一个共同的理想和事业而奋力拼搏。这样的人才值得让我们去挖掘他。

一个人是否高尚，不是凭他是否有动听的语言来决定。因此，判定一个人的志向和价值观时，我们要学会用大是大非的问题来问他，从他的回答中看出他的判断能力。

（十八）告诉他大祸临头，看他有无抗争的勇气

日常生活中，人们的能力看起来都差不多。但是在关键时刻，特别是遇到灾难时，一些人会显露出来，跟困难抗争到底。这样的人，多半有责任心、有勇气、有胆识，是个可以放心托付的人。

一个人在面临大事的时候，才能真正体现出他的品行。因此，若要试探一个人的胆识、勇气，就得告诉他可能要面临的灾祸和困难，看他是否有抗争的勇气。一般人对困难的事情都会有不同程度的畏惧，没有足够的胆识和勇气是不会勇于承担责任的。所以，可以故意把困难的事情告诉他，如果他表现得为难或胆怯，则表明他不足以成大事。相反，如果他勇于承担而又确实有信心，则完全可以委以重任。

在南北朝时期，北齐的奠基人高欢想测试一下几个儿子的志向和胆识，于是给他们几个每人一把乱麻，看谁整理得最快最好。别人都在想方设法整理时，唯独他的二儿子高洋想也不想，抽出一把快刀将一把乱麻当场斩断，并说"乱者当斩"。成语"快刀斩乱麻"正是出自此处。高欢看了后很是欣赏这种做法。

随后，高欢又给他们每人配了几名士兵，让他们四面出走，随后派了一个部将带兵假装去攻击他们，其他的几个人都吓得不知所措，唯独高洋指挥着身边的士兵围攻这个部将，最后这个部将脱掉盔甲说明情况，但高洋还是把他捉住送给了高欢。因此，高欢对高洋很是赞赏，说道："高洋的见识和谋略都超过了我。"后来高洋果然继承了高欢的事业，成为北齐的第一位皇帝。

可见，在祸难面前临危不惧，敢于抗争的人才能够成就一番大事业。所以，在重用一个人前，人们都喜欢人为地创造一个逆境，来观察对方是否具备足够的勇气战而胜之。

在企业中，领导者识人同样也可以利用此法。如今在企业内部，有很多有谋略的人，更少不了有勇气的人。但有的人虽有深谋远虑，可缺乏面对困难和挫折的勇气。有勇有谋的员工固然是好的，但在现实中这样的人并不多。因此领导者要能够进行好人才组合，认准谁具有真正的勇气。

比如说当企业真的遭遇到挫折的时候，管理者要有意识地把不幸告诉给员工，看他们谁能够自告奋勇来帮助企业解决困难，这时候只有真正的人才才能担当起重任。

欧阳在郊区开了一家小的加工厂，但开业没多久，工厂就受到了外面一些闲杂人员的干扰，经常进来"光顾"，工厂已经丢了不少的货品。为了能够加强工厂的治安环境，他决定招聘一名保安负责人，这名负责人必须有胆有识。他决定从工厂现有的20多位男工人中挑选。

欧阳把人召集了起来，然后对他们说道："同志们，我们公司地处郊区，这一段时间公司出现了几起社会闲杂人员进厂偷东西的情况，公司决定加强保安队伍，决定从你们中间选一位保安队长，来维护工厂的安全。但前提是，这名人员一定要具有勇气与恶势力做斗争，保护公司财产和大家的人身安全。有谁愿意毛遂自荐吗？"

这时候，从人群中走出了一位高个子的小伙子。欧阳认识他，当初是他面试的这个小伙子，他是一名转业军人，而且还在部队上当过班长，在工厂里负责气焊工作。

小伙子说道："我愿意接受这份工作，但是我有个条件。"说着，他看向欧阳。

"请说！"

"工厂另外两名保安人员的奖惩和任免权要归我！"这是一个很简单的条件，并不苛刻，因为他当的就是保安队长。

"没问题。"欧阳回答道。

"那我保证一个月以后工厂的治安环境会大大改善！"小伙子向大家保证道。

果然，一个月后，工厂再也没有损失过什么东西，他获得了欧阳的信任，也获得了大家的信任。

有时候，很多人在平时的工作中表现的能力很突出，处理事务的时候也井井有条，有板有眼。但在关键时刻，特别是面临灾祸或者困难时期能力就"伸不出""展不开"，遇到突发性的事件或棘手的问题时，往往显得束手无策，一筹莫展。反而有些人在平时工作中表现的能力平平，但在关键时刻却往往能够力挽狂澜，扭转乾坤。因此，管理者一定要对他们有一个全面而又细致的观察，才能得出一个比较准确的结论。

一个在灾难面前能够临危不惧，表现得铁骨铮铮的血性男人，他的身上必然具备着忠诚、勇敢、刚强与坚贞等优秀品质。一战时美军高级将领麦克阿瑟将军一生身经百战、出生入死，经常与死神捉迷藏。一次，德军的炮弹落在了他指挥所的近旁，他却镇定地对部下说："放心，整个德国也还造不出一颗能打死麦克阿瑟的炮弹。"只有这样的人，才能够值得我们去结识。那么平时充着好汉，在关键时刻却忍气吞声的人，就像那些"豆腐渣"工程一样，在平时看起来并没有什么，但在地震、洪水到来的时候不堪一击。

（十九）给他介绍地位不同的人，看他是否势利

想要看看一个人是否"势利眼"，就要多给他介绍几个不同的人。如果他对他们的态度明显有区别，说明此人很势利，你得意的时候巴结你，一旦你失利就会遭到他的抛弃。对待这样的人，要划清界限，远离他。如果他态度一致，说明此人为人正直，值得交往。

在生活中，很多人都具有"势利眼"，嫌贫爱富，嫌丑爱美，崇洋媚外等，同这样的人在一起，你最终很可能会被他们所抛弃，因为一旦你落魄，他们必将离你远去。

因此，我们要注意身边这样的人，区别他们的方法很简单，那就是给他们介绍身份不同的朋友，看他们的态度有没有区别。

比如说当我们和朋友一起参加宴会或者派对的时候，你可能会给朋友引荐几个你的朋友，一般都会互相交换名片，如果你的朋友看了你介绍的朋友的名片而不屑一顾，那么恭喜你，你的这位朋友就是一位"势利眼"。

刘永有一次带着自己的朋友强宁去参加一个酒会，在酒会上，刘永看到了一位在工作中认识的一家知名企业的老总，于是过去喝了一杯酒，这时候强宁也在他身边，于是他就把强宁介绍给了那位老总。没想到见了对方的名片后，强宁的表现让刘永大吃一惊，强宁脸上的笑容灿烂到可以溶化冰淇淋，而且居然用甜如蜜的声音娇滴滴地对那位老总说："刘总，我这是哪辈子修来的福分，居然在这里能认识您这么有成就的人！"随后也不管人家同不同意就和那位老总开始东拉西扯。

机会可遇不可求，难得遇到这么有"身份"的人，强宁自然不能放过，要好好地攀攀关系。谁都能看出，强宁在尽其所能搜索话题，而且一边还在用心呼应着对方所说的话，努力营造着双方都很合得来的愉快气氛。

看强宁谈得这么兴奋，刘永以为强宁很喜欢结交朋友，于是便把另外一位朋友介绍给了她，没想到她瞟了一眼对方递过来的名片后，只是面无表情地淡淡说了声"你好"，就转身去找食物吃了，一点都没有想结识对方的样子。

这时候，刘永才认识到，强宁是一个不折不扣的势利小人，对没有利用价值的人，连基本的礼貌寒暄都不肯说两句。所以从那以后，他渐渐和强宁撇开了关系。

有"势利眼"的人只会趋炎附势，对那些高高在上的人阿谀奉承，而对那些不如自己的人则从不正眼瞧一瞧。和这样的人在一起，你永远不能指望他会帮助你，他不来祈求你的帮助，你就应该感到万幸了。

"势利眼"的人有什么特点呢？

首先，"势利眼"过于注重表象。

很多时候，"势利眼"会根据一些表面现象而分清这个人该不该结交。譬如对方上班的公司是否为知名企业、头衔是否为高阶人士，还有对方全身上下的服装大概值多少钱，付账时拿的是金卡还是白金卡……假若你的"装备"不够高级，就算你很有钱，也可能会被列为"低等"的交往对象。

其次，"势利眼"对不同的人有不同的差别待遇。

在《士兵突击》中，刚进部队的成才就是一个典型的势利眼，他的口袋里装着两盒烟，给领导的时候就是好烟，而给自己身边的战友抽的时候就是孬烟。可以说，如果你想知道某人是不是势利眼，方法很简单，去问问基层人员对这个人的感觉如何，绝对能够得到真实答案。

在职场上，有很多员工对老板一个态度，对身边的同事又是一个态度，这种现象很是常见。很多势利眼之所以死命巴结老板，是因为他们认为老板才有权力给他们好处。话虽不错，但若基层员工对他们印象恶劣，久而久之，老板也会听到风声，慢慢看清他的真面目。因此，要想当个耳清目明的老板，最重要的功课，就是要学会分辨谁是势利眼。

再次，"势利眼"会把朋友分等级。

在"势利眼"的字典里，绝不会出现"一视同仁"这句成语。他们不仅对人有差别待遇，还会把朋友分成不同等级。比如说有钱的、有权的、有名的算是普通等级，有钱又有权的属于中等，而那些有钱有权又有名的人，则是他们心目中的"重量级"人物。根据不同人物的身份，他们会选择不同的态度，毫无意外的是，他们的基本态度绝对是献媚，只是献媚的多和少而已。

最后，"势利眼"会评估对方能带给自己多少好处。

在"势利眼"看来，结交朋友的最重要的一点就是对方能不能给自己带来好处，对未来有没有帮助，如果没有，他们绝不会在你身上下功夫。而且，他们从来不做吃亏的事情，如果在你身上投资以后没有得到好处，那么他们一定会想办法把好处拿回来。

如果身边有一位"势利眼"的朋友，那么对我们的发展极其不利。因此，我们要认清身边的人的真面目，给他介绍身份不同的朋友，看他的态度有没有区别。一旦发现他是"势利眼"，那么要立即划清界限，规避三尺，别让他所利用。

第三章　社交心理学

一、明心见性，与他人和谐相处

（一）关怀贴心，获得朋友长久的青睐

记住有关对方的小事，让他感觉被重视

希望获得别人的关注是人类的天性之一，每个人都渴望受到别人的关注和重视，渴望成为人们谈话的焦点。我们在与人相处的过程中，不要只考虑自己的内心感受，更要注意满足别人的这种心理需求，例如，记住朋友的一些小事，关心他生活中的小细节和小烦恼，可以让朋友感觉被重视。

一次，威廉·比尔登门拜访当时的共和党领袖马可·汉纳。比尔对汉纳有些偏见，因此，对谈话并没表现出十分的热情。然而，比尔发现在整个交谈过程中，汉纳从头到尾都在讲关于比尔的事情：关于比尔的父亲，关于比尔对政治纲领的意见等。

汉纳说："你来自俄亥俄州吧？你的父亲是不是比尔法官？他是民主党的……"汉纳像是在和一位世侄交谈一样说："嗯，你父亲可是个非常厉害的角色，害得我的几个朋友在一次石油生意上损失不小！"

马可·汉纳

在整个谈话过程中，汉纳不时地讲到许多关于比尔的小事。就这样，当谈话结束的时候，比尔对于汉纳的反感已经烟消云散了。几天后，威廉·比尔甚至成了汉纳忠诚的支持者。在此后的几年中，威廉·比尔最愿意做的事情就是为自己曾经最厌恶的

汉纳服务。

由此可见，在与人交往的过程中，努力记住对方的小事，并且在适当的时候让对方了解你记住了关于他的事情，能够让对方获得一种被人重视、被人关注的心理满足感，进而对你产生好感。并且，你所记住的事情越是微小、不起眼，当对方得知你记住了他们时，对方获得的心理满足感就越大，对你产生的好感也就越大。

通过记住有关对方的小事来获得对方的好感，是一个非常有效的社交心理策略，无论对方是大人物还是普通人，这个方法都同样有效。以访问大人物而闻名的新闻记者马可森说："当你将大人物们曾经说过的话复述出来的时候，他们的心情就会显得格外的好，对你也会表现得格外友善。"

那些善于交际的人都十分明白这种策略所带来的好处，他们总会在适当的时刻顺便问一两句对方的个人事情，以表示他们将对方正在做的事、对方的喜好记挂在心上，让对方感觉这些小事他们早该忘记但是却没想到他们还挂在心上，从而让对方的心理产生非常愉悦的感受，进而对他们产生好感。

这个方法实施起来很容易，然而，或许正是因为它的容易，人们才常常忽略它，总是记得与自己有关的事，而忘记他人的事。因此，从现在开始，努力记住那些和朋友有关的事情吧，一旦那些在对方看来微不足道的小事从你口中说出时，你就在无形中靠近了对方。

和朋友说话也要有分寸，玩笑不可太过分

朋友之间互相开玩笑原本是件有趣的事情，可若是口无遮拦、毫不避讳地开玩笑，反而会伤了朋友情面，甚至因此而失去一个朋友。每个人都有自己的忌讳，人人都讨厌别人提及自己的忌讳。说话时如不小心就会冲撞了对方，引起别人的反感，有的甚至招来怨恨。所谓"说者无心，听者有意"，自己随口而出的一句话可能正好在别人的伤口上撒了把盐，让人恨得牙痒痒。

小马先天秃头。一天，大家在一起聊天，得知小马的发明专利被批准了。直肠子的小何快嘴说道："你小子，真有你的，真是热闹的马路不长草，聪明的脑袋不长毛。"说得大家哄堂大笑，小马的脸也红了起来。

小何原本是想夸奖小马，然而她的一句"聪明的脑袋不长毛"正好戳到小马秃头的痛处，夸奖不成，反而遭人埋怨。

生活中那些懂得幽默、会开玩笑的人特别受欢迎，被大家当作"开心果"。他们凭借一个得体的玩笑，不仅给他人带来了欢乐，而且能迅速获得别人的好感。但是，开

玩笑也要有分寸，并不是所有的场合都适合开玩笑，并不是所有的话题都可以用来开玩笑，如果把握不好开玩笑的"度"，不仅会得罪人，甚至会酿成悲剧。

报纸上刊载过这样一件事：

李某和几个朋友一起喝酒，几两酒下肚后，朋友和李某开起了玩笑："瞧你这丑样，你那儿子倒很漂亮，莫不是你媳妇跟别人生的？"这本来是句玩笑话，李某却偏偏是个小心眼的人。回家后，李某就跟妻子找碴："你说！我长得是啥样，为什么这孩子却是那模样？到底是不是和我生的？"他边说边逼近妻子，冷不防从妻子怀里抓过孩子，拎着小腿，把孩子扔到床上，又顺手抓起枕头压在了哭叫不已的孩子的脸上，可怜的孩子顿时没有了哭声。见此情景，妻子极力想救孩子，却被丈夫打倒在炉灶前。急恨交加中的妻子顺手抓起炉灶旁的炉钩，死命地甩向李某。只听李某"哎呀"一声，松开了枕头，慢慢地瘫倒在地上。妻子从地上爬起来，不顾一切地向儿子扑了过去，急忙掀去枕头，看到儿子的小脸憋得青紫，已经奄奄一息了。再看丈夫，他倒在地上，一动不动，一股液体顺着他的右腮淌下。原来她甩过去的炉钩的尖端，刚好嵌进李某的右边太阳穴，她见状吓得昏了过去。

只因朋友的一句玩笑话，顷刻间，好端端的三口之家毁于一旦。这就是乱开玩笑没有分寸的恶果。

开玩笑时，务必要考虑这个玩笑带来的后果，绝不要信口开河，随意开玩笑。不然，发生意外时，只会让我们后悔莫及。

朋友之间，不需要帮忙也要保持联系

现在逢年过节大家发短信总少不了一句话"有事没事常联系"。其实，与人相处，经常联系是很重要的。好不容易结交的朋友，如果长时间不联系，迟早会变成陌生人。

很多人都有过这样的体会：当自己遇到了困难，认为某人可以帮自己解决时，本想马上去找他，但后来想一想，过去有很多时候本来应该去看人家的，结果都没有去，现在有求于人了就去找他，是不是太唐突了？甚至因为太唐突了而担心遭到他的拒绝，但是这有什么办法呢？为人交友，本来就应该闲时多走动才对。缺少了必要的联系，时间一长，再牢靠的关系也会变得松懈，再好的朋友也会变得互相淡漠，到时候再去求人办事，就会不知不觉地平添一些隔膜。

所以，即使你现在不需要他人的帮助，你也有必要和他们保持联系。如果你只在需要他们支持或帮助的时候才想起与他们联系，那么很快他们就会觉得只是在利用他们，这样做不但不能和他们建立起良好的关系，还容易损害你们业已建立起来的关系。

关系的建立和发展自有其自己的规则。你和他人的关系持续的时间越长、联系越多，关系也就越深厚，你所得到的益处也就越多。而且积极的牢固的关系包含着给予和收益的双重内容，如果你在不需要他们的时候还是持续保持与他们的联系，那么当你真的需要他们的帮助时，他们也很乐意为你施以援手。经常和他人保持联系，即使你的联系方式很简单，比如一声问候："你好吗？""你的孩子该上初中了吧？成绩怎么样？""什么时候来我这里，我们一起吃午饭怎么样？"或者是一封电子邮件、一个电话、一张明信片，都会让他们觉得亲切。日后当你真的需要他们时，他们也不会觉得突兀。所以要记住：闲时多走动，急时有人帮。

另外，你在日常生活中要广交良友，且不要与人失去联络，不要等到有急事时才想到别人，因为人际交往就像一把剪刀，经常磨才不会生锈，若是半年以上不联系，你就可能已经失去这位朋友了。

为了不使好不容易才建立起来的人际关系毁于一旦，你就要不厌其烦地勤于打电话、写信以及登门拜访。其实，这些对你来说，都是举手之劳，在维护彼此的关系及沟通情谊的前提下，又何乐而不为？维护人际关系要注意以下几点：

1. 抓住适当时机联络朋友

大忙人虽不好找，但并不表示他们绝对无法接近。你不必浪费时间在上班时间打电话给他们，要学会利用时间，傍晚六七点钟是与这些忙人接触的"黄金时刻"。秘书、助理等大都走了，只剩下一些"工作狂"还舍不得走，希望自己的"埋头苦干"能给上司留下深刻的印象。此时正是联络这些大忙人最适当的时机。

2. 牢记朋友无所不在

朋友无所不在，三人行，必有我师。不经意的人事交往，就可能发展出很不错的关系。

对这些有心人而言，人生就是一场游戏——会议室、酒吧、餐厅，甚至在澡堂里，处处都可以"增长见识"。跟人谈上一两个小时，一定可以学到一点东西。另外，出差、旅行也是拓展关系、提升沟通力的好机会。

3. 及时记录朋友往来的进展

记录自己关系网的发展要像写日记一样，数十年如一日。记录每一次联系的情形，包括：姓名、地址、电话号码、你的看法以及日后的联络方法。

朋友之间的情谊，就像存钱一样，平时储蓄一点一滴，过了几年之后就有一笔钱了。朋友之间的关系需要维护和经营，平时互相不来往，相当于不存钱；有事才想到找人帮忙，相当于从存折中取钱，只取不存，存折迟早会空的。

他人郁闷时，多说些让他宽心的话

许多人忧郁烦恼时，常常是因为心里有事想不开，或为名、或为利、或为情，自己心理不能平衡，总觉得自己吃亏倒霉。因此，我们在安慰朋友时，要尽量多说些让他宽心的话，引导他向好的一面去想，慢慢走出"死胡同"，等他想开了，烦恼自然消退了。

有一对男女青年小周和小胡，交朋友3年多，在一起看电影、下馆子，关系挺密切。可是，当小周把结婚的东西置办齐，要小胡和他去登记结婚时，小胡却突然与他中断了恋爱关系。小周去她家理论，又被拒之门外。他又气又恨，在门外叫骂，用头撞大门，要死在她家门外。

这时，正好小周单位的同事经过，就跑过来问他："你们之间有爱情吗？"小周被问得沉默了。同事又说："光在一起看看电影，逛逛街，吃吃喝喝，那不是爱情。真正的爱情不是用钱可以买来的。再说，'强扭的瓜不甜'，既然人家不爱你，你何必强求呢？你现在还年轻，为一个不爱你的姑娘去死，多不值得？你业务能力强，又有上进心，将来事业不可限量，只要好好干，还愁找不到一个好媳妇？"一番话把愁眉苦脸的小周说得眉眼舒展开了。

小周的失恋已成事实，且已经无法改变，想办法破镜重圆恐怕也是难以实现了。此种情况下，同事有意把小周的视线从眼前的糟糕状况中转移开，引导他放眼未来，同时给他指出开创未来的两点优势：年轻、工作上进，强调只要充分利用这些优势，就一定能够找到称心的人生伴侣。这样，小周的精神上有了寄托，精神状态也就好转了。

此外，当朋友遭遇困境时，对他表示肯定和鼓励也是不错的方法。

英国浪漫主义时期的大文豪斯科特，著作颇丰，不仅对英国小说史有划时代的影响，对当时的俄国、法国、美国文坛也激发出了新的动力。

可是，这样一个大文豪小时候并不优秀。身患小儿麻痹症的他，右脚行动不便，身体羸弱，几次重病差点丧命，本来就有些自卑，加上成绩不如人，便成了"学校怪胎"，言行常常不礼貌，爱缺课，学期末的评语总是很糟。只有一位老师知道，他虽然厌恶功课，对读书却充满兴趣，这位老师不停地给予他鼓励，而这也正是他的人生转折点。

成名后的斯科特曾回自己的母校参观，感触良多地问学校老师："现在学校成绩最差的孩子是谁？"然后，他学习当年看重他的那位贴心老师，告诉那位被称为最差的红

着脸的小朋友说："你是个好孩子，我当年也跟你一样，成绩很差，不要灰心。"说完，他又从口袋掏出一枚金币送给这个孩子。

"一句话改变一个人的一生"，这句话在那个小朋友的身上应验了，他最终从爱丁堡大学毕业，成了优秀的职业律师。

到底是什么让学习成绩最差的那位学生成了一名优秀的律师，让一个问题学生成为一个大文豪？那就是一份希望，别人给他的一份希望，这也就是鼓励的艺术。

有人说，鼓励的艺术的最高境界是带给人新的希望。当一个人心情落到谷底时，只要有人对他说，"你一定可以渡过难关的"，或者说一句"我相信你可以做得到"，或者说"大家与你同在，会帮助你的"，都能给予人坚持下去的勇气和力量。

所以，当你安慰别人时，需要真正读懂对方的心，你可以给他一个希望的目标，在这份希望的指引下，他就可以很快走出失意，重新面对新生活。

真诚相待才受朋友欢迎

有这样一个感人的故事：

在美国西部的一个小镇上，少女安妮由于意外事故，成了"植物人"。现代化的医疗手段无能为力，安妮醒来的希望极为渺小，她的父母悲恸欲绝，而安妮的朋友东妮每天都来到她的床前，抓住安妮的手，轻轻呼唤她的名字，仿佛在同一个正常的人娓娓而谈，日复一日，年复一年，奇迹终于出现了，真诚战胜了病魔，东妮的呼唤居然使安妮苏醒过来了。

这是朋友之间的真诚产生的奇妙的力量。茫茫人海，芸芸众生，我们在生活中与朋友相处怎能缺少真诚呢？

美国心理学家诺尔曼·安德林在 1968 年曾设计过一张表格，他列出 555 个描写人的形容词，让人们指出其中哪些人品最让人喜爱。结果表明，被人喜欢的选项中，位居前几位的竟有 6 个是与"真诚"有关的，而在评价最低的人品中，虚伪居首位。这说明了真诚的人能让人产生一种安全感，从而受人欢迎；虚伪的人让人讨厌，难结良友。要以诚待友，主要应做到以下几点：

1. 对朋友要讲真话

真正的朋友之间必定会有思想交流。自己对人、对事的看法，即使与朋友的看法相悖，也不应隐瞒。有的人从不向朋友说出心里话，该让朋友知道的事情也从不说出口，或者习惯兜着圈子说话，甚至自己有求于朋友时，也隐瞒真实情况，使朋友在帮助的过程中，因情况不明而陷入尴尬境地。这种交友态度，肯定是交不到真正的朋友的。

2. 赞美朋友要诚心

朋友在工作中取得了成绩，事业上获得了进展，我们应该为之高兴，诚心实意地给予赞美，和朋友一起分享快乐，这是友谊的表现。但是，赞美朋友要诚心，不要过于吹捧，阿谀奉承，这样对朋友是不利的。

3. 要诚恳指出朋友的缺点

奥斯特洛夫斯基说："友谊间的首要真诚，就是对朋友过失的批评。"对朋友的缺点能诚恳地提出批评，这对形成双方的友谊是十分宝贵的。

虽然各奔东西，陈玉怎么也不会忘记大学里与自己同居一室的梅姐。梅姐很具长者风范，很会照顾陈玉及别的姐妹，但对于姐妹的缺点也绝不姑息。陈玉有乱放东西的习惯，梅姐就对其屡犯屡说，每次，陈玉都觉得十分尴尬，很生气，可终于改正了这个习惯。气归气，但终能理解梅姐的苦心，心里很是感激，那是一种真爱。

4. 对朋友多一些体谅和理解

生活本来就充满矛盾，这是人与人之间产生误解和隔阂的根源，是通向友谊王国的"拦路虎"。与真心朋友交往就要给对方多一些理解，多站在别人的立场和角度来为他着想，这也就是所谓的"穿朋友的鞋子"。

古人说："同师曰朋，同志曰友。"《世说新语》里记载，管宁和华歆同席读书，同师教导，其朋友之情有多深厚，不得而知，但割席绝交是一件极其让人痛心的事。古代圣贤讲究君子安贫乐道，耻言富贵，管宁割席的缘由正是华歆有崇尚富贵之嫌。人们历来赞赏管宁的品节高尚，但从社交之道来看，管宁就因为一点点"富贵之嫌"，就无丝毫规劝，轻而易举地"废"掉了人生占重要地位的友谊吗？

其实，管宁对朋友似乎太苛刻了，他们之间缺乏理解和体谅。所以，我们交友不一定得要求别人各个方面都完全符合自己，我们只要取其志同道合、情投意合就可以与他结为朋友，最后发展为知己。

要成为知心朋友，很简单也很难，说简单是因为你并不需要有万贯家财、聪明绝顶，说难是因为人性中从来就有自私、嫉妒之心，因此，我们只有对朋友以真诚相待，才能够用真心换真心。

你对朋友知心，朋友也会对你知心

生活中有一些人是相当封闭的，当对方向他们说出心事时，他们却总是对自己的事情闭口不谈。但这种人不一定都是内向的人，有的人话虽然不少，但是从不触及自己的隐私，不谈自己内心的感受。

有些人社交能力很强，他们可以饶有兴趣地与你谈论国际时事、体育新闻、家长里短，可是从来不会表明自己的态度。而一旦你将话题涉及内心感受，希望做思想与精神的交流时，他就会插科打诨转移话题。可见，一个健谈的人，也可能对自身的敏感问题有相当强的抵触心理。相反，有一些人虽不善言辞，却总希望能向对方坦露心声，反而能很快和别人拉近距离。

小敏是同宿舍中最擅长交际的一个，并且人也长得漂亮。但同班的其他女孩都找到了男朋友，唯独漂亮、擅长交际的小敏仍是独自一人。

为什么呢？原来她身边的同学都表示，她太神秘，别人很难了解她。和她有过接触的男同学也说，刚开始和她交往时，感觉她是个活泼开朗的女孩，但时间一长，就发现她很自私。小敏一直对自己的隐私讳莫如深，也从不和别人谈论自己，每当别人问起时，她就把话题岔开，怪不得同学们都觉得她神秘呢！

人之相识，贵在相知；人之相知，贵在知心。要想与别人成为知心朋友，就必须表露自己的真实感情和真实想法，向别人讲心里话，坦率地表白自己、陈述自己、推销自己，这就是自我暴露。这样以诚相待，不仅可以让别人读懂你，也有利于你读懂别人。

当自己处于明处，对方处于暗处，你一定会感到不舒服。自己表露情感，对方却讳莫如深，不和你交心，你一定不会对他产生亲切感和信赖感。当一个人向你表白内心深处的感受，你可以感到对方信任你，想和你达到情感的沟通，这就会拉近彼此的距离。

在生活中，有的人知心朋友比较多，虽然他（她）看起来不是很擅长社交。如果你仔细观察，会发现这样的人一般都有一个特点，就是为人真诚，渴望情感沟通。他们说的话也许不多，但都是真诚的。他们有困难的时候，总会有人来帮助，而且很慷慨。

而有的人，虽然很擅长社交，甚至在交际场合中如鱼得水，但是他们却少有知心朋友。因为他们习惯于说场面话，做表面文章，交朋友又多又快，感情却都不是很深。因为他们虽然说了很多话，却很少暴露自己的真实感情。

实际上，人和人在情感上总会有相通之处。如果你愿意向对方适度坦露，总会发现相互的共同之处，从而和对方建立某种感情的联系。向可以信任的人吐露秘密，有时会一下子赢得对方的心，赢得一生的友谊。

小鱼是某大学的研究生，刚入学不久，她就热衷于自我暴露。一天早上上课，课

间时分，坐在前排的她转过身和一位同学借笔记，还回来时笔记本里竟然夹了一张男生的照片，于是小鱼打开了话匣子，跟后面的同学聊了起来，说那是她在火车上认识的新男友，正在热恋当中。她从自己和男友在哪儿租了房子、昨天买了什么菜、谁做的晚饭，说到她如何幸福，甚至说到二人世界里亲密的小细节……

这样的事情有很多，而且她经常不分时间、场合随便就跟别人讲自己的一些私事。到后来，同学们一见到她就躲开了，大家都受不了她了。

我们可以看出，在人际交往的过程中，自我暴露要有一个度，过度的自我暴露反而会惹人厌。

在人际交往中，自我暴露应注意以下几个问题：

1. 自我暴露应遵循对等原则

当一个人的自我暴露与对方相当时，才能使对方产生好感。比对方暴露得多，则给对方以很大的威胁和压力，对方会采取避而远之的防卫态度；比对方暴露得少，又显得缺乏交流的诚意，交不到知心朋友。

2. 自我暴露应循序渐进

自我暴露必须缓慢到相当温和的程度，缓慢到足以使双方都不感到惊讶的速度。如果过早地涉及太多的个人亲密关系，反而会引起对方的忧虑和不信任感，认为你不稳重、不敢托付，从而拉大了双方之间的心理距离。

真正的亲密关系是建立得很慢的，它的建立要靠信任和与别人相处的不断体验。因而，你的"自我暴露"必须以逐步深入为基本原则，这样，你才会讨人喜欢，才能交到知心朋友。

要想友谊长存，就要感激和回报别人的帮助

朋友之间的友情，既需要真心诚意，也需要感激与适当回报。

一位长期生活在中国的美国人杰姆曾说，他很喜欢东方的女孩子。他表示，西方女性把男士们的绅士行为视为理所当然。男士们帮女士提重物、搬东西，"理所当然"；男士帮女士开门、拉椅子，"理所当然"。同时，在西方教育背景下，男士也视这些绅士行为理所当然。

杰姆说有一次因为扩大经营的需要，他们部门要从 10 楼搬到 8 楼，每个人必须把自己的东西以及一桌一椅搬下去。杰姆搬了一张椅子，发现真的很重，他担心女孩子搬不动，于是他告诉女同事，椅子交给他们有力气的男同事去搬。结果一路上，女同事陪他们聊天，搬完了，还忙着倒开水、泡咖啡给他们喝，让男同事们很是愉快。"如

果在我们国家，搬重物理所当然是男孩子的工作，没有人会陪你聊天，没有人会感激地倒开水、泡咖啡给你喝。也许中国人没这个观念，但是中国女孩子体恤别人的作风，真的非常可爱，我们帮她们，不但乐意，而且开心，这种受人尊重的感觉真好。"

很多时候，我们会把别人对自己的好视为理所当然，朋友喜欢我们，我们当然不介意被"麻烦"，一些小事情也"帮"得十分乐意。可是俗话说："受人点滴，涌泉相报。"就是要我们常怀感恩的心，记得朋友的好。

与人相处我们当谨记一件事，"天底下没有谁帮谁是理所当然的，今天人家抽空过来那是恩情，即使有钱可赚，也应心怀感激"。也许有人会说，找朋友帮忙，给几个钱或是请他吃顿饭、送个东西，好像把友谊给贱卖了，把朋友的交情看俗了。不！适度地表达我们的感激是必要的。也许我们不懂得比较"高尚"的做法，但吃顿饭、送个小礼物，也能表达我们的感谢。它的作用不在于"礼"的轻重，而是心意的表示，让朋友知道他这个忙帮得有"价值"，也许在他而言是举手之劳，对你来说却是很重要的。

最重要的是，你说出来了，他也听到了，知道你有多在乎这件事。就像杰姆的女同事，一路陪他们聊天，事后还倒开水、泡咖啡，没花什么钱，却充分表达了她们的感激之情，而杰姆他们也感受到了，同时还说"很愉快"。

天下没有谁帮谁是理所当然的，不论是朋友、同事，或是上司与下属之间，都可以和谐相处，也可以为你赢得人缘。因为对方从你身上，处处得到尊重，时时获得感激，这对他而言，有了人格上的自我满足，那么他自然乐于与你共事，与你做朋友。

超限效应：再好的朋友也应保持距离

心理学上有一个词叫作"超限效应"，指由于刺激过多、过强或作用时间太长而引起心理不耐烦和逆反的现象。朋友之间，经常性的接触是必不可少的，然而如果过度亲密，则会过犹不及。再好的朋友如果天天见面，也未必是一件好事。保持一定的距离，这样才能让友谊之情长久！

交到好朋友难，而保持友情更难。彼此是好朋友，那为何还要保持距离？这样会不会让朋友间彼此疏远，显得缺乏继续交往下去的诚意呢？你肯定会为这些问题担心。但事实证明，很多人友情疏远，问题就恰恰出在这种形影不离之中。

距离是人际关系的自然属性。有着亲密关系的两个人也毫不例外地成为好朋友，只说明你们在某些方面具有共同的目标、爱好或见解以及心灵的沟通，但并不能说明你们之间是毫无间隙，可以融为一体的。任何事物都存在着独自的个性，事物的共性

存在于个性之中。共性是友谊的连接带和润滑剂，而个性和距离则是友谊相互吸引并永久保持其生命力的根本所在。

人一辈子都在不断地交新的朋友，但新的朋友未必比老的朋友好，失去友情更是人生的一种损失，因此要强调：即使是非常要好的朋友，也要读懂对方，尊重对方的个性，保持适当的距离。

在文坛，流传着一个关于两位文学大师的故事：

加西亚·马尔克斯是1982年诺贝尔文学奖获得者，巴尔加斯·略萨则是被人们说成是随时可能获得诺贝尔文学奖的西班牙籍秘鲁裔作家。他们堪称当今世界文坛最令人瞩目的一对冤家。他俩第一次见面是在1967年，那年冬天，刚刚写完《百年孤独》的加西亚·马尔克斯应邀赴委内瑞拉参加一个他从未听说过的文学奖项的颁奖典礼。

加西亚·马尔克斯

当时，两架飞机几乎同时在加拉加斯机场降落。一架来自伦敦，载着巴尔加斯·略萨，另一架来自墨西哥城，它几乎是加西亚·马尔克斯的专机。两位文坛巨匠就这样完成了他们的历史性会面。因为同是拉丁美洲"文学爆炸"的主帅，他们彼此仰慕、神交已久，所以除了相见恨晚，便是一见如故。

巴尔加斯·略萨是作为首届罗慕洛·加列戈斯奖的获奖者来加拉加斯参加授奖仪式的，而马尔克斯则专程前来捧场。所谓殊途同归，他们几乎手拉着手登上了同一辆汽车。他们不停地交谈，几乎将世界置之度外。马尔克斯称略萨是"世界文学的最后一位游侠骑士"，略萨回称马尔克斯是"美洲的阿马迪斯"；马尔克斯真诚地祝贺略萨荣获"拉丁美洲诺贝尔文学奖"，而略萨则盛赞《百年孤独》是"美洲的《圣经》"。

此后，他们形影不离地在加拉加斯度过了"一生中最有意义的 4 天"，制定了联合探讨拉丁美洲文学的大纲和联合创作一部有关哥伦比亚——秘鲁关系的小说。略萨还对马尔克斯进行了长达 30 个小时的"不间断采访"，并决定以此为基础撰写自己的博士论文。这篇论文也就是后来那部砖头似的《加夫列尔·加西亚·马尔克斯：弑神者的历史》（1971 年）。

基于情势，拉美权威报刊及时推出了《拉美文学二人谈》等专题报道，从此两人会面频繁、笔交甚密。于是，全世界所有文学爱好者几乎都知道：他俩都是在外祖母的照看下长大的，青年时代都曾流亡巴黎，都信奉马克思主义，都是古巴革命政府的支持者，现在又有共同的事业。

作为友谊的黄金插曲，略萨邀请马尔克斯顺便拜访秘鲁。后者谓之求之不得。在秘鲁期间，略萨和妻子乘机为他们的第二个儿子举行了洗礼；马尔克斯自告奋勇，做了孩子的教父。孩子取名加夫列尔·罗德里戈·贡萨洛，即马尔克斯外加他两个儿子的名字。

但是，正所谓太亲易疏。多年以后，这两位文坛宿将终因不可确知的原因反目成仇、势不两立，以致 1982 年瑞典文学院不得不取消把诺贝尔文学奖同时授予马尔克斯和略萨的决定，以免发生其中一人拒绝领奖的尴尬。当然，这只是传说之一。有人说他俩之所以闹翻是因为一山难容二虎，有人说他俩在文学观上发生了分歧或者原本就不是同路。后来，没有人能再把他们撮合在一起。

可见，朋友相处，重要的是双方在感情上的相互理解和遇到困难时的互相帮助，中国古老的箴言：君子之交淡如水，便饱含了这一道理。那么，真诚地对待你的朋友时，不要一口气把友情用光，保持距离、用心经营才是上策。

（二）善用同理心，成功结交陌生人

谈谈相似经历，成为"同道中人"

俗话说"巧妇难为无米之炊"，没有话题，谈话就没有焦点。陌生人见面，如果尽是客套寒暄，没有实际意思，那陌生人终究还是陌生人，陌生的局面终究还是化不开。因此，就要寻找共同话题，从相似的经历出发，迅速和对方成为"同道中人"。

事前规划，可事半功倍。与陌生人交往之前，要尽量对对方的职业、性格、兴趣等有一个比较全面的了解，这样，在交往过程中你就能做到有的放矢。

清末，在大太监李莲英的保荐下，盛宣怀受到权势显赫的醇亲王的接见，详细汇报有关电报的事宜。盛宣怀以前没有见过醇亲王，但与醇亲王的门客张师爷过从甚密，从他那里了解到了醇亲王两个方面的情况：

第一，醇亲王不认为中国人比洋人差，自己的一套才是最好的。

第二，醇亲王虽然好武，但自认为书读得不少，颇具文人风范。

盛宣怀了解到这些情况后，就抄了些醇亲王的诗稿，背熟了好几首，以备不时之需。"文如其人"这句话一点都不错，盛宣怀还从醇亲王的诗中悟出了些醇亲王的心思。

谒见之时，当他们谈到电报这一名词的时候，醇亲王问："那电报到底是怎么回事？"

"回王爷的话，电报本身并没有什么了不起，就是一个传递信息的工具，所谓'运用之妙，存乎一心'，如此而已。"

醇亲王听他能引用岳武穆的话，不免有所欢喜，随即问道："你也读兵书？"

"在王爷面前，怎么敢说读过兵书？不过英法内犯，皇帝大臣人人忧国忧民，那时如果不是王爷神武，力擒三凶，大局真不堪设想了。"

盛宣怀略停了一下又说："那时有血气的人，谁不想雪洗国耻，宣怀也就是在那时候，自不量力，看过一两部兵书。"

盛宣怀真是三句话不离醇亲王的"本行"，他接着又把电报的作用做了详细的解说，醇亲王也觉得飘飘然，觉得中国非办电报不可。后来醇亲王干脆把督办电报业的事托付给盛宣怀。

从上面这个例子我们明白，当你要特意去结识一位陌生人时，一定要多加准备，将其当成你人生中的一个重要经历。你可以通过多种渠道事先了解对方的背景、经历、性格、喜恶，在对对方基本情况了如指掌的前提下，读懂对方的心思，还要设想有可能出现的变故，做好以不变应万变的心理准备。求同存异，在交往中要尽力寻找双方在兴趣喜好等方面的共同点，以加深彼此交流。"酒逢知己千杯少"，两个意气相投的人碰到一起，往往能产生相见恨晚的感觉，双方日后的交往也会变得如鱼得水。

两个人刚见面时，不知道对方的性格、爱好、品性如何，往往会陷入难熬的沉默与尴尬之中。这时我们应当主动地在语言上与对方磨合，找到彼此的共同点或者相似的经历，例如在同一个城市生活、工作过，有相同的兴趣爱好，从事相似的职业等。如果彼此完全陌生尚未相识，那就要察言观色，以话试探，寻求共同点，抓住了共同点就抓住了可谈的话题。如果对方有什么顾虑，或是沉默的原因不明，那就没话找话说，随便找个话题，引起对方的兴趣，说个笑话，谈点趣闻都可以活跃气氛。

　　总之，在和陌生人交往时，不妨多多寻求彼此在兴趣、性格、阅历等方面的共同之处，使双方在共同的话题中获得更多关于对方的信息，迅速拉近距离，增进感情。

直呼其名，缩短彼此的心理距离

　　在和陌生人接触时，一个比较关键的细节就是该如何称呼对方。称呼得好，就可以迅速拉近彼此之间的心理距离，使双方很快建立友好关系；称呼得不到位，双方还是会形同陌路，关系难以发展，生意也就比较难做了。对于一些比较大众化的称呼来说，一般也不要使用，这会使对方感觉你和别人完全一样，没什么特别的，你们之间的关系也是一般而已。所以你应该使用一些比较特别地让别人感觉亲近的称呼，来迅速改变你们的关系。

　　在平常生活中，你可能听到这样的话，也可能对别人说这样的话：不用称我老师，叫我名字就行了。听了这话或说了这话，你和他（她）便感觉彼此的关系进了一步。在爱情片中，我们常常看到男女主人公这样的对白：不要叫我××，叫我阿×吧！看到这，你就知道，两人的关系发生了变化，至少某一方希望另一方认为两人的关系发生了变化。为什么会这样呢？因为彼此的称呼与彼此的心理距离有关。也就是说，两个人称呼的改变，通常意味着两个人心理距离的变化。与人交往，需要读出称呼里隐藏的信息，从而合理使用，使人际关系更融洽。

　　众所周知，对初次见面的人，一般会以对方的姓加上头衔，如×经理、×大夫、×老师等，而不直接以名字相称。时间长了，相处久了，熟悉了，才会直呼其名。也就是说，以名字相称是建立在两个人相对亲密的关系上的。当两个人心理上的距离愈来愈靠近时，他们的称呼也会从姓加头衔，然后到名，再到昵称。

　　我们也常常看到，某个人与另一个人虽然见面不久，关系不算是亲密，但他也以名字或昵称来称呼对方。这意味着什么？意味着他希望尽快拉近与对方的关系。这也是政治家们将对手"化敌为友"的惯用手法。面对一个从未谋面的人，他们也能够用一种非常自然、非常亲切的口吻喊出对方的名字。

　　这种通过改变称呼来拉近彼此间心理距离的方法，在销售行业也广为利用。

　　有一个业务推销员，一次要去拜访一位房地产公司的老总。房地产公司有住前台小姐叫钟晓慧。钟晓慧作为一位接待小姐，每天都要接触不少的访客，她可以清楚地区分哪些人亲切或哪些人不亲切。推销员要想见到老总，必须先过了她这一关。

　　第一次拜访时，推销员以锐利的眼神专注地看着她胸前的名牌标志，然后神采奕奕地和她打招呼："钟小姐，我是李总的朋友，我有很重要的私人事情要和他谈。""对

不起，今天李总吩咐不见客。"钟晓慧一点都不给他面子。

第二天，推销员又来了。他这次改变了风格，在彼此熟悉之后，他说道："呀，改变发型了，很配合你的风格嘛，以后就叫你'晓慧'好了。晓慧，我今天有重要的事情得跟李总谈，请转告一声。"他说完后热切地看着钟晓慧。钟晓慧这次变得非常爽快，立刻带他去见李总。

一般而言，"×小姐"是比较正式的称呼，如果总是运用这样的称呼，给对方的感觉是你始终和她保持着一段距离，她自然就要和你也保持距离了。但是，直接称呼对方的名字，是关系很好的朋友之间才用的，推销员很自然地改变称呼，便会迅速拉近彼此之间的距离，加深双方之间的关系。可见，如果总是局限于陌生人的礼仪，你是根本无法再进一步加强两个人的关系的。要想与陌生人迅速建立关系，或者改变你与朋友、顾客、客户之间的关系，就要改变你对他们的称呼，用一些亲切的称呼来拉近彼此的距离。

当然，就一般的生意场合而言，如何改变称呼还是要看具体情况，并不是越早改变称呼就越好，也不是一上来就直接称呼对方名字就好，你应该根据双方关系的进展情况来随机应变。有时你必须留出一段时间让对方慢慢习惯，不要太过急躁，否则会显得轻浮。在改变称呼时要不留痕迹，尽显自然。例如胡雪岩在初次拜见稽鹤龄时，先是称对方为"稽大哥"，然后称"老兄"，最后又改为"鹤龄兄"，在不露声色中就将彼此的关系加深，并且不着一丝痕迹，这种高超的交际手腕和生意手段着实令人感叹。

在生活中，这种交际方法也常为我们所用。比如遇到一个难以接近的朋友，你试图接近他（她），不妨直呼其名或者请他（她）直接叫你的名字。面对你的同事，你希望与他（她）走得更近，不妨偶尔称呼他（她）的昵称或让他（她）称呼你的昵称。当然，你要表现得尽可能地自然，不要让对方感觉你是在装腔作势。如果真能那样，你们的距离就能因此而拉近，事情便很容易解决。

微笑，赢得他人好感的法宝

有句谚语说得好：微笑是两个模特之间最短的距离。在人际交往中，真诚的微笑可以拉近人与人之间的距离。尤其是初次见面时，人通常会有一种不安的感觉，存有戒心。因此，你要读懂人心，尽力消除别人的戒心。而微笑是人际关系的润滑剂，可以消除这种初次见面的心理状态，让人与人之间的沟通变得更容易。

有人做了一个有趣的实验，以证明微笑的魅力。

他给两个模特分别戴上一模一样的面具，上面没有任何表情。然后，他问观众最喜欢哪一个人，答案几乎一样：一个也不喜欢，因为那两个面具都没有表情，他们不想选择。

然后，他要求两个模特把面具拿开，现在舞台上有两个不同个性的人，两张不同的脸。他要其中一个人把手盘在胸前，愁眉不展并且一句话也不说，另一个人则面带微笑。

他再问每一位观众："现在，你们对哪一个人最有兴趣？"答案异口同声："是面带微笑的人。"

任何一个人都希望自己能给别人留下深刻的印象，赢得别人的好感，而微笑就是最得力的武器。试想，当你遇到一位陌生人正对着你笑时，你是否感觉到有一种无形的力量在推着你跟他认识。相反，如果你看到的是一张"苦瓜脸"，你还会有好心情吗？你是不是只能对这种人避而远之呢？

1. 微笑可以以柔克刚

法国作家阿诺·葛拉索说："笑是没有副作用的镇静剂。"与人交往时，可能遇到的人有脾气暴躁者，有吹毛求疵者，有出言不逊、咄咄逼人者，也有与你存有隔阂成芥蒂的人，对付这些"难对付之人"，含蓄的微笑往往比口若悬河更令人信得过。面对别人的胡搅蛮缠、粗暴无礼，只要你微笑冷静，你就能稳控局面，用微笑放松对方的怒意，以微笑化解对方的攻势，从而以静制动，以柔克刚，摆脱窘境。我国乒乓球选手陈新华在一次与瑞典选手的比赛中总是面带微笑。也正是这微笑，使他在最后的关键时刻，镇定自若，愈战愈勇，使对手束手无策，手忙脚乱，成为手下败将。

2. 微笑是缓和气氛的"轻松剂"

当客人来访或是你走入一个陌生的环境，由于感到陌生或羞涩，往往会端坐不语或拘谨不安。此时，你若微笑，就能使紧张的神经松弛，消除彼此间的戒备心理和压抑感，相互产生良好的信任感和和谐感。记住：要使他人微笑，你自己必须先微笑。

3. 微笑是吸引他人的"磁铁"

社交中，人们总是喜欢和个性开朗、面带微笑的对象交往，而对那些个性孤僻、表情冷漠之人，则总是敬而远之。一个优秀的电视节目主持人、公关人员、售货员，他们深受人们喜欢的奥秘，就是他们具有动人的微笑。

当斯是底特律地区最受欢迎的节目主持人之一，他的受欢迎并不仅仅在底特律，而是在全国。有的听众写信给这位声音里带着微笑的主持人，说他们已经听到了他的声音及他主持的节目，并且告诉当斯说，他们透过他的声音看到了他的微笑。

当斯经常"戴上一张快乐的脸"去工作,并不是暂时,而是经常,他把微笑加进他的声音,配合他的演说水平,使观众如沐春风。

当斯说:"当你微笑的时候,别人会更喜欢你,而且,微笑也会使你自己感到快乐。它不会花掉你的任何东西,却可以让你赚到任何股票都付不出的红利。"

当斯正是使用微笑,拉近了与观众的距离,赢得了他人的好感。

接触多一点,自能陌生变熟悉

美国心理学家扎琼克在 1968 年曾进行了"交往次数与人际吸引"的实验研究。他将被试者不认识的 12 张照片,按概率分为 6 组,每组两张,按以下方式展示给被试者:第一组两张只看 1 次,第二组两张看 2 次,第三组两张看 5 次,第四组两张看 10 次,第五组两张看 25 次,第六组两张被试者从未看过。在被试者看毕前 5 组照片后,要求所有被试者按自己喜欢的程度将这 6 组照片排序。结果发现一种极明显的现象:照片被看的次数越多,被选择排在最前面的机会也越多。

这也就是所谓的"曝光效应",人与人之间,交往的频率越高,刺激对方的机会就越多,"重复呈现"的次数越多,越容易形成密切的关系。两个人从不相识到相识再到关系密切,交往的频率往往是一个重要的条件。没有一定的交往,如果像俗话所说的"鸡犬之声相闻,老死不相往来"那样,则情感、友谊就无法建立。

简单的呈现确实会增加吸引力,彼此接近、常常见面的确是建立良好人际关系的必要条件。如果你想结交某人,就要多和对方接触,缩短和对方之间的空间距离和心灵距离,从而拉近彼此的关系。

黎雪和几个好友合伙经营一家广告公司,她打听到国内一家知名企业打算为新产品做广告宣传,就努力争取这笔生意。但她们公司是家新公司,在业内没有什么名气,被拒绝了。黎雪十分气馁,好友为了安慰她,特意邀请她前去自己的新居吃饭。到了楼下,她进了电梯正要关电梯时,一个人急匆匆地赶了过来。黎雪不经意地看了那人一眼,并暗暗惊喜。原来这人正是那家知名企业的宣传部主管,要是能和他认识,还是有望赢得这次机会的。更巧的是,这位主管居然和好友住对门,黎雪不由心生一计,主动和那位主管搭讪:"你好,我是住在你家对门的黎雪,还请多多指教。"

随后,黎雪暂时住在了好友家里,经常制造电梯偶遇的机会。眼看时机成熟,黎雪就在那位主管单独进电梯时,刻意抱了一大堆的资料,急匆匆地跑进电梯。一不小心,资料洒了一地,这些都是黎雪公司精心制作的一些广告作品文本册。主管帮忙捡拾起来,并对这些广告作品十分感兴趣,打听是哪家广告公司的作品。黎雪一脸谦虚:

"这是我们公司的作品，做得不好，还请多多指教。"

不久，黎雪公司的广告策划案被那位主管推荐给公司，并最终被选中了。

黎雪正是懂得利用邻近心理，多次制造偶遇，增加和那位主管接触的机会，才能借机毛遂自荐，赢得那笔生意。在人际交往中，要想得到别人的喜欢，就得让别人熟悉你，而熟识程度是与交往次数直接相关的。交往次数越多，心理上的距离越近，越容易产生共同的经验，取得彼此的了解和建立友谊，读懂了这一点，就可以适当采取行动，由此形成良好的人际关系。例如教师和学生、领导和秘书等，由于工作的需要，交往的次数多，所以较容易建立亲近的人际关系。要想赢得别人的好感和信任，就得让别人注意到你，在彼此频繁的接触中由陌生变得熟识。一般来说，接触次数越多，心理上的距离越近，越容易建立友谊，读懂了这一点，就可以适当采取行动，赢得好人缘也就指日可待。

用细微的动作拉近与陌生人的距离

每个人对自己的身体周围都会有一种势力范围的感觉，而这种靠近身体的势力范围，通常只能允许亲近之人接近。如果一个人允许别人进入他的身体四周，就会有种已经承认和对方有亲近关系的错觉，这一原理对任何人来说都是相同的。读懂了人的这种心理特点，就可以采取适当行动，拉近彼此的关系。

例如，我们在百货公司买衬衫或领带时，女店员总是会说："我替你量一下尺寸吧！"这是因为对方要替你量尺寸时，她的身体势必会接近过来，有时还接近到只有情侣之间才可能有的距离，使得被接近者的心中涌起一种兴奋感。

再如，本来一对陌生的男女，只要能把手放在对方的肩膀上，心理的距离就会一下子缩短，有时瞬间就成为情侣的关系。推销员就常用这种方法，他们经常一边谈话，一边很自然地移动位置，跟顾客离得很近。

因此，与陌生人相处时，必须在缩短距离上下功夫，力求在短时间内了解得多些，缩短彼此的距离，力求在感情上融洽起来。只要你想及早造成亲密关系，就应制造出自然接近对方身体的机会。

有一场篮球比赛，一位教练要训斥一名犯了错的球员。他首先把球员叫到跟前，紧盯着他的眼睛，要这位年轻小伙子注意一些问题，训完之后，教练轻轻拍了拍球员的肩膀和屁股，把他送回到球场上。

教练这番举动，从心理学的观点来看，确实是深谙人心的高招：

第一，将选手叫到跟前。把对方摆在近距离前，两人之间的个人空间缩小，相对

地增加对方的紧张感与压力。

第二，紧盯着对方的两眼。有研究表明，给孩子讲故事时紧盯着他的双眼，过后孩子能把故事牢牢记住。教练盯着球员的眼睛，要他注意，用意不外乎是使对方集中精神倾听训斥。否则球员眼神闪烁、心不在焉，很可能会把教练的训示全当成耳边风，毫不管用。

第三，轻拍球员身体，将其送回球场。实验显示，安排完全不相识的人碰面，见面时握了手和未曾握手，给人的感受大不相同。握手的人给对方留下随和、诚恳、实在、值得信赖等良好印象，而且约有半数表示希望再见到这个人。另一方面，对于只是见面而没有肢体接触的人，则给人冷漠、专横、不诚实的负面评价。

正确接触对方身体的某些部位，是传达自己感情最贴切的沟通方式。如果教练只是责骂犯错的球员，会给对方留下"教练冷酷无情"的不快情绪。但是一经肢体接触之后，情形便可能大大改观，球员也许变得很能体谅教练的心情："教练虽然严厉，但终究是出于对我的一番好意！"

此外，与陌生人交谈，应态度谦和，有诚意，力求在缩短距离上下功夫，力求在短时间里了解得多一些。这样，感情就会渐渐融洽起来。我国有许多一见如故的美谈，许多朋友，都是由"生"变"故"和由远变近的，愿大家都多结善缘，广交朋友。善交朋友的人，会觉得四海之内皆朋友，面对任何人，都没有陌生感。

陌生的人会对自信的人产生好感

"有自信的人最美"是因为那种自信的容貌，会让人觉得充满希望，让人觉得活力十足、魅力万分。读懂了这一点，就需要努力培养自信心。培养自己的自信心，要从自己有兴趣的事情着手，多接触自己喜好的事物，这样自信自然而然就会产生了。

在人际关系上，不论在什么场合，初次见面时太过于热衷地争取某种事情，只会让人以为你是一个惯于使用手段的人，还是一个自以为聪明的人。其结果大都是聪明反被聪明误。

人们对于使用手段的人往往心存一道防线，并且本能地降低对对方的人格评价，怀疑他为人的诚实性，认为他心怀叵测，别有企图。

这种急于成功的人，其实还是对自己没有信心。他们害怕得不到别人的友情、喜欢、支持，害怕得不到自己所期望的东西。他们不敢告诉自己："对方是喜欢我的，支持我的。"甚至会不安地怀疑自己："对方是否讨厌我？"于是他们的这种想法传染给对方，却无意中流露出了自己没有信心的一面，对此，有心人是一目了然的。

所以，初次见面时，不论是何种状况，要做到镇定并善于用眼神表达自己的友善、关怀和愿望，这是一种自信的表现。说话时善用眼神接触，能带来认真、可靠的印象。一般人们对于自信的人，都会另眼相看，并使人产生信赖的好感。如果你充满信心，对方会对你产生好感；如果你含含糊糊地进行自我介绍，流露出羞怯心理，会使对方感到你不能把握自己，以致对你有所保留。这样，彼此之间的沟通便有了阻隔。

有个求职者自我介绍道："俗话说'胆小不得将军做'，对此，我却不敢苟同，有例为证：汉代韩信为渡过险境，忍了街上小人的胯下之辱，可谓胆小，但是最终成了将军。本人素以胆小著称，却偏有鸿鹄之志，故斗胆前来应聘，我自信能够胜任这份工作。"言辞之间，充分展现了求职者的聪慧与自信，具有一定的吸引能力。

因此，任何时候都要相信自己，按照你的想法去开始吧！无论处于何种境遇都要放开勇气面对，这是一种心态，这种心态决定了你的命运。大多数人往往会在不到一分钟内就对所遇的人迅速地做一个判断。你的命运也许在 15 秒钟内就被决定了。

在交往应酬中如果你缺乏信心时，不妨也穿戴上最华贵的"服饰"，找出足以荣耀自我的优点，那么你将不会因感到低人一等而自卑了。所以，尽量找到自己的长处，即使是自认为不值一提的特长，利用自我扩大法，扩大成足以自豪的优点，借以缩短与对方的心理距离，这样就会增加自己的自信心。

二、开个人情户，用人情抓住对方

开个人情户，日后储蓄多

没有地基怎么会有高楼大厦？做人情亦是如此，想储蓄人情，首先就要开一个"人情账户"。在人际交往中，见到给人帮忙的机会，要立马扑上去，给人情开个户，到需要的时候才能够左右逢源。

有人把人情比做是一种资源，应该在最需要的时候用；有人把人情比做是"消防队员"，救急不救穷。无论是哪一种，人情都可以帮助你畅行于复杂的人际社会。因此，为自己开设一个"人情"账户是非常必要的。

在某招聘网站做编辑的李萌，一早就接到一位半生不熟的朋友的来电，请求李萌帮她找工作。

这位朋友说："您好！我在贵网站看到您是负责这个网站的编辑，不知道贵网站现在是否还招聘编辑？我有两年网站编辑的经验，非常希望能够加入咱们这个团队。"

李萌知道自己的网站目前没有空缺职位，也不招聘新人。按理说，这种情况直接拒绝那个人非常容易。不过李萌觉得，没必要说得太直接，于是她婉转地说："很遗憾，我们网站目前还没有招聘计划，不如您到 A 或 B 网站去咨询一下，说不定那里有适合您的选择。"

虽然本质上未能如愿以偿，但这位朋友听了李萌的话仍然感觉很温暖，说："那给您添麻烦了，我再去其他地方试一下吧！谢谢您！"

这件事就这样过去了，李萌压根也没怎么放在心上。但一个月后的某天，李萌开始感谢那次偶然的邂逅。

领导让李萌负责自己的网站和 A 网站进行友情链接。由于 A 网站比自己所在网站受关注度高很多，李萌担心对方的负责人可能会拒绝。但她还是硬着头皮拨通了 A 网站上显示的相关负责人的电话。

电话刚接通，李萌先自我介绍道："您好，我是××网站友情链接的负责人李萌。不知道能否打扰您一下，想和您谈谈关于邀请贵网站与我们进行友情链接的事情。"

孰料，对方听完用很愉快的声音回答道："哦，原来您是××网站的李萌啊！不知道你是否还记得一个月前我们其实通过电话的？正是听了您的指点，我来 A 网站应聘，才有幸得到今天的工作……"

李萌万万没有想到自己竟会与那个偶然邂逅的人再次相遇，而且还是在工作上。后文自然就是李萌很成功地完成了领导交予的与 A 网站进行友情链接的任务。不仅如此，她后来还与那个偶然邂逅的朋友成了真正的好朋友，而且两人还是业务上的合作伙伴。

很多时候就是这样，不要小瞧一个偶然的邂逅，说不定你的人情储蓄就是从这个偶然邂逅的"开户"上开始的。

要建立好人情账户，一定要让自己有人情味。一个没有人情味的人，是永远玩不了"施恩"这看似简单实则微妙的人情关系术的。这种人只会用"互相利用，互相抛弃，彼此心照不宣"来推挡，而不去深思人情世故的奥秘之处，所以无法达到人情操纵自如的境界。

从现在开始，无论是与某人邂逅，还是与某人频频相遇，赶快去建立你的人情账户吧，只有先"开户"，你日后才能在此基础上不断储蓄。

分人一杯羹，日后落难有帮手

一个人做事千万别做绝，好处全部得尽，这样的话，到头来自己说不定就会落得个悲惨的下场，所以有好处时一定要分人一杯羹。这叫"与人方便，自己方便"。

常言道，"人在江湖飘，哪有不挨刀"，很少有人能在这江湖是非之地叱咤风云而又全身而退，如果有的话，一来可以认为他运气太好，没有碰到厉害的角色；二来太会做人，达到了无懈可击的程度。

清朝著名的"红顶商人"胡雪岩，在他发达期间，纵横官场与商场，黑白两道，上下通吃，做人真正地做到了"人精"的地步。其中，他做人一个很重要的原则便是"利益均沾，资源共享"。他对于金钱的看法是有他独到见解的，其中，很重要的一点便是分他人一杯羹，互惠互利。

胡雪岩做生意，永远会把人缘放在第一位。"人缘"，对内指员工对企业忠心耿耿，一心不二；对外指同行的相互扶持、相互体贴。

有一次，胡雪岩打听到一个消息说外面运进了一批先进、精良的军火。消息马上得到进一步的确定，胡雪岩知道这又是一笔好生意，做成一定大有赚头。他立即找外商联系，凭借他老道的经验、高明的手腕，以及他在军火界的信誉和声望，胡雪岩很快就把这批军火生意搞定。

正当春风得意之时，他听商界的朋友说，有人在指责他做生意不仁道。原来外商已把这批军火以低于胡雪岩出的价格，拟定卖给军火界的另一位同行，只是在那位同行还没有付款取货时，就又被胡雪岩以较高的价格买走了，使那位同行丧失了赚钱的好机会。

胡雪岩听说这事后，对自己的贸然行事感到惭愧。他随即找来那位同行，商量如何处理这事。那位同行知道胡雪岩在军火界的影响，怕胡雪岩在以后的生意中与自己为难，所以就不好开列条件，只好推说这笔生意既然让胡老板做成了就算了，只希望以后留碗饭给他们吃。

事情似乎就可以这么轻易地解决了，但胡雪岩却不然，他主动要求那位同行把这批军火"卖"给他，同样以外商的价格，这样那位同行就吃个差价，而不需出钱，更不用担风险。事情一谈妥，胡雪岩马上把差价补贴给了那位同行。那位同行甚为佩服胡雪岩的商业道德。

如此协商一举三得，胡雪岩照样做成了这笔好买卖，没有得罪那位同行，博得了那位同行衷心的好感，在同行中声誉更加高了。这种通达的手腕和高超地做人"心机"日益巩固着他在商界的地位，成为他在商界纵横驰骋的法宝。

不乘人之危抢人饭碗是胡雪岩圆融的处事方式的具体体现。他一直恪守这一准则，使得他在商界中获得了极好的名声。

聪明人都懂得，人际场上，无论做什么事情，好处不能自己都占绝，干什么事情都不能吃干抹净，一定要为他人着想，有好处时分给他人一杯羹，这样不仅不会与他人结下怨仇，而且还为自己储蓄了人情，等你失势时别人才不会落井下石，而且还会出手相助。精通人情的"心机"，才能避开可能出现的人际关系陷阱。

雪中送点炭，人情常相伴

锦上添花易，雪中送炭难。真正懂得博弈智慧的人都明白：成功的诀窍之一就是要少一些锦上添花，多一些雪中送炭。多结识一些朋友，他们将成为你的生活中忠实的朋友，事业上得力的助手。

在社会生活中需要感情投资，这个道理很多人都明白，但是如何进行感情投资却没有多少人清楚。其实，感情投资的最佳策略就是雪中送炭，扩大感情投资的性价比。

在《水浒传》中，有这样精彩的一幕：

话说宋江杀了阎婆惜后，逃到柴进庄上避难，碰上了武松。当时武松因在故乡清河县误以为自己伤人致死已躲在柴进庄上。但因为武松脾气不太好，得罪了柴进的庄客，所以柴进也不是十分喜欢他。"柴进因何不喜武松？原来武松初来投奔柴进时，也一般接纳管待；次后在庄上，但吃醉了酒，性气刚烈，庄客有些顾管不到处，他便要下拳打他们，因此满庄里庄客，没一个道他好。众人只是嫌他，都去柴进面前，告诉他许多不是处。柴进虽然不赶他，只是相待得他慢了。"所以，武松在柴进的庄上一直被大家孤立，找不到一个可以交心的朋友，只能一个人天天喝闷酒。

宋江知道到武松是个英雄，日后定可为自己帮忙，因此，他到了柴进庄上一见到武松马上拉着武松去喝酒，似乎亲人相逢。看武松的衣服旧了，马上就拿钱出来给武松做衣服（后来钱还是柴进出的，但好人都是宋江做）。而后"却得宋江每日带挈他一处，饮酒相陪"，这饮酒的花费自然还是柴进开销的。临分别时，宋江一直送了六七里路，并摆酒送行，还拿出十两银子给武松做路费，而后一直目送武松远离。

正因为这样，武松一直对宋江忠心耿耿，为宋江出生入死。

宋江所费之钱可以说是小成本，他不过花了十两银子和饯行的一顿饭，却让英雄盖世的武松对他感恩戴德。而柴大官人庇护了武松整整一年，就算后来有所怠慢，也不会少他吃喝用度的，在武松身上的花费岂止区区十两银子。相对于宋江而言，柴大官人真是得不偿失。这位宋大哥在武松心目中的分量恐怕要远远超过柴大官人。为什么柴进名满江湖、出身高贵，却成不了老大，而宋江却可以？因为宋江更懂得如何通过雪中送炭而收买人心。

在他人处于困境中的时候，我们能不打折扣地给予帮助，有朝一日，他们飞黄腾达了，就会第一个要还你人情。那时找他们帮忙，他们便会毫不犹豫。

拉拢人心要耐心，细水长流情才深

搞定人心就要善于钻营，有孔必钻，无孔也要入。有孔者扩而大之，无孔者，取出个"钻"字，新开一孔再钻进去。但与人相处要遵循"一回生，二回半生不熟，三回才全熟"的规则，拉拢人心不可操之过急，这样才能为你自己办事做好生铺垫。

在人际交往中，把握好与人交往的尺度才能在社会中如鱼得水，为办事做好铺垫。保持平静的、持续的接触，这样拓展出来的人际关系才是可以信赖的。

张军参加了一个社交聚会，交换了一大堆名片，握了无数次手，却也搞不清楚谁是谁。

几天后他接到一个电话，原来是几天前见过面也交换过名片的"朋友"，因为那位"朋友"名片设计特殊，让他印象深刻，所以记住了他。

这位"朋友"也没什么特别目的，只是和他东聊西聊，好像两人已经很熟了那样。

张军不大高兴，因为他和那个人没有业务关系，而且也只见了一次面，这样打电话聊天，让他有被侵犯的感觉，而且也不知和他聊什么好。

在现代社会中，这种情形常会出现，以张军的"朋友"来看，他有可能对张军的印象颇佳，有心和他交朋友，所以主动出击，另外也有可能是为了业务利益而先行铺路。但不管基于什么样的动机，他采取的方式犯了人际交往中的忌讳——操之过急。

拓展人际关系是必需的，但在社会上有一些法则还必须注意，才能不致弄巧成拙。这个法则就是"一回生，二回半生不熟，三回才全熟"。

因为人都有戒心，这是很自然的反应，一回生，二回就要"熟"，对方对你采取的绝对是关上大门的自卫姿态，甚至认为你居心不良，因而拒绝你的接近，名人、富人或有权势之人，更是如此。聪明者自会不动声色留点"心计"。

每个人都有"自我"，你若一回生，二回就要熟，必定会采取积极主动的态度，以求尽快接近对方。也许对方会很快感受到你的热情，而且也给你热情的回应，可是大部分人都会有自我受到压迫的感觉，因为他还没准备好和你"熟"，他只是痛苦地应付你罢了，很可能第三次就拒绝和你碰面了。

在人际交往中如果你急于接近对方，很容易在不了解对方的情形下以自己作为话题，以便持续两人交谈的热度，这无疑是暴露自己，让自己容易受到伤害。做人要留一手，做事时要有点"心计"，拉拢人心不可操之过急。

收获人情，借不如送

每个人都害怕囊空如洗，所以每个人都吝惜金钱。当亲戚朋友借你钱时，是借还是不借？这是现代人所常常要遇到的问题，钱只要离开自己的口袋，就有回不来的可能，尤其是把钱借给自己的亲人或是朋友。这个时候，与其整日盘算着如何把钱要回来，不如放宽心，把钱送给他们。这样，虽然可能在钱财上蒙受损失，却收获人情。

现实中，很多人碰到他人向自己借钱的问题时都很困扰，因为借他钱，有可能这一笔钱要就不回来了，要么就一再拖延，到最后才拿回一小部分。亲朋需要才会来借钱，如果时间一到便去催债，好像自己太没人情味，更怕一开口，就伤了彼此的感情。不借的话，自己的钱固然是"保住"了，但他们有难，不出手帮忙，道义上似乎也说不过去，也担心二人的感情恐怕从此要变质了……

借不借人钱，就是这么让人伤脑筋！

当然，也是有"有借有还"，甚至还本金也还利息的朋友。不过说老实话，这种借款行为还是潜藏着危机——如果他一而再再而三地向你借款，表示他的财务有问题，总有一天会连本金也还不出来！

可是，横在面前的人情、感情与道义，怎么办呢？聪明人的做法是：给他钱，而不是借他钱！

所谓"给他钱"有两个层面的意义。

第一，在心理层面上的意义是：表面上是"借给"他，也言明归还期限和利息多少，但在心理上却抱着这笔钱是"一去不回头"的想法，他能还就还，不能还就当作是"送给"他的！这种态度很阿Q，却有很多好处。第一个好处是不会影响两人的感情，你也不会因为对方还不起钱或不还钱而难过；第二个好处是顾到了朋友间有难相助的"道义"；第三个好处是在对方心中播下一粒"恩与义"的种子，这粒种子或许会发芽、茁壮，在他日以"果实"对你做最真诚的回报。

第二个层面的意义是真的"给"他钱。也就是说，他虽然是向你借用的，但你却表明是给他的，是要帮他解决困难的，并不希望他还钱。这样子做也有很多好处。第一个好处是他不大可能再来向你"借钱"，不好意思了嘛！而你也可表示"我已竭尽所能"，将对方开口的数目打折给他，万一对方真的"还"不起钱，或根本不还钱，你则可以降低"损失"。第二、三个好处和前面一段说的一样，兼顾了"情与义"，同时也在对方心中种了一粒"恩与义"的种子，而这"人情"，他总是要担的。

如果"借"或"给"都觉得很难，那么就狠心拒绝吧！不过，在力所能及的情况下还是不要那么斤斤计较于钱能否再回到你的口袋中，因为钱毕竟不等同于幸福，人生的真正的幸福和欢乐是浸透在亲密无间的家庭关系及友情中的。

打好双赢牌，让别人欠你人情

如果一个人在与别人打交道的时候只顾自己赢利，势必会让别人心生不快。所以，人要在得到东西的同时付出东西，打好"双赢牌"，让别人也有份享受成功的喜悦，这样人家欠了你的情，日后自会鼎力报答你。

三人打牌，虽然互为对手，但假若两方合作也能赢牌，出牌时不如就让对方一分，对方才可能在关键的时候，让你一分，使双方获益。正如作家刘墉所说："合作失败的人常拆伙，因为彼此责难。合作成功的人，也常拆伙，因为各自居功。直到拆伙之后，发现势单力薄，再回头合作，关系才变得比较稳固。"

随着科学技术向纵深方向发展，社会分工越来越精细，人通常难以成为全能型的人物，因此就需要与他人合作，并在合作中寻求取胜之道。

很久以前，有一个有钱的员外，他有五个心不齐的儿子。他们做事的时候都自己管自己，从来不互相帮助。

后来，老员外得了重病，临死之前，他把五个儿子叫到床前，又叫人拿来一大把筷子，分给五个儿子。他分给老二、老三、老四、老五每人一根筷子，把剩下的一大把筷子都给了老大，然后说："你们把手上的筷子都折断吧！"老二、老三、老四、老五没费多少力气就折断了筷子，老大使出了全身的力气，都没把筷子折断。老员外说："你们看，一根筷子很容易被人折断，一把筷子就不容易被人折断了。如果你们不齐心合力，就会像一根筷子一样很容易被人折断，如果你们齐心合力，就会像一把筷子一样，不容易被人折断，做事情就容易成功。"

五个儿子都懂得了这个道理，从此以后，做事齐心协力，把事情做得很成功。

在人生牌局中，你必须学会与别人合作，弥补自己的不足，取长补短，从而达到双赢。

有这样一个生意人，他收购玉米再卖给别人，从中赚取差额，第一年赚了一大笔钱，尝到了甜头之后，第二年还做收购玉米的生意，但是第二年的生意很冷清，一方面是由于很难找到愿意将玉米卖给他的农民，另一方面是找不到愿意买他的玉米的客户。原来第一年做生意的时候，他不但对那些卖给他玉米的农民在价钱上克扣、短斤少两，让农民赚得很少，而且在向那些客户卖玉米的时候也非常习钻。所以打过一次交道后，不论是农民还是客户都不愿意再跟他合作了。

双赢是现代社会所倡导的一种合作方式，做事情的时候，多考虑别人的利益，站在别人的角度考虑问题，不仅能够赢得对方的信赖和好感，还能为今后的合作打下基础。如果处处为对方着想，就能够获得更多的合作伙伴，自己今后的发展之路就会更宽。

给人好处莫张扬

生活中经常有这样的人，帮了别人的忙，就觉得有恩于人，尽怀一种优越感。高高在上，不可一世。这种态度是很危险的，常常会引发反面的后果，也就是：帮了别人的忙，却没有增加自己人情账户的收入，正是因为这种骄傲的态度，把这笔账抵消了。

人都是爱面子的，你给他面子就是给他一份厚礼。有朝一日你求他办事，他自然要"给回面子"，即使他感到为难或感到不是很愿意。这便是操作人情账户的全部精义所在。

人们总是尽其全力来保持颜面，为了面子问题，可以做出常理之外的事。在知道人们是如何的注重面子之后，还必须尽量避免在公众的场合内使你的对手难堪，必须时时刻刻提醒自己不要做出任何有损他人颜面的事。只要你有心，只要你处处留意给人面子，你将会获得天大的面子。

古代有位大侠叫郭解。有一次，洛阳某人因与他人结怨而心烦，多次央求地方上有名望的人士出来调停，对方就是不给面子。后来他找到郭解门下，请他来化解这段恩怨。

郭解接受了这个请求，亲自上门拜访委托人的对手，做了大量的说服工作，好不容易使这人同意了和解。照常理，郭解此时不负人托，完成这一化解恩怨的任务，可以走人了。可郭解还有高人一招的棋，有更技巧的处理方法。

一切讲清楚后，他对那人说："这个事，听说过去有许多当地有名望的人调解过，但因不能得到双方的共同认可而没能达成协议。这次我很幸运，你也很给我面子，我了结了这件事。我在感谢你的同时，也为自己担心，我毕竟是外乡人，在本地人出面不能解决问题的情况下，由我这个外地人来完成和解，未免使本地那些有名望的人感到丢面子。"他进一步说："这件事这么办，请你再帮我一次，从表面上要做到让人以为我出面也解决不了问题。等我明天离开此地，本地几位绅士还会上门，你把面子给他们，算作他们完成此美举吧，拜托了。"

郭解在帮助别人的同时还能顾及其他士绅的面子，这样想必又拉拢了一批人心，为他在当地更好地立足、拓宽人脉创造了有利条件，可见其为人的圆融。

所以，帮忙时应该注意下列事项：第一，不要使对方觉得接受你的帮助是一种负担；第二，要做得自然，也就是说在当时对方或许无法强烈地感受到，但是日子越久越体会出你对他的关心，能够做到这一步是最理想的；第三，帮忙时要高高兴兴，不可以心不甘、情不愿的。如果你在帮忙的时候觉得很勉强，意识里存在着"这是为对方而做"的观念，假如对方对你的帮助毫无反应，你一定大为生气，认为"我这样辛苦地帮你忙，你还不知感激，太不识好歹了"！如此的态度和想法都不要表现。

如果对方也是一个能为别人考虑的人，你对他的种种好处，绝不会像打出去的子弹似的一去不回，他一定会用别的方式来回报你。对于这种知恩图报的人，应该经常给他些帮助。

总之，人际往来，帮忙是互相的，且不可像做生意一样赤裸裸地，一口一个"有事吗""你帮了我的忙，下次我一定帮你"，忽视了感情的交流，会让人兴味索然，彼此的交情也维持不了多长时间。要讲究自自然然，不故意"打埋伏"，以免被别人想："和他做朋友，如果没用处，肯定会被一脚踢开！"

另外，帮助别人原本是"施恩"，莫把"施恩"当"施舍"，这样的帮助会伤人面子。

三、将心比心，换位思考的认同心理

想让别人喜欢你，先要喜欢上对方

心理学的研究表明，我们通常喜欢的人，是那些也喜欢我们的人。他不一定很聪明，或者有社会地位，仅仅是因为他很喜欢我们，我们也就很喜欢他们。

我们为什么会喜欢那些喜欢我们的人呢？这是因为喜欢我们的人使我们体验到了愉快的情绪，一想起他们，就会想起和他们交往时所拥有的快乐，使我们看到他们时，自然就有了好心情。而且，那些喜欢我们的人使我们受尊重的需要得到了满足。因为他人对自己的喜欢，是对自己的肯定、赏识，表明自己对他人或者对社会是有价值的。

有心理学家曾做过这样一个实验：

让被试"无意中"听到一个刚与他说过话的伙伴告诉主试喜欢或不喜欢他。接着，当这些同伴和被试在一起工作时，被试的面部表情会因他们听到的内容而异。当被试听到同伴喜欢他们时，会比听到同伴不喜欢他们时在非言语表现上更积极。另外，后来的书面评定显示，被喜欢的被试比不被喜欢的被试更多地被同伴吸引。

其他的研究也证明了相似的结果：人们对那些喜欢自己的人更积极，持更积极的态度。这就是喜欢的互逆现象。

对于喜欢的互逆现象，《如何赢得朋友和影响他人》中提到，人们获得友谊的最好方式是"热情友善地称赞他人"。但是，在我们为赢得他人友谊而不遗余力地去赞美他人之前，我们需考虑一下情境，有时赞美并不一定能导致喜欢。

喜欢的互逆性规律也有例外发生，其中之一就是当我们怀疑他人说好话是为了他们自己时，别人的赞美并不会导致我们去喜欢他。

此外，对那些自我评价很低的人来说，喜欢的互逆性也不会发生。因为他们可能认为喜欢他的人没有眼光，并且因此而不去喜欢那些人。

在生活中，有很多这样的情况，就是两个人的相互喜欢是由一个人对另一个人单方面喜欢开始的。比如一个女孩开始时对一个追求她的男孩并没有多少好感，但是这个男孩子表现出了对她特别喜欢的态度，使这个女孩久而久之也对这个男孩动心了，最后接受了他的追求。

当然，这个规律也不是绝对的。有时我们喜欢某个并不喜欢我们的人，相反，我们不喜欢的人有时却很喜欢我们。我们只能说在其他一切方面都相同的情况下，人有一种很强的倾向，喜欢那些喜欢我们的人，即使他们的价值观、人生观都与我们不同。

帮助对方要适当，接受对方的帮助也要适当

不论是帮助别人，还是接受别人的帮助，都需要把握一个界限，注意自己的态度。只有这样，你提供帮助才会得到别人的感激，你接受帮助才会赢得别人的好感。

在机关里工作的小孙是天生的交际人才，有事没事，他爱到别的科室转转，工作不到一年，便与各个科室的人混得很熟。

此外，小孙与机关局长的关系也非同一般，只要他遇到什么办不了的事，跟局长一说，事就解决了。

应该说，小孙的群众基础也不错，他待人热情，乐于助人。遇到办公室的同事有困难，他总是自告奋勇，常常还没等别人张口请他帮忙，他就说："小事一桩，我替你摆平！"同时，他为人也很随和，常常让同事帮他做事，对于别人给予的种种好处，他也总是来者不拒。在单位呼风唤雨，小孙感觉一直很好。

两年后，办公室的科长提升了，小孙作为候选人，参与考核，他想，自己要能力有能力，要关系有关系，这个科长是当定了。可是结果出来后却让他大失所望。原来，

同事给他打的分远远低于他的对手。领导认为他还太年轻，群众基础还比较弱，只好放弃了让他升任科长的想法。

民意调查结果说明了什么？是同事以怨报德？还是小孙为人失败？

仔细分析，应该是小孙不够了解人心，以致为人失败。要知道，一个人，如果从不帮助他人，很难有太大的成就。但是，如果帮助的方式不对，也可能得不偿失，对方非但不感激你，还怨恨你。什么叫帮助的方式不对？就是在帮助对方的时候，不够委婉，伤害了对方的自尊心。这就是那些受过小孙太多恩惠的同事反而不喜欢他的原因。

一位交际广泛的著名记者曾经说过，他最大的敌人，都是那些得到过他帮助最多的人。人们通常认为，经常给别人一些殷勤的关心与帮助肯定会赢得别人的好感。这种想法并不完全对。适当的帮助对彼此都是有好处的。但是如果你对别人的帮助过了头，使别人觉得自己软弱无能，引发了他的自卑感，就会导致他为自己的"没有出息"而苦恼。如果这种苦恼对他触动太深，他就会把这种烦恼的原因归结到让他陷入这种处境的人，即帮助他的人身上，以"怨"报德，反而对帮助他的人心存芥蒂。

小孙一味地充好汉，做事太主动太张扬，还没等别人提出请求，就说什么"小事一桩，我替你摆平"，自然可能帮了人却遭人恨。同事心里也许会想："你有什么了不起，不就多认识几个人吗？""就你有能耐，什么都是小事？！"

在帮助别人的时候，一定不要鲁莽，而要讲究方式，务必讲究一个度，不轻给、不滥给。这样，既可以维护别人的自尊心，也可以给对方一种强烈的刺激，使他对你心存感激。

小孙还有一个问题，在接受别人的恩惠时太随意。要知道，接受他的帮助也应适当，应讲究一个"度"。如果对别人的帮助一概地拒绝，则不利于拉近彼此的距离。反过来，如果我们要求太多，太随便，也不好，那样会让对方心烦，让人看不起。对方可能认为你能力太差，什么都需要别人帮忙，或者认为你不把他当回事，随便使唤。

努力记住有关对方的小事，他会对你产生好感

努力记住那些和对方有关的事情吧，一旦那些在对方看来微不足道的小事从你口中说出时，你就在无形中靠近了对方，获得好感。

马可·汉纳是当时美国政坛的风云人物。1896年，麦金利正是在汉纳的帮助下才顺利当选为总统的，并且美国采用金本位制也正是由于他的坚持。无疑，马可·汉纳在政治上有着非凡的影响力。尽管如此，年轻而骄傲的纽约商人、政治家威廉·比尔

却并不怎么喜欢汉纳。在他看来，汉纳不过是个克里夫兰的"红发妖魔"、是个"笨蛋"而已，总之，比尔对汉纳没有好感。

由于汉纳是共和党的领袖，为了自己在政治路上能够走得更远，比尔不得不登门拜访汉纳。即使如此，比尔心中对汉纳仍然有说不出的反感。

出乎比尔意料的是，在整个交谈过程中，汉纳都在讲比尔的事情：关于比尔的父亲，关于比尔对政纲的意见等。

汉纳说："你来自俄亥俄州吧？你的父亲是不是比尔法官？他是民主党的……"当时，比尔简直就觉得不可思议，汉纳竟然重视一个反对自己的人，将对方的一切了解得那么清楚。就在比尔目瞪口呆的时候，汉纳又像是在和一位世侄交谈一样说："嗯，你父亲可是个非常厉害的角色，害得我几个朋友在一次石油生意上损失了许多钱呢！"

在整个谈话过程中，汉纳不时地讲到许多关于比尔的小事。就这样，当谈话结束的时候，比尔对于汉纳的反感已经烟消云散了。几天后，威廉·比尔甚至成了汉纳忠诚的支持者。在此后的几年中，威廉·比尔最愿意做的事情就是为自己曾经最厌恶的汉纳服务。

由此可见，在与人交往的过程中，努力记住对方的小事，并且在适当的时候让对方了解你记住了关于他的事情，这能够帮助你赢得对方的好感。

努力记住有关对方的事情，然后让对方知道，能够让对方获得一种被人重视、被人关注的心理满足感，进而对你产生好感。并且，你所记住的事情越是微小、不起眼，当对方得知你记住了它们时，获得的心理满足感就越大，对你产生的好感也就越大。

通过记住有关对方的小事来获得对方的好感，是一个非常有效的社交心理策略，无论是大人物还是普通人，这个方法都同样有效。

以访问大人物而闻名的新闻记者马可森说："当你将大人物们曾经说过的话复述出来的时候，他们的心情就会显得格外的好，对你也会表现得格外友善。"

那些善于交际的人都十分明白这种策略所带来的好处，他们总会在适当的时刻顺便问一两句对方的个人事情，以表示他们将对方正在做的事、对方的喜好记挂在心上，让对方感觉这些小事他们早该忘记却没想到他们还挂在心上，从而让对方的心理产生非常愉悦的感受，进而对他们产生好感。

换位思考在人际交往中出奇效

换位思考，就是要把自己设想成别人，站在别人的角度考虑问题。很多时候甚至需要暂时抛开自己的切身利益，去满足别人。其实。利益在很多时候是互相关联的，你能考虑别人的利益，别人也会考虑你的利益。我们要学会"将心比心"。

在人际交往时，人们不仅习惯于从自己的特定角色出发来看待自己和他人的态度与行为，而且还习惯于自我中心式的思维方式，从而引发出一连串的冲突和矛盾。如果大家都能从对方的角度去思考一下，都能将心比心地换位感受一番，那么，许多冲突、矛盾就可以迎刃而解，这就是换位思考的积极作用。

真正的换位思考并不容易做到，其必然是一个"移情"的过程，要从内心深处站到他人的立场上去，要像感受自己一样去感受他人。但多数人换位思考时却缺乏最关键的"移情"要素，或是站在自己的位置上去"猜想"别人的想法及感受，或是站在"一般人"的立场上去想别人"应该"有什么想法和感受，或是想当然地假设一种别人所谓的感受。这样的换位思考，无法体验他人真正的感受和思想，不仅无法起到积极的作用，反而可能弄巧成拙，引起他人的反感。

人情通达，首要条件就是"善解人意"。如果你不能站在对方的立场上为别人着想，就永远不能交到真正的朋友，即使勉强自己去亲近别人，也只是表面上的敷衍、应酬。久而久之，别人就能洞察你的客气和笑容是虚伪的，如此一来，你刻意维系的社交关系也不会长久。

说话多给对方"同感"的理解

朋友之间应该互相帮助，一对好朋友彼此坦诚相待，真诚相帮，双方都有"不是亲人，胜似亲人"的感觉。因此，我们应该学会多给朋友帮助和鼓励，同时，你也会在朋友的帮助和鼓励中达到双方感情上的沟通。

人与人之间情感的沟通，是交往得以维持并向更为密切方向发展的重要条件，是人对客观事物所持态度的内心体验。情感沟通是由两部分组成：一是"共鸣"，即对同一事物或同类事物具有相仿的态度及相仿的内心体验；二是"振荡"，即由于"共鸣"而双方情绪相互影响，以致达到一种比较强烈的程度。前者是找到共同语言，后者是掏出心来，心心相印。

所谓"同感"，就是对于对方所述，表示自己有同样的想法和经历。比如吴倩以十分认真的语调告诉她的好朋友李蓉，她想自杀。李蓉不是去问她为什么，也不板起脸孔说教一番，而是说："是啊，我曾经也有过同样的想法，记得是那天发生的一件事，使我看到了人为什么要勇敢地活下去……"结果吴倩就轻松地谈起了她的烦恼与苦闷。李蓉边听边点头，表示理解和关注。后来吴倩不但勇敢地活下去，并且做出了成绩。她和那位善解人意的李蓉的友谊愈来愈深了。

要想与人进行情感沟通，就要注意对方。当对方对某一事物表露出一种情感倾向时，你就要对他所说的这件事表达同样的感受，而且激烈些，于是你们就谈到一起了。

情感沟通的程度，以每当回忆起这段交往时所导致的兴奋程度为标准。比如，当你读到友人来信中的下面这段话，你俩的感情就绝不会变得冷漠。"不知怎的，你在上次谈论中的一举一动、一言一语都给我留下深刻的记忆，竟是那么清晰动人。真的，我很高兴与你一起度过了那个下午……"当对方常常联想到这段交往时，就伴着愉悦的心境，则这种沟通也就达到了。

在与人交往的时候，你多付出一分感情，就能多得到一分回报。情感的往返交流是自然的、真诚的，任何矫揉造作或夸张，都不能收到情感交融的效果。因为"同感"不是违心的附和，而是朋友间的理解，是心灵的沟通。

四、善用劣势反转局面的吃亏心理

做隐性投资，舍不得孩子套不住狼

俗语说，"舍不得孩子套不住狼"，它向我们形象地传达了舍小谋大的智慧。

人非圣贤，谁都无法抛开七情六欲，但是，要成就大业，就得分清轻重缓急，该舍的就得忍痛割爱，该忍的就得从长计议。

刘邦与项羽在称雄争霸、建立功业上，就表现出了不同的态度，最终也得到了不同的结果。苏东坡在评判楚汉之争时就说，项羽之所以会败，就因为他不能忍，不愿意吃亏，白白浪费自己百战百胜的勇猛；汉高祖刘邦之所以能胜，就在于他能忍，懂得吃亏，养精蓄锐，等待时机，直攻项羽弊端，最后夺取胜利。

刘邦

楚汉战争中，刘邦的实力远不如项羽。当项羽听说刘邦已先入关，怒火冲天，决心要将刘邦的兵力消灭。当时项羽40万兵马驻扎在鸿门，刘邦10万兵马驻扎在灞上，双方只隔四十里，兵力悬殊，刘邦危在旦夕。在这种情况下，刘邦先是请张良陪同去见项羽的叔叔项伯，再三表白自己没有反对项羽的意思，并与之结成儿女亲家，请项伯在项羽面前说句好话。然后，第二天一清早，又带着随从，拿着礼物到鸿门去拜见项羽，低声下气地赔礼道歉，化解了项羽的怨气，缓和了他们之间的关系。

表面上看，刘邦忍气吞声，项羽挣足了面子，实际上刘邦以小忍换来自己和军队的安全，赢得了发展和壮大力量的时间。

在今天的现实生活中，我们不一定还会遇到这样的敌我关系，但无论在怎样的条件下，想要套住狼，必须先舍得孩子，懂得"吃亏"是一种隐性投资。

大舍才能换大得

有付出才会有回报，先要给予才能索取。在商场上摸爬滚打的商人深谙于此道。不过，投注要有眼光，看清楚了再大胆下注，方可用大舍换来大得。

汤姆斯是一位杰出的商业家，他的投资范围十分广泛，包括旅馆、戏院、工厂、自动洗衣店，等等。出于某种考虑，他还认为应该再投资杂志出版业。

经他人介绍，汤姆斯看中了杂志出版家杰克。杰克是出版行业的大红人，很多出版商都争相罗致，但始终无法如愿。如何才能把杰克负责的杂志弄到手，并将他本人网罗到自己旗下呢？汤姆斯决定不惜重金进行说服。

汤姆斯经过调查和观察，知道杰克本人恃才自傲，而且瞧不起外行人。但是另一方面，杰克现在已是子孙满堂，对于独立操持高度冒险的事业已经没有当初的兴趣，而且对于整日泡在办公室里处理日常琐事早已深感厌倦。因此，给杰克送"东西"，就要同别人送的不一样。

汤姆斯开门见山地承认自己对出版业一窍不通，需要借助有才干的人促成事业的成功。接着，汤姆斯把一张2.5万元的支票放在桌子上，对杰克说："除这点钱外，我们还要再给你应该得到的那些股份和长期的利益。"为了解决杰克公务的烦恼，汤姆斯指着几位部属说："这些人都归你使用，主要是为了帮助你处理办公室的烦琐事务。"当杰克提出所有经济实惠要现金不要股票时，汤姆斯又耐心地告诉他股票在过去几年中如何涨价，利益如何可观，利息如何大，等等，同时还强调，他会向杰克提供长期的安全福利。

对于杰克来说，这些条件不仅满足了他的迫切需要，还使他的出版业有了足够资金和扩展业务的财力保证。于是杰克同意将他的杂志投到汤姆斯的旗下。

可见，"送"表面来看是一种很吃亏的行为，但是看准送背后的潜在价值，敢于去送，舍得本钱，才可有大的收获。如果在送礼时斤斤计较，患得患失，那还不如"送"。因为这样既达不到目的，还会被人小看。

很多时候，吃亏就像是在赌博，不仅要有胆量，还要有眼光，看准了才能大胆去投注，否则你的"送"就会肉包子打狗，有去无回。所以，每次你打算"送"之前，一定要睁大眼睛。

予人玫瑰，手留余香

俗语说："赠花予人，手上留香！"付出是美好人性的体现，这是一种吃亏哲学，同时也是一种处世智慧和快乐之道。幸福犹如香水，你不可能泼向别人而自己却不沾几滴。学会分享、给予和付出，你会感受快乐和满足。

在生活中，超越狭隘、帮助他人、撒播美丽、善意地看待这个世界……快乐、幸福和丰收会时时与我们相伴。正如罗曼·罗兰所言："快乐和幸福不能靠外来的物质和虚荣，而要靠自己内心的高贵和正直。"

贝尔太太是美国一位有钱的贵妇，她在亚特兰大城外修了一座花园。花园又大又美，吸引了许多游客，他们毫无顾忌地跑到贝尔太太的花园里游玩。

年轻人在绿草如茵的草坪上跳起了欢快的舞蹈；小孩子扎进花丛中捕捉蝴蝶；老人蹲在池塘边垂钓；有人甚至在花园当中支起了帐篷，打算在此过他们浪漫的盛夏之夜。贝尔太太站在窗前，看着这群快乐得忘乎所以的人们，看着他们在属于她的园子里尽情地唱歌、跳舞、欢笑。她越看越生气，就叫仆人在园门外挂了一块牌子，上面写着：私人花园，未经允许，请勿入内。可是这一点也不管用，那些人还是成群结队地走进花园游玩。贝尔太太只好让她的仆人前去阻拦，结果发生了争执，有人竟拆走了花园的篱笆墙。

后来贝尔太太想出了一个绝妙的主意，她让仆人把园门外的那块牌子取下来，换上了一块新牌子，上面写着：欢迎你们来此游玩，为了安全起见，本园的主人特别提醒大家，花园的草丛中有一种毒蛇。如果哪位不慎被蛇咬伤，请在半小时内采取紧急救治措施，否则性命难保。最后告诉大家，离此地最近的一家医院在威尔镇，驱车大约50分钟即到。

这真是一个绝妙的主意，那些贪玩的游客看了这块牌子后，对这座美丽的花园望而却步了。

可是几年后，有人再往贝尔太太的花园去，却发现那里因为园子太大，走动的人太少而真的杂草丛生，毒蛇横行，几乎荒芜了。孤独、寂寞的贝尔太太守着她的大花园，她非常怀念那些曾经来她的园子里玩的快乐的游客。

篱笆墙是农家用来把房子四周的空地围起来的类似栅栏的东西，有的上面还有荆棘，不小心碰上会扎入。篱笆墙的存在是向别人表示这是属于自己的"领地"，要进入必须征得自己的同意。贝尔太太用一块牌子为自己筑了一道特别的"篱笆墙"，随时防范别人的靠近。这道看不见的篱笆墙就是自我封闭。

不懂得与他人分享的自我封闭者，就像契诃夫笔下的装在套子中的人一样，把自己严严实实包裹起来，因此很容易陷入孤独与寂寞之中。他们在封闭自己的同时，也把快乐和幸福封闭在外面。

每个人心中都有一座幸福的大花园。如果我们愿意让别人在此种植幸福，同时也让这份幸福滋润自己，那么我们心灵的花园就永远不会荒芜。

别做鼠目寸光的傻瓜

人们总喜欢用"鼠目寸光"来形容那些没有长远眼光的傻瓜，这是很有道理的。因为做人如果有"心机"，有时候因环境所迫，就必须要吃"眼前亏"，否则可能要吃更大的亏。

一天，狮子建议9只野狗同它一起合作猎食。它们打了一整天的猎，一共逮了10只羚羊。狮子说："我们得去找个英明的人，来给我们分配这顿美餐。"

一只野狗说："一对一就很公平。"狮子很生气，立即把它打昏在地。

其他野狗都吓坏了，其中一只野狗鼓足勇气对狮子说："不！不！我的兄弟说错了，如果我们给您9只羚羊，那您和羚羊加起来就是10只，而我们加上一只羚羊也是10只，这样我们就都是10只了。"

狮子满意了，说道："你是怎么想出这个分配妙法的？"野狗答道："当您冲向我的兄弟，把它打昏时，我就立刻增长了这点儿智慧。"

"好汉不吃眼前亏"，可是寓言中说的则是好汉要懂得在不利于自己的形势之下吃点亏。

眼光放远，敢于吃"眼前亏"，因为"眼前亏"不吃，可能要吃更大的亏。

当一个人实力微弱、处境困难的时候，也就是最容易受到打击和欺侮的时候。在这种情况下，人们的抗争力最差，如果能避开大劫也算很幸运了。假如此时面对他人过分的"待遇"，最好是"退一步海阔天空"，先吃一下眼前亏，立足于"留得青山在，不怕没柴烧"，用"卧薪尝胆，待机而动"作为忍耐与发奋的动力。

当你在人性的丛林中碰到对你不利的环境时，千万别逞血气之勇，也千万别认为"可杀不可辱"，宁可吃吃眼前亏。

聪明人是不怕吃亏的"笨蛋"

不怕吃亏是做人的一种境界，也是处事的一种睿智。人生一世，真正有智慧的人，不在乎"装傻充愚"的表面性吃亏，而是看重实质性的"福利"。正如古语所言："吃得亏中亏，方得福外福。贪看无边月，失落手中珠。"

一个犹太人走进纽约的一家银行，来到贷款部，大模大样地坐了下来。

"先生，请问我可以为你做点什么？"贷款部经理一边问，一边打量着这个西装革履、满身名牌的来者。

"我想借些钱。"

"好啊，你要借多少？"

"1美元。"

"只需要1美元？"

"不错，只借1美元，不可以吗？"

"噢，当然，不过只要你有足够的保险，再多点也无妨。"经理耸了耸肩，漫不经心地说。

"好吧，这些做担保可以吗？"

犹太人接着从豪华的皮包里取出一堆股票、国债等，放在经理的写字台上。

"总共50万美元，够了吧？"

"当然，当然！不过，你真的只要借1美元吗？"经理疑惑地看着眼前的怪人。

"是的。"说着，犹太人接过了1美元。

"年息为6%，只要你付出6%的利息，1年后归还，我们就可以把这些股票退还给你。"

"谢谢。"

犹太人说完准备离开银行。

一直站在旁边观看的分行长怎么也弄不明白，拥有50万美元的人，怎么会来银行借1美元，于是他急忙追上前去，对犹太人说："啊，这位先生……"

"有什么事吗？"

"我实在弄不清楚，你拥有50万美元，为什么只借1美元呢？你不以为这样做你很吃亏吗？要是你想借30万或40万元的话，我们也会很乐意……"

"请不必为我操心。在我来贵行之前，已问过了几家金库，他们保险箱的租金都很昂贵。所以嘛，我就准备在贵行寄存这些东西，一年只需要花6美分，租金简直太便

宜了。"

看到这里，我们不得不感叹这个犹太商人的精明，他似乎吃了小亏，却占了大便宜。事实往往就是这样，那种表面上看不怕吃亏的"笨蛋"，其实才是真正聪明的人。

五、用赞美的言语攻破对方心防

奉承也要讲规则

对别人的赞美需要真诚，而真诚离不开真实，要恰如其分地赞美对方，必须符合事实。

如果今天一大早就有人夸你"衣着得体，非常漂亮，有精神"，那么你一天的学习、工作状态一定很好吧！看来小小的一句恭维话有时起了很大的作用，可以迅速拉近人与人之间的距离，得到别人的喜爱，也可以给他人信心、快乐。

但是要注意，要恭维他人，先要选好恭维的话题，不可过分夸张，更不能无中生有。

清朝的李鸿章，位高权重，文武百官都想讨他欢心，以便使他多多提携自己，能升个一官半职，也好光宗耀祖。这一年，中堂大人的夫人要过五十大寿，这自然是个送礼的大好时机，寿辰未到，满朝文武就已开始行动了，生怕自己落在别人后面。

消息传到了合肥知县那里，知县也想送礼。无奈小小的一个知县囊中羞涩，礼送少了等于没送；送多了吧，又送不起，这下可把知县愁坏了。思来想去拿不定主意，于是请师爷前来商量。

师爷看透了知县的心思，满不在乎地说："这还不好办，交给我了。保准你一两银子也不花，而且送的礼品让李大人刮目相看。"

"是吗？快说送什么礼物？"知县大喜过望，笑成了一朵花。

"一副寿联即可。"

"寿联？这，能行吗？"

李鸿章

师爷看到知县还有疑虑，便安慰他："你尽管放心，此事包在我身上。包你从此飞黄腾达。这寿联由我来写，你亲自送去，请中堂大人过目，不能疏忽。"

知县满口答应。

于是第二天，知县带着师爷写好的对联上路了。他昼夜兼程赶到北京，等到祝寿这一日，知县报了姓名来到李鸿章面前，朝下一跪："卑职合肥知县，前来给夫人祝寿！"

李鸿章看都没看他一眼，随口命人给他沏茶看座，因为来他这里的都是朝廷重臣，区区一七品知县，李鸿章哪能看在眼里。

知县连忙取出寿联，双手奉上。

李鸿章顺手接过，打开上联："三月庚辰之前五十大寿。"

李鸿章心想：这叫什么句子？天下谁人不知我夫人是二月的生日，这"三月庚辰之前"岂不是废话。于是，李鸿章又打开了下联："两宫太后以下一品夫人。"

"两宫"指当时的慈安、慈禧，李鸿章见"两宫"字样，不敢怠慢，连忙跪了下来，命家人摆好香案，将此联挂在《麻姑上寿图》的两边。

这副对联深得李鸿章的赏识，自然对合肥知县另眼相待，称赞有加。而这位知县也因此官运亨通了。

引经据典进行赞美

假借别人之口来赞美一个人，可以避免因直接恭维对方而导致的吹捧之嫌，还可以引用经典的诗句来评价被歌颂者，从而使其心里获得极大的满足。

1997年，金庸与日本文化名人池田大作展开一次对谈，对谈的内容后来辑录成书出版。在对谈刚开始时，金庸表示了谦虚的态度，说："我虽然过去与会长（指池田）对谈过世界知名人士不是同一个水平，但我很高兴尽我所能与会长对话。"池田大作听罢赶紧说："你太谦虚了。您的谦虚让我深感先生的'大人之风'。在您的72年的人生中，这种'大人之风'是一以贯之的，您的每一个脚印都值得我们铭记和追念。"池田说着请金庸用茶，然后又接着说："正如大家所说'有中国人之处，必有金庸之作'，先生享有如此盛名，足见您当之无愧是中国文学的巨匠，是处于亚洲巅峰的文豪。而且您又是世界'繁荣与和平'的舆论界的旗手，正是名副其实的'笔的战士'。《春秋·左传》有云：'太上有立德，其次有立功，其次有立言，是之谓三不朽。'在我看来，只有先生您所构建过的众多精神之价值才是真正属于'不朽'的。"

在这里池田大作主要采用了"引经据典"的赞美方式，无论是"有中国人之处，必有金庸之作"，还是"笔的战士""太上……三不朽"等，都是舆论界或经典著作中的言论，借助这些言论来赞美金庸，既不失公允，又能恰到好处地给对方以满足。

赞美女人要以能力为中心

夸赞女孩子漂亮、可爱当然可以获得女孩子的欢心，但现代社会女性的地位大大提高，"女人能顶半边天"。女孩子们也普遍有"我能干"的强烈愿望。如果能找到她们能力上的优点予以称赞，她们会非常高兴。

一次，小蒙去银行取钱，人很多，年轻漂亮的女职员忙个不停，有点不耐烦，看起来她心情不是很好。小蒙很想跟她交谈，怎么开口呢？

观察了一会儿，小蒙发现了女孩的优点。轮到他填取款单时，他边看她写字边称赞说：

"你的字写得真漂亮！现在像我们这样的年轻人，能写这么一手好字的人，确实不多了。"

女职员吃惊地抬起头，听到顾客的称赞，她心情好了点，但又不好意思地说：

"哪里哪里，还差得远呢！"

小蒙认真地说："真的很好，看上去你像练过书法，我说得对吗？"

"是的。"

"我的字写得一塌糊涂，能把你用过的字帖借给我练练字吗？"

女职员爽快地答应了，并约好了下午到办公室来取。一来二往，两人有了感情，并最终结成了良缘。

当然，在夸女孩子有能力的时候，必须是由衷的，有人在夸赞女孩子能力时往往表现出漫不经心："你的文章写得很好""你的这件事办得不错""你唱的歌很好听"……这种缺乏热诚的空洞的称赞并不一定能使女孩子感到高兴，有时甚至会由于你的敷衍而引起对方的反感和不满。

真正聪明的人在称赞女孩子能力时，则尽可能热情些、具体些。比如，上述三种情形，他会分别说："这篇文章写得很好，特别是后面的这一问题有新意"，"这件事情办得不错，让我们学了一招"，"你的歌唱得不错，不熟悉的人没准还以为你是专业演员呢"。这种充满了真诚、自然的赞美，无疑会使女孩子愉快地接受。

聪明人也会用赞美来鼓励，以此树立女孩子的自尊心。有的女孩子因第一次干某种事情，所以干得不好，不管她有多大的毛病，都应该说："第一次有这样的成绩就不错了。"对第一次登台、第一次比赛、第一次写文章……的人，这种赞扬会让女孩子深刻地记一辈子。因此，在适当的场合下，千万不要吝啬你的赞美。

背后的赞美更有效果

背后说人闲话是不好的，但背后赞美别人往往比当面赞美效果更好。

《红楼梦》中有这么一段描写：

史湘云、薛宝钗劝贾宝玉做官为宦，贾宝玉大为反感，对着史湘云和袭人赞美林黛玉说："林姑娘从来没有说过这些混账话！要是她说这些混账话，我早和她生分了。"

凑巧这时黛玉正来到窗外，无意中听见贾宝玉说自己的好话，不觉又惊又喜，又悲又叹。结果宝黛两人互诉肺腑，感情大增。

在林黛玉看来，宝玉在湘云、宝钗、自己三人中只赞美自己，而且不知道自己会听到，这种好话就不但是难得的，还是无意的。倘若宝玉当着黛玉的面说这番话，好猜疑、使小性子的林黛玉可能就认为宝玉是在打趣她或想讨好她。

当面说人家的好话，对方会以为我们可能是在奉承他、讨好他。当我们的好话是在背后说时，对方会认为我们是出于真诚的，是真心说他的好话。假如我们当着上司和同事的面说上司的好话，我们的同事们会说我们是在讨好上司，拍上司的马屁，从而容易招致周围同事的轻蔑。另外，这种正面的歌功颂德所产生的效果是很小的，甚至还会有起到反面效果的危险。同时，上司脸上可能也挂不住，会说我们不真诚。与其如此，还不如在上司不在场时，大力地"吹捧一番"。而我们说的这些好话，最终有一天会传到上司耳中的。

有一位员工与同事们闲谈时，随意说了上司几句好话："梁经理这人真不错，处事比较公正，对我的帮助很大，能够为这样的人做事，真是一种幸运。"这几句话很快就传到了梁经理的耳朵里，梁经理心里不由得有些欣慰和感激。而那位员工的形象，也在梁经理心里上升了。就连那些"传播者"在传达时，也忍不住对那位员工夸赞一番：这个人心胸开阔、人格高尚，难得！

在日常生活中，背着他人赞美他往往比当面赞美更让人觉得可信。因为你对着一个不相干的人赞美他人，一传十，十传百，你的赞美迟早会传到被赞美者的耳朵里。这样，你赞美的目的也就达到了。

从细微之处赞美有奇效

在交际中应善于发现细微处的用意，以赞美和感谢来回报对方的良苦用心，这不但会带给对方巨大心理满足，而且会加深彼此心灵默契。

很多人在"捧"别人时习惯于泛泛而论，抓不住"捧"的重点，其中一个突出表现就是过分忽视细节。其实，对方之所以在细节上投入那么多的时间和心血，一方面说明对方对此有特别的偏爱，另一方面也说明对方渴望这一部分努力能够得到应有的报偿与肯定。因此，"捧"不能忽视细微之处。

法国总统戴高乐在访问美国时，在一次尼克松为他举行的宴会上，尼克松夫人费了很大的劲布置了一个美观的鲜花展台：在一张马蹄形的桌子中央，鲜艳夺目的热带鲜花衬托着一个精致的喷泉。精明的戴高乐将军一眼就看出这是女主人为了欢迎他而精心设计制作的，不禁脱口称赞道："女主人为举行一次正式的宴会一定花了很多时间来进行这么漂亮、雅致的计划与布置吧!"尼克松夫人听了，十分高兴。事后她说："大多数来访的大人物要么不加注意，要么不屑为此向女主人道谢，而他总是想到和讲到别人。"

戴高乐贵为元首，却不失对他人用意的精细体察，这使他成了一位受到格外尊敬的人。面对尼克松夫人精心布置的鲜花展台，戴高乐没有像其他大人物那样视而不见或见而不睬，而是即刻领悟到了对方在此花费的苦心，并对这一片苦心表示了特别的肯定与感谢。戴高乐赞美的言语虽然简短，但很显然，尼克松夫人获得了深深的感动。

大多数人不愿意从小事上去"捧"别人，这是因为现实生活中的重重障碍，遮住了他们的视线。

有人胸怀治国平天下的大志，但眼高手低。对于"小打小闹"不以为然，认为那些事普普通通，没什么了不起，小菜一碟，形同虚无。

分工不同，责任不同，使人们认为别人做事是分内之事，是"应该"的，无须大惊小怪，做不好就要批评，做好了是责任，在这种心理的驱动下，很多人不能正视别人的小成绩。

以上这些态度，都是应当克服的。

单就小事而论，它的确没有非常重要的意义，但我们若用辩证法的观点去考察，却会发现一件小事往往会引发大事，几件小事加在一起就有可能产生意料之外的形态和意义。

生活中的小事犹如一块块未经雕琢的璞玉，如果你没有一双识别它们的慧眼，细心鉴别，它就永远埋在山野石林之中，我们也很难发现它真正的价值所在。

如果我们每一个人都去关注自己身边的一切，去发掘一滴水中的世界，那么在彼此的赞美声中，人们获得的是世间荡漾着的温情。

切合对方实际，给他最想要的赞美

抓住他人最胜过于别人的，最引以为豪的东西，并将其放在突出的位置进行捧赞，往往能起到出乎意料的效果。

在人的一生中，有无数让他们引以为自豪的事情，这些都是一个人人生的闪光点。这些东西又会不经意地在他们的言谈中流露出来。对于这些引以为荣的事情，他们不仅常常挂在嘴边，而且深深地渴望能够得到别人由衷的肯定与赞美。

乾隆皇帝喜欢在处理政事之机品茶、论诗，对茶道颇有见地，并引以为荣。有一天，宰相张廷玉精疲力竭地回到家刚想休息，乾隆忽然来造访，张廷玉感到莫大的荣幸，称赞乾隆道："臣在先帝手里办了13年差，从没有这个例，哪有皇上来看下臣的！真是折杀老臣了！"张廷玉深知乾隆好茶，命令把家里的陈年雪水挖出来煎茶给乾隆品尝。乾隆很高兴地招呼随从坐下："今儿个我们都是客，不要拘君臣之礼。生而论道品茗，不亦乐乎？"水开时，乾隆亲自给各位泡茶，还讲了一番茶经，张廷玉听后由衷地赞美道："我哪里懂得这些，只知道吃茶可以解渴提神。一样的水和茶，却从没闻过这样的香味。"李卫也乘机称赞道："皇上圣学渊源，真叫人瞠目结舌，吃一口茶竟然有这么多的学问！"乾隆听后心花怒放，谈兴大发，从"茶乃水中君子、酒乃水中小人"开始论起"宽猛之道"。真是妙语连珠、滔滔不绝，众臣洗耳恭听。

乾隆的话刚结束，张廷玉赞道："下臣在上书房办差几十年，两次丁忧都是夺情，只要不病，与圣祖、先帝算是朝夕相伴。午夜扪心，凭天良说话，私心里常也有圣祖宽，先宗严，一朝天子一朝臣这个想头。我为臣子的，尽忠尽职而已。对陛下的旨意，尽力往好处办，以为这就是贤能宰相。今儿个皇上这番宏论，从孔孟仁恕之道发端，譬讲三朝政纳，虽然只是三个字'趋中庸'，却发聋振聩令人心目一开。皇上圣学，真是到了登峰造极的地步。"其他人也都随声附和，乾隆大大满足了一把。

张廷玉和李卫作为乾隆的臣下，都深知乾隆对自己的杂经和"宏论"引以为豪。而张李二人便投其所好，对其大加捧赞，达到了取悦皇帝的目的。

他人最想要的赞美一定是真诚的，不是那种公式般的"捧"，千篇一律，最让人反感。

言之有物是说一切话所必具的条件，与其泛说久仰大名、如雷贯耳，不如说您上次主持的讨论会成绩之佳，真是出人意料等话，直接提及对方的著名工作。若恭维别人生意兴隆，不如赞美他推销产品的努力，或赞美他的商业手腕；泛泛地请人指教是不行的，你应该择其所长，集中某点请他指教，如此他一定更高兴。

此外，赞美的话一定要切合实际，到别人家里，与其乱捧一场，不如赞美房子布置得别出心裁，或欣赏壁上的一幅好画，或惊叹一个盆栽的精巧。若要讨主人喜欢，你要注意投其所好，主人爱狗，你应该赞美他养的狗，主人养了许多金鱼，你应该谈那些鱼的美丽。赞美别人最近的工作成绩、最心爱的宠物、最费心血的设计，这比说上许多无谓的虚泛的客套话更佳。

六、用求同心理，扭转反对意见

将心比心，启发对方点头

从心理学角度来讲，说服的最佳效果是双方达成共识，而启发对方进行心理位置互换，让对方设身处地体验别人的心理。主动调整自己的态度和行为方式，则是达到这一目的行之有效的方法之一。

下乡知识青年小红在农村和农民小刘结婚，还生了个女儿。后来重逢昔日的恋人，小红欲重修旧好，却举棋不定，于是向奶奶寻求帮助。

"你的事，奶奶全知道，如今你打算怎么办！"

"不知道，我……我说不出来……"

"奶奶知道你委屈，可是，谁没有委屈呀。我24岁那年，你爷爷就牺牲了，本家本村的都劝我再找个主儿。你曾爷爷跟我说：'女儿，地头还长着呢，往前去一步吧！'我不愿给孩子找个后爹，硬是咬着牙过来了。儿子一个个长大了，参了军，又一个个地牺牲了，可我没在人前掉过一滴眼泪。人活着，就是为了别人，去受苦，去受难，天底下哪有那么多幸福？要说委屈，就先委屈一下自己吧！"

"可我以后的路该怎么走啊？"

"做人哪，前半夜想想自己，后半夜想想别人。你和那个小伙子倒是挺般配的，可就算你俩成了，日子过得挺舒心的，你就保准一早一晚地不想小刘他们父女？那时，你虽吃着蜜糖，却忘不了人家在喝苦水。你甜在嘴上，苦在心里。甜的苦的一掺和，一辈子都是块心病。我今年80岁了，什么苦都尝遍了，没做过一件亏心事。人字好写，一撇一捺，真正做起来就难了！"奶奶说的话句句动人心。

"奶奶，我懂了。"小红擦了擦眼泪，说，"我今天就回家去带孩子，安心过日子。"

奶奶的劝说语重心长，而且，她用通俗的语言，站在对方的立场上，设身处地为孙女分析情况，从而使孙女做出了正确的选择。

用语言做假设，可达到将心比心的目的；也可用实际的行为现身说法，让对方体验别人的心理，进而对自己的言行进行调整，同样可达到将心比心的目的。

某商店有位营业员很会做生意，他的营业额比一般营业员都高，有人问他："是不是因为能说会道，所以生意兴隆？"他回答说："不是，我的秘密武器是当顾客是自己人。"他总是站在买者的立场上替顾客精打细算，现身说法，使对方的戒备心理、防范心理大大降低，而且产生了认同感，故而说服对方，做成了生意。

将心比心术是站在对方的角度谋划和考虑，理解对方的心理、对方的需求、对方的困难，因此这种说服方法容易使对方接受，并能达成统一认识。

永远站在别人的立场去想，并从对方的观点去看事物的趋向，如果你学会这样一件事，就不难成就人生。

要说服对方赞同你的观点，你必须与说服对象站在一起，两者的关系越融洽，说服越容易取得成功，因为人类有一个共同的天性，即喜欢听"自己人"说的话。

此外，在具体行动上，甚至是些微不足道的方面，在感情上表现出与你的听众的亲近感与认同感，往往会使你得到巨大的感情回报和共鸣。一旦建立了这种感情共鸣，就不需要任何苦口婆心地劝诫与说服。

遭遇尴尬，要给他人台阶下

交际高手，在别人遭遇窘境的时候，不但会尽量避免因自己的不慎而使别人下不了台，而且还会在对方可能不好下台时，巧妙及时地为为其提供一个"台阶"。这是因为他们在帮助别人"下台"时，掌握了恰当的方法。

1. 顺势而为送台阶

依据当时当场的势态，对对方的尴尬之举加以巧妙解释，使原本只有消极意味的事件转而具有积极的含义。

全校语文老师来听王老师讲课，想不到校长也光临"指导"，这下可使小王犯难了。他既怕课讲得不好，又忧虑有的学生答问题时表现不佳，有失面子。

课上，他重点讲解了词的感情色彩问题。在提问了两位同学取得良好效果后，接着提问校长"公子"："请你说出一个形容×××美丽的词或句子。"

或许是课堂气氛紧张，或许是严父在场，也可能兼而有之，这位公子一时语塞，只是站着。空气凝固。王老师和校长都现出了尴尬的脸色。瞬间，这位老师便恢复正常，随机应变地讲道："好，请你坐下，同学们，这位同学的答案是最完美的，他的意思是说这个人的美丽是无法用文字和语言来形容的。"听课者都发出了会心的微笑。

这一妙解为校长"公子"尴尬的"呆立"赋予了积极的意义，使他顺利下了台阶，而王老师本人和校长也自然摆脱了难堪。

2. 挥洒感情造台阶

故意以严肃的态度面对对方的尴尬举动，消除其中的可笑意味，缓解对方的紧张心理。

第二次世界大战时，一位德高望重的英国将军举办了一场祝捷酒会。除上层人士之外，将军还特意邀请了一批作战勇敢的士兵，酒会自然是热烈隆重。谁想一位从乡下入伍的士兵不懂酒席上的规矩，捧着眼前的一碗供洗手用的水喝了，顿时引来达官贵人、夫人小姐的一片讥笑声。那士兵一下子面红耳赤，无地自容。此时，将军慢慢地站起来，端起自己面前的那碗洗手水，面向全场贵宾，充满激情地说道："我提议，为我们这些英勇杀敌、拼死为国的士兵们干了这一碗。"言罢，一饮而尽，全场为之肃然，少顷，人人均仰脖而干。此时，士兵们已是泪流满面。

在这个故事里，将军为了帮助自己的士兵摆脱窘境，恢复酒会的气氛，采用了将可笑事件严肃化的办法，不但不讥笑士兵的尴尬举动，而且将该举动定性为向杀敌英雄致敬的严肃行为。乡下士兵不但一扫尴尬，而且获得了莫大的荣誉，成为在场的焦点人物。

人人都有下不来台的时候。学会给人台阶下，既可以缓解紧张难堪的气氛，使事情得以正常进行，又能够帮助尴尬者挽回面子，增进彼此的关系。

讲道理时最好打个比方

譬喻是用具体的、浅显的、熟知的事物去说明或描写抽象的、深奥的、生疏的事物的一种手法。说理中，取喻明显，把精辟的论述与摹形状物的描绘融为一体，既能给人以哲理上的启迪，又能给人以艺术上的美感。

周定王九年（公元前598年），南国霸主楚庄王兴兵讨伐杀死陈灵公的夏徵舒。楚师风驰云卷，直逼陈都，不日即擒杀了夏徵舒，随即将陈国纳入楚国版图，改为楚县。楚国的属国闻楚王灭陈而归，俱来朝贺，独有刚出使齐国归来的大夫申叔时对此不表态。楚王派人去批评他说："夏徵舒杀其君，我讨其罪而戮之，难道伐陈错了吗？"申叔时要求见楚王当面陈述自己的意见。申叔时问楚王："您听说过'蹊田夺牛'的故事吗？有一个人牵着一头牛抄近路经过别人的田地，践踏了一些禾苗，这家田主十分生气，就把这个人的牛给夺走了。这件事如果让大王来断，您怎么处理？"庄王说："牵牛践田，固然是不对，然而所伤禾稼并不多，因这点事夺人家的牛太过分了。若我来断，就批评那个牵牛的，然后把牛还给他。"申叔时接过楚王的话茬儿说："大王能明断此案，对陈国的处理却欠推敲。夏徵舒弑君固然有罪，但已立了新君，讨伐其罪就行了，今却取其国，这与夺牛的性质是一样的。"楚王顿时醒悟，于是恢复了陈国。

由此可见，在说服他人的过程中，借喻说理会使本身摸不到、看不见的语言变得生动而富有感性，大大提高语言的说服力。讲道理以打比方为辅助，有很多好处，一是比较含蓄委婉；二是比喻晓理，道明理通；三是如此说话，较有美感。因此，说服他人时不妨采用适当的比喻，既对说服有很大效用，又能体现一个人说话的艺术感。

七、善解人意，婉转拒绝

委婉地拒绝，给被拒绝的人留面子

自尊之心，人皆有之。因此在拒绝别人时，要顾及对方的尊严。人们一旦投入社交，无论他的地位、职务多高，成就多大，无一例外地关心外界对自己的评价。由于来自外界评价的性质、强度和方式不同，人们会做出不同的反应，并对交际过程及其结果产生积极或消极的影响。

尊之则悦，不尊则哀。也就是说，当得到肯定的评价时，人们的自尊心理得到满足，便会产生一种成功的情绪体验，表现出欢愉乐观和兴奋激动的心情，进而"投桃报李"，对满足自己自尊欲望的人产生好感和亲近力，采取积极的合作态度，交际随之向成功的方向发展。反之，当人们不受尊重、受到不公正的评价时，便会产生失落感、不满和愤怒情绪，进而出现对抗姿态，使交际陷入危机。

顾及对方的尊严是拒绝别人时必不可少的注意事项，有这样一个例子：

某校在评定职称时，由于高级职称的名额有限，一位年龄较大的教师未能评上。他听说了这一消息后就向一位负责职称评定的副校长打听情况。副校长考虑到工作迟早要做，便和这位老教师促膝交谈：

校长：哟，老×，什么风把你给吹来了。

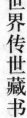

老师：校长，我想知道这次评高职我有希望吗？

校长：老×，先喝杯茶，抽支烟。我们慢慢聊，最近身体怎么样？

老师：身体还说得过去。

校长：老教师可是我们学校的宝贵财富，年轻教师还要靠你们传帮带呢！

老师：作为一名老教师，我会尽力的。可这次评定职称，你看我能否……

校长：不管这次评上评不上，我们都要依靠像你这样的老教师。你经验丰富，教学也比较得法，学生反应也挺好。我想，对于一名教师来说，这一点，比什么都重要，你说呢？

老师：是啊！

校长：这次评职称是第一次进行，历史遗留的问题较多，可僧多粥少，有些教师这次暂时还很难如愿，要等到下一次。这只是个时间问题。相信大家一定能够谅解。但不管怎样，我们会尊重并公正地评价每一位教师，尤其是你们这些辛辛苦苦工作几十年的老教师。

老教师在告辞时，心里感觉热乎乎的，他知道自己这次评上高职的希望不大，但由于自身得到了别人的尊重，成绩受到了别人的肯定，他能接受那样的结果，以致后来他对校长这样讲："只要能得到一个公正的评价，即使评不上我也不会有情绪的，请放心。"

这位校长可谓是顾及别人尊严的典范，如果开始他就给这位老教师泼一桶冷水，那么后果就不堪设想了。

在社交场合上，无论是举止或是言语都应尊严他人，即使在拒绝别人的时候也要顾及对方的尊严。也只有这样，才能赢得别人的尊重。

适当采用拖延、淡化策略

一般人都不太好意思拒绝别人，但在很多情况下，我们为了避免多余的困扰，对一些不合理或不合自己心意的事有必要拒绝，但怎样既不伤害对方自尊心又能达到拒绝的目的呢？当对方提出请求后，不必当场拒绝，你可以说："让我再考虑一下，明天答复。"这样，既赢得了考虑如何答复的时间，也会使对方认为你是很认真对待这个请求的。

某单位一名职工找到上级要求调换工种。领导心里明白调不了，但他没有马上回答说"不可能"。而是说："这个问题涉及好几个人，我个人决定不了。我把你的要求

带上去，让厂部讨论一下，过几天答复你，好吗？"

这样回答可让对方明白：调工种不是件简单的事，存在着两种可能，使对方思想有所准备，这比当场回绝效果要好得多。

一家汽车公司的销售主管在跟一个大买主谈生意时，这位买主突然要求看该汽车公司的成本分析数字，但这些数据是公司的绝密资料，是不能给外人看的。可如果不给这位大买主看，势必会影响两家和气，甚至会失掉这位大买主。这位销售主管并没有说"不，这不可能"之类的话，但他的话中婉转地说出了"不"。"这个……好吧，下次有机会我给你带来吧！"知趣的买主听过后便不会再来纠缠他了。

某位作家接到老朋友打来的电话，被邀请到某大学演讲，作家如此答复："我非常高兴你能想到我，我将查看一下我的日程安排，我会回电话给你的。"

这样，即使作家表示不能到场的话，他也就有了充裕时间去化解某些可能的内疚感，并使对方轻松、自在地接受。

陈涛夫妻俩下岗后，自谋职业，利用政府的优惠贷款开了一家日用品商店，两人起早摸黑把这个商店办得红红火火，收入颇丰，生活自然有了起色。陈涛的舅舅是个游手好闲的赌棍，经常把钱扔在了麻将台子上，这段时间，手气不好又输了，他不服气，还想扳回本钱，又苦于没钱了，就把眼睛瞄准了外甥的店铺。一日，舅舅来到了店里对陈涛说："我最近想买辆摩托车，手头尚缺五千块钱，想在你这借点周转，过段时间就还。"陈涛了解舅舅的嗜好，借给他钱，无疑是肉包子打狗，何况店里用钱也紧，就敷衍着说："好！再过一段时间，等我有钱把银行到期的贷款支付了，就给你，银行的钱可是拖不起的。"舅舅听外甥这么说，没有办法，知趣地走了。

陈涛不说不借，也不说马上就借，而是说过一段时间，等支付银行贷款后再借。这话含多层意思：一是目前没有，现在不能借；二是我也不富有；三是过一段时间不是确指，到时借不借再说。舅舅听后已经很明白了，但他并不心生怨恨，因为陈涛并没有说不借给他，只是过一段时间再说而已，给了他希望。

因此，处理事情时，巧妙地一带而过比正面拒绝有效，且不伤和气。

先承后转式拒绝，让对方在宽慰中接受拒绝

我们经常会遇到这样的情况，对方提出的要求并不是不合理，但因条件的限制无法予以满足。在这种情况下，拒绝的言辞可采用"先承后转"的形式，使其精神上得到一些宽慰，以减少因遭拒绝而产生的不愉快。

李刚和王静是大学同学，李刚这几年做生意虽说挣了些钱，但也有不少的外债。两人毕业后一直没有来往，一天，王静突然向李刚提出借钱的请求，李刚很犯难，借吧，怕担风险；不借吧，同学一场，又不好张口。思忖再三，最后李刚说："你在困难时找到我，是信任我、瞧得起我，但不巧的是我刚刚买了房子，手头一时没有积蓄，你先等几天，等我过几天账结回来，一定借给你。"

有的时候对方可能会很急于事成而相求，但是你确实又没有时间，没有办法帮助他的时候，一定要考虑到对方的实际情况和他当时的心情，一定要避免使对方恼羞成怒，以免造成误会。

拒绝还可以从感情上先表示同情，然后再表明无能为力。

黄女士在民航售票处担任售票工作，由于经济的发展，乘坐飞机的旅客与日俱增，黄女士时常要拒绝很多旅客的订票要求，黄女士每每总是带着非常同情的心情对旅客说："我知道你们非常需要坐飞机，从感情上说我也十分愿意为你们效劳，使你们如愿以偿，但票已订完了，实在无能为力。欢迎你们下次再来乘坐我们的飞机。"黄女士的一番话，叫旅客再也提不出意见来。

先扬后抑这种方法也可以说成是一种"先承后转"的方法，这也是一种力求避免正面拒绝，而采用间接拒绝他人的方法。先用肯定的口气去赞赏别人的一些想法和要求，然后再来表达你需要拒绝的原因，这样你就不会直接地去伤害对方的感情和积极性了，而且还能够使对方更容易接受你，同时也为自己留下一条退路。

一般情况来说，你还可以采用下面一些话来表达你的意见，"这真的是一个好主意，只可惜由于……我们不能马上采用它，等情况好了再说吧！""这个主意太好了，但是如果只从眼下的这些条件来看，我们必须要放弃它，我想我们以后肯定是能够用到它的。""我知道你是一个体谅朋友的人，你如果对我不十分信任，认为我没有能力做好这件事，那么你是不会找我的，但我实在忙不过来了，下次如果有什么事情我一定会尽我的全力来支持你。"……

带着友善表情拒绝不伤和气

当遇到别人不合理的请求时，你千万不要因为不能就"不"而轻易地答应任何事情，而应该视自己能力所及的范围，不要明明做不到却不说，结果既造成对方的困扰，又失去别人对你的信任。

业务员的销售技巧里有这么一招：从一开始就让顾客回答"是"，在回答几个肯定

的问题之后，你再提出购买要求就比较容易成功。同理，当你一开始对自己说："我做不到"，或"我不行"的时候，自己就陷入了否定自我的危机，然后就会因拒绝任何的挑战而失去信心。

30出头就当上了福克斯电影公司董事长的雪莉·茜，是好莱坞第一位主持一家大制片公司的女士。为什么她有如此能耐呢？主要原因是她言出必践，办事果断，经常是在握手言谈之间就拍板定案了。

好莱坞经理人欧文·保罗·拉札谈到雪莉时，认为与她一起工作过的人，都非常地敬佩她。欧文表示，每当他请雪莉看一个电影脚本时，她总是马上就看，很快就给答复。不过若是有人给他看个脚本就不这样了，若是他不喜欢的话，根本就不回话，而让人傻等。

一般人十之八九都是以沉默来回答，但是雪莉看了给她送去的脚本，都会有一个明确的回答，即使是她说"不"的时候，也还是把你当成朋友来对待。多年来，好莱坞作家最喜欢的人就是她。

拒绝别人不是一件什么罪大恶极的事情，也不要把说"不"当成是要与人决裂。是否把"不"说出口，应该是在衡量了自己的能力之后做出的明确回应。虽然说"不"难免会让对方生气，但与其答应了对方却做不到，还不如表明自己拒绝的原因，相信对方也会体谅你的立场。

不过，当你拒绝对方的请求时，切记不要咬牙切齿、绷着一张脸，而应该带着友善的表情来说"不"，才不会伤了彼此的和气。除了对别人说"不"，对自己也要勇敢地说"不"。

美国电话及电报公司的创办者塞奥德·维尔，他经历过无数次失败之后，才学会了说"不"。

年轻时的他，无论做什么事都缺乏计划，一事无成地虚晃日子，连他的父母也对他感到失望，而他自己也陷入了绝望之中。

20岁那年，他离家独自谋生时，给自己写了一封信："夜晚迟迟不睡而撞球或者喝酒，这些事是年轻人不该做的，所以我决定戒除。但是对这决定我应该说什么呢？是不是还照旧说'只这一次，下不为例'呢？还是'从此绝不'了呢？以前已经反复过好几次了。"

维尔最大的爱好是买皮毛衣及玛瑙戒指，虽然在当时不能说是太大的奢望，但对他来说经济上是有压力的。于是他无时不克制自己，以求事事三思而后行。这种坚决的克制态度，使得他由默默无闻的员工调升到铁路公司的总经理。

他向别人说"不"的同时，也要向自己说"不"，尤其是创立电话电报这样巨大组织的时候，他时时刻刻地对不合理说"不"。正因为这样，他才能避免因一时冲动而误了大事。

说"不"没什么开不了口的，只要站得住立场和对自己有益的，就请勇敢地向别人和自己说"不"吧！

借他人之口提出拒绝

在拒绝他人的诸多妙法中，有一种比较艺术的方法就是推诿法。

所谓推诿法，就是以别人的身份表示拒绝。这种方法看似推卸责任，却很容易被人理解：既然爱莫能助，也就不便勉强。

有个女孩子是个集邮爱好者，她的几个好朋友也是集邮迷。一天，有个小朋友向她提出要换邮票，她不同意换，但又怕小朋友不高兴，便对小朋友说："我也非常喜欢你的邮票，但我妈不同意我换。"其实她妈妈从没干涉过她换邮票的事，她只不过以此为借口，但小朋友听她这样一说，也就作罢了。

有时为了拒绝别人，可以含糊其词地推托："对不起，这件事情我实在不能决定，我必须去问问我的父母。"或者是："让我和孩子商量商量，决定了再答复你吧！"

这是拒绝的好办法，假装请出一个"后台老板"，表示能起作用的不是本人，既不伤害朋友的感情，又可以使朋友体谅你的难处。

人处在一个大的社会背景中，互相制约的因素很多，为什么不选择一个盾牌来挡一挡呢？如：有人求你办事，假如你是领导成员之一，你可以说，我们单位是集体领导，像刚才的事，需要大家讨论才能决定。不过，这件事恐怕很难通过，最好还是别抱什么希望，如果你实在要坚持的话，待大家讨论后再说，我个人说了不算数。这就是推托其辞，把矛盾引向了另外的地方，意思是我不是不给你办，而是我决定不了。请托者听到这样的话，一般都要打退堂鼓。

一个年轻的物资销售员经常与客户在酒桌上打交道，长此以往，他觉得自己的身体每况愈下，已不能再像以前那样喝太多的酒了。可应酬中又是免不了要喝酒的，怎么办呢？后来他想到一个妙计。每当客户劝他多喝点的时候，他便诙谐地说："诸位仁兄还不知道吧，我家里那位可是一个母老虎，我这么酒气熏天地回去，万一她河东狮吼起来，我还不得跪搓衣板啊！"

他这么一说，客户觉得他既诚恳又可爱，自然就不再多劝了。

所以，如果难以开口的话，不妨采取这里所讲的方法，找一个人"替"你说"不"，这样所有的责任都可以推得一干二净，别人也不会对你有所抱怨。

礼貌说拒绝，亲密总无间

在面对亲密之人的无理请求时，拒绝要讲求策略，同时要不失礼节，这样才能维护彼此之间的感情。

与人相处，人们经常会遇到这样的情况，即面对爱人、亲人、好友等亲密之人的请求。许多时候，我们并不愿意答应这些请求，却又不好意思说"不"，就会使自己陷入十分为难的境地。如果违心地答应下来，是为自己添烦恼；如果假装答应却不做，又失信于人。

一般来说，尽可能地帮助自己的亲密之人，这是人之常情。但是，面对亲密之人的不当要求，我们一定要坚持自己的原则。特别是当他们的要求有违国家法律法规、有违社会公共道德或有违家庭伦理时，我们更应坚守自己的原则立场，毫不留情地予以拒绝，还应帮助对方改变那些错误思想和行为。

拒绝亲密之人的不当要求是一门学问，是一项应变的艺术。要想在拒绝时既消除了自己的尴尬，又不让对方无台阶可下，这就需要掌握一些巧妙的拒绝方法。

1. 巧用反弹

别人以什么样的理由向你提出要求，你就用什么样的理由拒绝，这就是巧用反弹的方法。

2. 敷衍拒绝

敷衍式的拒绝是最常用的一种拒绝方法，敷衍是在不便明言回绝的情况下，含糊回绝请托人。拒绝亲密之人的不当要求也可采用这一方法。运用这种方法时，也需对方有比较强的领悟能力，否则难以见效。具体采用这种方法时，我们可以运用推托其辞、答非所问、含糊拒绝等具体方式。

3. 巧妙转移

面对别人的要求，你不好正面拒绝时，可以采取迂回的战术，转移话题也好，另有理由也好，主要是善于利用语气的转折——绝不会答应，但也不致撕破脸。比如，先向对方表示同情，或给予赞美，然后再提出理由，加以拒绝。由于先前对方在心理上已因为你的同情而对你产生好感，所以对于你的拒绝也能以"可以谅解"的态度接受。

总之，面对亲密之人提出的不当要求时，切忌直接拒绝。尽量使用间接拒绝的方法。从对方的立场出发，阐明自己的观点，就会使对方自然而然地接受了。

此外，拒绝别人时，也要有礼貌。任何人都不愿被拒绝，因为被别人拒绝，会使人感到失望和痛苦。当对方向自己提出不合理要求时，你可能感到气愤，甚至根本无法忍受，但你也要沉住气，千万不可大发雷霆、出言不逊、恶语伤人。在拒绝对方时，更要表现出你的歉意，多给对方以安慰，多说几个"对不起""请原谅""不好意思""您别生气"之类的话。由于你十分有礼貌，即使对方想无理取闹，也说不出什么，这样别人也会觉得你是一个彬彬有礼的人而愿意与你亲近。

八、主动示好，化解他人敌意

即便内心不满，也要积极去拥抱你的对手

放下自私和虚荣，主动接受对方。"尺有所短，寸有所长"只要你诚心交接，对方也会坦诚相待，你就会从对手身上学到长处，从而更有利于自己的发展。

竞争对手我们在生活中经常会遇到，但我们应该如何去对待我们的对手呢？许多人都视对手为眼中钉，肉中刺，欲除之而后快。其实这是非常错误的。

志和文成为对手，是因为颖。也许是命运注定，毕业后，他俩被分配在同一部门工作。他俩的争斗让颖生厌，结果谁也没有得到颖的爱情，得到的，只是彼此的怨恨。这怨恨使他俩留一个心眼去盯对方，一旦发现对方有什么纰漏，就毫不留情地捅出去。他俩的目标很明确。

志无可挑剔地当上科长的时候，文也同样当上了股长。

他俩就这么相互盯着，相互攀升。

当志当上了处长时，文也当上了科长。

志当处长，有许多人送钱送礼物给他，他不敢要，他觉得文的一双眼睛盯着他。有一回，他实在忍不住，心动了，收了人家送来的3000元。夜里，他做了个梦，梦见文高兴得哈哈大笑，说："这回你完了，3000元已经够处罚条件了，你完了。"他吓出一身冷汗，第二天就把钱送到纪检部门去了。

文的机会也同样多。

……

就这样，他们以无可争议的清廉和才干，上了更高的职位，且得到了人们的尊敬。

眼下，他俩都到了要退休的年龄。

一天，两人相见，互望着对方，禁不住紧紧拥抱，且激动得热泪盈眶。是的，没有这样的对手，谁敢说途中会怎样?!

一生平安，得益于对手的"呵护"。

他们都深深地感激对方。

如果你能当众拥抱你的敌人，就说明你的心怀已经能容天下所不能容。在你与他人相处时，能容天下人、天下物，出入无碍，进退自如，这正是成就大事业的本钱。

事实上，要当众拥抱你的敌人并没有想象中的那么难，只要你能克服心理障碍，你可以这么做：

在肢体上拥抱你的敌人，例如，拥抱、握手……尤其是握手，这是较普遍的社交动作，你伸出手来，对方好意思缩手吗？

在言语上拥抱你的敌人，例如，公开称赞对方、关心对方，表示你的诚恳，但切忌过火，否则会产生相反的效果！

一个能容忍对手发展的人，不但是一个胸襟宽广的人，还是一个具有远见的人。让竞争对手时刻在背后激励自己、鞭策自己，使自己不能有片刻懈怠，努力向前发展，实现双赢目的，实在是再好不过。

巧用"背后鞠躬"策略，消除对方的敌意

在人际心理学中，有一种被称作"背后鞠躬"的劝说术，让第三者无意地向对方道出你的善意或友好的想法，往往能够让彼此不睦的人际关系来个大转折。

有一次，有人在林肯总统面前搬弄是非说，外交部长埃德温·斯坦顿曾骂林肯是个该死的傻瓜。谁知，林肯听了以后不但没有生气，反而像闲话家常一般地说："如果斯坦顿说我是个该死的傻瓜，那么我很可能真的是，因为他办事一向都很认真，他说的十有八九都是正确的。"林肯的这番话很快传到了斯坦顿的耳朵里，斯坦顿听到他人转述过来的这番话的时候，感动极了。他在第一时间内跑到林肯面前，向林肯表示了自己崇高的敬意。

林肯正是利用了"背后鞠躬"的方法使斯坦顿改变了态度。为什么"背后鞠躬"能够取得这样的效果呢？

心理学家认为，与当面表达善意相比，"背后鞠躬"往往能产生更加显著的效果，主要原因有3方面：

第一，人际交往遵循"相悦定律"，即谁喜欢你，你往往就会对谁报以同样的好感。因此，当你向对方"鞠躬"的时候，往往能够换回对方的"鞠躬"。

第二，采用"背后"的方式，能够绕过对方的心理防备区。如果你亲口向对方表达善意，即使你完全是出于真心的，也很有可能被对方冠以"无事献殷勤，非奸即盗"之名，进而对你所表达的善意

林肯

产生排斥，甚至加重心理防备，使得你的善意完全失去效用。相反，如果信息是从第三者口中获得的，对方就不会怀疑其可信程度，因为对方会想："什么好处也捞不着，他没有必要对我说谎。"因此，借由第三者向对方传递善意，能够使你的诚意显得更加真切、可信。

第三，防止对方的负面自我概念产生消极作用。在人际交往中，对方对你的敌意很有可能是出自对你的羡慕或者嫉妒。在这种情况下，对方对自己的自我概念持负面态度，即认为自我形象不好、不值得他人喜爱。如果对方有这样一种心理，那么当你随意地向对方说"你很好，我喜欢你"时，对方很有可能认为你在消遣他，进而使关系更加恶劣。如果坦诚地表达出自己对对方的敬仰，会收到积极的效果。

此外，心理学家还指出，当人具有正面或中性的自我概念时，会对他人的善意报以同样的善意。然而，当人具有负面自我概念时，"相悦定律"的效果会大大降低。

在生活中，如果对方的敌意不是源于彼此间的利害得失，那么，"背后鞠躬"策略通常能有效化解对方的敌意。总之，如果对方是因为讨厌你才敌对你，又或者是因为嫉妒你才敌视你，那么，借第三者的口传递"喜爱、友善"的信息，告诉对方你"钦佩他、羡慕他、尊敬他"，往往能够给彼此的关系带来转机，有效地化解对方的敌意，其效果定能让你大吃一惊。

站在对方立场说话，消除对方的戒心

当我们和别人商谈事情时，我们不应该先自我确定标准和结论，应该先站在对方

的立场上仔细想想，询问对方对这件事情的看法和他认为应该如何解决这个问题，而不是直接讲一番大道理来逼迫对方接受自己的观点，这样就会消除对方的敌意，更容易让对方听你的话。

很多时候，站在对方的立场上考虑问题，你会发现，你跟他有了共同语言，他的所思所想、所喜所恶，都变得可以理解甚至显得可爱。在各种交往中，你都可以从容应对，要么伸出理解的援手，要么防范对方的恶招。许多人不懂得如何站在对方立场上思考和说话，这是导致很多事情做不成功的一大原因。

你若能站在他人的立场上说话，能给他人一种为他着想的感觉，这种技巧常常使你的话具有极强的说服力。要做到这一点，"知己知彼"十分重要，唯先知彼，而后方能从对方立场上考虑问题。成功的人际交往语言，有赖于发现对方的真实需要，并且在实现自我目标的同时给对方指出一条可行的路。

某精密机械工厂生产一种新产品，将其部分部件委托另外一家小型工厂制造，当该小型工厂将零件的半成品呈送总厂时，不料全不合该厂要求。由于新产品上市迫在眉睫，总厂产品负责人让小厂尽快重新制造，但小厂负责人认为他是完全按总厂的规格制造的，不想再重新制造，双方僵持了许久。这时总厂厂长在问明原委后，便对小厂负责人说："我想这件事完全是由于公司方面设计不周所致，而且还令你吃了亏，实在抱歉。今天幸好有你们帮忙，才让我们发现了产品的缺点。只是事到如今，产品总是要上市的，你们不妨将它制造得更完美一点，这样对你我双方都是有好处的。"那位小厂负责人听完，欣然应允了。

站在对方立场上说话确实不容易，却不是不可能。许多口才不错的人都能做到这一点。因为若不如此做，谈话成功的希望就可能是很小的。真正会说话的人，善于从他人的角度来设想，并且乐此不疲。然而，他们也并非一开始就能做得很好，而是从一次次的说服过程中吸收经验、吸取教训，不断培养这种习惯，最后才达到这种境界的。因此，只要你愿意，这并不是件太难的事。

美国"汽车大王"福特曾说过："如果说成功有秘诀的话，那就是站在对方立场上认识和思考问题。"在与人交往的过程中，多站在对方的立场上思考和说话，设身处地地为别人着想，就会消除对方的敌意，同时也更能让人感动，更能让人接受你的思想。

以德报怨，让对方的敌意如冰消逝

《诗经·卫风》云："投我以木桃，报之以琼瑶。"就是说，你对我好，我对你更好。倘若胸怀宽广，对自己的对手也能"投以木桃"，那你的对手也一定感激涕零，视你为恩人一般。日后定会选择时机报答你，给予你帮助，让你获得更大的成功。

一位名叫卡尔的卖砖商人，由于另一位对手的竞争而陷入困境之中。时方在他的经销区域内定期走访建筑师与承包商，告诉他们卡尔的公司不可靠，他的砖块不好，生意也即将面临歇业。

卡尔对别人解释说他并不认为对手会严重伤害到他的生意。但是这件麻烦事使他心中生出无名之火，真想"用一块砖来敲碎那人肥胖的脑袋作为发泄"。

"有一个星期天早晨，"卡尔说，"牧师布道时的主题是：要施恩给那些故意为难你的人。我把每一个字都吸收下来。就在上个星期五，我的竞争者使我失去了一份25万块砖的订单。但是，牧师教我们要善待对手，而且他举了很多例子来证明他的理论。当天下午，我在安排接下来一周的日程表时，发现住在弗吉尼亚州的一位我的顾客，正因为盖一间办公大楼需要一批砖，而所指定的砖的型号不是我们公司制造供应的，却与我竞争对手出售的产品很类似。同时，我也确定那位满嘴胡言的竞争者完全不知道有这笔生意机会。"

这使卡尔感到为难，是遵从牧师的忠告，告诉对手这次生意的机会，还是按自己的意思去做，让对方永远也得不到这笔生意呢？

卡尔的内心挣扎了一段时间，牧师的忠告一直在他心中。最后，他拿起电话拨到竞争对手家里。

接电话的人正是那个对手本人，当时他拿着电话，难堪得一句话也说不出来。卡尔还是礼貌地直接地告诉他有关弗吉尼亚州的那笔生意。结果，那个对手很感激卡尔。

卡尔说："我得到了惊人的结果，他不但停止散布有关我的谎言，而且还把他无法处理的一些生意转给我做。"

对于昔日的对手，打击报复只能为自己埋下更多的祸根，而善待我们的对手，不但能够感化他们，还会为我们自己的事业扫除一定的障碍。

为对手鼓掌，化干戈为玉帛

成功的处世是要懂得欣赏你对手，为他叫好。尤其是你平日相处得很紧张、很不快乐的人成功了，这时候，你为他鼓掌，会化解对方对你的不满和成见，改变他对你的态度，打开你们之间的心结，从而使他下次不再与你作对。

当我们自己取得成功的时候总是兴奋不已，希望有人为自己鼓掌。可是当你的对

手，包括你的"假想敌"和"假想对手"取得成功的时候，你该怎样去面对呢？是嫉妒还是欣赏？是大声叫好还是不屑一顾？

清末，黎元洪在湖北时，一直位于张彪之下。

张彪是张之洞的心腹，娶了一个张之洞心爱的婢女，人称"丫姑爷"。但张彪嫉贤妒能，对黎元洪十分反感，加之当时报纸亦赞扬黎元洪而贬低张彪，张彪心怀不满，常在张之洞面前进谗言，诋毁黎元洪。

张彪在进谗言的同时，还以上级的职位百般羞辱黎元洪，想让黎元洪不能忍受耻辱而离开军队。张彪的手法非常恶劣，曾经在军中将黎元洪罚跪，并当着士卒的面，将黎的帽子扔在地上。黎元洪忍受着百般欺辱，不动声色，脸上毫无怒容，张彪也对他无可奈何。然而，黎元洪亦非甘为人下者。他明知张彪欺侮自己，却不与之争锋，而是"平敛锋芒，海涵自负，绝不自显头角，以防异己者攻己之隙"。

张之洞任命张彪为镇统制官，但军事编制和部署训练却要黎元洪协助张彪。张彪不懂军事，黎元洪呕心沥血，为之训练。成军之日，张之洞前往检查，见颇有条理，就当面称赞黎元洪，黎元洪却称谢说："凡此皆张统制之部署，某不过执鞭随其后耳，何功之有？"张彪听了黎元洪这话，心中十分感激，二人关系逐渐融洽。

1907年9月，张之洞任军机大臣，东三省将军赵尔巽补授湖广总督。赵尔巽看不起张彪，要以黎元洪取代张彪，黎元洪坚辞不肯。

同时，黎元洪又面见张彪，告之此事，建议他致电张之洞，让张之洞为其设法渡过难关。张彪一听，心中大惊，立即让其夫人进京活动，张之洞来函，才保全了他的职位。张彪对黎元洪十分感激，张之洞亦认为黎元洪颇有诚心。

张之洞很看重黎元洪的"笃厚"，叹谓："黎元洪恭慎，可任大事。"实际上，黎元洪心里清楚，虽然张之洞已离开了湖北，但在北京当军机大臣，仍可影响到湖广总督的态度，如果黎元洪在张之洞离鄂之后，即取其宠将职位以自代，不但有忘恩负义的嫌疑，甚至会影响自己的前途。

更为重要的是，黎元洪通过"忍"以及帮助张彪，使张彪改变了对自己的态度，这样，等于在湖北又添一个助手，有利于增强自己的实力，在关键时刻能够帮自己的忙。

1911年10月上旬，瑞平出任湖广总督，对黎元洪极不信任，但此时黎元洪与张彪关系早已改善，因此并未影响到黎元洪的官职。

黎元洪故意为本有敌意的张彪叫好，率先化干戈为玉帛，从而使眼前的墙变成了一条路。事情往往就是这样，你为对手大声叫好，用力多鼓掌，这种付出不会让你有什么损失，反而能给你带来很大的利益。成功的处世，就要懂得为对手叫好，这样对手也会为你所用。

九、揣着明白装糊涂，谨言慎行

揣着明白装糊涂，交际场上好生存

常言道："难得糊涂"。在交际场中，很多时候，有些事情是并不需要完全弄明白的，或者说，自己心里明白即可，嘴上还是糊涂些好。

纵观中国历史，很多帝王将相、大有作为的人都是会装糊涂的人。

在一次宴会上，楚庄王命令他所宠爱的美人给群臣和武士们敬酒。傍晚时分，一阵狂风把灯烛吹灭了，大厅里一片漆黑，黑暗中不知是谁用手拽住了美人的衣袖。美人急中生智把那人系帽子的带子扯断，然后来到楚庄王的身边，向他哭诉被人调戏的经过，并说那个人的帽带被扯断，只要点上灯烛就可以查出此人是谁。

楚庄王安慰了美人几句，便向大家高声说："今天喝酒定要尽兴，谁的冠缨不断，就是没喝足酒。"群臣众将为讨好楚庄王，纷纷扯断冠缨，喝得烂醉如泥。等点灯时，大家的冠缨都断了，就是美人自己想查出调戏她的那个人，也无从下手了。

三年后，楚国与晋国开战，楚军有一位勇士一马当先，总是冲在前头。楚庄王很奇怪，问他为什么如此拼命。勇士回答说："末将该死，三年前我在宴会上酒醉失礼，大王不但不治我的罪，还为我掩盖过失，我只有奋勇杀敌，才能报答大王。"

在这一事件中，楚庄于的宽容大度得到了应有的报偿。他的这种"糊涂"其实是一种富有远见的精明。

装糊涂是一门高超的处世艺术、收买人心的策略，对于那些身在职场，尤其是处于管理层的人员就更要懂得运用这一方法，如员工在某一件小事情上做错了，你就应该原谅他，包容他，给他留个面子，那么这个员工会很感动，会对企业更忠诚。相反，如果你过分批评和惩罚员工，他们反而会为自己的过失找借口。所以，一个成功的管理人员应该做到大事认真，小事糊涂，不与下属斤斤计较。

其实不光是领导，作为一个普通的员工，我们也需要适时装糊涂，如老板忘记把材料放到了哪里，我们不需要为自己辩解，装下糊涂，就说自己记不清了，然后再重新拿一份来，不就万事大吉了嘛；有时候，同事挨了处分，面子上过不去，我们就不要去安慰，装作不知道，反而会更好；一个问题，明明你是对的，但同事说错了，我们不要去说破，装装糊涂，在同事知道了正确的答案后，心里会比谁都清楚，无形中你们的关系也会被拉近。

不要点破他人的心思

在识人的过程中，如果被对方发现你已读懂了他的心，那么，他会感觉自己的隐私受到了"侵犯"，从而对你产生戒备。

齐国一位名叫隰斯弥的官员，住宅正巧和齐国权贵田常的官邸相邻。田常为人深具野心，后来欺君叛国，挟持君王，自任宰相执掌大权。隰斯弥虽然怀疑田常居心巨测，不过依然保持常态，丝毫不露声色。

一天，隰斯弥前往田常府第进行礼节性的拜访，以表示敬意。田常依照常礼接待他之后，破例带他到邸中的高楼上观赏风光。隰斯弥站在高楼上向四面眺望，东、西、北三面的景致都能够一览无遗，唯独南面视线被隰斯弥院中的大树所阻碍，于是隰斯弥明白了田常带他上高楼的用意。隰斯弥回到家中，立刻命人砍掉那棵阻碍视线的大树。正当工人开始砍伐大树的时候，隰斯弥突又命令工人立刻停止砍树。家人感觉奇怪，于是请问究竟。隰斯弥回答道："俗话说'知渊中之鱼者不祥'，意思就是能看透别人的秘密，并不是好事。现在田常正在图谋大事，就怕别人看穿他的意图，如果我按照田常的暗示，砍掉那棵树，只会让田常感觉我机智过人，对我自身的安危有害而无益。不砍树的话，他顶多对我有些埋怨，嫌我不能善解人意，但还不致招来杀身大祸，所以，我还是装着不明白，以求保全性命。"

现代的人心透视术也正强调注意此点，不要让对方发觉你已经知道了他的秘密，否则就完全失去了透视人心的意义。如果故意要使对方知道你能看穿他心意的话，当然就不在此限之内。

秦朝曾有一位非常能干的宰相，名叫应侯，他擅弄权术，又极具才华。应侯的封地汝南在一次战争中被韩国夺走，秦昭襄王同情应侯，问他说："你失去了封地是否忧愁？"

"我不忧愁。"

"为什么呢？"

"梁国有个叫东门吴的人，他的儿子死了却不忧愁。他的管家说：'您这样疼爱您的儿子，天下少有，如今儿子死了，怎么不忧愁呢？'东门吴说：'我原是无子之人，没有儿子时，我不忧愁；现在儿子死了，就和没生儿子一样了，我又有什么可忧愁的呢？'我当初是平民之子，为平民之子时不忧愁；现在失去了汝南，也和失子的梁国平民一样，我为什么要忧愁呢？"

秦王认为这不是心里话，就告诉大将军蒙傲说："现在，我若有一个城邑被围困，就连吃饮也不觉有香味，躺着也不能安眠。现在应侯失去了封地却说不愁，这难道是真情话吗？"

蒙傲说："请让我试探一下他的真情。"

蒙傲于是去见应侯，说道："我想死。"

应侯说："你说的什么话啊？"

蒙傲说："秦王尊您为师长，天下人所共知。如今我作为秦王的将领率领着秦兵，我原以为韩国是个小国，没想到它竟敢违逆秦国的命令，夺走了您的封地，我活着还有什么意思，不如死了算了。"

应侯听后，立即向蒙傲下拜道："这件事便全拜托给您了。"

蒙傲把应侯的话回报给秦昭襄王。从此之后，应侯每谈到韩国的事情，秦王都不听信，总认为这是他为了夺回汝南的封地所说的话。

可见，与人交往中，当自己看穿对方心意之后，千万不要露出破绽，让一切计划进行得很自然，这样才能使你的策略实行得圆满顺利。

看穿是非得失，心中有数即可

虽然说人生如戏，但是真正的高人，不在戏中迷失自己。是是非非、纷纷扰扰不过是过眼云烟，不值得挂怀。面对再多的诱惑，也知道该放弃时则放弃，在混杂中活得清楚明白。

什么是看穿是非，说白了就是懂得跳出来，懂得放弃。平日里，我们的心像钟摆一样在得失间摇摆，懂得放弃是一种智慧。

庄子提出，人得了道就是真人，真人有真智慧。什么叫真人？"不逆寡"，即顺其自然，一切不贪求，摆脱常人贪多的通病。"不雄成"，走出自大的机械心理，得道的人不觉得自己了不起，一切的成功都是自然，看淡成败得失。

汉代司马相如所著《谏猎书》有云："明者远见于未萌，而智者避危于未形。"意思是说，明理的人在事物还没有发生之前就预见到了事情的发生，聪明的人可以在危

险出现之前就已经安排好了避免危险的方法。

得失都是一样，有得就有失，但是人们非常可怜，都是患得患失，未得患得，既得患失。塞翁失马，焉知非福？所以，我们不要把得失看得太重。

中国有句古语说："苦海无边，回头是岸。"偏偏有人就执迷不悟，因此，烦恼都是自找的。

超然忘我，放下得失之心，不苦苦执着于自己的得与失、喜与悲，便不会活得那么"屈服"。有人说，人的一生之中只有三件事，一件是"自己的事"，一件是"别人的事"，一件是"老天爷的事"。

今天做什么，今天吃什么，开不开心，要不要助人，皆由自己决定；别人有了难题，他人故意刁难，对你的好心施以恶言，别人的事与自己无干；天气如何，狂风暴雨，山石崩塌，人能力所不能及的事，只能是"谋事在人，成事在天"，过于烦恼，也是于事无补。人活得"屈服"，离道越来越远，只是因为，人总是忘了自己的事，爱管别人的事，担心老天爷的事。所以要想轻松自在很简单：打理好"自己的事"，不去管"别人的事"，不操心"老天爷的事"。

看穿得失并不是玩世不恭，而是让自己的心境轻松，守住做人的本分，从俗事中解脱出来，不被物质所累。

十、善于倾听，诱使他人吐露心声

与人交际注意"两只耳朵一张嘴"法则

许多人喜欢让别人听他说话，却不太喜欢听别人说话。如果你也存在这样的情况，那么请记得，上帝给了我们两只耳朵一张嘴。

在求职就业中，大多数人常犯的错误就是高谈阔论，自我表白，"我"字不离口："我想担任这个职务，因为我有足够的把握和胜任能力"，"我的需要是……"他们普遍缺少倾听的耐心，很可能因此失去工作的机会。

有一个合资单位的经理到某大学去招聘职员，他对 20 多名大学生进行了反复核查，从中挑选出了三名大学生进行最后的面试。其中有两名大学生在经理面前，夸夸其谈，炫耀自己的能力如何高、如何强，并提出一大堆的建议和设想。而另一名学生则与他们相反，在面试时，一直耐心倾听经理的见解和要求，很少插嘴，只有当经理

412

询问时，他才回答，而且很简练，在面试结束时，他才委婉地说道："我很重视您的要求，也非常赞同您的见解。如果我能被录用的话，还望您今后多多指导。"三天后，这位善于倾听的大学生接到了录用通知，而那两位夸夸其谈者则被淘汰了。

一般人在与别人交谈时，大多数时间都是他在讲话。这种现象在推销中表现得尤为突出，一般推销员在推销产品时，70%的时间是他在讲话或介绍产品，顾客只能得到30%的讲话时间。这样的推销员往往业绩平平。而顶尖的推销员，早就总结出了一条规律：如果你想成为优秀的推销员，建议你把用于听和说的比例大致调整为2：1，70%时间让顾客讲话，你倾听；30%时间自己用来发问、赞美和鼓励他说。这就是"两只耳朵一张嘴"法则。

杰尔·厄卡夫是美国自然食品公司的"推销冠军"。一天，他和往常一样，把要推销的芦荟精的功能、效用告诉顾客，刚开始，女主人并没有表示出多大的兴趣。杰尔·厄卡夫立刻开动脑筋，并细心观察。

突然，他看到阳台上摆着一盆美丽的盆栽，他想到女主人应该非常喜欢那盆栽，于是便说："好漂亮的盆栽啊！平常似乎很难见到。"

"你说得没错，这是很罕见的品种。它叫嘉德里亚，属于兰花的一种。它真的很美，美在那种优雅的风情。"女主人一下子就打开了话匣子。

"确实如此。但是，它应该不便宜吧？"

"这个宝贝很昂贵的，一盆就要花800美元。"

"什么？我的天哪，800美元？那每天都要给它浇水吗？"

"是的，每天都要很细心地养育它……"

女主人开始向杰尔·厄卡夫倾囊相授所有与兰花有关的学问，而他也聚精会神地听着。

最后，这位女主人一边打开钱包，一边说道："就算是我的先生，也不会听我嘀嘀咕咕讲这么多的，而你却愿意听我说了这么久，甚至还能够理解我的这番话，真的太谢谢你了。希望改天你再来听我谈兰花，好吗？"

随后，她爽快地从杰尔·厄卡夫手中接过了芦荟精。

在与别人交谈时，如果你发现自己的耳朵快关闭了，那么请当机立断，闭上嘴巴。

从倾听中抓住最有用的信息

倾听的作用不只是在于表示对对方的尊重，而且在于能抓住对方主要想表达的信

息，以给对方最准确、最喜欢的回应。

在人与人之间的交流中，"听"是如此自然，以至于人们常常不把它作为一个话题来研究。有效倾听似乎理所当然，虽然日常生活中有很多事例可以证明并不容易做到这一点，但人们并没有意识到需要学习有效倾听的方法，以致人们对倾听的作用有所漠视。

人际沟通学认为倾听和听见并不是一回事。因为听到只是你的听觉系统接收到了声音。很多人都能听见声音，但他们根本不能"倾听"，也就是听到并理解。比如，当你看书的时候，周围会有各种声音，你的听觉系统会接收到声音，但你未必会注意到这些。有时人们听到声音，并且"看起来"是在倾听，而实际上他们只是对内在的声音感兴趣，这种现象就是"假听"。

当然，倾听的第一步就是听见——听觉器官接收声音，然后人们注意这些声音并将声音组织为有意义的形式，也就是开始理解。

我们并不经常理解注意到的声音，比如人们听到自己不了解的语言，就不能理解语言的含义。不过人们普遍认为只要听到了声音也就理解了声音，这就是我们要谈到的第二个误解。

有的人认为注意声音自然就会理解声音。不过，想想你在听到电影中的外语对话时，你就会明白，听到并不意味着理解。你可以关注所有的声音，但并不一定理解。"理解"就是将声音重组为有意义的模式。

交谈中须彻底明白了对方想表达的信息，才能顺利进行。应在坦诚交谈并表示了解后，才陈述自己的意见。倘若不遵守这个原则，可能会造成各说各话的情形，以至于谈话不投机，影响人际关系。

然而，我们常因热衷于谈话而忽略了这个原则。虽然完全没有恶意要抢先，却会发生打断对方讲话的情形。比方说，对方正在提问题时，你打岔说："是啊，我也正想提这点呢。"

像这样的谈话方式，不仅容易引起对方不满，更重要的是，你根本没有掌握最主要的信息。正确的方法是等候对方说完，再正式提出自己的意见。在表达本人看法前，必须用心体会言谈之间的真实含义。

在工作上普遍受人欢迎的人，多是了解倾听技巧的人。

在改变他人想法前先做一个好的倾听者

戴尔·卡耐基说过："要说服一个人的时候，不能将他视为理性的动物，而应该将他视为感情的动物，他是充满偏见与先入之见而与人处事的。"因此，要改变他人的想法，就要做一个倾听者，让对方畅所欲言，然后再做有针对性的说服。

现实生活中，有时我们认为合理的事物，在对方的深层心理却不认为如此。如果不先进行说服工作，就无法突破这层障碍，而说服之前则需要耐心的倾听。

有两位奔波在商业大潮中推销床的推销员，其中 A 推销员是属于能说能干型的，而 B 推销员则是少言寡语型的。然而，B 有时会以让 A 吃惊的方法成功地进行推销。例如有一次，任何推销员都无法说服的某肥料公司的老板，B 竟然让他一下子买了 6 张床。他到底是用什么方法说服这位老板的呢？

原来，这位老板患有严重的耳病，一般推销员发现他听力有困难之后，便放弃了。但是看上去少言寡语的 B 却不一样，他放弃了口头交谈而改用笔谈。笔谈虽需要耐性和时间，却说服了这位老板一次买了 6 张床。

B 以外的其他推销员可能都有"既然是聋子，说了也没用"这种先入之见。而从心理学的观点来看，这位耳聋的老板也会有"要警惕健康人，尤其是推销员……"这种意识。因为耳聋，平日可能会有"我是个聋子，别人不会理我"，或"别人可能会利用我的缺陷来欺骗我"等猜测。也就是说，从心理学的观点来看，很多推销员没有消除这位肥料商人的先入之见和偏见，也没有想到消除的办法。但是，B 推销员在发现对方是耳病患者之后，没有采取通常的推销办法，反而积极地采取了笔谈的特殊方式，这不仅解决了向对方推销产品的问题，而且还消除了对方可能持有的偏见或猜测之心。这种办法对于说服那些有先入之见或偏见的人是很有效果的。

与此相关，要说服持有先入之见的对方的第二个重要问题，就是像 B 推销员那样采取特殊的、对方喜爱的交流方式或者在轻松的气氛中让对方畅所欲言。

我们往往会以适合自己的方式说服对方，但对于已经有先入之见的人来说，这种交谈方式的效果就不明显。不仅如此，反而会使对方的态度变得生硬。这时应该放弃这种通常的说服方式，只有了解了对方的心理，才有可能消除他的先入之见，使他接受你的说服。

人们往往是通过自己的体验或周围的环境来判断事物的好与坏、是与非的。因此，即使指出他的不对之处也很难消除他的先入之见。这些先入之见和偏见与有科学根据的判断不同，它们在形成过程中常会加入自己的主观认识，因此，在理论上多半靠不住，这也就使得这些观念可以动摇。

正如我们在前面所叙述的那样，先入之见或偏见是由每个人狭隘的个人经验所产

生的，因此，如果能巧妙地让对方感觉到这一点，让他认识到"原来还有这样的人""原来还可以这样认为!"等，让他具有宽广的视野，那么，就可以说说服工作已经成功了一半。因此，必须让对方说出先入之见，并对此进行客观的认识。

一位经验丰富的记者曾说过，采访的成功秘诀是"自己尽量少开口"。的确，对于初次见面的人，尤其是你不知道对方有什么样的先入之见和偏见，万一说得不当，将会一无所获。对有偏见的人进行采访的技巧是让对方说出先入之见的内容。可是说服工作和采访又有不同之处，如果只让对方说出心里话，并不等于说服。你必须不动声色地让他认识到自己的先入之见为什么是错的、错在何处，要让对方对其先入之见有客观认识，最根本的事情是：要让对方畅所欲言。

听完对方的基本主题再插话

插话是一件很难做的事，稍微把握不好时机，就会堵了别人的话头，这样很容易遭人厌恶。所以，最好先注意听别人说话，等到他说的一个主题基本完了，这个时候再插话。

在别人说话时，我们不能只听到一半或只听一句就装出自己明白的样子。我们提倡在听别人说话时，要不时做出反应，如附和几句"是的"，这样既让说者知道你在听他说，又让他感觉你在尊重他，使他对你产生浓厚的兴趣。

但是，万事都有忌，有需要把握分寸的地方。许多人过分相信自己的理解和判断能力，往往不等别人把话说完就中途插嘴，这种急躁的态度，很容易造成损失，不仅弄错了问话意图，还有失礼貌。当然，在别人说话时一言不发也不好，对方说到关键的时刻，说完后，你若只看着对方而不说话，对方会感到很尴尬，他会以为没有说清楚而继续说下去。

老张在镇上盖了一套三层的楼房，当该房子的第三层刚封顶时，几个朋友在他家吃饭。席间，突然来了一位专门安装铝合金门窗的个体户，与老张一见面就递了张名片。其实这位个体户的店铺门面也在本镇，虽和老张平时见过几次面，但因没有业务往来，他们都不认识。经过交谈，他们彼此觉得非常熟悉。轮到老张做决定是否将铝合金门窗的业务让这位个体户做时。老张说："虽然我们以前不认识，但通过我们刚才的一席话，得知你对铝合金门窗安装的经验丰富，假如我房子的门窗让你来安装，我相信你能安装，也相信你能做得很好。但是在你今天来之前，我们厂里一名下岗钳工已向我提起过，说他下岗了，门窗安装之事让他来做……"

老张的话还未说完，那个体户便插话了：

"你是说那东跑西走的小李吧？他最近是给几家安装了门窗，但他那'小米加步枪'的做法怎能与我比？"

哎！这话不说还好，一说便让老张顿时改变了主意，接着说：

"不错，他尽管是手工作业，没有你那先进的设备，但他目前已下岗在家，资金不够丰厚，只能这样慢慢完善，出于同事之间的交情，我不能不让他做！"

就这样，那个体户只得怏怏离开了。

之后，老张说："那个体户没听懂我的意思，把我的话给打断了。本来，我是暗示他，做铝合金门窗的人很多，不止他一个上门来请求安装。我已打听到了他做门窗已多年，安装熟练，且很美观，但他的报价很高，我只是想杀杀他的价格，可他的一番言说甚至攻击了我同事小李的人品，我宁愿找别人，也不要让他来安装我的门窗。"

一个精明而有教养的人与人交谈，即使对方长篇大论，也绝不会插嘴，这说明打断他人的言谈，不仅是不礼貌的事，而且什么事也不易谈成。

恰到好处的沉默胜于雄辩

在生活、工作中，有些时候确实是沉默胜于雄辩。与得体的语言一样，恰到好处的沉默也是一种语言艺术，运用好了常会收到"此时无声胜有声"的效果。

在人际交往中，恰到好处的沉默往往能收到比较好的沟通效果。比如，亲人依依惜别，知己久别重逢，在这种悲欢离合、百感交集的时刻，他们往往不是万语千言，互诉衷肠，而是"默默无语两眼泪"，似乎只有沉默才能表达出他们当时的百转柔肠。再有，热恋中的情人，花前月下，相依相偎，深情缱绻，彼此却默默无语，只能听到恋人的心跳，此刻是两颗心儿在互诉衷情，任何甜言蜜语的表白只能是多余的和蹩脚的。

日本海军偷袭珍珠港得手后，尽管美军损失惨重，太平洋舰队几乎全军覆没，但是在一些美国议员之中，还有为数不少的议员反对美国向日本宣战。

当时罗斯福已经将局势分析得十分明朗，他明白如果不趁日军立足未稳时对日宣战，将来会变得异常艰巨。同时，他也明白那些持反对态度的人的想法。美国一旦参战，国内经济必受影响，同时战争的胜负很难预料。如果战事对美国不利，到时如何收场？

罗斯福明白这些人的忧虑，但他以政治家的眼光觉察出这些担忧是毫不必要的，

所以他决定：美国必须参战。

　　在一次会议上，当大家为战还是不战而争论不休时，罗斯福突然要站起来，因为他双腿残疾，所以平常总以车代步。当他挣扎着要从车上站起来时，两名白宫的侍从慌忙上前想帮他一把，但让人意想不到的是罗斯福愤怒地将他们推开。

　　于是，在众人惊讶的目光中，罗斯福摇摇晃晃地挣扎着，从椅子上缓缓地站了起来。然后他满脸痛苦却倔犟地坚持站着，默默地看着周围的人，一言不发。

　　全国的电视观众都看到这一画面，他们感动了，是呀，有什么困难是不能克服的？于是，国会很快做出决议：对日宣战。

　　有些人说话态度很积极，但发表意见时不免有失偏颇，令人难以接受，若直截了当地驳回，又易挫伤其积极性，循循诱导又费时，精力也不允许，最好的办法便是毫无表情的缄默。

罗斯福

　　沉默是金并不是说人应该闭口不言，而是要言默得当，当说则说，不当说则三缄其口。懂得说话艺术的人非常明了这一点，真正做到了言默自在心头。这是因为他们掌握以下三条原则：

　　第一，该说的对象便说，不该说的对象则不说。如有需要求人之事，遇到肯热心帮忙的人则说，否则便不能说；有些事遇到有性格沉稳之人可以说，遇上是非多的人则不能说；对于性格腼腆的人不要乱开玩笑；对于有生理缺陷的人不要涉及相关的话题；对于妒忌心强的人不要谈论自己和别人的成就；对于异性不要有容易引起误会的措辞。

　　第二，该说的事情便说，不该说的事情则不说。可以谈众所周知之事，不能谈别人的隐私；背后可以谈别人的优点，不可谈别人的过错；可以谈既成的事实，不可空谈今后的打算；可以谈对方感兴趣的事，不可谈对方忌讳的事。

　　第三，该说的时候便说，不该说的时候则不说。在对方心情舒畅时可以谈求助之事，在对方心烦意乱时则不谈；在对方情绪低落时可以谈令对方振作之事，遇对方兴致很高时不可谈令对方扫兴之事；在对方喜庆的日子不谈不吉利之事，在对方哀伤的时候不谈惹人欢笑之事。

十一、洞察处世方式，揭示交往准绳

在日常生活中，人际交往是不可避免的，但世事复杂，人心难测。尤其是初出茅庐的年轻人，涉世不深，常常因为缺乏辨别他人意图的经验而导致失败。其实，读心识人并不难！只要你能够仔细挖掘对方的处世方式，你就能调整自己的交往方式，轻松处理复杂的人心！

（一）能实时抓住对方需求的人，办事有能力

怎样说才不会被人拒绝？怎样说才能让他动心？要看对方最需要什么，抓住对方真正的需求。当然，一般人们不会将这些说出来，不过只要你认真分析他的心理，就能了解他想要什么。专攻这一点，能达到事半功倍的效果。

所谓的办事有能力，指的是一个人在办事的过程中不拖泥带水，能够实时迅速抓住他人的需求，找到关键点，从而把事情办得圆满。打个比方说，在钓鱼的时候，并不是把钓竿放在那里就静等着鱼上钩，而是你能够根据当时的情况判断出鱼喜欢吃什么，在什么地方停留，只有这样，才能快速而有效地钓到鱼。

因此，能否实时抓住对方的需求，是办事成功与否的关键，也是一个人办事能力的体现。对于需求来说，有时候它并不仅仅表现在表面上，它还有更深层次的需求。就像有时候我们认为，一个人只需要一辆小汽车就够了，但是偏偏有些人喜欢买好几辆。在这些人的眼里，小汽车的作用不仅仅是代步，而是一种炫耀的资本，它所带给他们的不仅仅是物质需求上的满足，更重要的是一种精神的满足，所以，他们愿意去购买看似不需要的东西。在办事的时候道理是同样的，只有找到对方的真正需求，才能够把事情办好。

在一家汽车销售公司里，有一名汽车销售员，他是公司的销售明星，在任何情况下，他都能够完成自己的销售任务，甚至还超出很多，在他看来，销售并不是一件很困难的事情。

当他的同事们对一对普通的工薪阶层的夫妻丧失信心，不愿意进行销售的时候，他主动接洽，成功地将一辆汽车销售出去。这对夫妻在同事们的眼中，购买能力实在很低，购买一辆汽车要花费掉他们很多的储蓄，因而这对夫妻总是不能下定决心购买，购买的可能性可以说是微乎其微。

但这名销售员并不这样认为，他认为这对夫妻非常需要购买一辆汽车，正因为他们购买能力低，所以他们才更加谨慎地选择能最大限度地满足他们需求的汽车。他们不需要豪华汽车，因为他们不需要用汽车来装点门面、抬高身价，他们需要的仅仅是一辆能够带着他们上下班的汽车。这名销售员抓住了这一点，向这对夫妻推荐了一款耗油少的小排量汽车，这辆汽车能以最低的成本带着这对夫妻上下班，因此，他们爽快地买下了这辆汽车。

当同事们对一个拥有好几辆豪华汽车的富翁丧失了兴趣，认为他不可能再花钱购买一辆同样豪华的汽车的时候，他却成功地将一辆豪华汽车卖给了这个富翁。在他的同事看来，这名富翁已经有了好几辆豪华型的汽车，他不太可能再去买同一类型的汽车。而这名销售员认为这名富翁购买汽车的目的只是为了彰显自己的高贵身份，而并非是为了追求舒适的乘车环境，因而他再向富翁推荐汽车的时候并没有把过多的时间用在向富翁介绍汽车的性能上，而是着重阐述该汽车的尊贵身份。果然，这名富翁对这辆身份"高贵"的汽车产生了浓厚的兴趣，并最终购买了这辆车。

可见，这位销售员正是抓住了客户的需求，从而成功地将汽车销售了出去。

我们常说攻心有术，其实这里的术无非就是抓住对方的内心需求。爱吃肉的给肉，爱吃草的给草，自然会把对方打发得欢欢喜喜。

有人整天惴惴不安，惶惶半日，也猜不透老板叫他去谈话的用意；有的人一笔业务跟了大半年，不到合同签订的最后时刻不敢肯定合作者的诚意；有的人费尽口舌去求人，却琢磨不透对方的态度是帮还是不帮。这类人缺的就是洞悉对方需求并满足之的能力，善于抓住对方需求的人，通常比较细心，具有较强的办事能力。如果他们身为领导，能恰当地运用激励，激发下属的工作热忱。

有一家小型模具公司，它的工作环境狭小而零乱，但员工全都专心致志地做着手上的活，旁边并没有人看管。为什么他们竟会如此认真自觉？老板解释说："最主要是有一条：各道工序详细的定额报酬制定得清清楚楚，每天干好干多，得多得少，非常简单，工人心里也清清楚楚。"该公司的老板由于找到了劳动效率和劳动收入的平衡点，所以提高了员工的能动性。

激励讲究的是给之所需，同样在现代企业管理中，调动员工的积极性，最重要的也是要分析员工的不同需要，为员工设置看得见的目标，让他们感到有奔头、有动力。这正是管理者能力的体现。

无论我们处在一个什么岗位或者是从事什么行业，那些能够实时抓住对方需求的人，在办事的时候才能够让人放心，办起事情来才能有效率，这样的人，必定能够成就一番作为。因此，更多的时候，我们要能够认清那些能够抓住他人内心需求的人，这样的员工或者合作伙伴都将为我们带来无穷的益处。而在这样的管理者手下，我们才能发挥自身最大的才能，因为这样的管理者能够为我们提供这样一个舞台。

生活中我们时时刻刻都在忙碌着，我们常常会为了某件事在大费周折而不能做成，但如果你能够遇到一位能够实时抓住对方需求的人，那么所有的问题将不再是问题。

谦逊的人周围自然会有很多人帮忙

一个受人欢迎的人，必定是一个谦逊的人。谦逊的人处处为别人考虑，懂得尊重他人的感受，因此，能够受到大家的喜爱和帮助。所以，看一个人是不是谦逊的，只需要看看他遇到困难时的人缘就知道了。

苏格拉底曾说"谦虚是藏于土中甜美的根，所有崇高的美德由此发芽生长"。谦虚是一种美德，是人类高尚的品质。生活中总有些人一旦做了点什么事取得了什么功劳，就四处炫耀，甚至把炫耀先人的业绩当作自己的光荣。资历深自然值得尊重，但老是挂在嘴唇上当歌唱，就会贬值了。更可悲的是，炫耀还会遭到周围人的嫉恨，最终成为孤家寡人一个。

那些真正有本事的人是不需要自己说出来的，谦逊有礼才能显示自己的教养和美德。谦虚的人往往也更受到欢迎。一个人如果只知道在他人面前抬高自己，那么无形中就贬低了别人，这是对别人的不尊重，会伤害别人的自尊心，难免要遭到否定、蔑视。相反，一个人在他人面前表示恭谦，则是对他人的尊重，心得到满足，他人就会以更高的评价来回报。所以说，谦虚的人，周遭自然会有很多人帮忙，因为他们能够把自己放在一个更低的位置，不吝于向别人请教。

比尔·盖茨和他的团队带领微软公司创造了 IT 业界一个又一个神话，作为微软第一任华裔副总裁的李开复，除了景仰比尔·盖茨的商业成就之外，最景仰的是他谦逊的性格。而关于比尔·盖茨谦逊的性格，还有一个故事广为流传。

在微软专门帮助比尔·盖茨准备讲稿的一位职员说，每次演讲前，比尔都会自己

仔细批注并认真地准备和练习。而且，比尔每次演讲完，都会下来和他交流，问他"我今天哪里讲得好，哪里讲得不好？"。他也并不是问问就算了，他还会拿个本子认真地记下来自己哪里做错了，以便下次更正和提高。

当一个人能够在事业上做得这么成功，但还能这么敬业，还是这么谦虚，还是这么愿意学习，这是非常难得的，因为很多人成功了就把自己变得很自大。但正所谓"枪打出头鸟"，一个人如果过于锋芒毕露，必定会遭到他人的嫉恨，被众人所孤立，毕竟没有一个人愿意跟傲慢的人在一起。

一切真正的伟大的东西，都是淳朴而谦逊的。世上凡是有真才实学者，凡是真正的伟人俊杰，无一不是虚怀若谷、谦虚谨慎的人。而那些盛气凌人、傲慢自负、自我感觉良好者，也许某一方面高人一等、优人一招，但更多的时候是因为并无过人之处，只是借虚张声势、故弄玄虚，来掩饰自己的半瓶水的能力。

张帆大学毕业进入了一家国企办公室。虽然年轻稚嫩，但对于反应迟钝、对领导点头哈腰、唯唯诺诺的办公室主任老郭，张帆觉得自己在哪方面都有优势。尽管她是新人，但却没有一点尊敬老人的样子。

办公室工作难度最大的是写各类报告和发言稿，看着老郭整天冥思苦想的样子，她主动请战，把那些枯燥乏味的撰写报告任务接了下来。老郭如释重负，连声道谢。但是，张帆的主动请战，并不是为他人服务，而是有自己的想法。她认为老郭年事已高，在言谈举止等方面都无法与科班出身的她相比，因此她要让大家看到自己的能力和才干，以顶替老郭的位置。

一次，总经理需要完成一份学术论文，请她帮忙，张帆终于看到了机会。于是，仗着领导的重用，张帆反客为主，开始指派老郭以及安排办公室的一些日常事务。并且在办公室里，张帆总会动不动就把自己的专业知识搬出来卖弄，说老总如何如何器重自己，让别的同事颇有微词。但老郭依然如故，始终笑嘻嘻的，就算面对张帆的指手画脚，他依然保持着那份招牌式的笑容。学术论文张帆完成得非常漂亮，老总很满意。

领导的赏识和态度让张帆暗自得意，让她极度自大起来，对办公室的工作安排和执行完全拿出领导的派头。此时老郭在工作上的权力，几乎已经被张帆所取代。张帆得意地认为，这个主任她已经当定了，就等领导在适当的机会宣布结果了。

但事情并不如张帆想得那么简单。两年一度领导换届的结果，老郭以遥遥领先的票数继续留任主任一职，而张帆获得的只是领导的口头表扬和鼓励。不服气的张帆要讨个说法，老板看着她道：做领导仅有能力是不够的，更需要经验和能够服众的品格，你还年轻，好好学着点，天外有人，要继续努力！老总的话让张帆想起了其他员工对"平庸"老郭的尊重和支持，她似乎明白了。

张帆的工作能力的确很强，可她却总是去炫耀，觉得自己非同一般，看不起主任，还总是拿领导对自己的看重来和同事对比。结果招致同事们的反感，没有获得一个好人缘，结果失去了大好机会，如果她能虚心地帮助老郭，善待自己的同事，虚心请教的话，也许不用几年，部门主任非她莫属。

人们对傲慢的人和谦虚的人的之所以有不同反应，那是因为人们在生活中形成了一种看法：凡是骄傲的人、喜欢自吹的人都是无知的、缺乏修养的人，而谦虚的人往往是有真才实学、有修养的人。

所以说，只有那些谦虚之人才会赢得他人的好感，获得他人的帮助。要知道，即使一个人能力的确不行，但他也不愿意看着别人压在他的头上，而那些懂得谦虚之人，能够处处把自己置于低处，所以他们必然能够获得大家的喜爱。因此，看一个人谦不谦虚，只要看看他对待周围人的态度和周围人对待他的态度就能够了解，谦虚的人周遭会围满了帮助他的人。

视为人效劳为己任的人，可以与之共存共荣

人的本性是自私的，所以人们一般都不会把为他人做事视为己任。其实，他们忽略了一个道理，就是，努力工作在为别人创造财富的同时，更提升了自身的价值。所以，如果有人视为人效劳为己任，说明此人上进心很强，值得我们与之共存共荣。

有时候我们要想看清一个人，那么我们可以安排他一项任务，看他对待这份任务的态度就能看出这个人的品行。那些视为人效劳为己任的人，才值得我们与之共存共荣。也就是说，那些能够把别人安排给自己的工作当作是自己的工作，一心一意去完成的人，才值得我们与之共存。

比如在工作中，很多人都把工作看成一种简单的雇佣关系，做多做少，做好做坏，对自己意义不大，总觉得这是在为老板工作。一个人如果存在着这种心态，那么无论他做什么工作都是一种应付，抱着这种心态工作，他永远不会成长和发展，亦将永无"出头之日"，更谈不上干一番事业！

曾经看到过这样一个故事：

有一位心理学家，无意中来到了一座正在建设中的教堂。他看到了三位工人，奇

怪的是，他们在做着同样的一份工作，但每个人脸上的表情却不一样。于是他走上前去，询问三位正在砸石头的工人同样一个问题："你在为谁工作。"

第一位工人怨气冲天地说他正在用重得要命的铁锤去砸硬得要死的石头，是为工作而工作；第二位工人无可奈何地说正在为一家老小的温饱而砸石头，在为薪水而工作；最后一位工人心平气和地说他正在参与兴建一座雄伟的教堂，和建设一座现代化的都市，在为人生价值而工作。

同样的工作，三个人却有三种不同的看法，而这三种看法会导致三种不同的工作感受，也产生了三种不同的结果。这三个人当中，前两名工人的想法都是在应付自己的工作，只有第三个人，才真正地做到了视为人效劳为己任。

对于老板来说，相信他们喜欢的都是第三种员工，因为前两种员工只会不停地抱怨，只有第三种员工才是在真正为自己工作。对老板来说，老板支付给员工的工作报酬固然是金钱，但员工在工作中给予自己的报酬则是珍贵的经验、良好的训练、才能的表现和品格的历练。如果一个员工始终以换取老板手中的金钱为目标，那么他对工作的态度必然是消极的，这样的员工老板如何敢重用呢？

因此，那些能够放弃为老板打工的念头，把自己当作是公司的主人，老板的合伙人的员工，才是老板最需要的。这样的员工，也值得老板托付重任。

美国伯利恒钢铁公司的建立者齐瓦勃出生在美国乡村，只受过很短的学校教育。15岁那年，家中一贫如洗的他就到了一个山村做了马夫。

三年后，齐瓦勃来到钢铁大王卡内基所属的一个建筑工地打工。一踏进建筑工地，齐瓦勃就抱定了要做同事中最优秀的人的决心。当其他人在抱怨工作辛苦、薪水低而怠工的时候，齐瓦勃却默默地积累着工作经验，并自学建筑知识。

晚上休息时，别人都在闲聊，唯独齐瓦勃躲在角落里看书。经理看了看齐瓦勃手中的书，又翻开他的笔记本，什么也没说就走了。第二天，经理把齐瓦勃叫到办公室，问："你学那些东西干什么？"齐瓦勃说："我想我们公司并不缺少打工者，缺少的是既有工作经验又有专业知识的技术人员或管理者，对吗？"经理点了点头。不久，齐瓦勃就被升任为技师。

在一起的打工者中，很多人在讽刺挖苦齐瓦勃。但齐瓦勃却不为所动，他说："我只是在为自己工作，我为了自己的公司工作。"抱着这样的信念，齐瓦勃一步步升到了总工程师的职位上。25岁那年，齐瓦勃又做了这家建筑公司的总经理。

做了总经理的齐瓦勃也没有丝毫的放松，他对自己要求更加严格，在筹建公司最大的布拉德钢铁厂时，他每天都是最早来到建筑工地。工程师琼斯问他为什么总来这么早的时候，他回答说："只有这样，当有什么急事的时候，才不至于被耽搁。"当工厂建好后，琼斯推荐齐瓦勃做了自己的副手，主管全厂事务。

两年后，琼斯在一次事故中丧生，齐瓦勃便接任了厂长一职。因为齐瓦勃的天才管理艺术及工作态度，几年后，他又被卡内基任命为钢铁公司的董事长。后来，齐瓦勃终于建立了大型的伯利恒钢铁公司，并创下非凡的业绩。凭着自己对成功的长久梦想和实践，齐瓦勃完成了从一个打工者到创业者的飞跃，而齐瓦勃的那些同事终老一生仍然在做着小工的工作，整日为生计奔忙。

像齐瓦勃这样的员工，有哪位老板不喜欢呢?! 可见，同样是为人效劳，但不同的态度却会产生不同的观念。对于老板来说，企业对新员工都是一视同仁的，在刚进入公司的时候，他们的工作待遇、他们的工作水准差别都不会太大。之所以后来有了千差万别的前途，就是由他们对待工作的态度决定的!

那些把自己当作打工者，认为"公司就是老板"的员工必然不能融入公司，也永远成不了优秀的员工。只有那些把自己当作公司的老板，像对待自己的家一样对待公司的员工，才在众多的竞争者中脱颖而出，被老板所赏识，成为公司真正的主人。

对于别人的事情，只有用心去干，把它当作是自己的事情来干的人，才值得我们与之合作共存。因此，在选择合作者的时候，你一定要看清楚，从他对待为人效劳的事情上，你完全可以评价出这个人对待工作的态度。

办事条理清晰的人，具有理解力和指导力

工作中有两种人，一种人办事极有效率，而且条理清晰；另一种人看似忙忙碌碌，工作却总不能按时完成。原因在哪里呢？其实，就差在个人理解力上。一个有理解力的人，会把工作按照重要与否，做好先后安排，再一件一件去做。所以，做起事来不仅条理清晰，而且极有效率。

我们常说效率第一，没错，无论做什么事，效率都是最重要的。比如在工作中，谁能在第一时间完成任务，谁就是优秀工作者；学习上，谁能在最短的时间里掌握更多的知识，谁就能名列前茅。所以提高效率就成了所有人追求的目标。

做事效率上体现了一个人的理解力和指导力，一个做事有条不紊条理清晰的人，那么他的理解能力和指导能力必然是非常强大的；反之，那些做事没有条理，不讲顺

序，杂乱无章，不分轻重，即便表面看起来他是多么的努力，但是事实上并没有多大的效率。

美国的卡耐基在教授别人期间，有一位整日被无穷尽的工作弄得心烦意乱的公司经理来拜访他。当他看到卡耐基干净整洁的办公桌感到非常惊讶，他原本以为卡耐基的办公室里也会和他一样堆满了各种各样的文件，他问卡耐基说："卡耐基先生，你没处理的信件放在哪儿呢？"

卡耐基说："我所有的信件都处理完了。"

经理有点疑惑不解，接着问道："那你今天没干的事情又推给谁了呢？"

"我所有的事情都处理完了。"卡耐基微笑着回答。

卡耐基看着这位公司经理困惑的表情，解释说："原因很简单，我知道我所需要处理的事情很多，但我的精力有限，一次只能处理一件事情，于是我就按照所要处理的事情的重要性，列一个顺序表，然后就一件一件地处理。结果，完了。"

经理恍然大悟道："噢，我明白了，谢谢你，卡耐基先生。"几周以后，这位经理请卡耐基参观其宽敞的办公室，然后不无感激地对他说："卡耐基先生，感谢你教给了我处理事务的方法。过去，在我这宽大的办公室里，我要处理的文件、信件等，都是堆得和小山一样，一张桌子不够，就用三张桌子。自从用了你说的法子以后，情况好多了，瞧，再也没有没处理完的事情了。"

这位公司经理不仅从堆积如山的工作中解脱了出来，而且几年以后，他就成了美国社会成功人士中的佼佼者。

事实证明，那些做事有条理讲顺序目标清晰的人，他的理解力和指导力非常高，因为他在面对事情的时候，能够迅速而有效地把事情分析清楚，然后按部就班一步一步地完成。无论是在生活中还在在工作中，这样的人都值得我们欣赏。

生活中一般有两种人：第一种是大忙人，性子比较急，不管你在什么时候碰见他，他都是一副忙碌不堪的样子。跟他谈话的时候，假如时间稍微长一些，他就会不时地拿出表一看再看，暗示他的时间很宝贵，甚至表现出极度的不耐烦。如果他是一位公司总裁，也许他的业务做得很大，但是效益却不会尽如人意。究其原因，就是他的工作安排得乱七八糟，没有条理顺序。例如不管是重要的还是不重要的文件都堆积在办公桌上，这样导致他除了上班时间，剩下的很多时间也都是在办公室里度过的。

而另一种人与上述那种人恰恰相反。他从来不显出忙碌的样子，办事非常镇静，总是很平静祥和，好像他并没有多少事着急要做。别人跟他交谈的时候，他也总是表现出极大的耐心，让人觉得彬彬有礼。在他的办公室里，各类不同的资料都摆放得有条不紊。在他的公司里，员工们也是各司其职，各种事情都安排得恰到好处，公司业绩蒸蒸日上。

究其原因，这两种人的差别就在于一个做事有条理讲顺序，而另一个则相反。这样使得二者的差别也是很明显的，一个忙忙碌碌收获甚微，而另一个看似轻闲，却是事半功倍。这也是为什么有时候我们看到两个人在做同一件事情，有些人很快就顺利地完成了，有些人搞了老半天都不知在弄些什么。这就是两个人在使用方法、程序上的不同而造成的。

因此，从一个人做事条理上，我们完全可以看出这个人做事的水平。我们总在惊叹那些才能平平的人却比那些才能超群的人取得更大的成就，其实仔细分析一下不难发现，就是因为他们在做事的时候养成了有条不紊、条理清晰的习惯，能更好地利用有限的时间把事情做得十分出色。当然，这种能力并不是天生的，而是通过平时的培养，使他们促进了自己的理解力和指导力，无论是学习还是休息，都把事情安排得井井有条，做起事来，会更加容易、方便，达到事半功倍的效果，成功也是自然而然的事了。

一个在工作上没有条理、没有头绪的员工，他的理解能力和指导能力必然也是非常低的，这样的员工总是看起来不停地忙碌着，但却没有什么效率，拿不出什么成果来，这样的员工尽管努力，也不是老板所追求的。只有那些做起事情来条理清晰的员工，才能成为老板的厚爱，因为这样的员工在安排他们工作时能够快速地整理好工作的顺序，无论任何时候，他们都会有一个清晰而明确的条理，让老板放心。

有句谚语说得好："喜欢条理吧，它能保护你的时间和精力。"条理清晰的人，做起事情来才能有效率，有结果，值得托付。因此，我们一定要擦亮自己的眼睛。

把他人放在第一位的人，可以放心与他交往

生活在社会中，每个人都需要与他人交往。这个过程中，把他人放在第一位的人，处处受欢迎。因为，跟这样的人在一起，不用担心会被他出卖，也不必担心利益受损，有困难时，他还会伸出援助之手。这样的人不多，但如果遇到了，一定要跟他做朋友。

如果一个人能够始终把他人放在第一位，处处为他人着想，那么这样的人我们可以放心地与他交往。和这样的人在一起，我们不用担心会受到欺骗和伤害，因为这样

的人无论是在利益还是危险面前，他们首先想到的不是自己，而是他人。

"毫不利己，专门利人"是一种高尚的情操，但很多人难以做到。不可否认，生活中的确有一些人信奉"各人自扫门前雪，不管他人瓦上霜"的人生哲学，有的甚至一味追求个人利益，置道德、法纪于不顾，干出损人利己、伤天害理的勾当。在他们看来，自己的利益才是最重要的，和这样的人在一起，也许不知道什么时候，你就会成为他们的替罪羊。只有那些把他人放在第一位的人，才会最先想到的不是自己，而是他人。

曾经看过一档电视综艺节目，当时主持人正在向现场的嘉宾提问，问题是："我们平时在坐电梯时，电梯里常常会有一面大镜子，请问，这面镜子是干什么用的呢？"

这时候台下的那些嘉宾们开始纷纷回答：

"那是用来检查一下自己的仪表的。"

"那是用来扩大视觉空间，增加透气感的。"

"那是让电梯看起来干净明亮的。"

……

嘉宾们说了很多种答案，但都不是正确答案。在一再启发而仍不能说出正确答案时，主持人终于说出了非常简单的道理："这是为了让那些肢残人摇着轮椅走进电梯时，不必费神转身，就可以从镜子里看见楼层显示灯。"

答案一出口，嘉宾们都显得非常尴尬，其中一位抱怨说："我们怎么能够想到这一点呢？"

一个自私的人才会只考虑自己的利益，因为在他们的眼里只有自己，看不到别人。和这样的人交往，那么在危险到来的时候他会把你抛弃，在利益面前他会把你隔离，甚至陷害你。

生活中，当一个人在面对某一问题时，如果他仅仅只是从自己的利益得失出发去考虑，对别人则不管不顾，那么这样的人是不值得我们去结识交往的。有多少人一心只为自己活着，自私的人性使得他们不肯为别人提供哪怕一点的便利，更不肯为别人放弃自己的一点点利益，像这样的人，别人也一定不会愿意为他提供便利。

有一位父亲，让儿子递给他一支笔。儿子随手把笔递过去，结果不当心把笔头交在了父亲手里。

于是父亲就对儿子说："如果你递一样东西给人家，那么你就要先想着人家把东西接到了手里以后方便不方便，你把笔头递过去，人家还要它倒转来，倘若没有笔帽，那么说不定就会弄人家一手墨水。特别是刀剪一类物品，更是这样，绝不可以拿刀口刀尖对着人家。"

这就是叶圣陶先生教育子女多为他人着想而举的一个再普通不过的例子。

一个友善之人总能设身处地为他人着想，见到别人身在危难而生恻隐之心，同情他人，帮助他人，把别人放在第一位。这是人的一种高尚品质，而这样的人，也必然能够被众人所接受。北宋哲学家程颐曾说过一句话，大意是：遇事肯替他人着想，这是第一等的学问。这是一句很朴素的语言，不仅通俗地道出了深髓的哲理，而且点出了做人的第一要素。

叶圣陶

常言道"前人栽树，后人乘凉"，这名言就告诉我们要为他人着想。人不能只想着自己，还要多为别人想一想。那些能够先去考虑别人的人，一定能够获得他人的赏识。

法国银行家莱菲斯特在没有发迹时，曾经因为找不到工作而赋闲在家。

有一次，他自己鼓起勇气到一家大银行找董事长求职，可是没想到一见面他便被那家银行的董事长拒绝了。莱菲斯特已经不是第一次遭受到这样的经历了，这已经是他第五十二次遭受到拒绝了。莱菲斯特沮丧地走出银行，结果不小心被地上的一只图钉扎伤了脚。

"谁都跟我作对！"他愤愤地说道，想转身走掉。但他转而又想，不能再叫它扎伤别人了，于是就随手把图钉捡了起来。

谁想，莱菲斯特第二天竟收到了银行录用他的通知单。他在激动之余又有些迷惑：自己不是已经被拒绝了吗？原来是那一枚图钉"救"了他。就在他蹲下拾起图钉的瞬间，银行的董事长看在了眼里，董事长根据这件微不足道的小事认为他是个谨慎细致而且能为他人着想的人，于是便改变主意，雇用了他。

从此，莱菲斯特的事业就在这家银行起步，后来成了法国银行大王。

莱菲斯特的机遇尽管从表面上看只是因为拾起了一枚小小的图钉，看似偶然，但他能在自己落魄失意之时都保持良好的品行，能够为他人着想，说明他的品德情操十分高尚。而那位从细微处见精神的董事长更是一位识人高手，正是因为他发现了莱菲斯特这匹"千里马"。也可以说，莱菲斯特之所以能够成功，很大程度上得益于那位董事长识人的独到之处。

为他人着想，把他人放在第一位，是一种美德，被他人放在心上，得到他人的帮助是一种幸福。每个人的心中都有一杆秤：那些对他人冷漠、自私自利的人，最终也会被他人疏远；相反，一个人处处把别人放在第一位，为他人着想，那么必定受人欢迎。而这样的人，我们也能放心地与之交往。

能把时间换算成金钱的人，是个计划周详的人

很多人抱怨自己工作忙，挣的钱却很少。其实，他们没能将时间转化成金钱，是因为做事没有计划性，才会浪费时间，做一些无用功。一个真正有能力的人，做事前必定会计划好，争取用最短的时间，换到最多的金钱。这样的人，有事业心，能力出众，值得我们托付大事。

《礼记·中庸》说："凡事预则立，不预则废。"意思是说，不论做什么事，事先有准备，就能得到成功，不然就会失败，这里的准备就是计划。一个计划周详的人，能够把时间换算成金钱。同样，能够珍惜时间，把时间换算成金钱的人，也肯定是一个计划周详的人。

人们常说"时间就是金钱"，但总有些人在无休止地浪费着时间，他们从来没有一个计划，想起什么来就干什么，常常会因为一件小事而空耗掉很多时间，而耽误了其他的事情，但从他们自身来说，却常常在抱怨自己工作太忙，没有时间。其实这最主要的原因就是没有一个周详的计划。

有一位领导常常抱怨自己的工作太繁忙了，简直没有喘气的时间，为此他去向一个时间管理专家请教。专家问他："您今天上午做了什么，花了多少时间？"他说："起草报告花了三小时。"专家说："这三小时你全部都在起草报告吗？"

"哦，那倒不是，这期间我喝了两杯茶，抽了三支烟，还休息了一次，并且与同事聊了一会儿天，还接了几个电话。"这位领导边想边说。

专家接着问："那么你能算出这些事情，一共花费了你多少时间吗？"

这位领导想了一会儿答曰："大概有一个半小时。"

"现在你可以明白了，这三个小时，你起草报告实际上只花了一个半小时，如果你能把剩下的这一个半小时合理利用的话，那么你将会感到时间充裕得多。"

最后专家建议他每天把自己所做的事情，以及所花费的时间都记录下来，如此坚持半个月，就会知道自己的时间到底用在了哪里，有多少是有价值的，又有多少是被

浪费掉的，然后对症下药，就能找到提高工作效率的途径。

这位领导听从了专家的建议，他每天坚持做时间纪录，结果他发现自己几乎把三分之一的时间都浪费在了和同事闲聊，接听一些无关紧要的电话，以及因为工作太多而发怒，等等。他才发现原来并不是自己的时间不够多，而是自己没有合理利用。

从这以后，在工作时间，他不再闲聊，把电话交给秘书去接，重要的再转给他。这样一天下来，他的工作都能很顺利做完，再没有时间不够用的感觉。

对于那些天天嘴里嚷嚷着自己忙的人，其实他们本身并没有那么多的事情，只是他们在一件事情上浪费掉了太多的时间，他们并非不懂得"一寸光阴一寸金"的道理，只是缺少了一个周详的计划，那么做任何事情都在浪费着时间。

我们一直在提倡要节约时间，珍惜时间，但有时候人们往往会进入一个误区，认为只要不浪费时间就能接近成功。事实并不是这样的，一个成功者，关键在于有一个可行的计划，并坚持执行下去。仔细看看，那些能把时间换算成金钱的人，他的计划必然是周详的，他从来不会无谓地浪费时间，而是按照着自己的计划，把时间换算成可观的金钱。

1968 年的春天，罗伯·舒乐博士立志在加州用玻璃建筑一座水晶大教堂，他对著名的设计师菲力普·强生说了自己的梦想。他说："我要的不是一座普通的教堂，我要在人间建造一座伊甸园。"

但是罗伯·舒乐博士的梦想并不是那么容易实现的，因为教堂最终的预算为 700 万美元。700 万美元对当时的舒乐博士来说，就是一个天文数字，远远超过了他的能力范围和理解范围。但是罗伯·舒乐博士并不觉得这是不可实现的，他为自己的这个目标列了一个详细的计划。

一、寻找 1 笔 700 万美元的捐款；

二、寻找 7 笔 100 万美元的捐款；

三、寻找 14 笔 50 万美元的捐款；

四、寻找 28 笔 25 万美元的捐款；

五、寻找 70 笔 10 万美元的捐款；

六、寻找 100 笔 7 万美元的捐款；

七、寻找 140 笔 5 万美元的捐款；

八、寻找 280 笔 2.5 万美元的捐款；

九、寻找 700 笔 1 万美元的捐款；

十、卖掉 1 万扇窗，每扇 700 美元。

事情就像他预想的那样，60 天后，舒乐博士用水晶大教堂奇特而美妙的模型打动富商约翰·可林捐出了第一笔 100 万美元。

第 65 天，一位倾听了舒乐博士演讲的农民夫妇，捐出了 1000 美元。

90 天时，一位陌生人被舒乐博士孜孜以求的精神所感动，他给舒乐博士寄来一张 100 万美元的银行支票。

第二年，舒乐博士以每扇 500 美元的价格请求美国人认购水晶大教堂的窗户，付款的办法为每月 50 美元，10 个月分期付清。6 个月内，1 万多扇窗全部售出。

1980 年 9 月，历时 12 年，可容纳 1 万多人的水晶大教堂竣工，成为世界建筑史上的奇迹与经典，也成为世界各地前往加州的人必去瞻仰的胜景。

一个详细可行的计划加上坚持不懈的行动是实现一个伟大梦想的最佳捷径，舒乐博士正是依照自己的计划，把时间换算成了金钱，最终实现了自己的宏愿。

因此，如果我们遇到一个珍惜时间，能够把时间换算成金钱的人，那么这个人做起事情来必然计划周详，这样的人绝对值得我们托付大事，因为在他们的眼里，时间就是金钱，他们能把时间换算成财富放在我们的面前。